KB160911

북한 경제와 법
─ 체제전환의 비교법적 분석 ─

북한 경제와 법

– 체제전환의 비교법적 분석 –

장 소 영

景仁文化社

머리말

분단이 우리 사회의 다양한 영역에서 존재감을 드러내고 있다는 것은 분명한 사실이라고 하겠습니다. 분단의 해소는 통일로서만 가능할 것입니다. 남북한 간의 통일은 세 가지 층위에서 이유를 가진다고 생각합니다.

첫째, 역사의 층위입니다. 사회주의 이념을 국가운영의 원리로 적용하려는 실험이 실패하면서 세계사에서 사회주의 국가가 사라지고 있다는 것이 통일의 역사적 이유라고 하겠습니다. 둘째, 당위의 층위입니다. 한민족으로서 함께 만들어 온 전통과 역사를 복원하고 새로운 시대를 함께 열어가야 한다는 것이 통일의 당위적 이유라고 하겠습니다. 셋째, 현실의 층위입니다. 분단으로 인한 비용과 고통의 제거 및 경제적인 활로의 모색이라는 측면에 통일의 현실적 이유가 있다고 하겠습니다.

세 가지 층위에서 이유를 가지고 있는 남북한 간의 통일이 실현될 때 우리 사회의 분단모순은 제거될 수 있을 것입니다. 역사적 이유를 직시하고 당위적 이유를 짊어진다면 지금 우리가 할 수 있고, 해야 하는 것은 현실적 이유에 의한 통일방법의 개척과 통일시대의 준비입니다. 이 책은 통일을 위한 준비의 하나로서 법제적 차원에서 구상된 것입니다.

저는 검찰 공안검사로서 개성공단에서 발생한 형사사건을 처리하면서 남북문제에 관심을 가지게 되었고, 이후 법무부 통일법무과 검사와 통일부 장관법률자문관으로 근무하면서 통일에 관해 구체적으로 고민하게 되었습니다. 이 과정에서 남북회담과 이산가족 상봉을 위하여 북한에 10여 회 다녀오는 경험도 할 수 있었습니다.

이 책은 위와 같은 과정에서의 고민과 경험의 결과물로서, 저의 서울대학교 법학전문대학원 박사학위논문인 '경제개발구법에 관한 연구'를 보완·정리한 것입니다.

책을 발간하면서 사랑하는 가족들과 기쁨을 함께 하겠습니다.

2017년 9월
장소영

〈목 차〉

머리말

프롤로그

제1장 북한 특수경제지대 법제와 경제개발구 법제

제4장 경제개발구를 통한 체제전환의 규범적 과제

프롤로그

북한 체제전환을 견인할 경제개발구의 성공

김정은 정권은 북한에서 1990년대 이후 지속된 경제적 대외개방 정책인 경제특구 정책을 지속하면서 이를 통해 획득할 수 있는 경제력으로 정권을 유지하려는 전략을 취하고 있다. 2013년 발표된 경제개발구법은 김정은 정권이 설계하고 추진하는 경제특구 정책의 규범적 기준이라고 할 수 있다. 경제특구 정책은 과거 사회주의 국가들이 체제전환 이전에 정치체제를 정당화하고 지속시키기 위한 경제력 확보를 위하여 채택해왔던 정책이며, 특정한 유형의 사회주의 국가들에서는 경제특구 정책이 결국 경제체제의 전환을 가져오는 계기이자 원동력이 되었다는 점에서 김정은 정권의 경제특구 정책을 보여주는 경제개발구법을 체제전환의 규범적 관점에서 연구할 필요가 있다. 어떤 유형의 체제전환 국가들에서 경제특구 정책이 경제체제의 전환을 이끌었으며, 이때 규범적 기준이 되었던 법률의 형식과 내용 및 수준은 어떠했는가. 이러한 기준으로 볼 때 경제체제 전환의 도상에 있는 북한의 경제개발구법은 어떻게 평가할 수 있는가. 궁극적으로 북한의 체제전환을 견인할 것으로 예상되는 경제개발구의 성공을 위해서는 어떠한 규범적 과제가 있는가에 대한 답을 구하고자 하는 것이 이 책의 목적이다.

김정은 위원장은 집권 이후 첫 번째 담화인 2012년 '4·6 담화'를 통해 내각에서 결정된 경제정책의 확고한 추진과 국가재정의 내각집중을 강조했다. 경제부문에 대한 내각책임제 실시는 김정일 시대부터 강조된 것이기는 하지만 당시에는 국방산업 우선정책이 추진되었음에 비하여 주민생활 향상을 강조하였음이 눈에 띄는 변화이다.

또한, 박봉주 내각총리를 비롯해 2002년 '7·1 경제관리개선조치' 당시 개혁·개방을 주도한 경제관료와 기술관료의 대부분을 재임용하여 내각책임제의 추동력을 확보하고 있다. 박봉주 내각총리는 2014년 최고인민회의에서 유임되었으며, 내각총리의 현장시찰이 공개적으로 보도되는 것도 김정일 시대에는 존재하지 않았던 일이다. 이 과정에서 북한의 새로운 경제특구 전략으로서 중앙과 지방의 균형발전을 목표로 하는 경제개발구 정책이 추진되었으며 2013년 경제개발구법과 그 하위규정의 제정으로 북한의 특수경제지대 법제는 협의의 의미에서의 경제특구 법제와 경제개발구 법제로 재편되었다.

북한의 경제특구 전략은 1991년 라선자유경제무역지대 지정을 시작으로 2013년 경제개발구 정책에 이르기까지, 체제생존의 위기상황을 탈출하기 위한 시도로 추진되어 왔다. 경제특구 정책은 동유럽과 동아시아 사회주의 국가의 개혁과 개방 과정에서 체제전환의 주요 기제로 작동했기 때문에, 북한의 새로운 경제특구 전략인 경제개발구 정책의 규범적 기준이 되는 경제개발구 법제에 대한 연구는 북한의 체제전환을 대비할 때 필수적이다.

통일이 점진적인 방식으로 이뤄지는 경우라면 북한은 사회주의 정치체제를 유지하면서 경제체제만의 전환을 도모할 가능성이 크며, 이 과정에서 경제난 타개를 위한 방책으로 외자유치의 창구인 경제특구 정책을 지속할 것이다. 이런 경우 북한의 경제발전을 위해 공조하면서 통일을 이뤄나가기 위해서는 체제전환의 관점에서 북한의 경제개발구법을 분석하여 경제개발구를 통한 체제전환의 규범적 과제를 검토할 필요가 있다. 경제개발구를 통해 북한의 경제수준을 끌어올리는 것은 통일비용 측면에서도 중요한 문제이다.

물론 북한의 경제수준 상승이 중국과 같이 사회주의 정치체제의 고착화를 불러올 우려도 있으나 대만과 중국의 점유면적 및 인구, 국제정치적 파워 등의 차이가 대만이 중국을 자유민주주의 및 자본주의 국가로 견인하지 못하는 중요 요소임에 비하여, 남한과 북한의 관계에 있어서는 점유면적 및 인구, 국제정치적 파워 등에서 우월한 남한이 장기적으로는 북한체제를 견인할 수 있는 여지가 크며, 이러한 전제하에 논의를 진행한다.

또한 급진적인 방식으로 통일이 이뤄지는 경우에도 북한 지역의 경제력을 단시간 내에 제고시키고 남북한 간의 경제력 격차를 해소하는 방안으로서 북한의 일부 지역에 경제특구를 운영하는 것은 유력한 방안이 될 수 있으므로 현행 북한의 경제특구 법제에 대한 분석 및 활성화를 위한 규범적 과제 검토가 요청된다. 두 경우 모두 법제통합의 기초라는 시각에서도 북한의 경제특구법을 분석할 필요가 있음은 물론이다.

북한이 경제특구에 집착하는 이유

탈냉전을 야기한 소련과 동유럽 사회주의권의 붕괴는 이데올로기 대립의 종지부를 찍는 이정표였다. 탈냉전기를 전후로 사회주의권은 정치체제와 경제체제에 있어서 전환의 속도 및 동시성을 기준으로 다양하게 분화했다. 소련과 동유럽의 사회주의 국가들은 정치체제와 경제체제의 변화를 동시에 추구하면서 체제전환의 속도와 동력 및 영역에 있어서 차이를 보였으며 중국과 베트남은 경제체제의 변화를 통해 정치체제를 유지하는 힘을 확보하는 방식으로 시장사회주의라는 새로운 경제유형을 창출했다. 북한은 만성적 경제난의 근본적인 원인과 배경에 대하여 사회주의 경제의 구조적 문제점과 전략의 한계를 인식하면서도 정치·사상적 통제와 기존의 사회주의 제도 강화를 통해 대내외적 위기를 극복하려는 시도를 해왔다. 그러나 1990년대 이후 탈냉전기에 접어들면서 기존의 수령체제를 통한 현상타파가 아닌 경제특구를 비롯한 시장경제적 요소를 받아들이는 새로운 전략을 취할 수밖에 없었다.

1990년대 이후 북한이 취해온 강성대국 건설이란 사상·군사·경제를 3대 기둥으로 한다고 설명하지만 결국은 만성적인 경제난 극복을 통한 사회주의 경제강국 건설을 목표로 하고 있으며, 이는 북한이 주장하는 주체사상을 통해 체제를 강화하고자 했던 기존의 방식에서 벗어나 외국자본을 유치하는 경제특구 정책을 채택하는 것이 불가피했음을 보여주는 것이기도 하다. 또한, 이것은 탈냉전기에 사회주의 체제를 유지하고 있는 중국 등의 국가들이 심각한 경제체제의 내부 모순을 해결하는 과정을 정치권력의 정당성을 획득하는 수단으로 인식했던 것과도 같다. 경제체제의 내부적인 모순은, 해결하지 못한다면 정치체제의 전복을 가져올 수도 있는 체제위협의 요인이라는 점을 북한은 알고 있는 것이다. 따라서 북한은 여러 차례 경제특구 개발에서 실패를 한 이후에도 지속적으로 경제특구 정책에 집착하고 있는 것이다.

사회주의 국가들의 체제전환 과정에서 정치체제와 경제체제의 동시적인 전환을 이룬 동유럽은 경제체제의 전환에 있어서 전면적인 개혁조치를 실행했기 때문에 경제특구 전략이 외자유치를 통한 경제발전의 기제로 작동하지 않았다. 그러나 중국과 베트남 같은 동아시아 사회주의 국가들의 경우에는 경제체제의 전환을 시도하는 과정이 길고 조심스러웠기 때문에 경제특구 전략은 그 과정에서 경제체제 전환의 실험실이었고 개혁과 개방의 촉진제였다.

경제특구 정책을 통해 개혁과 개방을 시작하는 것으로 경제체제의 모순을 극복함으로써 정치체제의 강화를 시도했던 중국이나 베트남과 같은 유형의 체제전환 국가들에서, 경제체제의 전환으로 인해 경제체제 자체의 완전한 자본주의화가 가속화됨은 물론이고, 경제체제와 정치체제의 필연적인 상관관계로 인하여 정치체제의 영역에서도 부분적이나마 국제규범과의 동질화 현상이 나타나고 있는 것처럼, 북한은 정치체제의 정당성 확보를 위해 경제특구 정책을 통한 경제난 극복을 꾀하고 있다. 하지만 경제특구 정책이 지속될 경우 북한의 의도와는 무관하게 개혁과 개방을 확산시키고 체제전환을 가속화하는 기제로 작동할 가능성이 크다.

먹고 사는데 어려움이 없다면 다수의 인간은 체제에 불만을 제기하지 않는다. 동유럽과 소련의 사회주의 정치체제가 몰락한 것은 결국 사회주의 국가 내부의 경제위기라는 절대적 요인과 서유럽 국가들과의 비교에서 오는 경제적 박탈감이라는 상대적 요인이 복합적으로 작용한 것으로서, 국민이 느끼는 경제적 문제를 집권층이 적시에 해결하지 못했기 때문이다. 이에 비해 중국과 베트남 등 아시아 국가들이 사회주의 정치체제를 유지할 수 있는 것은 국민이 먹고 살 수 있는 경제적 조치를 집권층이 선제적·성공적으로 취했기 때문이라고 해도 과언이 아니다.

체제전환에 관한 연구들은 이들이 보여주는 차이와 그 결과를 분석의 대상으로 삼기도 했다. 경제체제의 전환이라는 공통점을 가진다고 해도 정치체제로서 사회주의를 유지하는 국가와 폐기한 국가 간에는 규범적인 간극이 있을 것이며, 법제전환의 과정에서 보여주는 각각의 규범적인 특징도 존재할 것이라고 예측할 수 있다. 체제전환 국가의 법제전환 유형과의 비교를 통해 북한 경제특구 법제의 변화양상을 살펴보고 경제개발구법을 비교·분석하여 북한의 성공적인 경제체제 전환을 위한 규범적 과제를 설정하는 것은 통일을 앞당기고 통일 이후의 통합을 도모하는데 도움이 될 것이다.

국제법적인 비교법 차원에서 WTO에 가입하여 경제체제의 자본주의화가 심화되기 이전에 제정된 중국과 베트남의 대표적인 경제특구법을 북한의 경제개발구법과 비교하는 것은, 중국과 베트남 경제특구의 경험을 통하여 사회주의 정치체제를 완고하게 고수하는 북한에게 있어서 경제특구 전략이 가지는 함의를 분석하고 경제특구 법제의 미래를 설계할 수 있게 할 것으로 생각된다.

경제개발구법 비교법적 분석의 첫 시도

북한법적인 비교법 차원에서는, 경제개발구법은 특수경제지대인 경제개발구의 일반법으로서 2013년 5월 제정되었다. '특수경제지대'란 북한의 정의에 따르면 "국가가 특별히 정한 법규에 따라 투자, 생산, 무역, 봉사와 같은 경제활동에 특혜가 보장되는 지역"을 의미한다. 정의에서부터 사용되고 있는 '국가가 특별히 정한 법규'는 특수경제지대를 창설하고 운영하는데 적용되는 각종 법과 규정의 총체로서 이를 특수경제지대 법제라고 한다면, 북한에서는 1993년 '자유경제무역지대법'이 제정된 이래 2013년 경제개발구법, 2015년 9월 경제개발구 세금규정에 이르기까지 특수경제지대 법제에 속한다고 분류될 수 있는 수십 개의 법과 하위규정들이 제정되었다.

이러한 북한 특수경제지대 법제의 변화양상을 경제개발구법을 중심으로 비교·분석하는 것은 북한법제가 체제전환 과정에서 어떤 변화를 보이게 될 것인지를 예측하는 데 도움을 줄 것이다. 중국과 베트남에서 경제특구 법제 관련 일반법의 지위에 있는 법과 북한의 경제특구의 한 유형인 경제개발구의 일반법인 경제개발구법의 비교법적인 분석은 처음 시도되는 것이다.

이를 통해 북한의 경제개발구법에 대해 정확하게 평가하고 향후 북한의 경제개발구 정책이 성공하고 경제개발구 법제가 체계적으로 구축되기 위한 규범적인 과제를 설정함으로써 넓게는 북한의 특수경제지대별로 산재하는 수십 개의 법과 규정들을 체계적인 지위에서 바라볼 수 있게 하고, 좁게는 경제개발구 법제의 각 영역별 체계화에 있어 부족한 분야에 적합한 형식과 내용을 제공할 수 있을 것이다.

제1장

북한 특수경제지대 법제와 경제개발구 법제

Ⅰ. 특수경제지대의 역사와 규범체계

1. 자본주의 확산 겁낸 모기장식(式) 개방정책

북한은 자국의 내부자원을 기본으로 하면서 외부자원으로 보충하는 자력갱생에 기반한 '자립적 민족경제'를 건설한다는 것을 정책기조로 변함없이 견지해가고 있다. 자립적 민족경제란 북한의 인적 측면과 물적 측면의 모든 생산자원을 자체적으로 보장할 뿐만 아니라, 북한 내에서 생산과 소비가 모두 연계되어 가는 경제를 의미하는 것으로서 생산에서 소비에 이르는 모든 경제활동을 자체로 해결하는 경제체제를 갖춘다는 것이다. 이는 기계, 설비, 원료, 자재와 같은 생산수단에 대한 수요를 기본적으로 자체적으로 충족시키고 기술혁명과 확대재생산의 물질적인 조건도 자체 내에서 해결한다는 것을 뜻한다.

이러한 정책기조는 국제 분업의 이익을 얻지 못함은 물론이고 외국의 선진기술이나 해외자본의 도입, 대외무역과 같은 국제협력의 부진을 초래하여 경제성장의 걸림돌이 되고 있다. 2002년 '7·1 경제관리개선조치', 2012년 '새로운 경제관리 조치' 등으로 실리를 추구하려는 개혁·개방정책을 점진적으로 시도해왔지만, 자본주의의 확산을 우려하여 모기장식의 소극적인 개방정책을 추진하고 자립적 민족경제 건설노선을 강하게 추진하는 등 '민족경제건설과 대외개방'이라는 상반되고 이중적인 정책기조를 가지고 있는 것으로 볼 수 있다.

1) 김일성이 처음 지정한 특수경제지대

김일성 정권은 1953년 8월 노동당 중앙위원회 제6차 전원회의에서 자립경제의 전면적인 실현을 위해 중공업 우선의 경제성장 전략을 채택했으나 경제구조가 중공업 위주로 재편됨에 따라 심각한 산업간 불균형을 초래했다. 1960년대 초 중소(中蘇)분쟁과 쿠바 위기가 발생한 이후에 노동당 중앙위원회 제4기 제5차 전원회의에서 경제·국방 병진노선을 제시하면서 군수공업의 비중을 경제부문 정도로 높여 경제발전과 국방력의 강화를 동시에 추진, 1960년대 초반까지 재정지출에서 군사비가 차지하는 비중이 10% 미만이었다가 1970년 이후에는 30% 수준까지 비중이 상향됨으로써 북한경제의 주요 장애요인이 되었다.[1]

1980년대 후반 사회주의 붕괴로 인해 북한 경제가 대내외적으로 위기를 맞으면서 자립경제에 기초한 경제·국방 병진 전략의 한계에 봉착하자 1984년 외부자원을 활용한 경제정책을 실시하고, 같은 해 9월 합영법을 제정하였다. 이것은 북한이 처음으로 자본주의의 자본과 기술을 도입하는 규정이 되었고, 북한의 특수경제지대 정책은 김일성위원장이 1991년 최초로 나진시와 선봉군을 라선자유경제무역지대라는 특수경제지대로 지정하고 외국자본을 유치하는 데서 시작되었다.

2) 시장기능 도입과 대외무역 강화한 김정일

1994년 김정일 정권이 시작된 이후에도 경제정책의 기조는 변함이 없었고 "자립적 민족경제는 그 어떤 환경 속에서도 사회주의 경제건설을 다그치고 인민 생활을 향상시켜 나갈 수 있게 하는 고귀한 밑천"이라고 지적했다. 그러면서 자력갱생의 원칙에 입각하여 군사를 중시하는 경제정책, 즉 국방공업에 선(先)투자하는 경제정책 노선인 사회주의 강성대국 건설을 정책목표로 삼았다.[2]

---

1) 대외경제정책연구원, 북한경제 백서, 2004, 23면.
2) 로동신문 1996. 11. 18. 논설.

그러나 김정일 정권은 1990년대 '고난의 행군'이라는 심각한 경제 난을 맞으면서 위기 탈출용으로 계획경제와 시장경제의 접목을 시도하게 된다. 북한의 특수경제지대 정책은 1997년 라선경제무역지대에 본격적으로 시장기능을 도입하고, 1998년 개인의 소유범위를 확대하고 기업의 자율성과 채산성을 중시하며, 대외무역을 강화하는 라선경제무역지대법을 제정함으로써 체계를 갖추기 시작했다.

이후 2002년 '신의주특별행정구 기본법', '금강산관광지구법', '개성공업지구법', 2011년 '황금평·위화도 경제지대법' 등 특수경제지대별로 각각의 특별법을 지정하고 중앙 지도기관이 관할하는 중앙급 단위의 경제특구를 동서남북의 변방에 위치한 지역에 지정했다. 이와 함께 외부자원을 활용한 경제특구 정책을 제시하였으나 자본주의 요소 유입과 확산을 방지하기 위한 제한적인 개방으로 시장경제와의 접목은 한계를 노출하였고, 결국 경제특구를 통한 경제적인 성과를 얻는데 실패했다고 할 수 있다.

3) 김정은의 경제·핵 무력 병진노선

김정은 정권이 들어선 이후에도 앞선 정권과 다를 바 없이 자력갱생에 기반한 자립경제를 추구하고 있다. "우리식 사회주의의 전 역사를 쥐어짜면 자력갱생이라고도 말할 수 있다"고 자립경제의 지속성과 정당성을 역설하면서, 정책의 기본방향으로 '경제·핵무력 병진 노선'을 채택하여 추진하고 있다.[3]

경제·핵무력 병진 노선은 핵무력을 강화 발전시켜 국가의 방위력을 확고히 하면서, 경제건설과 인민생활향상에 큰 힘이 되는 노선이라고 강조한다. 이는 '조성된 정세의 필수적 요구'이자 '혁명발전의

---

3) 2014년 2월 25일 노동당 제8차 '사상꾼 대회' 육성 연설.

합법적인 요구'라고 주장하면서, 경제문제의 해결을 통한 주민생활의 향상을 추구하기 위해 경제 부문의 내각 책임을 강화하였다. 조성된 정세는 2012년 장거리 미사일 발사와 2013년 3차 핵실험 이후 강화된 UN제재와 남북 간, 그리고 북미 간 환경 상태를 의미하는 것이다. 혁명발전의 합법적인 요구는 "경제발전과 인민생활을 높이기 위한 투쟁이 선군의 위력을 더욱 강화해나가 강력한 군사력, 핵 무력에 의해 담보되어야 한다"라는 논리를 의미한다.[4]

김정은 위원장은 2012년 '4·6 담화'에서 내각에서 결정된 정책의 확고한 추진과 국가재정을 내각에 집중시킬 것을 강조했다. 또한 박봉주 내각총리를 비롯해 2002년 '7·1 경제관리개선조치' 당시에 개혁과 개방을 주도한 경제기술관료 대부분을 재임용하면서 내각책임제의 추동력을 확보했다.

농업과 기업소 부문에 시장경제 시스템과 경쟁체제를 도입함으로써 농업 생산성 향상을 위해 협동농장 개혁을 진행토록 하고 공장에서 생산품의 생산부터 판매, 수익까지의 과정을 자체적으로 결정하도록 했다. 국방산업에 치중한 정책의 한계를 극복하기 위한 대안으로는 경제특구 정책의 유연성과 다양성을 시도하고 있다.[5] 2013년 3월 노동당 전원회의에서 대외무역의 다원화와 다각화, 관광활성화를 위한 관광지구와 각 도(道)의 자체 실정에 맞는 경제개발구 등 외부자원의 활용을 결정하였다. 그 2개월 후인 5월에는 경제개발구법 제정을 통해 외부자원 활용의 폭을 넓혔다.

3대 정권을 통해 보여준 정책을 비교하면 자력갱생에 의한 경제건설이라는 강조점은 변화가 없지만, 외부자원을 통해 자립경제를

---

4) 권영경, "김정은 시대 북한 경제정책의 변화와 전망", 수은북한경제 2014. 봄호, 수출입은행, 12면.
5) 백홍기, "최근 북한 경제정책 특징과 통일에의 시사점", VIP 리포트 제569호, 현대경제연구원, 2014, 3면.

보충하는 정책적 측면에서 정권별 변화를 볼 수 있다. 김일성 정권이 '경제·국방 병진 노선'을 채택한 후 합영법을 제정하고 서방자본과 기술을 최초로 도입하여 국방산업 같은 특정산업의 육성에 주력하면서 특수경제지대정책을 시작했다면, 김정일 정권은 '선군·경제 건설 노선'을 채택하고 '7·1 경제관리개선조치' 및 특수경제지대별로 경제특구법을 제정하여 라선 등 특정한 지역을 중점적으로 개발하고자 하였다. 김정은 정권은 '경제·핵무력 병진 노선'을 채택하고 제한적인 시장을 허용하는 '새로운 경제관리 조치'를 취하였으며, 북한 전 지역에 특성을 살린 개발구를 지정하면서 특수경제지대정책의 분화를 시도하고 있다.

2. 부침(浮沈)이 거듭되는 개발 현황

1) 싱가포르를 모델로 삼은 라선경제무역지대

1980년대 말부터 시작된 사회주의 국가들의 체제전환에 따른 사회주의 권역 시장의 붕괴, 경제개발에 필요한 외화 확보, 유엔개발계획(UNDP)의 두만강지역 개발프로그램 참여를 통한 경제회생 등으로부터 영향을 받은 북한은 1991년 12월 정무원 결정 제74호에 의해 함경북도 동북부의 라진시와 선봉군을 '라진·선봉 자유경제무역지대'로 지정하였고, 1993년 1월 최고인민회의 상설회의 결정으로 라진선봉경제무역지대법이 제정되었다.

북한 최초의 경제특구로 이 지역이 선택된 것은 태평양과 동북아시아 내륙을 잇는 최단거리의 동해 항로를 이용할 수 있다는 점과, 북한의 주요 도시들과의 거리가 먼 지역으로서 특구가 활성화되더라도 특구 안에서 발생하는 자본주의의 영향을 차단할 수 있다는 지리적인 이점이 가장 크게 고려된 것이었다. 이 지대는 북한 동북부에 위치한 항만·공업 지역으로서 중국·러시아·동해와 연결되어 경제무역지대로서 유리한 입지조건을 갖추고 있다. 화학공업, 전력공업, 기계공업, 목재가공 공업이 핵심적인 산업이며 식료품, 의약품, 시멘트 등 생산 공장과 기업들이 위치해 있고, 철광과 갈탄 등 풍부한 광물자원이 매장되어 있는 곳이다.

북한은 이 지역을 싱가포르와 같이 현대적이고 종합적인 국제도시로 건립하는 것을 목표로 사업을 진행했다. 지정 당시 특구의 면적은 746㎢로 1993년부터 2010년까지 인구 100만 명 규모의 도시를 건설하여 중계무역, 수출가공, 제조업, 금융서비스 등의 역할을 수행할 수 있는 종합적인 거점으로 육성하고자 했다. 북한의 계획으로는 공업에 약 36억 달러, 인프라에 약 9억 달러, 서비스에 약 1억 달러 등 총 47억 달러의 외자유치를 목표로 하였다. 이를 위해 10여개 국가에서 투자설명회를 개최하고, 라진·선봉 현지에서도 투자포럼 등을 열었다.[6]

그러나 이런 노력에도 불구하고 1997년 12월 말까지 이루어진 외국투자 계약 실적은 111건으로 7억 5,077만 달러였다. 게다가 실제 투자된 금액은 77건으로 5,791만 달러에 불과해서 북한의 기대치를 크게 밑돌았다.[7] 이것은 계속되는 핵실험과 미사일 발사로 인해 미국과의 긴장이 고조되었던 데다가 지대 내의 인프라가 열악한 가운데 정치상황도 예측할 수 없어 투자자들이 투자의 안정성을 확신할 수 없었기 때문이다.

김일성 주석의 사망으로 중단되었던 개발은 2010년 12월 북한과 중국이 '라선경제무역지대와 황금평·위화도 경제지대 공동개발 및

---

6) 이용희, "북한의 경제특구정책과 실패요인", 동북아경제연구 제25권 제3호, 한국동북아경제학회, 2013, 273-274면.
7) 조명철, "북한 경제특구정책의 교훈과 정책과제", 오늘의 세계경제 제7권 제42호, 대외경제정책연구원, 2007, 4면.

공동관리에 관한 협정'을 체결하고 이 협정에 따라 2011년 '조중라선경제무역지대와 황금평경제지대 공동개발총계획요강'을 작성하여 라선경제무역지대의 산업발전 방향과 산업배치, 산업발전 중점, 기초시설 건설의 기본 방향을 설정하면서 다시 본격화되었다. 북한은 라선경제무역지대의 본격적인 개발을 지원하기 위해 2010년에 라선시를 특별시로 승격시켰고, 2011년 '라선경제무역지대법'을 개정하였다.

'조중라선경제무역지대와 황금평경제지대 공동개발총계획요강'에 의하면 산업 발전 방향에서 라선경제무역지대의 개발에 외국 자본을 적극 유치하고 원자재공업, 장비공업, 첨단기술산업, 봉사업, 현대 고효율농업 등 6대 산업을 집중 육성할 계획이다. 산업 배치는 라진, 선봉, 웅상, 굴포의 지역적 특성에 맞는 산업을 배치·육성하고, 기초시설 건설은 라진, 선봉, 웅상항을 중심으로 북으로는 중국과 러시아, 남으로는 청진, 동으로는 동해로 연결하는 육상, 해상, 항공 교통망을 구축하고 이외에 전력, 급수, 정보통신 등 인프라 시설을 구축하는 것을 내용으로 하고 있다.

북한과 중국의 라선경제무역지대 경제협력 사업은 지대 개발 총계획 작성, 항만과 철도 개보수 사업 본격화, 라진과 원정 간의 도로 개보수 공사 완료, 관광 및 농업 협조 등 여러 분야 사업의 적극적 추진, 중국 전력 송전을 위한 측량사업 완료 등이다. 라선시 입주기업의 전력 수요를 충당하기 위한 송전사업에 대한 타당성 분석이 2012년 10월 중국 국가전력망공사의 기초 심사를 통과했다.

이 사업은 중국 훈춘에서 북한 라선까지 66kV의 송전선로 97.8㎞를 설치하고 라선시에 변전소를 건설하는 것이고, 중국 훈춘과 북한 원정리와 라진항 간의 50.3㎞ 구간 도로의 확포장 및 중소형 교량 11개 건설사업이 완료되어 개통되었다. 또 중국 훈춘과 북한 원정리 사이의 신두만강대교와 훈춘과 라선을 연결하는 철도 건설이 시작

될 것으로 전해진다.[8]

한편 2014년 12월 상황으로는 라선과 훈춘 및 라진항을 잇는 53㎞의 도로 포장, 라진항 2호 부두 개·보수 및 물류창고 건설과 200여개 중국 기업의 진출 등 부분적으로 성과는 있었다. 하지만 전력 공급사업은 중단되었고, 산업단지 조성은 착수도 못하고 있는 실정이라고 한다.[9]

2) 홍콩처럼 만들려 한 신의주 특별행정구

신의주 특별행정구 지정은 경제적으로 그동안 추진했던 전략의 한계를 인정하고 외자유치를 통한 개발추진 전략으로의 본격적인 변화를 의미하는 것이었다. 신의주지역은 중국의 단둥과 마주하고 있는 북한 제일의 변경무역도시이다. 광물과 자연자원을 활용한 금속, 화학, 섬유, 제지, 신발공업 등이 발달해 있는 지역으로서 신의주 특별행정구는 북한이 2002년 홍콩식 일국양제(一國兩制)와 중국의 특별경제구 중 대표적인 경제특구인 심천특구의 장점을 결합하여 국제적인 항구도시이자 21세기 환경친화형 도시로의 개발을 추진한 특구였다.

북한은 2002년 최고인민회의 상임위원회 정령으로 '신의주 특별행정구 기본법'을 제정하면서 신의주를 국제적인 금융·무역·상업·공업·첨단과학·오락·관광지구로 개발한다고 발표했다. 이어 네덜란드 유럽아시아 국제무역회사와 '신의주특별행정구 개발·운영에 관한 합의서'를 체결하였으며 네덜란드 국적의 중국인 양빈을 특별행정구 장관으로 임명하는 등 관련 절차를 추진하였다.

---

8) 이석기 외, 2012년 북한경제 종합평가 및 2013년 전망, 산업연구원, 2012, 96-100면.
9) 중소기업연구원, 북한경제개발구 지원방안 연구보고서, 2014, 13면.

북한으로서는 나진·선봉경제무역지대와는 달리 국가의 간섭을 최대한 배제하여 자치권을 크게 제고시키고 자유로운 기업활동을 보장하는 특구를 지정하여 중국의 홍콩이나 심천과 같이 시장경제 원리에 입각한 개방을 시도한 것이었다. 신의주 특별행정구 기본법에 따르면 신의주 특구는 북한의 내각·성·중앙기관이 특구사업에 관여하지 않고 독자적인 입법·행정·사법권을 행사한다는 점에서 1국가 2체제의 홍콩과 상당부분 일치하며 입법 및 행정 자치권만을 보유하고 있는 심천특구에 비해서는 더 큰 자치권을 보유하는 특구로서 규범적으로 자율성이 크게 보장된다는 점에서 관심을 모았다. 그러나 특구의 초대 특별행정구 장관으로 임명된 양빈이 탈세혐의로 중국 당국에 체포되면서 중국이 특구개발을 포기한 이후 방치되었다.

2012년 6월부터 중국 최초의 개발구인 심천특구를 비롯한 4개 특구의 개발 경험이 있는 홍콩 대중화그룹이 북한의 조선합영투자위원회와 신의주 특수경제지대의 공동 개발을 논의해온 것으로 알려지고 있다. 이와 같은 논의가 어떻게 반영될 것인지는 알 수 없지만 북한은 2013년 11월 최고인민회의 상임위원회 정령으로 13개의 경제개발구와 신의주를 특수경제지대로 개발할 것을 발표했다.

이에 따라 이 지역은 2014년 7월 신의주 국제경제지대로 명칭이 변경되었고 향후 경제개발구 정책에 따른 개발이 예정되어 있는 지역이 되었다. 신의주 특별행정구 기본법은 북한의 법전에서 삭제되었고, 경제개발구 개발정책과 함께 신의주 개발계획이 발표된 점에 비추어 경제개발구법이 준거법으로 적용될 가능성이 크다.

3) 남한을 파트너로 삼은 개성공업지구

2000년 6월 남북 정상회담 직후 남북 관계의 해빙무드 속에서 현대아산 관계자가 김정일 국방위원장과 면담을 한 결과 개성공업지

구 개발이 추진되었다. 2000년 남북은 정상회담의 정신을 살려 남북
경협 사업에 적용될 규범으로서 '투자보장에 관한 합의서', '소득에
대한 이중과세 방지 합의서', '상사분쟁해결 절차에 관한 합의서', '청
산결제에 관한 합의서'를 체결하였다. 북한은 2002년 11월 13일 개성
을 공업지구로 지정한데 이어, 11월 20일에는 '개성공업지구법'을 최
고인민회의 상임위원회 정령으로 채택하였다.

개성공업지구는 66㎢ 면적으로 황해도 서남부에 위치하고 있으며
국제적인 공업, 상업, 무역, 금융, 관광지역으로 건설하는 것을 목표
로 하였다. 무관세 수출가공구 성격의 공업·무역형 경제특구를 지향
하면서 중·장기적으로는 첨단기술과 관광산업 및 금융과 상업 등을
포괄하는 종합형 경제특구로 개발하는 것을 목표로 하고 있다. 다른
특구들과 달리 남한을 주요 협력대상으로 하고 있었다.

2002년 12월 4일 현대아산, LH공사, 조선아시아태평양평화위원회,
민족경제협력연합회 등 4자 간에 LH공사를 개성공업지구 공장구역
의 개발업자로 지정하는 합의서를 체결하였다. 2002년 12월 23일 북
측은 현대아산에게 개성공업지구 전체에 대한 50년 간의 사용을 보
장하는 토지이용증을 발급하였다.[10]

개성공단사업을 정부 차원에서 지원하기 위해 개성공단사업지원
단이 2004년 10월 통일부에 설치되었으며, 개성공단 관리기관인 개성
공업지구관리위원회가 같은 달 개성 현지에서 문을 열었다. 2007년
에는 개성공업지구의 개발과 운영 지원 및 개성공업지구에 투자하
거나 출입·체류하는 남한 주민의 보호와 지원에 관한 규범인 '개성
공업지구지원에 관한 법률'이 제정되었다.

개성공단 1단계 부지조성공사가 2006년 6월에 완료되고, 폐수처리
장, 폐기물매립장, 용수시설 등 내부 기반시설이 2007년 10월까지에

---

10) 통일부, 개성공단관리 10년, 2014, 6면.

걸쳐 완공됨으로써 3년 8개월에 걸쳐 총사업비 2,676억 원이 투입된 개성공단 1단계 조성공사가 완료되었다. 2007년 4월 183개 입주업체가 선정되어 생산에 들어갔으며, 2008년 11월에는 개성공업지구의 누적 생산액이 5억 달러를 돌파하였다. 그러나 2008년 3월 북한은 남한 정부의 대북정책 및 유엔의 대북제재에 반발하여 개성공단 내에 위치한 남북경제협력협의사무소의 남한 인원에 대한 전원 철수 조치를 취하였다.

이어 2008년 12월에는 개성공단으로의 군사분계선 육로통행을 엄격히 제한하는 조치를 감행하면서 상시 체류 인원과 출입 횟수 및 1일 출입 인원과 차량 규모를 대폭 제한하였다. 2009년에는 체제비난과 북한 주민에 대한 사상적 회유 등을 이유로 공단에 체류하던 남한 근로자 1명을 억류하였다. 5월에 이르러서는 토지임차료를 비롯한 개성공단의 기존 계약과 법규에 대해 일방적으로 무효 및 재계약을 주장하는 등 순탄치 않은 과정을 거쳤다.

2010년 3월 발생한 천안함 폭침이 북한의 소행으로 밝혀짐에 따라 남한은 2010년 5월 24일 남북 교류 협력을 원칙적으로 금지하는 대북조치를 발표했다. 그러면서도 개성공단은 그 특수성을 고려하여 기존의 생산활동은 유지해 나가되 신규 진출과 투자 확대는 당분간 금지하고, 개성공단에 체류하는 인원을 평소의 50~60% 수준으로 축소 조정하기로 하였다.

이후 북한은 국제사회의 반대에도 불구하고 2013년 2월 12일 3차 핵실험을 실시하였고, 이로 인한 대북제재 움직임과 남한의 언론 보도를 문제 삼아 4월 8일에는 북측 근로자 전원을 일방적으로 철수시켰다. 이에 따라 개성공업지구는 가동중단 사태를 맞이하였다가 같은 해 9월 재가동되었으며, 북한의 수소탄 실험과 미사일 발사로 인한 정치적 긴장관계 속에서 2016년 2월 폐쇄된 상태이다.

한편 북한은 2013년 11월 개성공업지구 사업 부지에서 '개성고도

과학기술개발구'에 대한 착공식을 개최하였다. 개성고도과학기술개 발구에는 정보기술개발센터와 호텔, 주택, 학교가 세워지고 독립적 인 발전소도 계획되어 있다고 한다. 북한의 경제개발구 계획에서는 개성고도과학기술개발구는 제외되었다.

4) 좌초한 금강산 관광지구

금강산국제관광특구는 1998년 '김정일·정주영 금강산관광사업 합 의'에서 출발하였으며 북한이 처음부터 금강산 지역을 특구로 지정 한 것은 아니었다. 남한 주민이 금강산을 관광하는 것을 목적으로 1998년 11월부터 추진되었다. 당초 해로(海路)를 통한 관광사업으로 시작되었으나 2003년 육로 관광으로 전환되면서 관광객이 증가하여 2005년 6월 누적 관광객 수가 100만 명을 돌파하기도 했다. 2001년 한 국관광공사가 금강산 현지의 관광시설물 일부를 인수하는 방식으로 사업 참여를 결정하고, 2002년 남한 정부가 남북협력기금을 금강산 관광사업에 지원하기로 결정한 이후인 그 해 11월 북한은 '금강산관 광지구법'을 제정하였고 2003년 4월 수정 보충하였다.

이 법에 따르면 관광지구에서 관광뿐 아니라 지구개발, 관광업을 위한 투자와 아울러 소프트웨어 산업 같은 공해가 없는 첨단과학기 술 부문의 투자도 가능한 것으로 규정하고 있다(제21조). 중점적인 사업으로 관광사업을 추진하지만 개성공업지구와 같은 경제특구로 발전할 가능성도 있다는 분석도 있었지만,[11] 현재는 '금강산국제관 광특구법'의 제정에 따라 금강산관광지구법은 폐지된 것으로 보아야 할 것이고, 금강산국제관광특구법에는 위 제21조와 같은 규정은 찾 아볼 수 없다.

---

11) 신영호, "북한의 금강산관광지구법에 대한 검토", 국민대 법대 남북협력법 제연구단 제1회 금강산포럼 발제문, 국민대법제연구센터, 2004, 15면.

금강산관광지구는 1단계는 관광선 운항에 의한 관광사업, 2단계
는 스키장·골프장·공항 등 시설 개발, 3단계는 대규모 국제회의장·
문화촌 등을 건설하여 연간 150만명 이상의 관광객 유치 계획을 세
우고 시작되었다. 그러나 2008년 7월 관광객 피격 사망사건 이후 관
광 사업이 전면 중단되었다. 남한 정부는 관광객 피격 사망에 대하
여 사과와 보상 및 재발방지를 위한 신변안전대책을 요구했으나 북
한은 이를 거부하였다. 2011년 4월 29일 금강산지구에 '금강산국제관
광특구'를 설립한다고 발표하고, 5월 '금강산국제관광특구법'을 새롭
게 제정함으로써 금강산관광지구법을 사실상 폐기하였다.

2008년 관광이 중단되기까지 누적 관광객은 193만 명에 달하고 관
광 매출액은 7천 378억 원이었다. 외자 유치를 통한 특구 개발에 있
어서 갈등 국면에 처했을 때 정치적으로 극복하지 못함으로써 결국
특구 중단이라는 결과를 가져온 것이다. 경제적 실익보다는 국가적
자존심과 정치적 명분을 더 중시하는 북한의 태도는 경제적 실익을
우선했던 중국의 특구 정책과 대비된다.[12]

2016년 현재 금강산 관련 남북경협이 중단된 지 6년이나 지났다.
북한이 독자적인 관광을 시도하고는 있지만 접근성 문제 등으로 관
광객 유치에 한계에 부딪치자 경제개발구법 제정 이후 금강산을 원
산과 하나로 묶어 관광벨트로 개발하는 것을 구상하고 있는 것으로
보인다.

5) 중국과의 국가적 프로젝트, 황금평·위화도 경제지대

2010년 6월 북한과 중국이 합의하여 개발을 결정하고, 그해 12월
합작 개발을 위해 '라선경제무역지대와 황금평·위화도 경제지대 공
동개발 및 공동 관리에 관한 협정'을 체결하였다. 황금평 개발은 라

___
12) 이용희, 앞의 논문, 279-280면.

선항 개방과 연동된 북중 양국 중앙정부 차원의 국가급 프로젝트이다. 황금평 개발과 라선항 개방이 맞물려 있는 상황으로 황금평 개발이 미흡하면 중국이 추진하고 있는 라선항 개방 역시 차질이 있을 수 있기 때문에 '라선경제무역지대와 황금평·위화도 경제지대 공동개발 및 공동관리에 관한 협정'이 체결되었다.

이 협정에서는 위화도에 대한 구체적 개발계획은 빠져 있다. 북한은 2011년 12월 '황금평·위화도경제지대법'을 제정하고 황금평 공동 개발을 위해 북한과 중국 인사로 구성된 관리위원회도 구성하였다. 북한과 중국 간의 협정에 따라 2011년 '조중라선경제무역지대와 황금평경제지대 공동개발총계획요강'을 작성하여 황금평경제무역지대의 산업 발전 방향과 발전 목표, 산업 배치와 발전 중점, 기초시설 건설을 설정하였다.

'조중라선경제무역지대와 황금평경제지대 공동개발총계획요강'에 따르면 황금평지구에서는 정보산업, 관광문화산업, 피복가공업, 현대시설농업 등 4대 산업을 집중 육성할 계획이다. 단기적으로 공동시장, 피복가공 등을 추진하면서 동시에 상업센터를 중심으로 소프트웨어 등 정보산업과 조선민족문화 창작과 공연·만화·휴식·쇼핑 등 관광문화산업, 의류와 장식품 등을 생산하는 가공업, 우량종자 육종·온실재배 등 현대시설농업을 추진한다는 것이다.

기초시설 건설의 경우 황금평과 신의주 간의 여객 및 화물 운수 수요를 처리하기 위한 여객 및 화물 부두를 건설하고 중국 단둥신구 및 신압록강대교와 각각 연결되는 2개의 출입도로를 새로 만드는 등 그물망 형태의 도로를 건설한다. 공항은 중국 단둥비행장을 이용하고, 전력은 중국 단둥으로 배전망을 설치하며, 인터넷·고정통신망·이동통신망을 건설하고, 가스와 열공급 수도시설 완비 등 기초시설을 건설한다는 계획이다. 북한과 중국이 2011년 6월 황금평 개발 착공식을 개최한 이후 뚜렷한 외형적인 성과는 보이지 않으며, 투자유치에 어려움을 겪고 있어 원활한 개발은 어려울 것으로 예상된다.

6) 김정은 시대 경제특구의 시금석 경제개발구

가. '대외경제성'이 전담 부서인 행정체계

2013년 5월 29일 제정된 경제개발구법은 2011년 북한이 처음으로 발표한 '국가경제개발 10개년 전략계획'을 정책적으로 뒷받침하기 위한 것이라고 볼 수 있다. 2013년 3월 노동당 중앙위원회 전원회의에서 김정은 위원장은 각 도(道)의 실정에 맞는 경제개발구 설정의 필요성을 제기하였으며, 2013년 4월에 개최된 최고인민회의 제12기 7차 회의에서 합영·합작을 통한 경제개발구 창설 추진에 대해 결정하였다.

경제개발구 정책은 선택과 집중을 통한 경제개발의 단기적인 성과 달성을 목표로 하는 것으로서, 외화 확보의 목적과 더불어 경제 전반의 발전과 주민생활 향상을 목적으로 하고 있다. 경제개발구법을 통해 북한이 추진하고자 하는 경제개발구에 대한 정의를 명시하고자 하는 것으로 볼 수 있다. 이어 종전에는 무역성, 합영투자위원회, 국가경제개발위원회 등 3개 기관이 분담해 오던 북한 경제특구(개발구) 관련 업무를 2014년 6월에 하나의 행정조직으로 통합하여 경제개발구전담추진기구인 '대외경제성'을 출범시켰다.

경제개발구 지원행정은 총괄 전담기관인 대외경제성을 정점으로 하여 그 아래에 지방별로 도·직할시 인민위원회가 있고, 하위에 실행업무를 관장하는 경제개발구별 관리위원회 등을 두는 3단계로 이루어진다. 경제개발구 지원행정의 상위 기구인 대외경제성은 중앙특수경제지대지도기관으로서 경제개발구 관련 국가발전전략 수립, 다른 나라 정부들과의 협조 및 외국기업 투자 유치, 경제개발구 기업 창설시의 기준 검토 승인 등의 업무를 총괄한다. 도·직할시 인민위원회는 경제개발구 관리기관의 조직, 경제개발구 법규의 시행세칙 제정, 경제개발구의 관리와 노력 보장 등의 업무를 관장하며, 관리기관은 개발구의 개발, 관리에 관한 준칙을 제정하고 기업의 창설 승인과 등록 및 영업 등에서의 인·허가 업무를 관장한다.

나. 4대 변방지역에 분포한 19개 경제개발구

2013년 11월 최고인민회의 상임위원회의 정령으로 신의주 특수경제지대와 평성·남포·해주·온성 경제개발구 등 13개 지방급 경제개발구와 1개의 특수경제지대로 구성된 14개 경제개발구의 내용이 발표되었다. 13개 경제개발구의 경우 공식적으로 투자제안서를 통하여 개발지역별로 경제개발구의 성격과 면적, 투자액을 발표하였고, 2014년 7월 은정첨단기술개발구, 강령국제녹색시범구, 청남공업개발구, 숙천농업개발구, 청수관광개발구, 진도수출가공구의 6개 경제개발구를 추가로 발표하였다. 19개의 지방급 경제개발구는 지역별로 고르게 분포되어 있으며, 권역별로는 동해안과 서해안 연안지역과 북중 접경지역을 중심으로 분포되어 있다.

경제개발구 정책의 특징으로는 첫째, 경제개발구 유형의 다양화를 들 수 있다. 경제개발구의 성격을 각 지역의 특성에 맞추어 공업, 무역, 첨단기술, 농업, 관광 등 단일유형과 수출가공, 현대 농업, 관광휴양 등과 같이 다수의 유형이 복합된 형태로 다양하게 구상하고 있다. 둘째로, 전국적 분포이다. 중앙급 경제특구가 특정지역으로 한정된 반면 경제개발구는 중앙 및 지방정부가 필요에 따라 지역을 정하여 경제개발구를 창설할 수 있도록 함으로써 전국적인 확산을 꾀하고 있다.

셋째, 경제개발구 지역의 소규모화이다. 13개 경제개발구의 개발구별 면적은 모두 소규모로 최소구역인 와우도수출가공구는 1.5㎢이며 최대구역인 신평관광개발구도 8.1㎢에 불과하다. 투자제안서가

공개된 13개 지역의 총 개발면적은 44.3㎢이고, 평균 개발면적은 3.4 ㎢에 그치며 전체 면적을 다 합해도 개성공업지구 면적의 2/3 수준이다. 넷째, 목적과 근거법규에서 김정일 정권시기와는 차이를 보인다는 점이다. 김정일 정권에서의 경제특구정책은 외화획득과 특정지역의 경제개발을 목적으로 하는 각각의 경제특구별로 특별법을 제정하여 중앙지도기관이 총괄했다.

경제특구는 중앙급 단위로 4대 변방지역에 분포되어있고 복합적인 종합형 특구형태를 띄고 있다. 반면에 김정은 정권에서의 경제개발구 정책은 외화획득이라는 목적은 동일하지만 지방경제의 발전을 강조하고 있으며, 근거 법규로는 단일한 경제개발구법을 제정하여 중앙지도기관과 도·직할시 인민위원회가 관장하도록 한다는 차이가 있다.

아직 실제적인 투자는 이루어지지 않고 있으나, 북한은 경제개발구의 대내외 홍보 및 자문을 받기 위한 국제회의를 개최했다. 주변국인 중국, 러시아의 지원 여부를 적극적으로 타진하는 등 외자유치를 위해 노력하고 있으며, 외국으로부터 경제특구와 관련한 노하우를 전수 받는 연수활동과 경제특구를 추진할 전문 인재 양성에 적극적 행보를 보인다. 김정은 정권의 경제개발구 정책은 자립적 민족경제를 현실에 적용하기 위한 보충적 수단으로 기능할 가능성이 크다. 이는 김정일 정권이 2002년 '7·1 경제관리조치' 이후 시장을 합법화하고 이를 계획경제의 보충적 수단으로 이용하고 있는 것과 유사한 형태이다.

대외적 개방정책으로 경제개발구 운영이 현실화되면 자력갱생으로 표현되는 내부자원, 즉 내부투자는 대폭 감소한다. 자립경제의 보충적 수단이었던 외부자원인 외국자본의 투자가 증가하게 됨에 따라 경제개발구 운영에 상응한 경제정책의 대개혁이 수반되어 시장경제제도로의 이행이 상당한 정도로 진행될 것으로 판단된다. 중국의 등소평이 1982년 중국을 방문한 김일성 주석에게 "개혁과 개방은 수단이며 목적은 경제를 발전시키는 것이다"라고 역설한 것처럼 북한이 유연성 있는 정책을 추진한다면 중국처럼 성공적인 경제특구정책으로 평가받을 수도 있을 것이다.

경제개발구는 외국자본을 통한 북한 전 지역의 경제개발을 목적으로 하고 있어서 남북경협을 통한 북한경제특구 개발은 북한이 추진하고 있는 경제개발에 긍정적으로 작용할 수 있다. 또한 각 지역의 특화된 부문에 대한 개발을 우선 계획하고 있어서 낙후된 지역경제의 균형 잡힌 발전을 도모할 수 있다.

한편 북한기업이 개발당사자로 동참할 경우 침체된 북한기업들에게 경영노하우를 전수하고 재정을 분담하는 등으로 경영현대화를 지원할 수도 있을 것이다. 경제특구 및 경제개발구 개발을 통한 전력, 도로와 같은 인프라 개발로 주변지역의 경제발전과 주민생활에 긍정적 영향을 미칠 수 있다. 게다가 생산된 반제품을 북한기업들이 받아 완제품으로 생산할 수 있기 때문에 경제개발구를 중심으로 시작해 북한 전 지역에 산재한 경제주체들에게 파급효과를 끼칠 수 있고, 북한 주민을 채용함으로서 외화확보뿐 아니라 안정적 고용과 소득을 통해 북한 주민들의 생활 향상도 가져올 수 있다.

3. 외국인 투자정책의 기본을 규정한 헌법 제37조

1) 북한의 법률체계

가. 기본법은 헌법

북한의 법률체계는 국내법으로는 헌법, 부문법, 규정이 있고 국제법으로는 조약이 있다. 북한 법학자의 설명에 따르면 "북한의 법률시스템은 기본법, 부문법, 법률제도의 세 가지로 나눌 수 있으며 기

본법은 '조선민주주의인민공화국 헌법'이다. 헌법은 부문법의 근거
가 되므로 헌법에 근거하여 펼쳐진 모든 법이 부문법이다.

라선경제무역지대법과 황금평·위화도경제지대법과 같은 법은 헌
법 제37조에 의하여 작성된 부문법인데 헌법 제37조는 외국인투자정
책의 기본을 규정하고 있다. '국가는 우리나라 기관, 기업소, 단체와
다른 나라 법인 또는 개인들과의 기업합영과 합작 및 특수경제지대
에서의 여러 가지 기업창설운영을 장려한다'라고 규정하고 있는 헌
법 제37조는 외국인 투자활동을 헌법 측면에서 보장하고 있는 조문
으로서, 외국투자와 관련된 모든 법률, 법규, 규정 및 집행의 기초이
다. 법률제도란 "부문법 내에서 조정대상의 특성에 따라서 구분되어
있는 각종 법률규범의 조합을 의미하며 장(章)의 형식으로 표현된다"
고 하고 있어 북한헌법상의 조항을 통한 이해와는 다소 다른 설명을
하고 있다.[13]

북한의 헌법은 법체계의 주도적 부분을 이루며 국가 사회제도의
기본 문제들을 규율한다. 민법, 형법, 민사소송법 등 부문법과 다른
법적 문건들이 각기 해당한 분야 또는 부문의 사회생활상의 구체적
인 원칙과 생활준칙들을 세부적으로 규정하는데 비하여 헌법은 사
회생활의 전반에 관통되는 일반적이며 기본적인 원리와 원칙들을
규제한다. 바꾸어 말하면 헌법과 다른 법적 문건과의 관계는 헌법이
사회생활의 전반과 원리를 규정한 법인데 반하여 부문법을 비롯한
다른 법 형식들은 개별적인 사회생활 분야마다 이 원리들을 구체화
하고 전개한 법이라는데 있다.[14]

헌법은 모든 법령과 입법의 법률적 기초가 된다. 헌법이 개별적
인 부문법의 출발적 의의를 가지는 근본규범들을 내용으로 담고 있

---

13) 이춘일, 조선경제특구법규해석(이춘일 박사와 강정남 교수의 대화), 연변
대학출판사, 2013, 6면.
14) 심형일, 주체의 사회주의 헌법리론, 평양: 사회과학출판사, 1991, 14면.

는 만큼 부문법의 제정을 위한 법률적 기초로서의 역할을 한다. 부문법 규범들은 해당 부문, 분야와 관련된 헌법규범들에서 방향을 받으며 거기에서 주어진 원리원칙들을 구현하고 구체화한다. 부문법 규범들은 헌법에서 파생된 것이며, 헌법 규범들은 부문법 규범들을 위한 기초적이고 원리적인 의의를 가지는 기본 규범으로 된다.

헌법은 모든 규범적 문건 중 최고의 법률적 효력을 가진다. 헌법 이외의 모든 부문법과 규정들은 헌법에 의하여 제약된 기준과 한계 안에서 효과를 가지며 헌법에 부합되게 채택된다. 헌법은 다른 어떠한 법규범에 의해서도 그 효력을 제한받지 않는다. 하지만 부문법과 규정들은 입법 내용과 입법절차에서 헌법에 어긋날 때 바로 헌법에 의하여 효력을 상실한다.[15] 헌법은 오직 최고주권기관에서 일정한 절차에 의해서만 채택 또는 수정 보충된다.[16]

헌법을 수정 보충할 경우에는 최고인민회의가 휴회 중이더라도 최고인민회의 상임위원회가 이를 대신할 수 없고, 반드시 최고인민회의를 소집하여야 한다(제91조 제1호). 새로운 헌법을 채택할 경우에는 헌법제정위원회의 초안 심의와 최고인민회의의 승인이라는 절차를 거쳐야 한다. 또한 최고인민회의에서의 결의 요건도 최고인민회의 대의원 전원의 3분의 2 이상의 찬성을 얻어야 수정 보충된다(제97조 제3항).

이렇게 보면 형식적으로는 북한 헌법의 지위 또한 우리 헌법의 지위와 큰 차이가 없는 것으로 보인다. 그러나 사회주의 헌법의 경우 성문 헌법의 존재에도 불구하고 그 성문 헌법의 상위에서 그것을 제약하고 지도하는 이념과 원리가 별도로 존재한다는 점을 잊어서는 안 된다. 즉 헌법 제11조는 "조선민주주의인민공화국은 조선로동당의 령도 밑에 모든 활동을 진행한다"고 규정하여 노동당의 지도적

---

15) 심형일, 앞의 책, 15면.
16) 사회과학원 법학연구소, 법학사전, 평양: 사회과학출판사, 1971, 681면.

지위를 헌법상으로 인정하고 있고, 조선로동당 규약의 전문은 "조선 로동당은 오직 위대한 수령 김일성동지의 주체사상, 혁명사상에 의 해 지도된다"고 규정하고 있다. 다시 헌법 제3조는 "주체사상, 선군 사상을 자기 활동의 지도적 지침으로 삼는다"고 규정한다.

결국 북한의 법체계는 김일성과 김정일의 교시가 최고 상위 규범 이 되고, 그 밑에 노동당규약 및 헌법이 위치하게 되는 형태가 된다. 그렇다면 북한은 형식적으로는 헌법을 최고의 규범으로 삼고 있지 만, 김일성과 김정일의 교시와 노동당의 강령·지침 등이 막강한 영 향력을 행사하여 사실상 헌법 이상의 효력을 가지고 있는 것으로 평 가할 수 있다.[17]

나. 최고인민회의 승인이 필요한 중요 부문법

북한의 부문법은 제정주체와 절차에 따라 일반 부문법과 중요 부 문법으로 구분할 수 있다. 최고인민회의는 부문법을 제정 또는 수 정·보충할 수 있으며 최고인민회의 휴회 중 최고인민회의 상임위원 회가 채택한 중요 부문법을 승인한다. 최고인민회의 상임위원회는 최고인민회의 휴회 중 제기된 새로운 부문법안과 규정안, 현행 부문 법과 규정의 수정·보충안을 심의·채택하며 중요 부문법에 대하여는 다음번 최고인민회의의 승인을 받도록 하고 있다(제116조 제2호).

중요 부문법에 대해서는 최고인민회의는 단독으로 제정할 수 있 으나 최고인민회의 상임위원회는 단독으로 결정할 수 없고 반드시 최고인민회의의 승인을 받도록 하고 있다. 그러나 어떤 법이 중요 부문법이 되는지에 대한 기준이나 일반 부문법과 중요 부문법 간의 효력 차이에 대해서는 규정하고 있지 않다.

북한은 1998년 헌법에서부터 법의 존재형식으로 '규정'을 두고 있

---

17) 법원행정처, 북한의 헌법, 2010, 67면.

다. 규정의 제정권한은 최고인민회의에 있으며 최고인민회의 휴회 중에는 최고인민회의 상임위원회도 규정을 채택할 권한이 있다(제116조 제2호). 내각은 헌법과 부문법에 기초하여 국가관리와 관련한 규정을 제정 또는 수정·보충한다(제125조 제2호).

따라서 규정은 북한법의 성문법으로 부문법의 하위규범인 것으로 볼 수 있다. 경제개발구법 등 북한의 특수경제지대법에서는 세칙, 준칙, 규약도 적용법규로 명시하고 있는데 세칙, 준칙, 규약에 대해서는 헌법에 규정을 두고 있지 않아서 일반적인 성문법의 규범체계에 속하는 것인지는 알 수 없다.

국제법으로는 조약이 헌법과 조약법에 규정되어 있으며 승인 및 폐기기관을 달리 하는 중요 조약과 일반 조약 및 기타 조약으로 구분할 수 있다. 내각은 다른 나라와 조약을 체결할 수 있고 국가, 정부, 해당 기관의 명의로 체결한다(헌법 제125조 제11호, 조약법 제3조, 제20조). 승인 또는 비준을 하는 기관에서 조약의 폐기를 결정하며 국방위원회 제1위원장과 최고인민회의(상임위원회) 및 내각으로 승인 및 폐기기관이 3원화되어 있다.

국가 또는 정부의 명의로 체결한 중요 조약과 비준 또는 승인을 받기로 체약 상대방과 합의한 조약은 비준 또는 승인을 받아야 효력이 있다. 중요조약은 국방위원회 제1위원장이 비준하고, 최고인민회의에 제기되는 조약은 최고인민회의에서 비준하며, 기타 조약은 내각과 해당 기관이 승인한다(헌법 제103조 제4호, 조약법 제11조, 제13조, 제20조).

다. 입법형식과 채택방법이 다른 북한법

북한의 법체계를 남한의 법체계와 비교해보면 남한법의 경우 입법형식과 공포방법이 동일하지만(헌법, 법률, 대통령령) 북한법의 경우 입법형식과 채택방법이 다름을 알 수 있다. 즉 입법형식이 '법'인 경우 채택방법은 '법령' 또는 '정령'이고, '규정'인 경우 채택방법은 최고인민회의 상임위원회의 '결정' 또는 내각의 '결정'으로 되어 있다.

북한법체계의 또 다른 특징은 동일한 입법형식을 위계질서가 다른 기관이 채택할 수 있도록 되어 있고, 동일 기관에서 위계가 다른 법규를 채택할 수 있도록 되어 있다는 점을 들 수 있다. '부문법'은 위계가 다른 최고인민회의와 최고인민회의 상임위원회가 채택할 수 있고, 최고인민회의 상임위원회는 위계가 다른 '부문법'과 '규정'을 채택할 수 있는 것이다. 나아가 최고인민회의가 '법령'과 '결정'을, 국방위원회가 '결정'과 '명령'을, 최고인민회의 상임위원회가 '정령'과 '결정'과 '지시'를 택하는 식으로 동일한 기관이 위계가 다른 채택방법을 취할 수 있는데 이들 사이의 위계는 명확치 않다.[18]

'정령'은 1998년 헌법 시행 이후 법의 채택 및 수정 시 최고인민회의 상임위원회가 내는 것으로서, 그 대상은 내각의 구성과 행정구역 지정 및 개편 등 헌법이 최고인민회의 상임위원회의 권한으로 정한 사항이다. 1972년 헌법 개정 이후 1998년 헌법 개정 전까지 법이 모두 최고인민회의 상설회의 '결정'에 의하여 채택 또는 수정보충되었는데 이는 최고인민회의 상임위원회에 정령권이 없었기 때문이었다. '부문법'은 최고인민회의의 '법령' 또는 최고인민회의 상임위원회의 '정령'에 의하여 채택되고 '중요부문법'이 아닌 경우 최고인민회의 상임위원회가 독자적으로 채택하며, 1998년 헌법 시행 이후 '부문법'의 수정보충은 모두 '정령'에 의하여 이루어지고 있다.

'규정'은 두 가지가 있는데 최고인민회의 상임위원회의 '결정'에 의하여 채택되는 '부문법'의 하위규정과 내각의 '결정'으로 채택되는 것이 있다.[19] 과거의 더 복잡하고 비체계적이었던 입법형식과 비교

---

18) 유욱, "북한의 법체계와 북한법 이해방법", 통일과 법률 제6호, 법무부, 2011, 104-105면.
19) 유욱, 앞의 논문, 104면.

하면 형식적인 측면에서 진일보한 점이 있다. 하지만 채택방법이 복잡하여 법체계의 불명확성을 가져오고 있으므로 채택방법을 단순화시키는 방향으로 정비되어야 할 것이다.

한편 북한에서 법률의 제정은 '법제정법'에 따르는 것으로 보인다. 북한에서도 '법치'의 중요성에 대해 언급하고 있으며 "행정활동과 사법활동이 철저히 법에 따라 진행될 것을 요구할 뿐 아니라 국가기관의 법제정활동도 법에 따라 진행[20]"하는 것으로 법치를 설명하고 있다. 이에 비추어 볼 때 법치주의를 입법·사법·행정 영역에서의 형식적 법치주의로 이해하고 있음을 알 수 있다. 법제정법의 내용은 알려져 있지 않은 상태이지만 "법제정과 관련된 제반 문제들을 전면적으로, 체계적으로 규제하는 법전[21]"이라는 설명에 비추어 절차법적인 성격을 가지는 법일 것으로 추정된다.

2) 헌법상 특수경제지대 개념을 도입하다

가. 외자 유치를 위한 법제 정비

북한의 헌법상 경제 관련 조항에 변화가 나타난 것은 1990년대의 일이다. 1980년대부터 경제난 타개를 위해 추진된 외자 유치 목적의 경제적 개방 관련 법제의 헌법적 근거를 마련하기 위하여 사회주의적 경제원리에 자본주의적 요소를 일부 가미하는 방식으로 1992년과 1998년 2회에 걸쳐 개정을 시도했다.

1992년 헌법에서는 "조선민주주의인민공화국은 자기 령역 안에 있는 다른 나라 사람의 합법적 권리와 리익을 보장"하며(제16조), "북

---

20) 리경철, "법제정법을 제정하는 것은 현시기 법제정 사업을 개선하기 위한 중요한 방도", 정치법률연구 2013년 제2호(루계 제42호), 평양: 과학백과사전출판사, 39면.
21) 리경철, 앞의 논문, 39면.

한 기관, 기업소, 단체의 다른 나라 법인 또는 개인들과의 기업 합영과 합작을 장려"한다고 규정함으로써(제37조), 1984년 제정된 합영법을 헌법적으로 뒷받침하였다. 같은 해에 헌법상의 조항을 근거로 '합작법'과 '외국인투자법', '외국인기업법', '외국투자기업 및 외국인 세금법' 등을 제정하여 외자 유치를 위한 법제정비에 본격적으로 나섰다.

1998년 헌법 개정을 통해서는 소유권의 주체를 확대하고 각 소유권 주체의 소유범위를 변경하였으며, 기업의 의사결정권한을 강화하여 자율적 경영의 폭을 확대하였다. 특히, "특수경제지대"라는 개념을 도입한 개정이 이때 이루어졌다.

구체적으로는 첫째, 생산수단에 대한 소유권의 주체를 "국가와 사회협동단체"로 규정하여 이전의 "국가와 협동단체"보다 확대하였다(제20조). 생산수단의 소유주체로서 사회단체를 추가한 것이다. 이것은 적극적인 외자 유치를 위한 정책의 실시과정에서 나타나는 새로운 형태의 법인격인 합영회사, 합작회사 등이 기존의 헌법규정으로 포괄할 수 없는 형태이므로 이들에 대해서 생산수단의 소유권을 인정할 필요성을 반영한 것일 가능성이 있다.

둘째, 개인소유권의 주체를 "근로자"에서 "공민"으로 확대하였고 그들이 소유할 수 있는 대상에 "합법적인 경리활동으로부터 얻은 수입"을 추가하여 개인소유의 대상도 확대하였다(제24조).

셋째, 기업의 독립채산제에 대한 강조와 함께 자율적인 의사결정권의 범위를 확대하였다. "국가는 경제관리에서 대안의 사업체계의 요구에 맞게 독립채산제를 실시하며 원가, 가격, 수익성 같은 경제적 공간을 옳게 리용"하도록 규정하여(제33조) 기업활동의 평가방법 중 하나로서 '번수입 지표'라는 개념을 신설하여 과거 제품의 생산만 책임지면 되었던 기업소의 역할에서 판매까지 역할을 확대하면서 이를 위해 기업이 스스로의 판단으로 노동력과 금전을 분배할 수 있도록 한 것이다.[22]

넷째, "국가는 우리 나라 기관, 기업소, 단체와 다른 나라 법인 또는 개인들과의 기업합영과 합작, 특수경제지대에서의 여러 가지 기업창설 운영을 장려"한다고 하여(제37조) 헌법상 특수경제지대 개념을 도입하였다. 이것은 이후 특수경제지대의 개별법들이 제정되는 헌법적 근거가 되었으며 2011년 외국인투자법 개정, 라선경제무역지대법 개정, 황금평·위화도경제지대법 제정, 2013년 경제개발구법 제정시에는 각 법의 제1장에서 개념규정 조항으로 명시되면서 특수경제지대 법제를 체계화하는 기초가 되었다.

나. 4단계 발전과정을 거친 외국투자관계법

북한에서 설명하는 외국투자관계법의 역사는 1940년대부터 시작된다. 최고지도자가 외국투자문제를 나라의 경제발전과 대외관계 발전에 있어서 중요한 문제의 하나라고 인식하고 새 사회 건설의 첫 시기부터 외국투자와 관계된 원칙을 천명하고 정책을 이끌었다는 것이다. 1984년 신년사에서는 "공화국 정부는 새 사회 건설의 첫 시기부터 사회주의 나라들과의 경제관계 발전에 선차적 의의를 부여하고 공지적 협조와 유무상통의 원칙에서 경제협조와 교류를 끊임없이 늘여왔다"고 하고 있다.[23]

북한의 설명을 따르자면 외국투자관계법은 네 단계의 발전과정을 거치는 것으로 구분할 수 있는데, 1949년 제정·공포된 '조선-쏘련해운주식회사 규정'이 이 영역에서 나온 최초의 법규이다. '조선-쏘련해운주식회사 규정'은 1947년 3월 25일 북조선 인민위원회와 쏘련 외국무역성 사이에서 '조선-쏘련해운주식회사 조직에 관한 협정'이 체결되고 같은 해 4월 5일 이 협정의 이행을 위한 합의서가 체결되

---

22) 임수호, 계획과 시장의 공존, 삼성경제연구소, 2008, 183면.
23) 조선로동당출판사 편집부, 김일성저작집 제38권, 평양: 조선로동당출판사, 1992, 228면 참조.

었다. 이에 기초하여 1948년 12월 평양에 '조선-쏘련해운주식회사'가 창설됨에 따라 제정·공포된 것이며, 이것이 북한의 외국투자관계법의 역사에서 첫 번째 단계라고 한다.

이 회사를 1년간 운영하면서 축적된 경험을 토대로 1949년 12월 30일 내각비준 제115호로 '조선-쏘련해운주식회사규정'이 채택되었다. 이 규정이 채택됨으로써 '조선-쏘련해운주식회사'의 관리운영사업이 정규화되고, 북한 내에서 외국인투자기업을 창설·운영할 수 있는 법적 기초가 마련되었다.

"조선-쏘련해운주식회사"는 청진항, 라진항, 웅기항(현재의 선봉항) 복구를 위한 자금을 북한이 투자하고 소련이 화물선을 투자하는 형식으로 창설된 주식회사 형태의 외국인투자기업이었다. 창설 이후 중국의 대련항과 천진항, 홍콩, 일본의 시모노세키항을 비롯한 여러 나라의 항구를 오가면서 북한의 수출입상품과 제3국의 짐을 수송하였을 뿐 아니라 수많은 선박운영 기술자들과 선원들을 양성하였다.[24]

두 번째 단계는 서구의 경제봉쇄정책과 경제적 측면에서의 사회주의권의 내부 이해관계 대립으로 외국인투자기업을 광범위하게 창설·운영하기 어려워지자 새로운 유한책임회사 형태의 외국인투자기업을 창설·운영하기 위하여 1965년 11월 19일 폴란드 정부와 '공동해운회사조직에 관한 협정'을 체결하고, 1967년 2월 7일 '조선-뽈스까공동해운회사'를 창설하였으며 이 과정에서 1966년 '유한책임회사규정'과 '회사등록규정', '회사파산규정'이 제정·공포된 단계이다.

이 규정들의 채택은 '조선-쏘련해운주식회사'를 창설·운영하는 과정에서 얻은 경험과 당시의 실정을 고려한 입법적 조치였으며, 이것이 북한에서의 외국투자관계법 발전과정에서의 두 번째 단계라고

---

24) 강정남, "공화국외국투자관계법의 발생발전과 그 체계", 김일성종합대학 학보: 력사·법학 제46권 제1호(루계315호), 김일성종합대학출판사, 2000, 63면.

설명되고 있다.[25) 세 번째 단계는 1980년대 중반 합영관계법들이 제정, 공포된 것이다. 1984년 1월 26일 최고인민회의에서는 결정 '남남협조와 대외경제사업을 강화하며 무역사업을 더욱 발전시킬데 대하여'가 채택되었다. 이 결정에 따라 같은 해 9월 8일 '조선민주주의인민공화국 합영법'이 제정·공포되고, 1985년 3월 20일에는 '합영법 시행세칙'이 제정·공포되었다. 같은 해 3월 7일에는 '조선민주주의인민공화국 합영회사소득세법'이 제정·공포되고, 5월 7일에는 '합영회사소득세법세칙'이 제정·공포되었다.

이와 같은 입법적 조치들은 40여년에 걸친 기간 동안 주식회사 형태의 기업인 '조선-쏘련해운주식회사'와 유한책임회사 형태의 기업인 '조선-뽈스까공동해운회사'를 시범적으로 창설·운영해본 경험에 토대한 조치로서 합영관계법의 제정·공포로 짧은 기간에 정연한 합영지도체계가 수립되고 백 수십 개의 합영회사들이 창설되어 활동할 수 있게 되었다.[26)

1990년대 들어서면서 외국투자관계법들이 전면적으로 제정·공포되었다. 이것은 변화한 국제정세의 요구와 관련된 것으로 과거에는 사회주의 국가들 간의 상품유통영역으로서 용량이 크고 자본주의 시장에 비하여 유리한 경제적 조건을 가지고 있었던 세계 사회주의 시장을 대외경제관계에 있어서 기본으로 해왔다. 이에 비하여 자본주의로 복귀한 국가들과는 더 이상 기존의 대외경제적 거래규칙이 유지될 수 없었기 때문에 대외경제의 방향을 전환시키고 그 폭을 넓혀나가기 위한 수단으로서 외국투자관계법이 제정된 것이다.[27)

이와 같은 네 단계의 과정 설정과 설명은 북한에서 외국투자관계를 규제하는 법과 규정의 제정과 정비가 새롭게 제기된 문제가 아니

---

25) 강정남, 앞의 논문, 63-64면.
26) 강정남, 앞의 논문, 64면.
27) 강정남, 앞의 논문, 64-65면.

라 역사성을 가진 문제라는 것이 북한의 외국투자관계법 전문가인 김일성종합대학 법학과 교수가 공식적인 논문에서 밝히고 있는 내용이다. 40년 동안 외국과의 합작 경험이 두 개 회사뿐이라는 사실은 역설적으로 폐쇄적인 북한경제의 단면을 극명하게 보여주는 것이다. 하지만 일반적으로 1990년대 이후의 외국투자관계와 관련된 일련의 법제정비와 제정을 북한의 경제개방으로 보는 데 대한 북한 내부의 반발을 읽을 수 있으며, 북한이 스스로를 설명하는 방식과 내용에 대해 충분히 이해할 필요가 있다는 점에서 북한 내부 전문가의 설명은 그 의미가 작지 않다고 하겠다.

북한은 1991년 몽골에서 열린 UNDP(유엔개발계획) 회의에서 자유경제무역지대 개발구상을 밝힌 이래 1992년 외국인투자법을 제정하고, 1993년 라선경제무역지대법을 제정한 후 2013년 5월 경제개발구법의 채택에 이르기까지 특수경제지대와 관련하여 수십 종에 이르는 법과 규정을 제정하였다. 특히, 1998년 헌법 개정을 통해 "특수경제지대에서의 여러 가지 기업창설운영을 장려할 것"임을 공표한 이후로는 라선경제무역지대 외에도 개성공업지구, 금강산관광지구, 황금평·위화도경제지대, 금강산국제관광지구, 20개의 경제개발구를 차례로 지정하고 관련 법률과 하위 규정을 마련하고 있다.

2016년 1월 현재까지 제정되어 시행되고 있는 법과 규정을 보면, 1993년 1월 제정된 '라선경제무역지대법'을 시작으로 2013년 2월 제정된 '라선경제무역지대 인민보안단속규정', 2013년 6월 제정된 '라선경제무역지대 도로교통규정', 2013년 9월 제정된 '라선경제무역지대 개발규정'과 '라선경제무역지대 기업창설운영규정' '라선경제무역지대 관리위원회운영규정' 및 '라선경제무역지대 외국투자기업로동규정', 2014년 7월 제정된 '라선경제무역지대 환경보호규정', 2014년 8월 제정된 '라선경제무역지대 벌금규정', 2014년 9월 제정된 '라선경제무역지대 세금규정', 2014년 12월 제정된 '라선경제무역지대 부동산규정',

20015년 4월 제정된 '라선경제무역지대 기업재정관리규정', '라선경제
무역지대 기업회계규정' 등 12개의 하위규정이 있다.

'금강산국제관광특구법'은 2011년 5월 기존의 금강산관광지구를
대체하는 금강산국제관광특구 창설에 따라 제정된 법으로 하위규정
으로는 2011년 9월 제정된 '금강산국제관광특구 기업창설운영규정',
2011년 11월 제정된 '금강산국제관광특구 세관규정'과 '금강산국제관
광특구 출입·체류·거주규정', 2012년 6월 제정된 '금강산국제관광특
구 세금규정'과 '금강산국제관광특구 관광규정', 2012년 12월 제정된
'금강산국제관광특구 로동규정'이 있다. 2011년 12월에는 '황금평·위
화도경제지대법'도 제정되었다.

2002년 11월 제정된 '개성공업지구법'의 하위 규정으로는, 2003년 4
월 제정된 '개성공업지구 개발규정'과 '개성공업지구 기업창설·운영
규정', 2003년 9월 제정된 '개성공업지구 세금규정'과 '개성공업지구
로동규정', 2003년 12월 제정된 '개성공업지구 관리기관설립운영규정'
과 '개성공업지구 출입·체류·거주규정' 및 '개성공업지구 세관규정',
2004년 2월 제정된 '개성공업지구 외화관리규정'과 '개성공업지구 광
고규정', 2004년 7월 제정된 '개성공업지구 부동산규정', 2004년 9월 제
정된 '개성공업지구 보험규정', 2005년 6월 제정된 '개성공업지구 회
계규정'과 '개성공업지구 기업재정규정', 2005년 9월 제정된 '개성공
업지구 회계검증규정', 2006년 7월 제정된 '개성공업지구 자동차관리
규정', 2006년 11월 제정된 '개성공업지구 환경보호규정'이 있다.

가장 최근인 2013년 5월 제정된 '경제개발구법'과 그 하위규정으
로 2013년 11월 제정된 '경제개발구 창설규정'과 '경제개발구 관리기
관운영규정' 및 '경제개발구 기업창설운영규정', 2013년 12월 제정된
'경제개발구 로동규정', 2014년 2월 제정된 '경제개발구 환경보호규
정', 2014년 3월 제정된 '경제개발구 개발규정', 2015년 7월 제정된 '경
제개발구 부동산규정'과 '경제개발구 보험규정'이 있다.

　분단 이후 처음 열린 남북 정상회담의 결과로 2000년 6·15 남북공동성명이 채택되면서 통일을 향한 남북 간의 경제협력이 활발하게 모색되었고, 이에 따라 관련 법제도 정비되기 시작하여 개별 법과 하위규정은 물론이고 일반법도 제정되었다. 북한은 2002년 개성공업지구와 금강산관광지구 조성에 대한 최고인민회의 상임위원회 정령을 발표한 데 이어 개성공업지구법과 금강산관광지구법을 제정하였다.

　2003년부터 관련 규정들을 잇달아 제정하고 2005년 북남경제협력법을 제정하였다. 북남경제협력법은 남북 간의 경제협력을 위한 기본법으로서 채택·실시되었으며 남북 교류 협력법제에서 중요한 위치를 차지하고 있는 법이다. 사회주의 헌법 제9조에서 규정한 자주·평화·통일·민족대단결의 원칙 중 민족통일 실현의 부문법적 전개를 위해 제정된 법이라고 할 수 있다.

다. 한글과 중국어를 동시 수록한 법규집 발간

　특수경제지대와 관련한 각종 법제의 정비는 세계 여러 나라들과 완전한 평등과 호혜의 원칙에서 경제기술 교류와 협조를 확대발전시키는 것이 북한의 일관된 정책이며, 국제적 경제협조의 발전추세에 맞게 주체적인 외국투자관계법률제도가 확립됨으로써 세계 여러 나라와 지역들과의 경제기술교류와 협조를 확대발전시키는 데 필요한 법률환경을 마련하기 위한 것이라고 한다.[28)]

　이런 인식은 "사회주의 자립경제가 현대적 기술에 기초하여 더욱 발전하는데 따라 우리나라의 대외경제관계도 무역뿐 아니라 합영, 합작과 같은 여러 가지 형태로 확대발전하게 됩니다. 이것은 우리 경제건설에 도움이 되며 국제경제 협조의 발전추세에도 맞는 것입니다. 우리는 완전한 평등과 호혜의 원칙에서 외국투자가들이 공화

---

28) 정철원 등, 조선투자법 안내(310가지 물음과 대답), 평양: 법률출판사, 2007, 1면.

국령역 안에 투자하는 것을 장려하며 외국투자가들의 투자를 보호하고 그들의 합법적 권리와 리익을 보장해주기 위하여 외국인투자법을 비롯하여 관계되는 법들을 제정하여 발표"하였다는 최고지도자의 언급에서도 확인할 수 있다.[29]

북한의 특수경제지대 법제는 헌법에 그 근거를 두고 있다. 북한의 사회주의 헌법 제37조는 "국가는 우리나라의 기관, 기업소, 단체와 다른 나라의 법인 또는 개인들과의 기업합영과 합작, 특수경제지대에서의 여러 가지 기업창설운영을 장려한다"고 규정하고 있다. 현행 헌법 제37조는 1998년 9월 5일 최고인민회의 제10기 제1차 회의에서 수정보충한 조항이다.

1998년 헌법 제37조에서 최초로 특수경제지대라는 개념이 제출된 후 학술계를 필두로 많은 영역에서 광범위하게 이 단어를 쓰기 시작했지만, 법률개념으로서의 정의는 2011년 11월 29일 최고인민회의 상임위원회 정령 제1991호로 수정보충한 외국인투자법에서 새로 제출된 것이라고 한다.[30] 외국인투자법 제2조(용어의 정의) 제10호에 의하면 "특수경제지대란 국가가 특별히 정한 법규에 따라 투자, 생산, 무역, 봉사와 같은 경제활동에 특혜가 보장되는 지역"을 의미한다. 개성공업지구에 대해서는 개성공업지구법에서 특수경제지대라고 규정하고 있지는 않지만 북한 서적의 설명에 따르면 개성공업지구를 특수경제지대로 인식하고 있음이 드러난다.[31] 라선경제무역지대와 황금평·위화도경제지대는 관련 개별법에서 이들 지대를 특수경제지대라고 규정하고 있다.

북한에서 특수경제지대라는 용어는 1998년 헌법에 의해 도입되었

---

29) 조선로동당출판사 편집부, 김일성저작집 제44권, 평양: 조선로동당출판사, 1996, 342-343면

30) 이춘일, 앞의 책, 12면.

31) 정철원 등, 앞의 책, 362면.

으며 법률용어로서 외국인투자법에 의해 특수경제지대에 대한 법적 정의가 내려진 시점이 2011년 11월 29일이다. 그런데 개성공업지구법의 수정보충은 2003년이고, 라선경제무역지대법의 수정보충과 황금평·위화도경제지대법의 채택이 2011년 12월 3일이라는 점을 주목하면 외국인투자법에 의한 법적 정의 시점 이후 수정보충되거나 채택된 라선경제무역지대법과 황금평·위화도경제지대법에는 '특수경제지대'라는 용어가 들어있고, 2002년에 채택되고 2003년에 수정보충된 개성공업지구법에 '특수경제지대'라는 용어가 사용되지 않았음은 법률체계상 논리적이며 특수경제지대에 관한 북한법의 꾸준한 발전을 보여준다.

또한 '특수경제지대'가 법률용어로서 본격적으로 부문법에 등장한 것은 2011년이지만, 2007년 발간된 북한서적에서 개성공업지구를 특수경제지대라고 설명하고 있는 것은 1998년 이후 특수경제지대라는 용어가 학계에서 광범위하게 사용되고 있었다는 김일성종합대학 강정남 교수의 설명에 설득력을 더해준다.

2013년 5월 29일 채택된 경제개발구법은 "경제개발구는 국가가 특별히 정한 법규에 따라 경제활동에 특혜가 보장되는 특수경제지대이다. 경제개발구에는 공업개발구, 농업개발구, 관광개발구, 수출가공구, 첨단기술개발구 같은 경제 및 과학기술분야의 개발구들이 속한다"라고 규정함으로써(제2조) 김정은 정권 들어서 새로이 시도되는 경제개발구 또한 특수경제지대의 일종임을 명확히 하고 있다. 이렇게 볼 때 개성공업지구와 라선경제무역지대 및 황금평·위화도경제지대는 물론 2013년 13개의 지방급 경제개발구 지정을 시작으로 2015년까지 25개가 지정된 것으로 알려진 중앙급·지방급 경제개발구는 모두 북한의 법과 설명에 따르면 '특수경제지대'라고 지칭하는 것이 정확한 법률적 용어에 의한 지칭이라고 할 수 있다.

각 특수경제지대별 개별법의 일반법에 대해서 보면, 북남경제협

력법은 조문상 남북 관계에 적용되는 일반법이라고 명시하고 있다
는 점에서 남북 간의 경제교류와 협력을 위해 개발된 특수경제지대
의 개별법인 개성공업지구법과 금강산관광지구법의 일반법이라고
할 수 있다. 한편, 북한이 2014년 발간한 조선민주주의인민공화국 법
규집(대외경제부문)의 편제에 따르면, 이 법규집은 제1편에 외국인
투자와 관련한 법들인 외국인투자법, 외국인기업법, 외국투자기업파
산법, 외국투자은행법 등을 수록하고, 제2편에 북한의 일반적인 경
제 관련법들인 대외경제계약법, 대외경제중재법, 출입국법, 세관법,
토지임대법, 저작권법 등을 수록하였다.

제3편에 특수경제지대 관련법들인 라선경제무역법과 황금평·위
화도경제지대법, 경제개발구법과 금강산국제관광특구법을 수록하면
서 개성공업지구법을 배제하고 있다. 이 법규집은 북한의 일반적인
외자유치에 적용되는 법규를 총 망라한 법규집으로서 개성공업지구
법을 배제하고 특히 중국을 겨냥하여 중국어와 한글을 동시에 수록
하고 있다.

2011년 금강산관광지구의 성격을 남북경제협력에서 일반적인 외
자유치로 선회하고자 하는 시도로 금강산관광특구법이 제정되기 이
전인 2005년에 발간되었던 조선민주주의인민공화국 법규집(외국투
자부문)에는 개성공업지구법과 함께 금강산관광지구법이 수록되지
않았다는 사실을 고려하면, 북한은 남북경제협력 부문과 일반적인
외국투자 부문을 구별하고 있으며 금강산국제관광특구법을 외국투
자 부문으로 분류하고 있다는 것을 알 수 있다.

즉 조선민주주의인민공화국 법규집(대외경제부문)의 편제는 외자
유치와 관련하여 중국, 러시아, 서방 국가 등과 남한을 분리해서 취
급한다는 취지로 볼 수 있는 것이다. 따라서 라선경제무역법과 황금
평·위화도경제지대법, 금강산국제관광특구법의 일반법은 외국인투
자법으로 볼 수 있으며 경제개발구법도 이렇게 볼 수 있다.

다만, 경제개발구법의 경우 서로 다른 특성을 가지는 지역에 서로 다른 목적을 가지고 개발되는 25개에 이르는 경제개발구들에 공통적으로 적용된다. 경제개발구별로 특성과 목적을 반영한 개별법들이 제정될 필요가 있다는 점에서 경제개발구의 일반법이라고 볼 수 있는 측면을 가지는 동시에 법의 편제와 내용적인 측면에서 개성공업지구법, 라선경제무역지대법, 황금평·위화도경제지대법과 공통점을 보이고 있어 일응 일반법과 개별법의 이중적인 지위를 가지는 것으로 분류하고자 한다.

각 특수경제지대의 하위 규정 제정순서를 보면 개성공업지구에서 지대의 개발과 기업창설·운영에 관한 규정이 가장 먼저 제정되고, 뒤를 이어 지대의 관리와 노동에 관한 규정이 제정되었다. 이후 세금·출입체류 및 기타 기업활동에 필요한 분야의 규정이 제정된 이래 다른 특수경제지대에서도 이와 같은 순서로 하위규정이 제정되어 온 것을 알 수 있다. 이는 특수경제지대를 만들어나가는데 있어서 시기적으로 가장 시급한 분야부터 법제화했던 개성공업지구에서의 경험을 다른 지대에서도 반영했기 때문인 것으로 보인다.

관련하여 눈에 띄는 것은 라선경제무역지대의 하위규정 제정순서이다. 다른 특수경제지대의 하위규정 제정순서와 달리 라선경제무역지대법 하위규정으로는 인민보안단속규정이 가장 먼저 제정되고, 도로교통규정이 제정된 이후에 다른 특수경제지대의 하위규정 제정순서와 같이 지대의 개발과 기업창설·운영에 관한 규정이 제정되었다.

이것은 라선경제무역지대법이 자유경제무역지대법이라는 명칭으로 제정되던 1993년 당시에 대외투자를 받아 북한지역 내의 경제발전을 꾀하는 합영법(1984년 9월), 합작법(1992년 10월), 외국인투자법(1992년 10월), 외국인기업법(1992년 10월)이 이미 제정되어 기업창설과 운영에 필요한 사항들을 일반적으로 규정하고 있었다. 이후 외국인투자기업 등록규정(1999년 3월), 합영법 시행규정(2000년 3월), 합작법 시행규정(2000년 3월) 등을 제정하면서 라선경제무역지대에 적용되는 것임을 밝히고 있음을 볼 때, 라선경제무역지대에서는 합영법, 합작법, 외국인투자법의 하위규정들이 기업창설·운영, 노동, 세금, 출입체류 등과 같이 지대 건설에 필요한 하위규정들을 대체해온 것이라고 볼 수 있다.

북한의 논문에서도 "공화국정부는 라선경제무역지대법의 정확한 집행을 위하여 라선경제무역지대에만 적용되는 '합영기업창설 및 경영규정', '합작기업창설 및 경영규정', '재정관리규정' 등 여러 가지 규정들을 제정공포하였다"고 서술하고 있어 이를 뒷받침한다.[32] 이 또한 라선경제무역지대법의 일반법이 외국인투자법이라는 것을 알게 해주는 사례이기도 하다.

따라서 각 경제지대 관련법과 규정은 특수경제지대라는 공통점으로 묶이면서도 관련 법제에 관한 북한법전의 편제 및 각 경제지대의 일반법, 하위규정, 창설경위, 주요 투자자, 지역적 특성 등을 고려할 때 ①북남경제협력법을 일반법으로 하는 남북 교류 협력과 관련한 휴전선 접경지역 경제지대 법제, ②외국인투자법을 일반법으로 하는 중국 등 외국투자 유치와 관련한 국경 접경지역 경제지대 법제, ③경제개발구법을 일반법으로 하는 외국투자와 지역개발 관련한 북한 전 지역 경제지대 법제라는 세 그룹으로 대별할 수 있다.

이에 따라 이 책에서는 이제까지 학계에서 경제특구 법제라는 용어 하에 같은 성격으로 다뤄왔던 북한의 일군의 법제는 각 지대별로 특성을 달리 하는 일반법을 가지고 있으며 북한법전의 편제에서도 이를 명확히 하고 있다는 점에 주목하여 이를 특수경제지대 관련 법제라고 지칭한다. 또한 특수경제지대 법제로서의 공통점은 물론 각

---

32) 전경진, "공화국외국투자관계법체계에 대한 리해", 정치법률연구 2011년 제1호(루계33호), 평양: 과학백과사전출판사, 42면.

경제지대 간의 법제적 차이에 주목하여 세 그룹의 특수경제지대 관련 법제의 공통점과 차이점 및 특성을 분석함으로써 북한 특수경제지대 법제의 체계화 방안도 모색하고자 한다.

〈표 2-1〉 특수경제지대 법제의 도식화

특 수 경 제 지 대 법 제		
남북 교류 협력 관련 특수경제지대 법제	외국투자 관련 특수경제지대 법제	경제개발구 관련 특수경제지대 법제
일반법 북남경제협력법(2005.7.)	**일반법** 외국인투자법(1992.10.)	**일반법** 경제개발구법(2013.5.)
개별법규 **개성공업지구법**(2002.11.) -개발규정(2003.4.) -기업창설·운영규정(2003.4.) -로동규정(2003.9.) -세금규정(2003.9.) -관리기관설립운영규정(2003.12.) -세관규정(2003.12.) -출입,체류,거주규정(2003.12.) -광고규정(2004.2.) -외화관리규정(2004.2.) -부동산규정(2004.7.) -보험규정(2004.9.) -기업재정규정(2005.6.) -회계검증규정(2005.9.) -회계규정(2005.6.) -자동차관리규정(2006.7.) -환경보호규정(2006.11.) **금강산관광지구법**(2002.11.)	**개별법규** **라선경제무역지대법**(1993.1.) -인민보안단속규정(2013.2.) -도로교통규정(2013.6.) -개발규정(2013.9.) -관리위원회운영규정(2013.9.) -기업창설운영규정(2013.9.) -외국투자기업로동규정(2013.9.) -환경보호규정(2014.7.) -벌금규정(2014.8.) -세금규정(2014.9.) -부동산규정(2014.12.) -기업재정관리규정(2015.4.) -기업회계규정(2015.4.) **황금평위화도경제지대법**(2011.12.) **경제개발구법**(2013.5.) **금강산국제관광특구법**(2011.5.) -기업창설운영규정(2011.9.) -세관규정(2011.11.) -출입,체류,거주규정(2011.11.) -환경보호규정(2011.11.) -관광규정(2012.6.) -보험규정(2012.6.) -세금규정(2012.6.) -로동규정(2012.12.)	**개별법규** (경제개발구별 특성 반영한 개발구별 개별법 제정 필요) -창설규정(2013.11.) -관리기관운영규정(2013.11.) -기업창설운영규정(2013.11.) -로동규정(2013.12.) -환경보호규정(2014.2.) -개발규정(2014.3.) -부동산규정(2015.7.) -보험규정(2015.7.)

4. 북한 특수경제지대 법제

1) 남북 교류 협력 관련 특수경제지대 법제

'북남경제협력법을 일반법으로 하는 남북 교류 협력과 관련한 특수경제지대 법제'에 속하는 법과 규정으로는 2002년 11월 제정된 '개성공업지구법', 2003년 4월 제정된 '개성공업지구 개발규정'과 '개성공업지구 기업창설·운영규정', 2003년 9월 제정된 '개성공업지구 세금규정'과 '개성공업지구 로동규정', 2003년 12월 제정된 '개성공업지구 관리기관설립운영규정'과 '개성공업지구 출입·체류·거주규정' 및 '개성공업지구 세관규정', 2004년 2월 제정된 '개성공업지구 외화관리규정'과 '개성공업지구 광고규정', 2004년 7월 제정된 '개성공업지구 부동산규정', 2004년 9월 제정된 '개성공업지구 보험규정', 2005년 6월 제정된 '개성공업지구 회계규정'과 '개성공업지구 기업재정규정', 2005년 9월 제정된 '개성공업지구 회계검증규정', 2006년 7월 제정된 '개성공업지구 자동차관리규정', 2006년 11월 제정된 '개성공업지구 환경보호규정'이 있다.

개성공업지구 법제는 북한의 특수경제지대 법제 중 북남경제협력법을 일반법으로 하고 개성공업지구에만 적용되며, 다른 특수경제지대 법제에 비하여 상대적으로 하위규정이 잘 정비되어 있다는 점이 특징이다. 규범의 위계상 개성공업지구법과 16개의 하위규정, 1개의 시행세칙과 51개의 사업준칙으로 구성된다. 개성공업지구법은 2002년 11월 입법권자인 최고인민회의 상임위원회에서 정령의 형식으로 제정되었고, 2003년 4월 한 차례 개정되었다.

하위규정의 입법권자도 최고인민회의 상임위원회로 법과 동일하며, 형식은 결정으로 제정되었다. 시행세칙은 개성공업지구법의 규정에 따라 공업지구지도기관이 입법권을 가진다. 지금까지 입법권자인 개성공업지구 지도총국에서 관리위원회에 통지해온 세칙은 출입체류, 세금, 광고, 자동차, 환경, 노력채용 및 해고, 노동시간 및 휴식, 노동보호, 노동보수, 기업재정, 화약, 소방, 하천, 도로, 노동제재 및 중재, 식품전염병 세칙으로 총 17개이다. 이 중에서 현재 개성공업지구에서 규범력을 가지고 시행되고 있는 세칙은 개성공업지구 지도총국에서 2008년 8월 제정한 자동차관리규정 시행세칙이 유일하며, 나머지 16개의 세칙은 남북 간 협의과정을 거치지 않았거나 이견이 있어 시행되지 못하고 있다.

사업준칙의 입법권자는 공업지구관리기관이며, 현재 51개의 사업준칙이 기업창설 및 부동산 분야, 건축 분야, 안전관리 분야, 보건·위생·환경 분야, 외화관리·자동차·광고 분야, 일반관리 분야, 기업회계·회계검증 분야별로 작성되어 공업지구 법제를 풍부하게 하고 있다. 다만 사업준칙은 체계상 가장 하위의 규범이므로 법제의 규범력을 높이기 위해서는 향후 다양한 분야에서 정교한 규정과 세칙이 제정될 필요가 있다. 이 과정에서는 개성공업지구 창설의 정신을 살려 입법에 관한 남북간의 협의와 공조가 필수적이라고 하겠다.

2) 외국투자 관련 특수경제지대 법제

'외국인투자법을 일반법으로 하는 중국 등 외국투자 유치와 관련한 특수경제지대 법제'에 속하는 법과 규정으로는 1993년 1월 제정된 '라선경제무역지대법'을 시작으로 2013년 2월 제정된 '라선경제무역지대 인민보안단속규정', 2013년 6월 제정된 '라선경제무역지대 도로교통규정', 2013년 9월 제정된 '라선경제무역지대 개발규정'과 '라선경제무역지대 기업창설운영규정' '라선경제무역지대 관리위원회운영규정' 및 '라선경제무역지대 외국투자기업로동규정', 2014년 7월 제정된 '라선경제무역지대 환경보호규정', 2014년 8월 제정된 '라선경제무역지대 벌금규정', 2014년 9월 제정된 '라선경제무역지대 세금규정', 2014년 12월 제정된 '라선경제무역지대 부동산규정', 2015년 4월 제정된 '라선경제무역지대 기업재정관리규정', '라선경제무역지대 기업회계규정'에 이르기까지 12개의 하위규정이 있다.

　외국투자법을 기본법으로 하는 분야를 북한에서는 '공화국외국투자관계법'이라고 지칭하며, 이는 "외국투자관계를 규제한 법규범과 법부문들로 이루어진 외국투자관계법의 총체적인 내부구조"이다.[33] 라선경제무역지대 규정들의 하위법규로 2014년 5월 '라선경제무역지대 기업창설운영규정 시행세칙', 2014년 11월 '라선경제무역지대 외국투자기업 노동규정 시행세칙', 2014년 12월 '라선경제무역지대 세금규정 시행세칙'이 라선시인민위원회 결정으로 제정되었다. 이 세칙의 하위법규로 관리위원회가 작성하는 준칙이 있다(법 제27조 제1호). '라선경제무역지대 기업창설운영규정' 제3조 등과 같이 개별규정에서 준칙 작성권을 위임하고 있는 경우도 있으나, 현재 라선경제무역지대에서 제정된 준칙은 없는 것으로 보인다. '라선경제무역지대법'이 전면적으로 개정되던 2011년 12월에 제정된 '황금평위화도경제지대법'도 이 범주에 속한다.

　'금강산국제관광특구법'은 2011년 5월 기존의 금강산관광지구를 대체하는 금강산국제관광특구 창설에 따라 제정된 법이다. 하위규정으로는 2011년 9월 제정된 '금강산국제관광특구 기업창설운영규정', 2011년 11월 제정된 '금강산국제관광특구 세관규정'과 '금강산국제관광특구 출입·체류·거주규정', 2012년 6월 제정된 '금강산국제관광특구 세금규정'과 '금강산국제관광특구 관광규정', 2012년 12월 제정된 '금강산국제관광특구 로동규정'이 있다.

　2012년판 북한법전의 목차 및 편제에 따르면 금강산국제관광특구

---

33) 전경진, 앞의 논문, 42면.

법은 북남경제협력부문과 별개의 외교·대외경제부문에 편제되어 있
으므로 외국투자 관련 특수경제지대 법제로 분류했다. 하지만 투자
가에 대한 조문에서 "남측 및 해외동포"라고 규정하여 개성공업지구
법의 조문과 동일하고, 노동력의 채용과 관련하여 "남측 및 해외동
포 로력을 채용할 수 있다"고 규정하여 개성공업지구법의 조문과 동
일하게 남측을 명시하고 있다(제3조, 제4조, 제33조, 제37조).

'국경접경 경제지대법제'에 속하는 라선경제무역지대법, 황금평·
위화도경제지대법이 투자자에 대하여 "세계 여러나라의 법인이나
개인, 경제조직 우리나라 령역 밖에 거주하고 있는 조선동포"라고
규정하고, 노동력에 대하여 "다른나라 로력을 채용할 수 있다"고 규
정하고 있음에 비추어 향후 법 개정과 하위 규정의 보완 등에 따라
서 체계적 지위를 명확히 할 여지도 있을 것으로 보인다.

사회주의 헌법은 국가와 사회생활의 기본원칙들에 대하여 규제
한 국가의 기본법으로서 외국투자의 기본원칙도 규제하고 있다. 사
회주의 헌법 제37조는 북한에서의 외국투자활동에 대한 헌법적 담보
로서 외국투자관계를 규제하는 모든 법과 규범의 제정 및 집행기초
가 된다. 사회주의 국가의 기능을 높이고 공고하게 발전시켜 나가자
면 사회주의 헌법에 기초하여 그것을 부문별로 전개하고 구체화한
부문법이 있어야 한다.

외국투자관계법은 그러한 부문법들 중의 하나로서 외국투자관계
를 규율하는 법규범의 총체이다. 조선민주주의인민공화국 외국인투
자법은 외국투자관계의 기본법이다.[34] 외국인투자법이 외국인투자
관계의 기본법이라는 것은 이 법 제2조 제1항의 "이 법은 외국투자
가들의 투자를 보호하며 외국투자기업의 합법적 권리와 리익을 보
호하기 위한 일반 원칙과 질서를 규제한 외국투자관계의 기본법이

---

34) 전경진, 앞의 논문, 42면.

다"라고 규정한 데서 알 수 있다. 외국투자의 기본법전인 것으로 하여 외국인투자법은 외국투자의 원칙과 개념, 외국투자기업의 창설 및 장려부문, 금지 및 제한대상, 투자재산 및 그 가치평가방법, 토지임대, 노력채용, 세금납부, 국외송금 등에서의 일반적인 문제만을 규제하고 있다.[35]

외국투자분야는 범위가 매우 넓고 내용이 방대한 것으로 하여 하나의 법전으로 다 규제할 수 없는 특징을 가지고 있다. 이로부터 여러 개의 법과 규정들을 통하여 외국인투자법의 규제내용을 부문별로 구체화하여 규제하였다. 여기에는 첫째로, 외국투자의 직접투자 실현을 담보하는 법과 규정들이 있다. 외국투자는 직접 투자방식으로 진행된다. 직접투자란 기업의 경영권과 이익배당권을 가질 목적으로 하는 투자이다. 기업의 경영권이 포함되는 것으로 인해 직접투자라고 하면 많은 경우 기업창설운영을 목적으로 하는 투자를 말하며, 그 관계를 규제하는 법을 가리켜 외국투자기업관계법이라고 한다. 외국투자기업은 외국인투자기업과 외국기업을 총칭하여 부르는 말이다.

외국인투자기업에는 합영기업, 합작기업, 외국인기업이 속하며 외국기업에는 공화국 영역 안에서 소득원천이 있는 외국의 회사, 상사, 기타 경제조직들이 속한다. 공화국 외국인투자관계법에서 기본을 이루는 것은 '조선민주주의인민공화국 합영법'과 '조선민주주의인민공화국 합작법', '조선민주주의인민공화국 외국인기업법', '조선민주주의인민공화국 외국투자은행법'이다. 외국투자기업관계법의 정확한 집행을 위하여 제정공포한 시행규정들은 '합영법 시행규정', '합작법 시행규정', '외국인기업법 시행규정', '외국투자은행법 시행규정'이다.[36]

---

35) 강정남, 앞의 논문, 65면.
36) 전경진, 앞의 논문, 42면.

외국투자관계법체계에는 둘째로, 특수경제지대관계를 규제하는 법과 규정들이 있다. 특수경제지대는 경제무역활동질서가 국내의 다른 지역과 달리 설정된 지역을 말한다. 다시 말하여 해당 나라가 일정한 지역에 구획을 갈라놓고 거기에만 적용되는 법과 규정들을 제정공포함으로써 출입 및 경제활동 등의 여러 측면에서 특혜와 편의가 보장되는 지역을 특수경제지대라고 한다.

특수경제지대를 규제하는 대표적인 법은 '조선민주주의인민공화국 라선경제무역지대법'이다. 라선경제무역지대는 특혜적인 무역 및 투자, 중계수송, 금융, 관광, 봉사지역으로 선포한 특수경제지대이다. 라선경제무역지대법의 정확한 집행을 위하여 라선경제무역지대에만 적용되는 '합영기업창설 및 경영규정', '합작기업창설 및 경영규정', '재정관리규정' 등 여러 가지 규정들이 제정, 공포되었다. 일반적으로 특수경제지대를 규제하는 법과 규정들을 가리켜 외국투자의 활성화 촉진을 목적으로 하는 법제도라고 한다. 그것은 특수경제지대를 규제하는 법과 규정의 대부분 내용이 외국투자활동에서의 제한조건은 보다 완화하고 외국투자가의 재산에 대한 담보 및 특혜내용으로 일관되어 있기 때문이다.[37]

라선경제무역지대법은 1993년 당시 입법권자이던 최고인민회의 상설회의에서 결정의 형식으로 제정된 이후 1999년, 2002년, 2005년, 2007년, 2010년, 2011년까지 총 6회에 걸쳐 개정되었다. 현행 라선경제무역지대법은 구법에 없던 각 조항의 제목이 추가되었고, 총 8장 83개 조문으로 구법 당시 총 7장 42개 조문에 비추어 장 및 조문의 수가 증가하고 구체화되었다. 하위규정의 입법권자도 최고인민회의 상임위원회로 법과 동일하며, 형식은 결정으로 제정되어 개성공업지구법과 같다. 시행세칙은 지도기관의 하나인 라선시인민위원회가

---

37) 전경진, 앞의 논문, 43면.

입법권을 가지며, 준칙의 입법권자는 관리위원회이다. 라선시인민위원회의 사업내용과 관리위원회의 사업내용을 규정한 각 조문의 내용 중 첫 번째 항목이 입법권에 관한 사항이라는 점이 눈에 띈다.

3) 경제개발구 관련 특수경제지대 법제

'경제개발구법을 일반법으로 하는 외국투자와 지역개발 관련한 특수경제지대 법제'로는 2013년 5월 제정된 '경제개발구법'과 하위규정으로 2013년 11월 제정된 '경제개발구 창설규정'과 '경제개발구 관리기관운영규정' 및 '경제개발구 기업창설운영규정', 2013년 12월 제정된 '경제개발구 로동규정', 2014년 2월 제정된 '경제개발구 환경보호규정', 2014년 3월 제정된 '경제개발구 개발규정', 2015년 7월 제정된 '경제개발구 부동산규정'과 '경제개발구 보험규정'이 있다. 향후 세금, 출입체류, 기업재정 등 일반적인 하위규정은 물론 개발구별 특성에 따른 하위규정의 제정이 예상된다. 이 규정의 하위법규로 도인민위원회가 제정하는 세칙과 관리위원회가 제정하는 준칙이 제정될 것이 예정되어 있으나, 2016년 10월 현재까지 제정된 것은 없는 것으로 알려져 있다.

전체 개발구에 적용되는 하위규정의 완비도 중요하지만 경제개발구법은 현재까지 지정된 25개 경제개발구의 일반법으로 볼 수 있다는 점, 경제개발구는 공업, 농업, 첨단기술, 관광, 수출가공구 등 다양한 형태를 예정하고 있다는 점, 전국에 걸쳐 각 지역경제의 발전을 선도할 거점으로 지정되었다는 점에서 개발구별로 지역의 특성을 반영하는 개별 규범도 제정되는 것이 합리적일 것으로 보인다. 현재까지 경제개발구와 관련하여 제정된 법규의 현황과 주요 내용을 간략하게 정리하면 다음과 같다.

〈표 2-2〉 경제개발구 관련 법규 제정현황

관련 법규	제정일	조항 수	하위 조항의 주요 내용
경제개발구법	2013. 5.29.	64조항	법 개요, 설립, 개발, 관리, 경제활동, 장려 및 특혜, 분쟁해결 등
경제개발구 창설규정	2013. 11.6.	21조항	경제개발구 창설 관련 구체적인 규정
경제개발구 관리기관 운영규정		26조항	일반규정, 관리기관의 기구, 사업 내용, 분쟁해결
경제개발구 기업창설 운영규정		47조항	일반규정, 기업의 창설 및 등록, 경영 활동, 재정회계, 해산, 제재 및 분쟁해결
경제개발구 노동규정	2013. 12.12.	58조항	일반규정, 노동력 채용과 해고, 노동 시간과 휴식, 노동보수, 노동보호, 사회 문화시책, 제재 및 분쟁해결
경제개발구 환경보호 규정	2014. 2.19.	69조항	일반규정, 자연환경의 보존과 조성, 환경 영향 평가, 환경오염 방지, 폐기 시설물 취급처리
경제개발구 개발규정	2014. 3. 5.	38조항	개발계획, 개발기업 선정, 철거, 개발 공사, 제재 및 분쟁해결
경제개발구 부동산규정	2015. 7.	59조항	부동산의 취득과 등록, 이용, 부동산 임대료와 사용료
경제개발구 보험규정	2015. 7.	52조항	보험계약과 보험지사, 사무소의 설치와 운영

Ⅱ. 경제개발구 법제의 주요 내용

1. 경제개발구의 창설과 거버넌스

1) 기본제도

특수경제지대법의 기본제도에는 지대의 지위와 투자장려 및 금지, 제한부문, 투자당사자, 경제활동조건보장원칙, 투자가의 재산과 이익 및 권리보호원칙, 신변안전과 인권보장, 비법구속 및 체포금지, 적용법규에 관한 문제들이 속한다.[38) 개별법별로 약간의 차이는 있지만 대체로 같은 내용들을 규정하고 있다.

경제개발구법은 '제1장 경제개발구법의 기본'에서 경제개발구의 창설과 개발, 관리에서 제도와 질서를 바로 세우고 대외경제협력과 교류를 발전시켜 나라의 경제를 발전시키고 인민생활을 높이는 데 이바지하는 것을 경제개발구법의 사명으로 하고(법 제1조), 경제개발구는 국가가 특별히 정한 법규에 따라 경제활동에 특혜가 보장되는 특수경제지대라는 점을 명시하고 있다(법 제2조). '특수경제지대'라는 특별지역의 요건으로 이 지역에만 작용되는 법과 규정이 있어야만 하고, 만일 전 지역에서 효력을 가지는 법과 규정들을 이 지역에 적용하면 특별지역이라고 말할 수 없다고 설명하고 있어서,[39] 특수경제지대에 대한 법적 정의에 부합하는 이해를 보여주고 있다.

경제개발구의 창설과 관련한 실무사업은 중앙특수경제지대지도기관이 통일적으로 맡아서 하며(법 제4조) 다른 나라의 법인, 개인과 경제조직, 해외동포는 경제개발구에 투자하거나 기업, 지사, 사무소 같은 것을 설립하고 경제활동을 자유롭게 할 수 있고 국가는 투자가에게 토지이용, 노력채용, 세금납부 같은 분야에서 특혜적인 경제활동조건을 보장한다고 규정하여 투자당사자가 다른 나라의 법인, 개인과 경제조직, 해외동포임을 명확히 하고 있다(법 제5조).

경제개발구에서는 하부구조건설부문과 첨단과학기술부문, 국제시장에서 경쟁력이 높은 상품을 생산하는 부문의 투자는 특별히 장려되고, 나라의 안전과 주민들의 건강, 건전한 사회도덕생활, 환경보호에 저해를 주거나 경제기술적으로 뒤떨어진 대상의 투자와 경제

---

38) 강정남, "현실발전의 요구에 맞게 새로 수정보충된 라선경제무역지대법체계에 대한 리해", 김일성종합대학 학보: 력사·법학 제59권 제1호(루계471호), 김일성종합대학출판사, 2013, 94면.

39) 진길상, "라신·선봉경제무역지대의 법적 지위", 김일성종합대학 학보: 력사·법학 제46권 제1호(루계315호), 김일성종합대학출판사, 2000, 68면.

활동은 금지 또는 제한한다(법 제6조). 경제개발구의 개발과 관리, 기업운영 같은 경제활동에는 이 법과 이 법에 따르는 시행규정, 세칙을 적용한다고 규정하여 준거법에 대해서도 밝히고 있다(법 제9조).

2) 중앙집권적 창설방식

경제개발구는 국가가 특별히 정한 법규에 따라 경제활동에 특혜가 보장되는 특수경제지대로서 관리소속에 따라 지방급 경제개발구와 중앙급 경제개발구로 구분하며 경제개발구의 명칭, 관리소속, 면적, 경제적 이익의 계산, 경제개발구 창설이 사회경제발전에 미치는 영향 등의 창설심의는 자체적으로 정한 창설심의기준에 의하여 비상설 국가심의위원회가 정하며, 승인 또는 부결 결정은 회의에서 참석위원의 다수결에 의한다. 공업개발구, 농업개발구, 관광개발구, 수출가공구, 첨단기술개발구로 나뉘며 창설과 관련한 실무사업 및 대내외적으로 제기되는 문제들은 중앙특수경제지대지도기관이 전담한다.

기관, 기업소, 단체는 외국의 투자가로부터 경제개발구의 창설과 관련한 문제를 제기받았을 경우 중앙특수경제지대지도기관에 서류로 그 내용을 넘겨야 하며, 중앙특수경제지대지도기관은 넘겨받은 서류를 토대로 구체적으로 검토 및 확인하고 처리할 의무가 있다(법 제2조 내지 제4조, 제12조, 제17조, 경제개발구 창설규정 제15조 내지 제18조). 2015년 7월 현재 중앙급 경제개발구 4개와 지방급 경제개발구 16개가 지정되었으며, 지역적 분포를 볼 때 과거 남한과 중국 접경지역 위주의 특수경제지대 개발에서 북한 내륙으로까지 특수경제지대가 확산되는 양상을 보이고 있다.

경제개발구의 창설은 국가의 경제발전전략에 따르는 것이다. 지역선정원칙으로는 대외경제협력과 교류에 유리한 지역, 나라의 경제 및 과학기술발전에 이바지할 수 있는 지역, 주민지역과 일정하게 떨어진 지역, 국가가 정한 보호구역이나 개발금지구역을 침해하지 않는 지역을 규정(법 제10조 내지 제11조, 경제개발구 창설규정 제3조)하고 있어 경제개방을 통한 정치체제 변화를 두려워하는 북한의 소극적인 태도를 엿볼 수 있다.

중앙급 경제개발구는 국가로부터 창설권한을 특별히 받아서 경제개발구를 창설하고자 하는 기관이, 지방급 경제개발구의 경우는 해당 도·직할시 인민위원회가 창설신청 서류를 작성하여 관계 기관들과 합의한 서류와 함께 중앙특수경제지도기관에 제출하여야 한다. 중앙특수경제지대지도기관은 창설심의 서류를 제출받으면 외무성, 중앙국토환경보호지도기관, 중앙출입국사업기관 등 관련 중앙기관들과 합의한 이후 경제개발구의 창설심의기관인 비상설 국가심의위원회로 보낸다. 창설승인은 비상설 국가심의위원회의 권한이며 창설공포는 최고인민회의 상임위원회가 정령의 형식으로 하도록 규정(법 제14조 내지 제18조, 경제개발구 창설규정 제7조, 제14조, 제20조)되어 승인과 공포에 각기 다른 법적 지위를 부여하고 있다.

창설과 관련하여 중앙특수경제지대지도기관을 통하지 아니하거나, 여러 기관에서 같은 지역에 경제개발구를 창설하고자 신청하거나, 경제적 효과 및 노동력 공급 가능성 등을 구체적으로 타산하지 않고 창설신청을 하는 행위 및 외국 투자가의 문의사항을 중앙특수경제지대지도기관을 통하지 아니하고 처리하는 행위는 법적으로 금지되어 있다.

창설 관련 서류제출을 하기 이전에 경제개발구의 창설지역, 창설목적, 유형, 관리소속 등의 문제에 대하여 중앙특수경제지대지도기관에 사전문의를 하도록 의무화하고 있음에 비추어(경제개발구 창설규정 제6조, 제9조), 지방의 특성을 살려 자율적으로 경제개발구를 창설토록 하기보다는 중앙집권적 방식으로 경제개발구를 창설하고

자 하고 있음을 알 수 있다.

3) 중국을 의식한 규정도 있어

경제개발구는 개발총계획에 따라 단계별로 개발하되 개발을 위한 투자유치를 다각화하며, 경제개발구와 주변의 자연생태환경을 보호하고 토지와 자원을 합리적으로 이용하면서 생산과 봉사의 국제경쟁력을 높이고, 경제활동의 편의와 사회공공의 이익 및 해당 경제개발구의 지속적이고 균형적인 발전을 보장하는 것이 원칙이다. 중앙특수경제지도기관이 개발기업을 등록하고 개발사업권승인증서를 발급함으로써 개발기업을 승인하는 업무를 담당하며 외국의 법인과 개인, 경제조직, 해외동포는 단독 또는 공동으로 개발 당사자가 될 수 있다. 승인을 받은 북한의 기관이나 기업소도 개발당사자가 될 수 있다(법 제19조 내지 제21조, 경제개발구 개발규정 제2조, 제3조).

경제개발구의 개발방식은 해당 경제개발구의 특성과 개발조건에 맞고 국가 경제발전에 이바지할 수 있는 합리적인 방식에 의한다. 구체적으로는 해당 경제개발구의 특성에 맞게 중앙특수경제지대지도기관과 도·직할시 인민위원회가 합의하여 정하는데, 경우에 따라서는 개발기업도 개발방식을 결정하는 협의의 대상이 된다.

개발기업이 토지를 임대하고자 할 경우 개발공사에 착수하기 전에 도·직할시 국토관리기관 또는 국토관리기관의 위임을 받은 기관과 임대기간, 면적과 구획, 용도, 임대료의 지불기간과 방법 등에 대한 임대차계약을 맺고 90일 내에 임대료 전액을 납부하거나 분할납부 승인을 받아 1차 납부를 한 후 국토관리기관으로부터 토지이용증을 발급받아 경제개발구관리기관에 토지이용권 등록을 하여야 한다. 토지이용기간은 최고 50년이며 재임대가 가능하다. 북한의 기관·기업소·단체는 외국투자가와 공동으로 개발기업을 설립하는 경우에 토지이용권을 출자할 수 있다(법 제23조 내지 제26조, 경제개발구 개발규정 제4조, 제23조 내지 제25조).

경제개발구의 개발계획은 개발총계획, 세부계획, 대상계획으로 구분되며, 개발총계획은 해당 도·직할시 국토건설총계획에 기초하여 도·직할시 인민위원회 또는 해당 기관이 작성하고 내각의 승인을 받아야 한다. 세부계획은 개발총계획에 기초하여 도·직할시 인민위원회 또는 경제개발구 관리기관이 작성하며 중앙특수경제지도기관의 승인을 받는다. 대상계획은 개발총계획과 세부계획에 기초하여 경제개발구 관리기관 또는 개발기업이 작성하며 도·직할시 인민위원회 또는 해당 기관의 승인을 받도록 규정되어 있어 개발총계획의 작성기관인 도·직할시 인민위원회 또는 해당기관을 의미하는 것으로 보인다(법 제6조 내지 제9조).

경제개발구의 개발을 맡아 하는 개발기업의 선정은 도·직할시 인민위원회 또는 해당기관이 한다. 자체 자금으로 개발자금의 일정한 몫을 충당할 수 있거나 은행에 정해진 담보금이 적립된 경우 북한의 기관이나 기업소도 개발기업으로 선정될 수 있다는 규정을 볼 때 개발기업은 원칙적으로 외국투자가를 상정하고 있음을 알 수 있다. 개발기업을 선정하기 위해서는 선정기관은 개발대상의 명칭, 개발규모, 개발방식, 개발기간, 총 투자액, 개발기업이 갖출 조건 등을 밝힌 개발방안을 공포하여 개발희망자와 협상을 진행한 이후 개발계획을 맺어야 한다.

개발희망자가 복수일 경우에는 협상, 입찰 또는 기타 다른 방식으로 선정한다고 하고 있어 개발기업의 선정이 정치적 상황이나 선정기관에 대한 편익 제공 등 기업의 개발적합성 외의 요소에 좌우될 여지가 법적으로 보장되어 있는 셈이다(경제개발구 개발규정 제11조 내지 제13조).

개발계획을 맺은 개발희망자는 선정기관을 통하여 중앙특수경제지도기관에 투자 및 개발규모, 개발대상과 관련한 토지이용계획, 하부구조건설계획 등과 개발계약서사본, 소속 국가의 투자승인증서사본 등 중앙특수경제지대지도기관이 요구하는 개발사업권신청서를 제출한 후 30일 내에 승인되는 경우 개발사업권승인증서를 받아 20일 이내에 경제개발구 관리기관에 등록함으로써 개발기업이 된다(경제개발구 개발규정 제14조 내지 제16조). 따라서 선정기관과 개발계획을 맺은 경우에도 즉시 개발기업이 되는 것은 아니며 개발사업권신청자격이 생기는 것으로 볼 수 있고, 일반적으로 자본주의 국가의 경우 국민의 해외투자에 대해 국가의 승인이 필요하지 않다는 점을 고려해 볼 때 소속 국가의 투자승인증서사본을 요구하는 것은 주로 중국을 의식한 규정인 것으로 판단된다.

경제개발구의 전력, 통신, 용수 등 하부구조 건설은 개발기업의 몫이며 경제개발구 외부에서 경제개발구까지의 연결지역에 대한 하부구조 건설은 도·직할시 인민위원회 또는 해당 기관의 몫으로 규정되어 있기는 하지만 개발기업으로 하여금 소요되는 설비와 자재를 상업적으로 보장하도록 하고 있어 사실상 개발기업의 부담인 것으로 볼 수 있다(경제개발구 개발규정 제27조, 제28조).

개발공사는 단계별로 나누어 할 수 있으며, 중앙특수경제지대지도기관과 해당 기관은 개발공사에 지장이 없도록 인원의 출입과 생활편의 보장, 물자의 반출입조건을 보장하여야 하고 도·직할시인민위원회 또는 해당 기관은 개발기업이 요구하는 노동력, 물자와 용수 등을 적시에 보장하여야 한다. 공사과정에서 역사유적유물이 발견된 경우 경제개발구관리기관을 통하여 중앙특수경제지대지도기관에 고지하도록 하고 있다(경제개발구 개발규정 제22조, 제33조 내지 제35조).

개발기업은 경제개발구의 토지이용권과 건물소유권을 취득한 경우 경제개발구관리기관에 이를 등록하여야 하며, 토지이용권과 건물

소유권의 가격을 정해 용도별로 기업 또는 투자가에게 매매, 재임대, 증여, 상속하거나 저당할 수 있고 경제개발구관리기관에 이를 위탁할 수도 있다(법 제29조, 제30조, 경제개발구 개발규정 제30조).

4) 경제개발구의 거버넌스

경제개발구의 지도는 중앙특수경제지도기관과 도·직할시인민위원회의 권한으로서, 중앙특수경제지도기관은 경제개발구와 관련한 발전전략안을 작성하고 외국 정부와의 협조 및 투자유치를 담당하며 경제개발구와 관련한 위원회·중앙기관들과의 협업을 관장한다. 관리기관의 사업을 지도하고 경제개발구기업창설심의기준을 검토 및 승인하며 경제개발구의 세무를 관리하고 기타 국가위임사무를 처리한다. 도·직할시인민위원회는 해당 경제개발구의 관리기관을 조직하고 지도하며, 경제개발구법규의 시행세칙을 작성하고 경제개발구에 필요한 노동력을 보장하는 외에 기타 국가가 위임하는 사무를 수행한다(법 제33조, 제34조).

경제개발구의 관리는 해당 경제개발구의 실정에 맞게 관리위원회, 관리사무소 같은 명칭으로 조직된 현지 집행기관인 경제개발구관리기관의 권한이며, 지도기관인 중앙특수경제지도기관과 해당 도·직할시인민위원회의 지도와 방조를 받는다. 예산은 자체적으로 편성하고 집행하며 관할 지역의 관리에서 독자성을 보장하여 법규에서 정한 경우 외에는 다른 기관이 관리기관의 사업에 관여할 수 없도록 규정함으로써 지역 단위의 경제개발구 사업이 현지 집행기관의 권한에 의해 현지 실정에 맞게 운영되도록 하고자 하는 의지를 볼 수 있다(법 제31조, 제37조, 경제개발구 관리기관운영규정 제2조, 제5조).

관리기관은 경제개발구의 개발과 관리에 필요한 준칙을 작성하고 관리기관의 규약을 작성한다. 규약은 관리기관의 의사결정기구

인 상무회의에서 토의결정하며 지도기관에 등록하여야 하고 공개하
도록 규정되어 있다. 이에 비하여 준칙은 상무회의에서 토의결정하
며 지도기관에 등록하여야 효력을 가진다고 규정되어 있음을 볼 때
규범의 효력발생 조건을 등록으로 하고 있는 점이 특이하며, 원칙적
으로 준칙은 비공개를 전제로 한 규범이라는 취지인 것으로 생각된
다(법 제36조, 경제개발구 관리기관운영규정 제14조, 제15조).

관리기관은 또한 경제개발구개발총계획과 세부계획의 실행을 책
임지는 기관이다. 관할 지역의 투자환경 조성과 투자유치를 담당하
며 기업의 창설승인과 등록 및 영업허가와 관련한 심의, 비준 및 증
명서류를 발급하고, 건설허가증과 준공검사증을 발급하는 방법으로
하부구조 건설의 영역별 허가와 준공검사도 담당한다. 경제개발구
법규에 어긋나지 않는 투자장려·제한·금지목록을 작성하여 공포하
며, 토지이용권과 건물소유권의 등록을 담당하고 기업의 경영활동에
협조하며 하부구조와 공공시설의 건설과 경영에 대한 감독과 협조
업무를 수행하고 환경보호와 소방대책을 담당하는 외에 지도기관에
서 위임한 사무를 담당한다(법 제36조, 경제개발구 관리기관운영규
정 제16조 내지 제19조).

관리기관은 해당 부문의 풍부한 사업경험과 전문지식을 소유한
사람으로 구성하며, 외국인도 관리기관의 구성원이 될 수 있지만 경
제개발구 안에서 기업이나 기타 경제조직에 종사하는 사람은 배제
하고 있다. 일반 구성원은 위원장이 임명하되 위원장과 부위원장 및
서기장은 중앙특수경제지도기관과 합의하여 해당 지도기관이 임명
또는 해임하도록 함으로써 현지 기업의 이해관계가 즉각적으로 반
영될 수 있는 구조는 아닌 것으로 보이며 인사권을 매개로 중앙특수
경제지대지도기관의 개입이 보장되어 있는 것으로 판단된다(경제개
발구 관리기관운영규정 제6조, 제8조).

법규의 엄격한 준수와 집행, 기업의 독자성 보장, 경제활동에 대

한 특혜 제공, 국제관례의 참고를 관리의 원칙으로 하고 있어 규범
적 수준에서나마 외국투자가를 유치하기 위한 노력을 엿볼 수 있다
(법 제32조).

2. 기업의 경제활동

1) 기업창설과 경영

외국의 법인이나 개인, 경제조직과 해외동포는 경제개발구에 투
자하여 합영, 합작 또는 단독으로 기업을 창설·운영할 수 있다. 경제
개발구에 기업을 창설하려는 투자가는 관리기관에 기업의 규약과
총투자액, 등록자본, 업종, 자본신용확인서, 투자가능성보고서 등을
첨부한 기업창설승인신청서류를 내고 승인을 받은 후 창설등록, 주
소등록, 세관등록, 세무등록을 해야 한다. 관리기관에 창설등록을 한
날부터 북한의 법인이 된다.

기업창설승인을 받은 투자가는 기업등록증을 발급받은 날로부터
90일 이내에 등록자본의 30% 이상을 초기 출자하여야 하고 출자기일
을 연장하더라도 1년을 초과할 수 없다. 기업은 경영활동에 필요한
관리정원과 종업원, 고정된 영업장소가 있어야 하며 등록자본은 총
투자액의 30% 이상이 되어야 한다. 출자는 화폐의 현물재산 또는 재
산권으로 하되 출자 당시의 국제시장가격에 기초하여 가치를 평가
하고 해당 기관에 그 가치를 검증받아야 한다. 은행과 보험 같은 특
수 분야의 기업창설 및 승인절차는 별도로 정하며 중앙특수경제지
도기관과 해당 경제개발구의 지도기관 및 관리기관은 기업창설과
관련한 수속절차를 간소화할 의무가 있다(법 제38조 내지 제40조, 경
제개발구 기업창설운영규정 제2조, 제5조, 제7조, 제10조 내지 제12조).

하부구조건설부문과 첨단과학기술부문에 대한 투자는 장려되며

나라의 안전과 주민건강, 건전한 사회도덕생활, 환경보호에 저해가
되거나 경제기술적으로 뒤떨어진 부문에 대한 투자와 경제활동은
제한 또는 금지되고 기업은 공정한 경쟁, 등가보상, 신용의 원칙에서
경영활동을 할 의무가 있고(경제개발구 기업창설운영규정 제3조, 제
4조, 제6조), 통행검사, 세관, 검역기관 등은 경제개발구의 관리와 투
자가의 경제활동에 지장이 없도록 인원과 운수수단이 출입과 물자
의 반출입을 보장할 의무가 있다(법 제50조).

기업은 조업을 시작하기 전에 관리기관에 투자실적확인서, 생산
공정 및 시설물의 안전담보서, 환경영향평가서 등이 첨부된 영업허
가신청서를 제출하여 영업허가증을 발급받고 승인받은 업종의 범위
에서 경영활동을 하여야 한다. 보험가입을 하고자 하는 경우 북한
내에 소재하는 보험회사의 보험에 가입하여야 하고 의무보험은 중
앙보험지도기관이 정한 보험회사에 가입하여야 한다. 자체적으로나
전문기관에 의뢰하여 경영활동을 위한 광고행위를 할 수 있고 다른
기업의 지적재산권 침해와 제품모방, 뇌물, 허위광고, 불법적인 거
래, 공모입찰 등으로 다른 기업의 권리와 이익을 침해하는 행위는
금지된다(경제개발구 기업창설운영규정 제17조, 제19조, 제23조 내지
제25조).

기업은 경영기간이 끝났거나 기업해산을 결정하였거나 기업등록
또는 영업허가가 취소되었을 경우에 기업의 최고의결기관의 결정이
나 법원의 판결에 따라 해산이 결정된다. 해산되는 기업은 경영활동
을 중지하고 청산위원회에 모든 권한을 넘겨야 한다. 청산위원회는
해산사유가 생긴 날로부터 14일 내에 조직되어 기업의 재산을 조사
하고 재정상태표와 재산목록을 작성하며 채권자에게 기업해산을 통
지하고 잔여업무를 처리하고 세금을 납부하며 기업의 재산에 대해
가치평가를 실시하고 청산 후의 잔여재산을 확정하며 기업의 채권
과 채무를 청산한다.

청산위원회는 재정상태표와 재산목록에 기초하여 청산안을 작성한 후 기업의 최고의결기관이나 관리기관 또는 재판소의 승인을 받아야 한다. 기업의 재산에서 청산수속비용, 임금 및 보상금, 세금, 기업채무를 청산하고 남은 재산은 출자비율이나 계약상의 배분비율에 따라 출자자에게 분배하고 청산이 끝나면 청산보고서를 작성하여 기업의 최고의결기관이나 기업창설승인기관 또는 법원에 제출한다. 청산 후에는 기업등록, 세관등록, 세무등록의 취소수속을 하고 기업의 계좌를 폐쇄하며 남은 재산은 경제개발구 밖으로 반출이 가능하다. 청산위원회 기업재산으로 채무를 청산할 수 없다고 인정되는 경우에는 법원에 기업파산을 신청하여야 하며 채권자도 파산신청을 할 수 있다(경제개발구 기업창설운영규정 제36조 내지 제44조).

2) 노동시간은 하루 8시간, 일주일 48시간

경제개발구에서 노동력의 공급 등은 노력관리사업에 해당하는 것으로서 경제개발구관리기관의 업무이고 경제개발구를 관할하는 중앙기관 또는 도·직할시인민위원회가 노력관리사업에 대한 통제를 하는 것으로 규정되어 있다(경제개발구 노동규정 제2조). 이 경우 경제개발구를 관할하는 중앙기관 또는 도·직할시인민위원회를 노력보장기관(경제개발구노동규정 제9조)이라고 하며, 기업은 노력보장기관을 통하여 노동자를 채용한 경우 경제개발구관리기관을 통하여 일정한 요금을 노력보장기관에 지불하여야 한다(경제개발구노동규정 제11조). 경제개발구지도기관인 도·직할시인민위원회에 대응하는 중앙기관은 특수경제지대의 지도를 통괄하는 중앙특수경제지대지도기관으로 명시되지 않은 것으로 보아 노동력 수급 및 노동문제와 관계된 별도의 기관 또는 해당 지역의 행정기관을 의미하는 것으로 보인다.

경제개발구의 기업은 경제개발구관리기관을 통하여 노력보장기관에 채용하기를 원하는 노동자 숫자, 성별, 연령, 업종, 기술기능수준, 채용기간, 급여수준, 노동조건 등을 명기한 노동자채용신청서를 제출하여 노동자를 채용하는 절차를 거치며, 북한의 노동력을 우선 채용할 의무가 있다. 일부 관리인원과 특수한 직종의 기술자나 기능공으로 외국인을 채용하려 할 경우에는 관리기관과 합의하여야 한다.

월급의 최저기준은 중앙특수경제지도기관이 해당 도·직할시인민위원회, 경제개발구관리기관과 협의하여 최저생계비, 노동생산능률, 노동력 채용상태 등을 고려하여 정한다. 중앙특수경제지도기관은 경제개발구별 종업원 월급최저기준을 정기적으로 공포하도록 규정되어 있어 노동자의 직장선택이나 기업의 자유로운 고용 및 기업과 노동자 간의 최저임금협상이 원천적으로 불가능한 구조이다(법 제41조, 제42조, 경제개발구 기업창설운영규정 제26조, 경제개발구 노동규정 제3조, 제6조, 10조). 다만, 법규에서 정한 범위에서 기업이 노동력의 채용과 노동조건의 보장, 임금기준과 지불형식을 독자적으로 결정할 권리가 있다고 하고 있어 최소한 지불형식의 측면에서 달러화를 지도기관에 지급하고 지도기관이 일정액을 공제한 뒤 노동자에게 급여로 지급하는 개성공업지구의 임금지불방식과 비교할 때 기업의 독자성이 신장된 것으로 볼 수 있다(경제개발구 노동규정 제8조).

노동자를 채용하는 기업은 채용기간, 노동시간, 월 급여 등을 구체적으로 명기한 계약서를 작성하여 노동자와 노력채용계약을 체결하여야 한다. 기업은 종업원의 권리와 이익을 대표하는 직업동맹조직이나 종업원대표의 합법적인 활동을 보장하여야 하며, 직업동맹조직 또는 종업원대표와 노동시간과 휴식시간, 보수, 노동보호기준, 노동생활질서, 문화후생조건, 상벌기준 등을 정한 노동계약을 체결하고 노동계약서를 관리기관에 제출하여 승인을 받아야 한다(경제개발구 노동규정 제7조, 제13조 내지 제15조).

종업원이 직업병이나 작업 중 입은 부상 이외의 질병 또는 부상으로 치료를 받았으나 자기 직종 또는 기업 내의 다른 직종에서 일할 수 없는 경우, 기업의 경영조건 또는 기술조건의 변동으로 종업원이 남는 경우, 종업원이 기술기능의 부족으로 자기 직종에서 일할 수 없는 경우, 종업원이 기업의 재산에 막대한 손실을 입혔거나 노동생활질서를 어겨 엄중한 결과가 발생한 경우에는 채용기간 중이더라도 해고가 가능하다.

해고하려고 할 경우 직업동맹조직 또는 종업원대표와 토의하여 30일 이전에 당사자에게 알려주어야 하며, 해고 관련 서류를 경제개발구관리기관에 통지하여야 한다(경제개발구 노동규정 제18조). 개인적인 사정이 있거나 학교에 입학한 경우에는 사직서를 제출하고 사직할 수 있다. 기업이 사직서를 받은 날로부터 30일 내에 사직연기를 요구하면 종업원은 특별한 사정이 없는 한 이에 응하여야 한다고 규정하여 종업원의 사직과 새로운 노동력 채용에 따르는 인력운용 변화에 대응할 수 있는 기간을 제도적으로 보장하고자 하는 것으로 보인다(경제개발구 노동규정 제21조, 제22조).

경제개발구에서 노동시간은 하루 8시간, 일주일 48시간이며 연장작업이나 명절, 공휴일, 휴가기간의 근무에 대하여는 직업동맹조직 또는 종업원대표와의 합의가 필요하다. 노동자에게는 명절과 공휴일, 연 14일의 정기휴가와 중노동·유해노동자에 대한 연 7~21일의 보충휴가와 휴가일수에 따르는 휴가비 및 산전 60일 산후 90일의 출산휴가와 휴가일수에 따르는 휴가비의 60%이상이 보장되며, 명절이나 공휴일 근무에 대해서는 7일 이내의 대휴나 해당 보수가 지불된다(경제개발구 노동규정 제24조 내지 제27조, 제30조).

노동보수는 노임, 장려금, 상금 등으로 구성된다. 월 급여는 기업이 정하되 중앙특수경제지도기관에서 공포한 월급최저기준보다 낮게 정할 수 없다. 휴가비는 급여와 함께 지불하며 결산이윤의 일부로 상금기금을 조성하고 종업원에게 상금 또는 장려금을 줄 수 있다. 노동보수는 화폐로 지불하며 상금과 장려금은 화폐 또는 상품으로 지급한다(경제개발구 노동규정 제28조, 제30조, 제37조).

기업은 고열, 가스, 먼지, 소음을 막고 채광, 조명, 통풍 등 산업위생조건을 보장하여야 한다. 임신이나 수유기간 중의 여성노동자에게는 연장작업, 야간작업, 힘들고 건강에 해로운 노동을 시킬 수 없으며, 종업원의 자녀를 위한 탁아소와 유치원을 운영할 수 있다(경제개발구 노동규정 제39조 내지 제41조).

3) 회계결산연도는 1월 1일부터 12월 31일까지

경제개발구 내에서 기업들 간에 거래되는 상품과 서비스의 가격은 물론이고 경제개발구 내의 기업이 외부의 북한 기관·기업소·단체와 계약을 맺고 경영활동에 필요한 물자를 구입하거나 생산한 제품을 판매할 수 있다. 또한 원료, 자재, 부분품을 위탁가공할 수 있으며 거래할 때에도 상품가격을 국제시장가격에 의거하여 당사자 간 협의로 결정하도록 하고 있어(법 제43조, 경제개발구 기업창설운영규정 제22조), 원칙적으로 시장가격제를 채택하고 있으며, 경제개발구 외부와의 거래를 전제로 한 규정을 두고 있는 점이 눈에 띈다. 그러나 경제개발구가 북한 주민에게 미치는 영향을 고려하여 지역 선정 등에 있어서 주민이 거주하는 지역과 일정하게 떨어진 지역에 경제개발구를 창설하도록 하는 지역선정 원칙에 비추어 그 실효성은 의문시된다(법 제11조).

경제개발구에서 일반적인 기업의 소득세율은 결산이윤의 14%, 장려부문의 소득세율은 결산이윤의 10%로 규정되어 있으며 아직 하위규정이 제정되어 있지 않다(법 제45조). 유통화폐와 결제화폐는 조선원이나 정해진 화폐로 하고 외국인과 외국인투자기업은 정해진 규범에 따라 유가증권 거래를 할 수 있도록 규정되어 있다(법 제46조, 제51조).

경제개발구에서 기업의 회계계산과 결산은 경제개발구에 적용하는 재정회계관련 법규에 준하여 한다. 관련 법규에서 정하지 않은 사항은 국제적으로 인정되는 회계관습에 따르는 것으로 규정되어 있으나, 현재로서는 경제개발구의 독자적인 재정회계관련 법규가 마련되어 있지 않으므로 외국투자기업재정관리법이나 외국투자기업회계법이 적용될 여지가 큰 것으로 보인다(법 제44조).

회계결산연도는 1월 1일부터 12월 31일까지로 기업은 해마다 회계결산을 하여 회계검증을 받아야 한다. 회계결산은 총수입금에서 원료 및 자재비, 연료 및 동력비, 임금, 감가상각금, 물자구입경비, 관리비, 보험료, 판매비용 등 원가를 공제하고 이윤을 확정한 뒤 이윤에서 거래세 또는 영업세와 기타 지출을 공제하여 결산이윤을 확정하며 결산이윤에서 정해진 기업소득세를 납부한 후에 예비기금을 조성하여야 한다. 예비기금은 등록자본의 25%에 달할 때까지 해마다 결산이윤의 5%를 적립하여 조성하며 기업의 영업손실을 메우거나 생산규모나 등록자본을 확충하는 데 사용한다. 결산이윤에서 기업손실을 메우거나 예비기금을 적립하고 남은 순이윤으로 출자자들에게 이윤배당을 할 수 있다(경제개발구 기업창설운영규정 제28조, 제30조, 제32조, 제34조).

3. 기업운영 활성화

1) 장려부문에는 소득세율 낮춰주는 특혜

장려부문은 하부구조건설부문과 첨단과학기술부문, 국제시장에서 경쟁력이 높은 상품을 생산하는 부문이다. 장려부문의 기업소득세율을 10%로 책정하여 비장려부문의 14%보다 낮은 소득세율을 부과하고 있고, 10년 이상 기업을 운영하는 경우 기업소득세를 감면한다고 하고 있으나(법 제6조, 제45조, 제53조, 경제개발구 기업창설운영규정 제3조) 감면기간과 감세율, 감면기간의 계산시점을 정하는 규정은 미비한 상태이다. 이윤을 재투자하여 등록자본을 늘이거나 새로운 기업을 창설하여 5년 이상 운영할 경우에는 재투자분에 해당하는 기업소득세액의 50%를 돌려주고, 하부구조건설부문에 재투자할 경우에는 납부한 재투자분에 해당하는 기업소득세액의 전부를 돌려준다고 규정하여 경제개발구에서 취득한 이윤의 재투자, 특히 하부구조건설부문에의 재투자가 긴요하다는 점을 알게 해준다(법 제54조).

경제개발구에서는 해당 지역의 환경과 특성에 맞는 관광자원을 개발하여 국제관광을 발전시키고자 하고 있으며 투자가도 관광업을 할 수 있다. 개발기업은 관광업이나 호텔업의 경영권 취득에서 우선권을 가지며 개발기업의 재산과 하부구조시설, 공공시설 운영에는 세금을 부과하지 않는다고 규정하고 있는 점을 볼 때(법 제49조, 제55조), 생산업종에 비해 상대적으로 단순인력 사업이거나 초기투자를 통해 수익을 얻기 쉬울 것으로 예상되는 관광업이나 호텔업의 경영 우선권이라는 특혜를 주거나 파격적인 세금혜택을 도입하는 등 개발기업에 대한 우대는 자체 자본으로 경제개발구를 건설하지 못하고 경제개발구의 개발 자체를 외국 투자가의 자본에 의한 개발기업에 의존해야 하는 북한의 현실을 법규에 그대로 반영한 것이라고 할 수 있다.

기업용 토지는 실지수요에 따라 먼저 제공되며 사용분야와 용도에 따라 임대기간, 임대료, 납부방법에서 상이한 특혜가 제공되는데 하부구조시설과 공공시설, 장려부문에 투자하는 기업에 대해서는 토지위치의 우선선택권, 토지사용료의 일정기간 면제가 가능하다(법

제52조). 경제개발구 건설용 물자와 가공무역, 중계무역, 보상무역을 목적으로 반입한 물자, 기업의 생산 또는 경영용 물자와 생산한 수출상품, 투자가가 쓸 생활용품은 무관세이며 특혜관세제도가 실시된다(법 제56조). 세관에 반출입신고서를 제출하여 물자를 반출입하며 우편, 전화, 팩스이용의 편의를 제공하도록 규정하여 규범적으로는 통신의 자유가 보장되어 있다(법 제58조).

2) 외화 반출 자유와 신변안전 보장

경제개발구에 투자하고자 하는 외국의 투자가는 본국 정부의 사전 승인이 필요한 경우에는 관계 서류를 북한의 외무성 등 해당 기관에 제출하도록 하고 있다(법 제13조). 경제개발구에서 투자가에게 부여된 권리, 투자재산과 합법적인 소득은 법적 보호를 받고 국가는 투자가의 재산을 국유화하거나 거두어들이지 않는다. 사회공공의 이익과 관련하여 부득이하게 투자가의 재산을 거두어 들이거나 일시 이용하려 할 경우에는 사전에 통지하며 그 가치를 제때에 충분히 보상하도록 한다(법 제7조).

외화의 반출은 자유롭게 할 수 있으며 합법적인 이윤과 기타 소득을 제한없이 경제개발구 밖으로 송금할 수 있다. 경제개발구에 들여왔던 재산과 합법적으로 취득한 재산은 경제개발구 밖으로 내갈 수 있도록 규정되어 있다. 지적소유권은 법적으로 보호되며 등록, 이용, 보호와 관련해서는 해당 법규를 따른다고 규정하고 있다(법 제47조, 제48조).

경제개발구에서 개인의 신변안전은 법에 따라 보호된다. 법에 근거하지 않고는 구속, 체포하지 않으며 거주장소를 수색하지 않는다. 신변안전과 관련하여 체결된 조약이 있을 경우에는 그에 따른다(법 제8조).

4. 제재 및 분쟁해결

1) 엄격하게 정해둔 제재 규정

개발기업이 개발계획의 요구대로 개발하지 않거나 개발대상을 불법적으로 양도한 경우에는 해당하는 소득을 몰수하고 벌금을 부과한다(경제개발구 개발규정 제36조). 경제개발구 안에서 기업이 기업등록증이나 영업허가증을 받지 않고 영업활동을 한 경우, 허위증명서를 제출하거나 중요사실을 숨기고 기업등록을 한 경우, 기업등록사항이 변경되었음에도 변경등록을 하지 않은 경우, 출자자가 정당한 근거없이 출자액을 빼돌린 경우, 기업청산 시 재산을 은닉하고 재정상태표와 재산목록에 허위기록을 기재한 경우, 채무를 청산하기 전에 기업의 재산을 분배한 경우, 정기적인 영업허가증 확인에 불응한 경우, 기타 기업창설 및 등록질서를 위반한 경우 벌금에 의한 제재를 받는다(경제개발구 기업창설운영규정 제45조).

초기 출자를 90일 내로 하지 못하였거나 3년이 지나도록 기업경영을 할 수 없는 경우, 영업허가증을 발급받은 후 6개월 내에 경영활동을 진행하지 않거나 경영활동이 중지된 후 1년이 경과하도록 재개하지 않는 경우에는 기업등록증을 회수하고, 기업창설 및 등록질서를 위반한 경우에는 영업활동을 중지시키거나 영업허가증을 회수할 수 있다(경제개발구 기업창설운영규정 제46조).

기업이 노동자에게 불법적으로 연장작업을 시키거나 휴식을 제대로 시키지 않은 경우, 노동자를 불법적으로 해고한 경우, 노동보수를 정해진 대로 지급하지 않은 경우, 노동보호안전 및 산업위생조건을 제대로 보장하지 않은 경우, 정상적인 노력관리사업을 방해한 경우에 대해서는 벌금이 부과되며 노동자들에게 노동안전시설 및 노동보호조건을 규정대로 갖추어주지 않은 경우, 직업동맹조직 또는 종업원대표의 적법한 활동에 지장을 준 경우, 정해진 비용을 제대로 납부하지 않는 경우에는 영업중지가 부과된다. 기업이 노동규정을 위배하여 불법적인 소득을 얻은 경우에는 정해진 절차에 따라 해당 소득을 몰수한다(경제개발구 노동규정 제54조 내지 제56조).

2) '신소 청원법'은 행정처분에 대한 이의절차와 닮아

경제개발구에서 개인 또는 기업은 관리기관이나 중앙특수경제지대지도기관, 해당 기관에 신소(伸訴)를 할 수 있으며 노동규정의 집행과 관련하여 이견이 있는 기업이나 종업원은 노력보장기관과 경제개발구관리기관, 중앙특수경제지도기관에 신소할 수 있다. 신소는 청원과 함께 북한 헌법 제69조에 규정된 권리이다.

북한 헌법상 신소란 공민, 공민의 집단이나 국가기관, 단체가 국가기관이나 그 공무원의 비법적 직무상 활동, 관료주의 혹은 사무지연으로 인하여 침해되었거나 침해될 가능성이 있는 자기 혹은 사회의 이익의 회복 또는 방지를 해당 기관이나 상급 국가기관에 요구하는 행위이다. 청원이란 공민, 공민의 집단, 국가기관, 단체가 국가기관이나 그 공무원에게 그 공적 활동에 대하여 합목적적인 개선의 견지에서 새로운 제도질서의 창설, 현존 제도질서의 변경, 폐지를 요구하는 의견을 제출하는 행위이다. 이는 밑으로부터의 비판을 국가적으로 보장하는 수단으로서 준법성을 강화하고 인민과 정권 간의 연계를 튼튼히 하여 인민정권 사업을 개선 강화할 사명을 가지는 제도라고 일찍부터 설명되어 왔다.[40]

신소를 받은 기관은 30일 내로 이를 처리하고 결과를 신소자에게 알려주어야 한다(법 제59조, 경제개발구 관리기관운영규정 제25조,

---

40) 김종일, "공화국 신소 청원 제도의 생성 및 발전", 8·15 해방 10주년 기념 법학논문집 제1집, 조선민주주의인민공화국 과학원, 1955, 127-128면.

제1장 북한 특수경제지대 법제와 경제개발구 법제 73

경제개발구 노동규정 제58조). 북한은 신소청원법을 제정하여 신소에 대해 규율하고 있으며 '신소'란 "개인이나 집단의 권리와 리익에 대한 침해를 미리 막거나 또는 침해된 권리와 리익을 회복시켜줄데 대하여 당 및 국가기관, 기업소, 근로단체에 제기하는 인민의 요구"라고 정의하고 있어서 남한에 있어서의 행정처분에 대한 이의절차와 유사한 것으로 여겨진다.

조정과 중재에 대해 북한은 '조정'은 "대립되는 둘 사이에서 조절하여 그치게 하거나 또는 서로 타협할 수 있는 점을 찾아 화해하게 하는 것"이고, '중재'란 "계획에 기초하여 맺은 계약을 리행하는 과정에 기관, 기업소, 단체들 사이에서 생기는 문제에 대하여 시비를 가리는 중재기관의 활동으로 국내중재, 무역중재, 해사중재, 국제중재가 있다"고 설명하고 있다. 우리 법의 규정에 의하면 조정은 "중립적인 제3자가 당사자의 동의를 얻어 당사자가 쉽게 협상할 수 있도록 도와주는 분쟁해결방법"을 의미한다. 중재는 "당사자 간의 합의로 사법상의 분쟁을 법원의 재판에 의하지 아니하고 중재인의 판정에 의하여 해결하는 절차"를 의미하므로, 북한의 사전적 설명이 우리 법과 크게 다르지 않다고 볼 수 있다.

경제개발구의 개발과정에서 발생한 분쟁, 관리기관의 사업과 관련한 분쟁, 기업의 창설운영, 노동과 관련한 분쟁은 협의로 해결하는 것을 원칙으로 하며 관리기관의 사업과 관련한 분쟁은 조정이나 재판으로, 경제개발구의 개발과정에서 발생한 분쟁이나 기업의 창설운영, 노동과 관련한 분쟁은 조정·중재나 재판에 의할 수 있다고 규정하고 있다. 그러나 관리기관의 사업과 관련한 분쟁의 해결방법에서 조정과 재판만을 허용하고 중재를 제외한 이유는 명확하지 않다(경제개발구 개발규정 제38조, 경제개발구 관리기관운영규정 제26조, 경제개발구 기업창설운영규정 제47조, 경제개발구 노동규정 제57조).

Ⅲ. 경제개발구 법제와 다른 특수경제지대 법제와의 비교

1. 체계와 기본제도

	개성공업지구법 (49조항)	라선경제무역지대법 (85조항)	황금평·위화도경제지대법 (76조항)	금강산국제관광특구법 (41조항)	경제개발구법 (64조항)
1장	개성공업지구법의 기본 (9조항)	라선경제무역지대법의 기본 (10조항)	경제지대법의 기본 (10조항)	금강산국제관광특구법의 기본 (8조항)	경제개발구법의 기본 (9조항)
2장	개성공업지구의 개발 (11조항)	경제무역지대의 개발 (12조항)	경제지대의 개발 (11조항)	국제관광특구의 관리 (9조항)	경제개발구의 창설 (9조항)
3장	개성공업지구의 관리 (14조항)	경제무역지대의 관리 (13조항)	경제지대의 관리 (10조항)	관광 및 관광봉사 (6조항)	경제개발구의 개발 (12조항)
4장	개성공업지구의 기업창설운영 (11조항)	기업창설 및 경제무역활동 (17조항)	기업의 창설 및 등록, 운영 (13조항)	기업창설 및 등록, 운영 (9조항)	경제개발구의 관리 (7조항)
5장	분쟁해결 (1조항)	관세 (6조항)	경제활동조건의 보장 (15조항)	경제활동조건의 보장 (7조항)	경제개발구에서의 경제활동 (14조항)
6장		통화 및 금융 (6조항)	장려 및 특혜 (11조항)	제재 및 분쟁해결 (2조항)	장려 및 특혜 (7조항)
7장		장려 및 특혜 (15조항)	신소 및 분쟁해결 (4조항)		신소 및 분쟁해결 (4조항)
8장		신소 및 분쟁해결 (4조항)			
부칙	부칙(3조항)	부칙(2조항)	부칙(2조항)		부칙(2조항)

북한의 특수경제지대법은 '기본·개발·관리·기업창설·운영·분쟁해결'을 기본적인 체제로 하고 있다. 개성공업지구법은 부칙을 포함하여 총 6장 49조항으로, 특수경제지대법 중 성격이 다소 다른 금강산국제관광특구법을 제외하고는 가장 적은 장으로 구성되어 기본적인 체제만을 갖춘 법이다. 개성공업지구법 이후에 개정되었거나 제정된 특수경제지대법들은 기본적인 체제에 '기업의 경제활동', '장려 및 특혜', '분쟁해결'을 더하고 특수경제지대별 특성에 따라 관세, 통화 등 경제적인 항목이나 제재를 별개의 장으로 편성하는 등으로 체제 면에서 차이는 크지 않다.

각 법의 제1장이 "… 법의 기본"이라고 되어 있는 것은 중국법의 총칙과 마찬가지로 법률의 기본취지와 제정과 집행과정의 원칙, 법률의 적용범위 등을 규정한 것이다.[41] 가장 장과 조항 수가 많고 자세한 법은 라선경제무역지대법이고, 금강산국제관광특구법은 조항 수가 가장 적고 부칙을 두지 않았으며 분쟁해결과 함께 제재를 다루고 있다는 점이 특징적이다. 관광지구의 특성을 반영한 입법인 것으로 생각된다. 경제개발구법은 다른 특수경제지대법에는 없는 '개발구의 창설'을 독자적인 장으로 편성하고 있으며 특수경제지대의 관리에 할애한 조문 수가 가장 적다.

이 법들은 모두 북한헌법에서 규정하는 법령형식을 고려할 때 북한법의 규범체계상 '부문법'에 해당하며 기본적으로 동일한 규범체계를 이루고 있다.[42] 또한 다섯 개의 법 모두 최고인민회의 상임위원회 '정령'의 형식으로 입법되었는데, 최고인민회의가 이들을 승인하였는지 여부를 알 수 없어 이 법들이 중요 부문법인지 여부는 명확하지 않다.[43] 가장 많은 조항을 배치한 장을 보면 개성공업지구법

---

41) 이춘일, 앞의 책, 7면.
42) 이춘일, 앞의 책, 6면.
43) 이효원, "라선경제무역지대법의 특징과 개선과제", 서울대학교 법학 제56

은 46조항의 조문 중 14조항을 '제3장 개성공업지구의 관리'에 배치하고 있음에 비하여 라선경제무역지대법과 황금평·위화도경제지대법은 각 44조항과 39조항을 기업의 경제활동과 관련된 장에 배치하고 있다.

금강산국제관광특구법도 총 41조항이라는 가장 적은 조항 수에도 불구하고 17조항을 기업의 경제활동 장에 할애하고 있으며, 경제개발구법은 총 21조항을 같은 장에 두고 있어서 개성공업지구법 외에는 모든 법이 기업의 경제활동을 가장 중시하는 입법을 한 것으로 볼 수 있다. 개성공업지구법의 경우 지대의 개발과 관리에 많은 수의 조항을 할애하고 기업의 경제활동과 관련하여서는 법 제정 이후에 제정한 하위규범들을 통해서 규율하고 있다.

지대의 사명과 지위에 관하여 경제개발구법과 라선경제무역지대법, 황금평·위화도경제지대법이 제1조에서 지대법의 사명을, 제2조에서 지대의 지위를 규정하고 있다. 이와 달리 개성공업지구법은 '제1장 개성공업지구법의 기본'에서 개성공업지구는 공화국의 법에 따라 관리운영하는 국제적인 공업, 무역, 상업, 금융, 관광지역이며, 개성공업지구법은 공업지구의 개발과 관리운영에서 제도와 질서를 엄격히 세워 민족경제를 발전시키는데 이바지한다고 하여 개성공업지구법의 사명과 개성공업지구의 정의를 하나의 조항에서 규정하고 있다.

특수경제지대의 성격과 관련하여 개성공업지구는 "공업, 무역, 상업, 금융, 관광지역"이고, 라선경제무역지대에는 첨단기술산업, 국제물류업, 장비제조업, 1차가공공업, 경공업, 봉사업, 현대농업을 기본으로 하는 산업구들을 건설하며, 황금평지구는 정보산업, 경공업, 농업, 상업, 관광업을 기본으로 개발하는 지역으로서 하나의 지역 안에

권 제4호, 서울대학교 법학연구소, 2015, 6면.

서로 다른 성격을 가진 다수의 산업들이 건설될 것을 전제로 하고 있음에 비하여(개성공업지구법 제1조, 라선경제무역지대법 제3조, 황금평·위화도경제지대법 제3조), 하나의 지구 안에 복합적인 성격을 갖도록 하지 않고 지구별로 특정한 목적을 가지고 단일한 업종을 개발하려는 시도를 보이는 것이 경제개발구법의 특징이다.

입법권의 소재에 대하여 경제개발구법과 라선경제무역지대법 및 황금평·위화도경제지대법은 시행세칙은 해당 인민위원회가, 준칙과 규약은 관리위원회 또는 관리기관이 제정하는 것으로 규정하고 있다. 개성공업지구법에서는 중앙공업지도기관이 시행세칙을, 관리위원회가 준칙을 제정하고 금강산국제관광특구법에서는 국제관광특구지도기관이 시행세칙을 제정하고 관리위원회는 법규를 제정할 권한이 없는 것이 특징이다. 이것은 개성공업지구와 금강산국제관광특구에서는 해당 인민위원회를 관리주체에서 제외하고 있고 금강산국제관광특구의 관리위원회에는 집행기관의 성격만 부여한 것에서 기인한 것으로 판단된다.

한편 라선경제무역지대법과 황금평·위화도경제지대법은 북한의 일반적인 법령도 적용된다는 것을 전제로 하고 있지만 경제개발구법은 라선경제무역지대와 황금평·위화도경제지대에 적용되지 않는다는 것을 명확하게 규정하고 있다. 따라서, 라선경제무역지대법 및 황금평·위화도경제지대법은 경제개발구법과 적용범위를 달리 하는 부문법이라고 할 수 있다.[44]

경제개발구법과 라선경제무역지대법 및 황금평·위화도경제지대법이 개발방법에 대하여는 개발 관련 별개의 장에서 언급하고 있음에 비하여, 개성공업지구법은 개발 관련 별개의 장을 두면서도 제1장 제2조에서 개발방법을 별도로 규정하고 있다. 투자당사자 관련

---

[44] 이효원, "라선경제무역지대법의 특징과 개선과제", 6면.

경제개발구법과 라선경제무역지대법이 다른 나라의 법인, 개인, 경제조직 및 해외동포로 규정하고 황금평·위화도경제지대법이 세계 여러 나라의 법인이나 개인, 경제조직으로 규정하고 있다.

이에 비하여 개성공업지구법은 여기에 '남측'을 별도로 규정하여 이 법이 남북 교류 협력과 관련한 특수경제지대법임을 알게 해주며, 조문을 비교해서 문리해석하면 해외동포와 남측을 별개의 주체로 명시한 개성공업지구법의 규정에 비추어 경제개발구법과 라선경제 무역지대법 및 황금평·위화도경제지대법의 경우 남측을 명시적으로 배제하고 있는 것으로 보인다. 하지만 북한당국이 남한의 투자를 배제함으로써 취할 수 있는 실익이 거의 없으며, 현재 상태로도 중국 과의 합작 형태로 남한자본이 유입되고 있다는 것을 알고 있을 것임에 비추어 남한의 투자를 실질적으로 배제하고자 하는 것은 아니라고 생각된다.

또한 라선경제무역지대법(제4조, 제31조)과 황금평·위화도경제지대법(제4조, 제30조)은 투자당사자를 외국의 법인이나 개인, 북한영역 밖에 거주하고 있는 조선동포로 제한하고 있어서 북한의 국내기업이 투자하는 것을 예정하고 있지는 않다. 그렇지만 중앙특수경제지도기관의 사업내용에 "경제지대에 투자할 국내기업의 선정"을 포함시키고 있어서 북한의 기업도 투자할 여지가 있다고 해석된다.[45]

준거법에 대해서 개성공업지구법은 "공업지구에서의 경제활동은 이 법과 그 시행을 위한 규정에 따라서 한다. 법규로 정하지 않은 사항은 공업지구지도기관과 공업지구관리기관이 협의하여 처리한다"고 규정하고(제9조), 라선경제무역지대법 및 황금평·위화도경제지대법은 "경제무역지대의 개발과 관리, 기업운영과 같은 경제활동에는 이 법과 이 법 시행을 위한 규정, 세칙, 준칙을 적용한다"고 밝히고

---

45) 이효원, 앞의 논문, 8면.

있어서(각 법 제10조), 특수경제지대에 고유한 법규범의 존재를 예정하고 있다는 점은 경제개발구법과 같다.

다만 개성공업지구법은 법규의 공백에 대하여 "공업지구지도기관과 공업지구관리기관의 협의로 처리한다"고 밝히고 있어 남북의 교류 협력의 장에 적용되는 규범으로 탄생한 개성공업지구법이 법규의 공백에 관해 동일한 내용을 규정하지 않은 경제개발구법이나 라선경제무역지대법 및 황금평·위화도경제지대법과는 다른 법적 성격을 가지고 있음을 드러낸다. 또한 법과 그 시행을 위한 규정에서 규정, 세칙, 준칙으로 규범이 세분화되고, 적용순서가 명기되고 있다는 점에서 개성공업지구를 운영하면서 실제로 작성된 세칙과 준칙을 통해 규범의 위계적 분화에 대하여 학습하였다는 것을 알 수 있다. 다만 경제개발구법의 경우 규정과 세칙까지만 법에서 규범의 형식으로 인정하고 있어서 2011년 제정된 라선경제무역지대법 및 황금평·위화도경제지대법보다 규범의 형식과 위계적 효력 규정에 있어서 후퇴한 모습이다.

적용법규에서는 국내법과 조약과의 관계규정도 비교할 만하다. 개성공업지구법은 "개성공업지구와 관련하여 북남사이에 맺은 합의서의 내용은 이 법과 같은 효력을 가진다"고 규정하고 라선경제무역지대법 및 황금평·위화도경제지대법은 "경제지대의 법규가 우리 나라와 다른 나라사이에 체결된 협정, 량해문, 합의서 같은 조약의 내용과 다를 경우에는 조약을 우선 적용하며 경제지대 밖에 적용하는 법규의 내용과 다를 경우에는 경제지대법규를 우선 적용한다"고 규정하여 조약 또는 합의서가 북한의 법률보다 우선적 효력을 가진다는 점을 명시하고 있다(제10조, 부칙 제2조). 준거법의 위계에 있어 국내법에 대한 조약의 우위를 보장함으로서 적용법규를 둘러싼 분쟁을 예방하고 투자의 안정성을 높인 것으로 해석된다. 이에 비하여 경제개발구법은 조약과 국내법과의 관계에 관한 조문을 두고 있지 않다.

경제개발구법(제6조)과 라선경제무역지대법(제6조) 및 황금평·위화도경제지대법(제6조)이 조문의 제목을 '투자장려 및 금지, 제한부문'이라고 하면서 조문의 내용상 장려부문을 먼저 기술하고 있는 것은 개성공업지구법이 투자와 영업활동을 할 수 없는 부문을 명시하고, 이어 하부구조건설부문 등 투자장려부문을 밝히는 순서로 조문을 구성하고 있음에 비하여(제4조), 투자의 긍정적인 측면을 더 중시하면서 일괄적인 금지가 아니라 제한 또는 금지로 투자의 부정적인 측면에 대해 접근하고 있어 한결 유연한 태도를 보여준다.

경제개발구법이 제3장 '경제개발구의 개발'의 첫 조문으로 경제개발구의 개발원칙(제19조)를 내세우고 있는 것처럼 라선경제무역지대법과 황금평·위화도경제지대법도 개발의 원칙을 7가지로 규정하여 제2장 '경제무역지대의 개발'의 첫 조문(제11조)으로 삼고 있다. 첫 조문에 규정된 개발원칙은 이하의 조문들이 서로 다른 사항에 관하여 개별적인 준거가 되는 것과는 달리 해당 장 전체에 효력을 미치는 지위에 있는 것으로 볼 수 있다. 라선경제무역지대법 제3장 '경제무역지대의 관리'의 첫 조문(제23조)과 황금평·위화도경제지대법 제3장 '경제지대의 관리'의 첫 조문(제22조)도 경제무역지대의 관리원칙으로서 제3장 전체에 영향을 미치는 원칙조항으로 볼 수 있다. 이는 개성공업지구법에서는 찾아볼 수 없는 배치순서와 내용으로 특수경제지대 관련 입법의 진일보한 측면이라고 할 수 있다.

반면 하위규범인 경제개발구 개발규정에서 '경제개발구의 개발원칙'(제3조)을 경제개발구법 제19조와 동일한 내용으로 규정한 것이나, 하위규범인 라선경제무역지대 개발규정에서 '지대의 개발원칙'(제3조)을 라선경제무역지대법 제11조와 동일한 내용으로서 다시 규정한 것은 입법상 중복으로서 무용할 뿐 아니라, 개발의 원칙은 규범의 위계상 법에 규정되는 것이 타당하고 그것으로서 하위규범 전체에 영향을 미치므로 체계상으로도 이 규정은 부정합하다고 하겠다.

이러한 부정합한 중복은 '경제무역지대의 개발방식'에 관한 라선경제무역지대법 제13조와 라선경제무역지대 개발규정 제4조에서, '적용법규'에 관한 라선경제무역지대법 제10조와 라선경제무역지대 개발규정 제5조 등에서도 나타나는데 이는 규범별 위계와 규범력의 차이를 잘 알지 못한 채 하나의 규범형식에서 입법기술을 습득하여 평면적으로 다른 위계의 규범에 도입했기 때문인 것으로 생각되며, 입법기술의 학습과정에서 나타날 수 있는 오류인 것으로 보인다.

상위 법에 근거를 두지 않고 하위규범인 규정에서 제재에 대하여 규정하고 있다는 점도 눈길을 끈다. 경제개발구 법제와 마찬가지로 개성공업지구 법제와 라선경제무역지대 법제는 제재에 관하여 법률의 차원에서 근거규정을 두지 않고 있다는 공통점이 있는데, 입법사항에 해당하는 제재의 근거는 법률에 두어야하므로 현재와 같이 개성공업지구 법제와 라선경제무역지대 법제가 법률에 근거를 두지 않고 하위규범인 규정에서 수범자에게 불리한 내용인 제재를 규정하고 있는 것은 체계정합성 측면에서 문제가 있다고 하겠다. 또한 제재의 근거를 법률에 두더라도 현행 규정의 내용만으로는 어떤 경우에 어느 정도의 제재를 받는지 알 수 없어 규범의 예측가능성이 떨어지며, 제재의 자의적인 집행을 가능하게 하고 있다. 하위규범에서 제재의 요건과 기준 및 절차에 관하여 구체적으로 규정할 필요가 있다고 하겠다.

2. 개발과 거버넌스

1) 개발원칙과 개발절차

개발의 원칙에 대해 개성공업지구법이 규정을 두고 있지 않음에 비하여 라선경제무역지대법(제11조)과 황금평·위화도경제지대법(제

11조)은 지대와 그 주변의 자연지리적조건·자원·생산요소의 비교우세 보장, 토지 및 자원의 절약과 합리적인 이용, 지대와 그 주변의 생태환경보호, 생산과 봉사의 국제적인 경쟁력 제고, 무역과 투자 같은 경제활동의 편의 보장, 사회공공의 이익 보장, 지속적이고 균형적인 경제발전의 보장이라는 동일한 개발원칙을 규정하고 있다. 경제개발구법(제19조)은 이러한 내용에 계획에 따라 단계적으로 개발하는 원칙과 투자유치를 다각화하는 원칙을 추가하여 여러 지역에서 단계적으로 개발되어야 하는 개발구 제도의 성격과, 개발구별 특징에 따라 다양한 시각을 가진 투자자가 나타날 수 있다는 점을 의식하고 있다.

개발은 중앙특수경제지도기관의 승인을 받은 개발업자가 한다는 것은 모든 특수경제지대에서 공통적이다. 개발의 방식에 대하여 라선경제무역지대법은 일정한 면적의 토지를 기업이 종합적으로 개발하고 경영하는 방식, 기업에게 하부구조 및 공공시설의 건설과 관리 및 경영권을 특별히 허가해 주어 개발하는 방식, 개발당사자들 사이에 합의한 방식 같은 여러 가지 방식으로 개발할 수 있다고 규정하고(제13조), 황금평·위화도경제지대법은 개발기업이 전체 면적의 토지를 임대받아 종합적으로 개발하고 경영하는 방식을 취하고 있다(제13조). 경제개발구법에서는 해당 경제개발구의 특성과 개발조건에 맞으며 나라경제의 발전에 이바지할 수 있는 합리적인 방식으로 정할 수 있다고 규정하여(제23조), 라선경제무역지대법이 가장 구체적이면서도 다양한 개발방식을 상정하고 있음을 알 수 있다.

라선경제무역지대의 개발방식을 다양화한 것은 그 대상지역이 넓고 중국과 러시아 등 외국과 연계하여 개발할 가능성이 크다는 점을 고려한 것으로 판단된다. 또한 경제개발구에 비하여 개발기업의 부담과 의무를 완화하고 있는데, 이것 역시 개발방식에 따라 개발업자의 의무가 다양할 수 있다는 것을 고려한 것이라고 볼 수 있다.[46)]

개발비용에 대해서는 개성공업지구법은 건물과 부착물의 철거 및 이설과 주민이주에 드는 비용은 개발업자가 부담하는 것으로 법에서 명시하고 있다(제15조). 이에 비하여 라선경제무역지대법에서는 개발규정을 통하여 기업에게 하부구조와 공공시설의 건설과 관리 및 경영권을 특별히 허가해주어 개발하는 방식인 특별허가개발의 경우에 건물과 부착물의 철거 및 이설과 주민이주에 드는 비용은 라선시인민위원회, 관리위원회, 개발기업의 부담으로 정하고 있다(제6조).

하위규정이 마련되지 않은 황금평·위화도경제지대법에서는 개발비용과 관련한 규정을 두고 있지 않다. 경제개발구법의 경우에는 하위규범인 개발규정에서 건물과 부착물의 철거 및 이설과 주민이주에 드는 비용은 개발기업이 부담한다고 정하고 있어서 라선경제무역지대보다 개발기업이 감수할 비용이 늘어난 것으로 볼 수 있다(제27조).

2) 개발업자와 토지이용 제도

투자방식과 기업형태에 대하여 라선경제무역지대법은 아무런 규정을 두고 있지 않다. 현행 북한법 체계에서는 아무런 근거 규정없이 주식회사 설립이 불가능하기 때문에 라선경제무역지대에서는 '합영법', '합작법', '외국인투자법'에 따른 세 가지 형태의 투자방식과 기업형태만이 인정된다고 해석할 수 있다. 다만 황금평·위화도경제지대법(제60조)은 "투자가는 경제지대에 직접투자나 간접투자같은 여러 가지 방식으로 투자할 수 있다"고 규정하고 있는데, 여기서 말하는 '간접투자' 방식이 주식회사 형식의 투자방식을 의미하는 것인

---

46) 이효원, "라선경제무역지대법의 특징과 개선과제", 8면.

지는 불명확하다.[47]

개발업자와 관련하여 경제개발구법은 "우리나라의 기관·기업소도 승인을 받아 경제개발구를 개발할 수 있다"고 규정하면서 "기관·기업소·단체는 다른 나라 투자가와 함께 개발기업을 설립하는 경우 정해진데 따라 토지리용권을 출자할 수 있다"고 명시하여 북한의 경제활동 주체가 개발업자가 될 수 있으며, 이 경우 대표적인 방식으로 토지이용권 출자를 예정하고 있음을 보여주고 있다(제20조, 제26조).

토지이용제도를 보면, 개성공업지구법은 토지 임대기간이 50년인 토지 임대차 계약에 대해서 규정하고(제11조 및 제12조), 건물소유권을 인정하며, 토지이용권과 건물소유권의 취득, 양도, 임대, 저당이 가능하도록 하위법규에서 규정하고 있다(개성공업지구 부동산규정 제2장 내지 제3장). 라선경제무역지대법은 토지 임대기간이 50년인 토지 임대차계약을 규정하고(제15조 및 제16조), 부동산의 취득과 토지이용증 등의 해당증서의 발급을 규정하고 있다(제17조).

또한 토지이용권 및 건물소유권은 양도, 임대, 저당할 수 있으며 이 경우 등록을 하여야 한다는 것을 구체적으로 명시하고 있으며(제19조), 황금평·위화도경제지대법도 거의 유사하다(제15조, 제16조, 제20조, 제21조). 금강산국제관광특구법은 토지 및 건물의 임대와 토지이용권의 등록을 관리위원회의 권한으로 규정하고 있으면서도 토지이용제도에 관한 별도의 규정을 두고 있지는 않다(제12조). 경제개발구법은 토지이용과 관련하여 다른 법들과 동일한 내용으로 규정하면서도 토지이용권의 출자에 관한 규정을 두고 있다.

---

47) 이점호, 북한의 특구전략에 관한 연구, 고려대학교 박사학위논문, 2014, 178면.

3) 이원적 지도기관

"공업지구의 사업에 대한 통일적 지도는 중앙공업지구지도기관이 한다"는 개성공업지구법의 규정은 북한의 기관인 중앙공업지구지도기관이 개성공업지구 사업에 관여하는 근거가 되고 있다(제5조). 중앙공업지구지도기관의 임무로는 개발업자의 지정, 공업지구관리기관의 사업에 대한 지도, 공업지구 법규의 시행세칙 작성, 기업이 요구하는 노동력·용수·물자의 보장, 대상건설 설계문건의 접수·보관, 공업지구에서 생산된 제품의 북한 지역 판매 실현, 공업지구의 세무 관리, 이 밖에 국가로부터 위임받은 사업이 명시되어 있다(제22조).

개성공업지구 중앙공업지구지도기관의 명칭은 '중앙특구개발지도총국'이다. 개성공업지구의 관리체계는 개성공업지구관리위원회와 북한 당국인 중앙특구개발지도총국을 중심으로 형성되어 있다. 관리위원회는 "공업지구에 대한 관리는 중앙공업지구지도기관 밑에 공업지구관리기관이 한다"라는 개성공업지구법의 규정에 기본적 근거를 두고 있다(제21조).

관리위원회는 투자조건의 조성과 투자유치, 기업의 창설·승인·등록·영업허가, 건설허가와 준공검사, 토지이용권·건물·윤전기재의 등록, 기업의 경영활동에 대한 지원, 하부구조 시설의 관리, 공업지구의 환경보호·소방대책, 남측지역에서 공업지구로 출입하는 인원과 수송수단의 출입증명서 발급, 공업지구관리기관의 사업준칙 작성, 이밖에 중앙공업지구지도기관이 위임하는 사업 등을 임무로 하고 있다(제25조).

라선경제무역지대법(제25조)과 황금평·위화도경제지대법(제24조)은 "관리위원회는 위원장, 부위원장, 서기장과 필요한 성원들로 구성한다. 관리위원회에는 경제무역지대의 개발과 관리에 필요한 부서

를 둔다"고 규정하고 있다. 라선경제무역지대관리위원회운영규정(제
7조)은 "관리위원회 위원장, 상무부위원장, 부위원장, 서기장은 라선
시인민위원회가 임명 또는 해임한다. 그 밖의 성원은 관리위원회 상
무회의에서 자격심의를 한 다음 위원장이 비준한다"라고만 규정하
고 있다.

중국과의 합작개발을 전제로 한 지대 내에서의 중국 측 역할에
대해서는 규정하고 있지 않은 것이다. 개발업자 등 기업의 의견을
반영하는 통로로서 관리위원회의 성원들과 주요기업의 대표들로 자
문위원회를 구성하여 운영하도록 하고 있다(제34조). 황금평·위화도
경제지대법(제27조)에서는 자문위원회를 기업책임자회의로 대체하
였다.

이것은 순전히 황금평·위화도의 위치문제로서 경제지대의 개발
과 관리 및 운영, 기업경영과정에서 나타나는 문제를 협의하고 조정
하기 위해 매번 평안북도인민위원회에서 섬으로 사람을 파견하는
불편을 고려하여 현지 관리위원회가 기업책임자회의를 소집하여 문
제를 해결하도록 한 것이다.[48]

금강산국제관광특구법에 따르면 국제관광특구의 개발과 관리운
영을 통일적으로 지도하는 중앙지도기관으로서 국제관광특구지도
기관이 있다. 지도기관의 사업으로는 국제관광특구관리위원회사업
에 대한 지도, 국제관광특구법규의 시행세칙 작성, 국제관광특구개
발총계획의 심의와 승인, 대상건설설계문건사본의 접수 및 보관, 국
제관광특구의 세무관리, 이밖에 국가가 위임한 사업이 있다(제1조,
제2조).

관리기관은 금강산국제관광특구관리위원회로서 국제관광특구개
발총계획의 작성 및 실행, 관광자원의 조사와 개발 및 관리, 관광선

---

48) 이춘일, 앞의 책, 83면.

전과 관광객모집 및 관광조직, 국제관광특구에서의 질서유지와 인신
및 재산보호, 토지와 건물의 임대, 투자유치와 기업의 창설승인 및
등록과 영업허가, 토지리용권과 건물 및 륜전기재의 등록, 기업활동
에 필요한 노력보장, 건설허가와 준공검사, 국제관광특구하부구조시
설물의 관리, 국제관광특구의 환경보호와 소방대책, 인원 및 운수수
단의 출입과 물자반출입에 대한 협조, 이밖에 국제관광특구지도기관
이 위임한 사업을 임무와 권한으로 한다(제3조, 제4조). 국제관광특
구관리위원회, 투자가, 기업의 대표들로 구성하는 공동협의기구를
조직하여 공동협의기구는 국제관광특구의 개발과 관리, 기업운영에
서 제기되는 중요 문제들을 협의하고 조정할 수 있다(제5조). 라선경
제무역지대의 자문위원회와 유사한 조직으로 볼 수 있다.

경제개발구법은 지도기관으로 중앙특수경제지도기관과 도·직할
시인민위원회를 두고 경제개발구관리기관이 현지 관리를 맡는다는
점에서 라선경제무역지대법, 황금평·위화도경제지대법과 동일하게
이원적인 지도기관이라는 거버넌스를 가지는 것으로 이해할 수 있
다. 관리기관에 대해서는 개성공업지구법은 개발업자가 추천하는
성원들로 관리기관을 구성한다고 하고 있다(제24조). 나아가 관리기
관 설립 자체를 개발업자가 하는 것으로 규정하고 필요한 성원을 지
도기관에 요구하여 관리기관을 구성할 수 있게 함으로써 당국의 개
입여지를 줄이고 투자자의 이해와 요구를 적실성 있게 반영하고자
했다(관리기관설립운영규정 제2조, 제9조).

경제개발구법은 법에 관리위원회의 구성에 관한 근거규정을 두
면서, 관리기관의 구성방식에 관해서는 규정을 두지 않고 하위규범
에서 규정하고 있어서 라선경제무역지대법 및 그 하위규범과 동일
한 구조와 내용을 보여준다. 구성의 근거규정은 법률에 두고 하위규
정에서 요건을 정하는 것이 체계적이므로 형식적으로 체계화된 입
법으로 볼 수 있는 측면이 있지만, 지대의 실질적인 운영 측면에서

는 개성공업지구법에 비하여 경제개발구법은 투자와 개발에 관여하는 기업의 의견반영이 제한될 가능성이 커졌다고 하겠다. 경제개발구에서 향후 관리위원회를 구성하면서 기업인은 아니지만 기업의 입장을 당국에 전달할 수 있는 사람을 관리위원회의 성원으로 참여하게 하는지, 어느 정도로 참여하게 하는지를 지켜볼 필요가 있을 것으로 보인다.

3. 기업의 경제활동

1) 주식회사 형태로 설립된 개성공단 현지 기업들

개성공업지구법은 기업창설의 근거규정을 두고 하위 규범에서 "투자가는 단독 또는 다른 투자가와 공동으로 투자하여 여러 가지 형식의 기업을 창설할 수 있다"고 규정하고 있고(법 제3조, 개성공업지구 기업창설운영규정 제4조), 관리위원회가 작성한 개성공업지구 기업창설운영준칙에서는 주식회사제도에 대해 자세하게 규정하고 있다. 이 법규들에 따라 개성공단 현지에 설립된 기업들은 주식회사 형태로 설립되었다.

개성공단에서 기업설립절차는 기업의 창설신청, 기업창설신청의 처리, 투자, 기업등록신청과 기업등록신청의 처리 순서로 이루어진다(개성공업지구 기업창설운영규정 제8조 내지 제10조, 제12조 내지 제14조). 기업의 해산과 청산절차에 대해서도 규정하고 있으나 구체화되어 있다고 보기는 어렵다(개성공업지구 기업창설운영규정 제25조 내지 제30조).

라선경제무역지대법과 황금평·위화도경제지대법도 기업창설의 근거규정을 두고 있으며, 라선경제무역지대에서는 '라선경제무역지대 기업창설운영규정'과 '라선경제무역지대 기업창설운영규정시행세칙'도 제정되었다. 라선경제무역지대에서는 "지대에서는 여러 가지 형식의 기업을 창설운영할 수 있다. 기업조직형식은 해당 세칙 또는 준칙으로 정한다"고 규정하고 기업의 종류를 합영, 합작, 외국인기업이라는 외국인투자기업과 동급 생산경영기업으로 규정하고 있다(라선경제무역지대 기업창설운영규정 제3조, 라선경제무역지대 기업창설운영규정 시행세칙 제3조). 라선경제무역지대에서 주식회사 형태의 회사가 설립 가능한지 여부는 규범상으로는 불분명하다.

금강산국제관광특구법은 투자가의 기업창설 신청에 대한 승인 여부 고지 기한을 언제로 할 것인가에 대해서 하위규정을 통해 규정하는 방식을 취하고 있다. 금강산국제관광특구 기업창설운영규정은 관광지구 관리기관은 기업창설신청서를 접수한 날로부터 15일 안에 검토하고 승인하거나 부결하도록 되어 있다(제11조). 이는 구 금강산관광지구 기업창설운영규정의 10일보다 기간이 길어진 것으로서(제10조), 개성공업지구법(제35조), 라선경제무역지대법(제37조), 황금평·위화도경제지대법(제32조), 경제개발구법(제38조)이 모두 그 기간을 10일로 하고 있으며, 라선경제무역지대법의 경우 구법보다 기간을 단축시킨 것이라는 점에서 이례적이다. 이곳에 창설·운영될 기업이 다른 지대와 비교하여 북한당국이 지도·관리해본 경험이 상대적으로 적을 것으로 보이는 서비스업종으로 특화되어 있으므로 이를 검토하는데 시간적인 여유를 가지고자 한 것이라고 해석된다.

경제개발구법은 기업창설과 관련하여 다른 특수경제지대법들과 달리 별도의 장을 두고 있지 않으며 '경제활동' 장에서 기업창설, 통화, 세율 관련 조문을 한꺼번에 규정하고 있다. 또한 다른 법들이 기업활동에 대한 장려 관련 장에서 다루는 지적 재산권의 보호나 관광업 운영 가능, 인원 및 운수수단의 출입과 물자의 반출입 보장 규정을 모두 다루고 있다는 점이 특징적이다.

2) 노동력 채용 조건 완화한 금강산국제관광특구법

개성공업지구에서의 근로자 채용은 ①기업과 노력알선기업의 노력알선계약 체결, ②노력알선기업의 노력알선, ③기업의 선발, ④기업과 근로자의 채용계약 체결, ⑤노력알선료 지급, ⑥종업원 대표와 협의하여 노동규칙 작성 등의 순서로 이루어진다(개성공업지구 노동규정 제9조 내지 제11조, 제13조). 노력알선이란 기업이 채용공고와 선발을 통해 자체적으로 필요한 근로자를 채용하는 것이 아니라, 기업이 북한측 기업(노력알선기업)에 근로자 공급을 신청하면 노력알선기업이 북한측 다른 지역의 행정기관과 교섭한 후 개성공업지구로 배치되는 근로자를 공급받아 기업에게 배치해주는 체계라고 할 수 있다.

노동규칙의 작성과 연장 작업의 시행 시 종업원대표와 협의 또는 합의하여야 한다는 규정이 있고, 종업원 대표의 선임과 그 권한에 대해서는 특별한 규정이 없다. 보수와 휴가 및 해고에 관해서 개성공업지구 노동규정에서 상세한 규정을 두고 있다(개성공업지구 노동규정 제13조, 제21조).

라선경제무역지대법(제49조, 제50조)과 황금평·위화도경제지대법(제36조, 제37조)에서는 "기업은 우리 나라의 로력을 우선적으로 채용하여야 한다. 필요에 따라 다른 나라 로력을 채용하려 할 경우에는 관리위원회에 통지하여야 한다" 및 "경제지대의 기업에서 일하는 종업원의 월로임 최저기준은 인민위원회가 관리위원회와 협의하여 정한다"라고 규정하고 있다.

또한 "지대에서 기업은 법규에 정한 범위에서 로력채용, 로임기준과 지불형식, 로동조건 보장과 같은 사업을 독자적으로 결정할 권리를 가진다"라고 규정하고 있다(라선경제무역지대 노동규정 제8조). 기업과 직업동맹 또는 종업원대표와의 노동계약 체결 및 기업과 종업원 간의 노동력 채용계약 체결에 대한 규정을 별도로 두고 있음을 볼 때 직업동맹과는 단체계약의 일종인 노동계약을 체결하고, 종업원과는 개별적인 채용계약을 체결하는 것으로 보인다(라선경제무역지대 노동규정 제14조, 제13조).

　해고에 관해서는 "종업원을 내보내려는 기업은 직업동맹조직 또는 종업원대표와 토의하며 30일 전에 해당 사유를 당사자에게 알려주어야 한다. 종업원을 내보냈을 경우에는 그 정형을 라선시인민위원회 또는 관리위원회에 통지하여야 한다"라고 규정하여, 종업원을 해고할 때 직업동맹과의 '합의'를 요구하는 개성공업지구와 달리 직업동맹과의 '토의'를 규정하고 있다(라선경제무역지대 노동규정 제19조).

　금강산국제관광특구법은 공화국의 노력과 다른 나라 또는 남측 및 해외동포 노력을 채용할 수 있다고 규정하고 있다(제33조). 이것은 종업원 채용을 북한 노동력으로 하고 관리인원과 특수한 직종의 기술자, 기능공의 경우에 한정하여 남한이나 외국 노동력으로 채용할 수 있는 것으로 한 개성공업지구법의 규정(제37조) 및 북한의 노동력을 우선적으로 채용하고 필요에 따라 다른 나라 노동력을 채용할 경우에는 관리위원회에 통지하도록 한 규정이나, 북한의 노동력을 우선적으로 채용하고, 필요에 따라 다른 나라 노동력을 채용할 경우에는 라선시인민위원회 또는 관리위원회에 통지하도록 한 규정, 북한의 노동력을 우선적으로 채용하고, 필요에 따라 다른 나라 노동력을 채용할 경우에는 관리기관과 합의하도록 규정한 다른 특수경제지대법의 내용과 비교할 때 노동력 채용상의 제한이 가장 완화된 것이다(황금평·위화도경제지대법 제36조, 라선경제무역지대법 제49조, 경제개발구법 제41조).

　카지노업, 골프장업, 오락 및 편의시설업 등 관광지구에 창설 예정되는 기업의 종류를 볼 때 해당 기업에서 필요로 하는 숙련인원이 북한에 부족하리라는 점을 예상하고 작성된 내용인 것으로 보인다.

경제개발구법과 라선경제무역지대법 및 황금평·위화도경제지대법, 금강산국제관광특구법이 모두 개성공업지구법에는 없는 북한 노동력의 우선채용을 규정하고 있는 것은 개성공업지구는 남한의 투자와 북한의 노동력을 바탕으로 노동집약적인 산업을 목적으로 개발되었기 때문에 굳이 북한 노동력의 우선 채용과 같은 조문을 둘 필요가 없었다. 이에 비하여 다른 특수경제지대에서는 다양한 투자자의 다양한 사업운영 방식이 예상되므로 노동력 채용에 있어서도 일관된 기준을 제시할 필요가 있고, 지대에서 허용하는 업종 중 외국인만이 할 수 있는 전문화된 업종도 있기 때문에 외국인 채용을 전제로 하고 그 이외의 분야에서는 북한 노동력을 우선 채용해야 한다는 기준을 제시한 것으로 볼 수 있다.

경제개발구의 노동제도는 라선경제무역지대의 노동제도와 유사하게 규정되어 있으며, 개성공업지구에 비해 북한이 원래 가지고 있던 제도를 더 많이 반영하여 입법된 것으로 판단된다. 북한은 사회주의 계획경제체제이기 때문에 노동시장이 형성되어 있지 않다. 그 대신 국가가 계획적으로 노동력을 배치하고 관리하고 있다. 노동시장의 부존재와 이로 인한 경직된 노동자의 채용과 해고, 그리고 직업동맹에 의한 노동자 관리는 특구 투자기업의 큰 불만사항 중 하나이다.

그러나 사회주의 계획경제의 특징인 국가에 의한 노동력 배치 및 종신고용제로부터 노동시장을 전제로 한 노동계약제로의 변화는 국가와 기업, 노동자 모두에게 있어 사회 시스템의 근본적 변화를 의미하는 것이므로, 이를 위해서는 더 많은 시간과 노력이 필요할 것으로 생각된다.[49]

---

49) 김광길, "개성공단 법제 발전방향 연구-중국과 북한의 경제특구 법제 비교-", 통일부 용역보고서, 2015, 190면.

3) 이중 장부 사용을 금지한 라선경제무역지대법

개성공업지구의 세금은 기업소득세, 개인소득세, 거래세, 영업세, 도시경영세, 자동차리용세, 재산세, 상속세 등 총 8가지 종류이다. 기업소득세는 남측의 법인세에 해당하며, 세율은 결산이윤의 14%, 하부구조건설부문 등은 결산이윤의 10%이다. 개인소득세의 부과대상인 개인소득은 노동보수, 이자소득과 배당소득, 고정재산임대소득, 재산판매소득, 지식재산권과 기술비결의 제공에 의한 소득, 경영봉사소득, 증여소득 등이 속한다.

거래세는 생산물의 판매수입금에 부과하며, 일반적 물품의 경우 생산물 판매액의 1% 정도이다. 영업세는 봉사부문 기업의 봉사수입금에 부과되며, 수입금의 1~2% 정도이다. 재산세는 개성공업지구에 있는 영구건물에 부과하며, 세율은 건물가격의 0.1% 정도이다. 재산세는 건물을 등록한 날로부터 5년간 면제된다(개성공업지구 세금규정 제19조, 제35조, 제51조, 제62조, 제68조).

회계장부는 미 달러화로 작성하고 회계연도는 1월 1일부터 12월 31일까지로 하며, 기업은 대차대조표, 손익계산서, 손익처분계산서, 현금유동표로 구성된 결산서와 결산서주해, 재정상태설명서가 포함된 회계결산서를 작성하여야 한다(개성공업지구 회계규정 제4조, 제5조, 제25조 내지 제28조). 기업은 관리위원회가 개성공업지구 회계검증사무소로 선정한 회계법인에서 회계결산서의 회계검증을 받도록 해야 하며, 총 투자액 1백만 달러 이상 등록기업 또는 전년도 판매봉사수입금 3백만 달러 이상인 영업소 등은 회계검증을 받아야 한다. 회계검증을 회피할 경우에는 1만 달러까지의 벌금을 물리도록 규정되어 있다(개성공업지구 회계규정 제33조, 제52조).

라선경제무역지대법은 기업소득세율과 기업소득세 감면조항만 두고 있다(제67조, 제68조). 하위 규범인 '라선경제무역지대 세금규정',

'라선경제무역지대 세금규정 시행세칙', '라선경제무역지대 기업재정
관리규정', '라선경제무역지대 기업회계규정'에 의하면 라선경제무역
지대의 회계와 관련한 회계제도 및 재정관리제도는 개성공단과 유
사하다. 그렇지만 라선경제무역지대에서 세금은 기업소득세, 개인소
득세, 재산세, 상속세, 거래세, 영업세, 자동차리용세, 도시경영세, 자
원세 등 9개 항목으로 개성공단에 없는 자원세가 추가되었다는 점이
특징이다.

또한 라선경제무역지대에서는 이중장부 사용을 금지하고 세금을
세율에 따라 정확히 납부할 것을 강조하고 있다(라선경제무역지대
기업창설운영규정 제30조, 제34조). 개성공업지구를 운영하면서 기업
들의 이중장부 사용으로 인한 탈세의혹을 지속적으로 제기해온 북
한이 규범적인 해결책으로 신설한 조항인 것으로 볼 수 있다. 운영
과정에서 북한이 제기한 탈세 의혹에 대한 불만과 보완책이 이 규정
에 반영된 것으로 생각된다.

기업소득세를 14%로 하고 장려부문의 경우 10%로 법률로 정하는
방식은 금강산국제관광특구를 제외한 나머지 특수경제지대법에 공
통되는 내용이다. 라선경제무역지대법과 황금평·위화도경제지대법
이 기업의 회계계산과 결산에 국제적으로 통용되는 회계기준을 도
입한 규정은 경제개발구법에서도 동일하게 규정되어 있다(라선경제
무역지대법 제52조, 황금평·위화도경제지대법 제42조, 경제개발구법
제44조). 경제개발구법의 하위규정으로서 세금규정과 회계규정은 아
직 제정되지 않았다.

4) 외국 보험회사의 진출 가능성은 불투명

라선경제무역지대 및 황금평·위화도경제지대 내에 다른 나라의
보험회사 설립을 허용한 것도 진일보한 입법이다. 개성공업지구에

서는 법률의 차원이 아니라 하위규정인 개성공업지구 보험규정에서 "공업지구에서 보험사업은 공업지구보험회사가 한다. 공업지구 보험회사를 정하는 사업은 중앙공업지구지도기관이 한다"라고 명시하고, 이에 따라 조선국제보험회사(KFIC)를 개성공업지구의 유일한 보험사업자로 지정하여 보험사업을 운영하도록 하였다(제3조).

이에 비하여 라선경제무역지대법은 "경제무역지대에서 투자가는 보험회사를, 다른 나라의 보험회사는 지사, 사무소를 설립운영할 수 있다. 경제무역지대에서 기업과 개인은 우리 나라 령역안에 있는 보험회사의 보험에 들며 의무보험은 정해진 보험회사의 보험에 들어야 한다"라고 규정하고(제63조), 황금평·위화도경제지대법도 거의 동일하게 규정하여 지대 안에서 다른 나라의 보험회사 설립을 허용하고 있다(제41조).

개성공업지구의 운영에 있어서 북한의 보험회사만을 보험사업자로 명시한 것에 대하여는 보험시장을 처음부터 외국에 개방하는 나라는 없다는 점에서 이해할 수 있는 면도 있었으나, 북한 보험회사의 보험 금지급능력이나 보험사업 진행과정에 대한 신뢰도가 낮아서 개성공업지구에서의 보험 관련업무는 정상적으로 진행될 수 없었다. 이런 경험을 통해 라선경제무역지대에서는 북한의 보험회사뿐만 아니라 다른 나라 보험회사의 영업이 불가피함을 인정한 것으로 생각된다.

그러나 보험사업에 대한 경제성 문제, 미국의 대북금융제재로 인한 외국 보험사들의 피해 우려 문제 등이 있어서 실제로 지대 내에서 외국보험사가 영업을 할 수 있을지는 지켜보아야 할 사항이다. 조선국제보험회사(KFIC)는 2006년 1월 회사명을 조선민족보험총회사(KNIC)로 변경하였다.[50] 경제개발구법은 보험에 대하여 규정하고 있지 않다.

---

50) 김광길, "김정은 집권이후 북한의 주요법제 변화동향 분석 및 향후 전망", 통일부 용역보고서, 2013, 42-43면.

4. 기업운영 활성화

1) 면세와 감세에 관한 자세한 규정들

개성공업지구법은 세금납부와 관련하여 특혜의 근거를 두고 있으며(제3조), 세금규정에서 기업소득세의 면제와 감면의 요건과 기준에 대하여 자세하게 규정하고 있다. 개성공업지구 기업소득세는 결산이윤의 14%(장려부분은 10%)이다. 장려부문과 생산부분에 투자하여 15년 이상 운영하는 기업에 대하여서는 이윤이 나는 해부터 5년간 면제하고, 그 다음 3년간 50%를 덜어준다. 봉사부분에 투자하여 10년 이상 운영하는 기업에 대하여서는 이윤이 나는 해부터 2년간 면제하고, 그 다음 1년간 50%를 덜어준다(개성공업지구 세금규정 제29조).

라선경제무역지대법에서는 10년 이상 운영하는 정해진 기업에 대하여 기업소득세를 면제하거나 감면하는 것으로 규정하면서도 그 기간과 감세율, 시점에 대하여는 해당 규정에 위임한다(제68조). 재투자분에 대한 소득세의 반환에 대해서는 5년 이상 운영할 경우 재투자분에 해당하는 기업소득세의 50%를 돌려주고, 하부구조부문에 재투자할 경우에는 해당 기업소득세의 전부를 돌려준다고 규정하고 있다(제71조).

황금평·위화도경제지대법의 내용도 동일하다(제62조, 제64조). 개발기업의 재산과 하부구조시설, 공공시설운영에는 세금을 부과하지 않는다는 규정도 면세특혜를 정하고 있는 조항이다(라선경제무역지대법 제70조, 황금평·위화도경제지대법 제65조). 금강산국제관광특구법도 면세와 감세의 혜택에 관해서는 규정하고 있지만 "비행장, 철도, 도로, 항만, 발전소건설 같은 특별장려부문기업에는 세금을 면제하거나 감면해준다"고 하여 다른 법들에 비하여 원칙적인 규정에 그치고 있다(제36조).

경제개발구법은 10년 이상 운영하는 정해진 기업에 대하여 기업소득세를 면제하거나 감면하는 것으로 규정하면서도 그 기간과 감세율, 시점에 대하여는 해당 규정에 위임한다(제53조). 재투자분에 대한 소득세의 반환에 대해서는 5년 이상 운영할 경우 재투자분에 해당하는 기업소득세의 50%를 돌려주고, 하부구조부문에 재투자할 경우에는 해당 기업소득세의 전부를 돌려준다고 규정하여 라선경제무역지대법의 규정과 일치하지만, 하위 규범이 마련되어 있지 않아서 구체적인 내용은 알 수 없다(제754조). 라선경제무역지대의 하위 규범과 유사한 내용으로 세금규정이 발표될 것으로 추정된다.

2) 특혜관세와 자유송금의 보장 수준은 대동소이

개성공업지구법은 공업지구에 들여오거나 공업지구에서 남측 또는 다른 나라로 내가는 물자와 공화국의 기관, 기업소, 단체에 위탁가공하는 물자에 대하여서는 관세를 부과하지 않는다. 다른 나라에서 들여온 물자를 그대로 공화국의 다른 지역에 판매할 경우에는 관세를 부과할 수 있다고 하여 관세의 특혜를 규정하고(제33조), 공업지구에서는 외화를 자유롭게 반출입할 수 있다. 경영활동을 하여 얻은 이윤과 그 밖의 소득금은 남측지역 또는 다른 나라로 세금 없이 송금하거나 가지고 갈 수 있다고 하여 외화의 반출입자유 및 이윤과 소득의 무과세 송금을 보장하고 있다(제44조).

라선경제무역지대법은 특혜관세제도의 실시를 명시하고 그 대상을 경제무역지대의 개발에 필요한 물자, 기업의 생산과 경영에 필요한 수입물자와 생산한 수출상품·가공무역·중계무역·보상무역을 목적으로 경제무역지대에 들여오는 물자, 투자가에게 필요한 사무용품과 생활용품, 통과하는 다른 나라의 화물, 다른 나라 정부·기관·기업·단체 또는 국제기구가 기증하는 물자, 이밖에 따로 정한 물자로 규정하고 있다(제53조, 제54조).

무관세상점의 상품을 제외하고 관세면제대상으로 들여온 물자를 경제무역지대 안에서 판매할 경우에는 관세를 부과한다(제55조). 합법적인 이윤과 이자·이익배당금·임대료·봉사료·재산판매수입금 같은 소득을 제한 없이 송금할 수 있으며 투자가는 경제무역지대에 들여왔던 재산과 지대에서 합법적으로 취득한 재산을 제한 없이 경제무역지대 밖으로 내갈 수 있다(제65조). 황금평·위화도경제지대법도 이와 유사한 규정을 두고 있으며, 외화반출입 및 송금의 자유를 장려 및 특혜 장이 아니라 경제활동조건의 보장의 장에서 규정하고 있다는 점에서 차이를 보인다(제68조, 제47조).

금강산국제관광특구법도 외화를 자유롭게 반출입할 수 있으며 합법적으로 얻은 이윤과 소득금을 송금할 수 있다. 투자가는 다른 나라에서 국제관광특구에 들여왔던 재산과 국제관광특구에서 합법적으로 취득한 재산을 경영기간이 끝나면 공화국 영역 밖으로 내갈 수 있다고 규정하고 있으며, 국제관광특구의 개발과 기업경영에 필요한 물자, 투자가에게 필요한 정해진 규모의 사무용품, 생활용품에는 관세를 적용하지 않되 관세면제 대상의 물자를 국제관광특구 밖에 팔거나 국가에서 제한하는 물자를 국제관광특구 안에 들여오는 경우에는 관세를 부과한다고 규정하여(제35조, 제38조), 특혜관세와 자유송금의 보장 수준은 특수경제지대법들이 모두 경제개발구법과 유사하다(제56조, 제47조).

3) 개성공업지구의 위법행위, 조사는 북한에서 형사처벌은 남한에서

개성공업지구법은 "법에 근거하지 않고는 남측 및 해외동포, 외국인을 구속, 체포하거나 몸, 살림집을 수색하지 않는다. 신변안전 및 형사사건과 관련하여 북남사이의 합의 또는 공화국과 다른 나라사이에 맺은 조약이 있을 경우에는 그에 따른다"고 규정하고 있다(제8조). '개성공업지구 출입, 체류, 거주규정'도 "공업지구에 체류, 거주하는 자는 인신과 주택의 불가침권, 서신의 비밀을 보장 받는다. 법에 근거하지 않고서는 체류자, 거주자를 구속, 체포할 수 없으며 몸이나 살림집을 수색할 수 없다"라고 명시하고 있다(제28조).

남북이 체결한 합의서에는 신변안전제도와 관련하여 더 구체적인 사항이 규정되어 있다. 남북은 2004년 '개성공업지구와 금강산관광지구의 출입 및 체류에 관한 합의서'를 체결하였다. 개성공업지구법과 개성공업지구와 금강산관광지구의 출입 및 체류에 관한 합의서의 규정에 따라 개성공업지구 신변안전 문제에 대해서는 합의서가 개성공업지구법 등 북한의 법규범에 우선하여 적용된다. 합의서 규정에 따르면 북한은 엄중한 위반행위를 제외한 일반적인 위반행위에 대해서는 조사 등의 기본적 절차만 진행하고, 조사자료와 위법사실을 관리위원회에 알려서 형사처벌 등은 남한에서 진행하도록 되어 있다. 개성공업지구에서 우리 국민의 위법행위에 대하여 북한의 형사주권을 일부 포기한 조항이다.

라선경제무역지대법과 황금평·위화도경제지대법은 "경제무역지대에서 공민의 신변안전과 인권은 법에 따라 보호된다. 법에 근거하지 않고는 구속, 체포하지 않으며 거주장소를 수색하지 않는다. 신변안전 및 형사사건과 관련하여 우리나라와 해당 나라 사이에 체결한 조약이 있을 경우에는 그에 따른다"고 규정하고 있다(각 제9조). 현재 북중 간에는 남북 간의 '개성공업지구와 금강산관광지구의 출입 및 체류에 관한 합의서'와 같은 신변안전에 관한 합의서가 체결되지 않은 상태이다.

더구나 라선경제무역지대에서 법질서 위반행위에 대한 보안단속을 규정하고 있는 '라선경제무역지대 인민보안단속규정'의 적용대상

에는 외국투자기업과 외국인도 포함되는데 법질서 위반자에 대해
영장 없이 3~10일 간의 억류, 변호인 조력권 미보장, 법원 결정 없이
인민보안기관에 의한 로동교양 등의 처벌결정 등이 규정되어 있어
서 구체적인 신변안전보호규범의 마련이 필요하다(제27조, 제37조,
제38조).

경제개발구법(제8조)과 개성공업지구법(제8조)이 법에 의한 신변
안전보장과 비법구속 및 체포의 금지를 규정하고 있음에 비하여 신
변안전과 인권의 보장, 비법구속과 체포금지를 규정한 라선경제무역
지대법(제9조)과 황금평·위화도경제지대법(제9조)은 인권을 법에 의
해 보호한다고 규정하고 있다는 점에서 법에 의한 인권보장의 측면
은 한 걸음 더 나아간 것으로 볼 수 있다.

다만 개성공업지구법은 '남측 및 해외동포, 외국인'으로 법에 근
거하지 않은 구속과 체포, 수색이 금지되는 대상을 명시하고 있음에
비하여, 경제개발구법과 라선경제무역지대법 및 황금평·위화도경제
지대법은 대상을 명시하고 있지는 않다. 라선경제무역지대법 및 황
금평·위화도경제지대법의 경우 같은 조항 내의 조문구조상 대상이
'공민'으로 한정될 여지는 있는 것으로 보인다.

경제개발구법에서는 "경제개발구에서 개인의 신변안전은 조선민
주주의인민공화국의 법에 따라 보호된다. 법에 근거하지 않고는 구
속, 체포하지 않으며 거주장소를 수색하지 않는다. 신변안전과 관련
하여 우리나라와 해당 나라 사이에 체결한 조약이 있을 경우에는 그
에 따른다"고 규정한다(제8조). 개성공업지구법에 비해서는 신변안
전의 법에 의한 보호선언이라는 점에서 진일보하였지만 라선경제
무역지대법 및 황금평·위화도경제지대법과 비교하면 인권의 법에
의한 보호가 삭제되었고, 조항의 해석상 형사사건과 관련한 조약은
준거법으로 사용하지 않겠다는 주장을 할 여지도 있는 것으로 해
석된다.

4) 지적 재산권 보호에 대해 긍정적으로 바뀐 경제개발구법

개성공업지구법에서는 "개발업자는 공업지구에서 살림집건설업, 관광오락업, 광고업 같은 영업활동을 할 수 있다"고 정하고 있다(제19조). 이에 비하여 라선경제무역지대법(제70조)과 황금평·위화도경제지대법(제55조)은 개발기업은 관광업, 호텔업 같은 대상의 경영권 취득에서 우선권을 가진다고 명시하고 있다. 개성공업지구에서는 살림집건설업, 관광오락업, 광고업 같이 하부구조나 첨단과학기술과 무관한 영업을 할 수 있다는 것 자체가 특혜였음에 비하여, 라선경제무역지대와 황금평·위화도경제지대에서는 관광업이나 광고업 등 자본투여가 일시적인 업종이나 서비스업의 영업이 법으로 허가되어 누구나 할 수 있는 업종이므로 특혜가 되기 위해서는 우선권을 가진다는 규정이 필요했던 것으로 볼 수 있다. 관광업을 허용하고 있는 경제개발구법의 경우도 라선경제무역지대법 및 황금평·위화도경제지대법과 동일한 조문을 두고 있다(제49조, 제55조).

지대에서 기업용 토지는 실지수요에 따라 먼저 제공되며 토지의 사용분야와 용도에 따라 임대기간·임대료·납부방법에서 서로 다른 특혜를 주며, 하부구조시설과 공공시설 및 특별장려부문에 투자하는 기업에 대하여서는 토지위치의 선택에서 우선권을 주며 정해진 기간에 해당한 토지사용료를 면제하여 줄 수 있다는 규정은 라선경제무역지대법(제69조)과 황금평·위화도경제지대법(제63조)에서 동일하다. 경제개발구법에서도 꼭 같은 내용으로 규정되어 있다(제52조).

수용과 보상에 대하여 개성공업지구법에서 "투자가의 재산은 국유화하지 않는다. 사회공동의 리익과 관련하여 부득이하게 투자가의 재산을 거두어들이려 할 경우에는 투자가와 사전협의를 하며 그 가치를 보상"한다고 한 규정과 비교하면(제7조), 라선경제무역지대법은 "투자가의 재산과 합법적인 소득, 그에게 부여된 권리는 법적으로 보호되며 국가는 투자가의 재산을 국유화하거나 거두어들이지 않고, 사회공공의 리익과 관련하여 부득이하게 투자가의 재산을 거두어들이거나 일시 이용하려 할 경우에는 사전에 통지하고 해당한 법적 절차를 거치며 차별 없이 그 가치를 제때에 충분하고 효과있게 보상한다"고 규정하고 있으며(제7조), 황금평·위화도경제지대법의 규정도 동일하다(제8조).[51]

지적재산권의 보호에 대해서 라선경제무역지대법은 장려와 특혜의 장에서 규정(제72조)하고 있음에 비하여, 황금평·위화도경제지대법(제48조)은 경제활동조건 보장의 장에서 경제개발구법(제48조)은 기업 경제활동의 장에서 다루고 있다. 지적 재산권이 특별한 혜택이 아니라 기업이 경제활동을 하기 위해서 기본적인 전제가 되는 필수적인 권리임을 고려할 때 경제활동의 한 조항으로 규정한 경제개발구법은 긍정적인 변화인 것으로 볼 수 있다.

5. 제재 및 분쟁해결

1) 법률 차원에서 제재 규정한 것은 금강산국제관광특구법이 유일

특수경제지대법 가운데 법률의 차원에서 제재에 관하여 규정하고 있는 법은 금강산국제관광특구법이 유일하다. 금강산국제관광특구법은 제6장의 제목을 '제재와 분쟁해결'로 하고 "이 법을 어겨 국제관광특구의 관리운영과 관광사업에 지장을 주었거나 기업, 개인에게 피해를 준 자에게는 정상에 따라 원상복구 또는 손해보상시키거나 벌금을 부과한다. 공화국의 안전을 침해하거나 사회질서를 심히

---

51) 유욱·김병필, "북한의 특수경제지대 법제의 최근 동향과 평가 : 라선경제무역지대법과 황금평·위화도경제지대법을 중심으로", 통일과 법률 제11호, 법무부, 2012, 72면.

위반하였을 경우에는 해당 법에 따라 행정적 또는 형사적 책임을 지운다"고 규정하고 있다(제40조).

이와 달리 경제개발구 법제에서는 기업창설운영규정 제6장(제재 및 분쟁해결)·개발규정 제6장(제재 및 분쟁해결)·로동규정 제7장(제재 및 분쟁해결)·환경보호규정 제64조(원상복구 및 손해보상) 내지 제67조(몰수)에서 규정하는 방식으로 하위규정을 통하여 제재의 내용을 담고 있다. 개성공업지구 법제에서는 세금규정 제9장(제재 및 신소)·노동규정 제7장(제재 및 분쟁해결)·세관규정 제5장(제재 및 신소)·외화관리규정 제18조(제재)·광고규정 제22조(제재)·부동산규정 제4장(제재)·보험규정 제26조(벌금)·회계규정 제52조(벌금적용)와 제53조(연체료적용)·기업재정규정 제30조(감독 및 제재)·회계검증규정 제40조(벌금)와 제41조(연체료)·자동차관리규정 제5장(제재와 신소)·환경보호규정 제38조(제재)에서 제재에 관하여 규정하고 있다.

라선경제무역지대 법제에서는 기업창설운영규정 제6장(제재 및 분쟁해결)·개발규정 제7장(제재 및 분쟁해결)·외국투자기업로동규정 제7장(제재 및 분쟁해결)·도로교통규정 제64조(운행중지) 내지 제66조(행정적 및 형사책임)·인민보안단속규정 제4장(제재 및 신소)·부동산규정 제7장(제재 및 분쟁해결)·환경보호규정 제64조(원상복구 및 손해보상) 내지 제67조(몰수)에서 제재를 규정하고 있다.

특히 라선경제무역지대 노동규정은 노동규정을 어긴 자에 대한 제재에 관하여 제52조(손해보상, 원상복구), 제53조(연체료), 제54조(벌금 대상과 벌금액 한도), 제55조(영업중지), 제56조(몰수) 등 다양한 제재수단과 방법에 대해 구체적으로 정하고 있다는 특징이 있다. '라선경제무역지대 기업창설운영규정시행세칙'(제153조)과 2014년 9월 북한이 통지한 '개성공업지구 기업창설운영 시행세칙'(제73조)은 여러 조문에서 기업의 설립과 운영에 관한 세부적 사항을 구체적으로 규율하면서 기업의 위법행위에 대한 제재를 강화하고 있다.

2) 분쟁해결 방법에 있어서 다양성 추구하는 북한

개성공업지구법은 제5장 '분쟁해결'에 한 개의 조문을 두고 "공업지구의 개발과 관리운영, 기업활동과 관련한 의견상이는 당사자들 사이의 협의의 방법으로 해결한다. 협의의 방법으로 해결할 수 없을 경우에는 북남 사이에 합의한 상사분쟁 해결절차 또는 중재, 재판절차로 해결한다"고 규정하고 있다(제46조).

이에 비해 라선경제무역지대법은 '제8장 신소 및 분쟁해결'을 총 4개 조문으로 구성하여 한 장이 포괄하는 범위를 확대하고 신소와 그 처리를 별도의 조문으로 신설하여 규정하고 있으며, 조정·중재·재판으로 분쟁해결의 방법을 다양화하였다는 점에서 차이가 있다. 조정의 주체를 관리위원회 또는 해당 기관으로 명시하고 조정안을 분쟁당사자들의 의사에 기초하여 작성하며 수표하여야 효력을 가진다고 명시함으로써 요건을 규정하고 있어서 상당히 구체적이다.

중재의 경우 지대 안에 설립된 다른 나라 중재기관에도 제기할 수 있도록 하고 있어서, 지대 안이라는 제한은 있지만 국제중재에 대해 개성공업지구법보다 포용적인 면모를 보이는 것으로 볼 수 있다. 분쟁해결에 관하여 라선경제무역지대법과 같은 형식과 내용은 황금평·위화도경제지대법과 경제개발구법에도 동일 또는 유사하게 규정되어 있다는 점에서 북한 당국이 특수경제지대에서의 당사자 권리구제에 주의를 기울이고 있으며, 분쟁해결 방법의 다양성을 추구하는 방향으로 나아가는 것으로 볼 수 있다.

라선경제무역지대법에서 분쟁해결과 관련하여 특징적인 사항은 행정소송 제도의 도입이다(제83조). 황금평·위화도경제지대법에서도 동일한 규정을 두고 있다(제74조). 신소가 행정적 구제수단임에 비하여 행정소송은 사법적 구제수단이라는 점에서 이 제도가 실제로 시행된다면 북한 당국의 처분에 대한 공식적인 사법적 권리구제 제도로서 투자자보호와 기업친화적인 법제환경 조성에 커다란 영향을 미칠 것으로 여겨진다. 또한 행정소송 제도가 북한법제 사상 최초로 시도되는 제도라는 점에서 향후 어떤 내용으로 하위규정을 정리하고 제도를 운영할 것인지 주목된다고 하겠다.

경제개발구법은 분쟁해결수단으로 신소, 조정, 중재, 재판을 규정하고 있는데 신소를 제기할 기관에 도·직할시 인민위원회를 포함시키지 않고 있으며, 재판에 의한 분쟁해결에 있어서는 해당 경제개발구를 관할하는 도·직할시 재판소 또는 최고재판소에 소송을 제기할수 있도록 하였다(제59조, 제62조). 조정과 중재에 의한 분쟁해결도가능하며 국제중재에 의한 분쟁해결방법도 수용하고 있다(제61조). 다만 행정소송에 대하여는 규정하고 있지 않아서 분쟁해결 방법의다양성 및 실효성 차원에서 라선경제무역지대법이나 황금평·위화도경제지대법보다 미비한 것으로 평가할 수 있다.

Ⅳ. 경제개발구 법제에 대한 평가

김정은 정권은 핵실험과 미사일 발사를 계속하는 동시에 주민생활 향상과 외자유치를 통한 경제강국 건설을 강조하면서 대내외적인 개혁과 개방의 확대를 추진 중이다. 김정은 국방위원장은 2012년 4월 15일 권력 승계 후 최초로 행한 대중 연설에서 "다시는 주민들의 허리띠를 졸라매지 않도록 하겠다"며 북한 주민들의 경제적 문제를 해결하겠다는 의지를 천명하기도 했다.

이에 따라 북한은 내각책임제를 강화하고 경제관료 우대정책을 추진하고 있다. 경제부문 내각책임제 실시는 김정일 정권에서부터 강조되었지만 당시는 국방산업 우선정책이 추진되어 민생문제 해결과는 무관한 정책으로 추진되었다. 이에 비하여 김정은 정권에서는 과거의 경제개혁·개방정책의 입안자들인 경제·기술관료 다수를 재임용하면서 내각책임제의 추동력을 확보하고 있어 주민생활의 경제적 개선문제에 실질적인 노력을 기울이는 것으로 보인다.

2012년 '6·28 농업개혁조치'와 '12·1 기업소 개혁조치'를 발표하면서 부분적이지만 생산성 평가를 통한 생산물 자율처분권 확대와 경쟁체제 도입 등으로 자본주의적인 생산성 향상시스템도 확대시키고 있다. 농업개혁조치를 통해서는 종전의 대규모 분조를 소규모로 재편성하여 분조별 생산성 평가를 통한 차등분배 원칙을 확립하고, 목표생산량을 초과달성한 경우 생산량의 30%를 분조원들이 처분할 수 있도록 하는 인센티브를 부여함으로써 생산성 향상을 도모하고 있다. 또 공장과 기업소에 독립채산제를 확대하고 차등임금제를 시행하여 독자적으로 생산품을 결정하고 가격과 판매방법 및 수익의 배분도 자체적으로 결정할 수 있도록 자율성을 확대했다.

외자유치 기구의 정비도 눈에 띈다. 기존 기구의 정비로서 2020년 종료 예정인 '국가경제개발 10개년 전략계획'의 수행을 위해서 2011년 설치했던 국가경제개발총국을 2013년 10월 '국가경제개발위원회'로 승격시켜서 '국가경제개발 10개년 전략계획'의 추진력을 높이겠다는 의지를 보이고 있다. 신규 경제개발기구로서 2013년 10월 각 도별 경제특구 개발과 외국기업 지원을 전담할 '조선경제개발협회'를 새롭게 출범시켰다.

조선경제개발협회는 2013년 10월 '특수경제지대에 관한 평양국제토론회'를 개최하였다. 2014년 5월 2일에는 그 후속 토론회로서 양각도 국제호텔에서 '경제개발구 전문가 토론회'를 진행하였다는 등의 내용으로 보아,[52] 경제특구에 대한 외국인 투자유치는 물론 각종 토론회와 정보교류, 자문 등의 역할을 할 것으로 전망된다.

---

52) 중소기업연구원, 앞의 책, 2014, 25면.

법제정비의 측면에서 중요한 것은 보다 적극적인 외자유치를 위해서 대외개방법제를 집중적으로 개정한 것이다. 2011년 11월 29일 합영법, 합작법, 외국인투자법, 외국인기업법, 토지임대법을 개정하였다. 같은 해 12월 3일 황금평·위화도경제지대법을 제정하고 라선경제무역지대법을 개정하였으며, 같은 달 21일 외국인투자은행법, 외국인투자기업파산법, 외국인투자기업등록법, 외국인투자기업재정관리법, 외국인투자기업회계법, 외국인투자기업노동법을 개정하였다. 이런 배경 하에서 2013년 경제개발구법이 제정되었으며 특정 지역에서 대규모로 추진되었던 경제특구의 형태를 소규모화하고 전국적으로 배치하여 지방특성에 따라 맞춤형으로 개발·운영하겠다는 청사진을 담고 있다.

경제개발구법 제정은 김정은식 특구정책의 청사진을 제시하고 있다는 점에서 의미가 있다. 집권 이후 외자유치와 경제특구에 관련된 법제의 대대적인 정비가 이뤄졌지만 정비의 전제가 되는 정책 자체가 김정일 정권에서 시작되었다는 점을 고려하면, 2013년 제정된 경제개발구법은 김정은 정권에서 새롭게 시도하는 경제개발구 정책에 적용되는 규범이라는 점에서 그 내용은 온전히 김정은 정권의 특질과 색깔을 드러내는 것으로 보아도 될 것이다.

또한 법을 먼저 제정하고 특구를 개발하는 순서를 취하는 것을 볼 때 법치와 법규범의 중요성에 대한 김정은 정권의 인식도 읽을 수 있다. 특정 지역에서 특정 투자 상대방과의 협의를 진행시킨 후 특정한 특구에만 적용되는 법규범을 제정했던 과거의 방식과는 달리, 협의를 우선시하지 아니하고 수십 개의 경제개발구에 대한 정책을 법규범으로 먼저 담보함으로써 정책의 일관성과 기준을 확보하고 외부에 대한 신뢰도를 제고할 수 있다는 규범 제정의 의미를 적극 활용하고자 하였다. 이런 점은 북한 정권이 점차적이나마 법치의 필요성과 위력을 깨달아 가고 있다는 것을 보여주는 상징적인 모습이라고 생각한다.

경제개발구법은 현재 창설이 계획된 개발구들은 물론이고 앞으로 창설될 개발구들의 일반법이라는 점도 평가할 만하다. 경제개발구법은 경제개발구의 창설과 개발, 관리에서 제도와 질서를 바로세우고 대외경제협력과 교류를 발전시켜 나라의 경제를 발전시키고 인민생활을 높이는데 이바지하며 경제개발구는 국가가 특별히 정한 법규에 따라 경제활동에 특혜가 보장되는 특수경제지대로서 공업개발구, 농업개발구, 관광개발구, 수출가공구, 첨단기술개발구 등이 속한다고 규정하면서도, 라선경제무역지대와 황금평·위화도경제지대, 개성공업지구와 금강산국제관광특구에는 적용하지 않는다고 규정하고 있다.

더구나 이 법이 김정일 정권에서 추진되었으며 배타적으로 적용되는 개별법을 가진 경제특구에는 적용되지 아니하면서 앞으로 창설될 공업개발구, 농업개발구, 관광개발구, 수출가공구, 첨단기술개발구 등에는 모두 적용된다는 점을 명시하고 있어 경제개발구들의 일반법이라는 사실을 알 수 있다(제1조 '경제개발구법의 사명', 제2조 '경제개발구의 정의와 유형', 부칙 제2조). 그간의 경제특구 관련 입법과 비교하면 규범적인 측면에서 유사성이 높을 것으로 예상되는 다수의 개발구를 동시에 창설·운영하고자 하는 입장에서는 개발구별 단행법 제정 이전에 개발구 전체에 적용되는 일반법을 먼저 제정한 것은 경제적인 입법으로 볼 수 있으며, 경제개발구의 동시다발적인 추진에 대한 의지의 일단이라고도 볼 수 있다.

법의 내용을 보면, '개발구'라는 명칭으로 경제특구를 전국적으로 확산시켜 지역 경제의 균형적인 발전을 추구하겠다는 의지를 보이고 있다고 할 수 있다. 현재까지 선정된 19개 개발구는 평안북도, 평안남도, 자강도, 황해북도, 황해남도, 강원도, 함경남도, 함경북도, 양강도, 평양시, 남포시에 소재하고 있다. 이처럼 접경 지역만이 아니

라 11개 도·직할시에 걸쳐 분포되어 있는 점을 볼 때 경제특구의 전
국적인 확산이라고 볼 수 있다.

한편 개발구의 지역선정 원칙으로 대외경제협력과 교류에 유리
한 지역, 나라의 경제 및 과학기술발전에 이바지할 수 있는 지역, 주
민지역과 일정하게 떨어진 지역, 국가가 정한 보호구역이나 개발금
지구역을 침해하지 않는 지역을 규정하고 있어서, 외자유치의 활성
화와 전국의 균형적인 발전을 위해 특구의 확산을 시도할 수밖에 없
으면서도 북한 주민에게 정책적으로 통제되지 않은 자본주의적인
영향이 확산되는 것을 차단하고자 하는 의도도 엿볼 수 있다.

북한 주민의 경제적 생활수준을 향상시키고 국가경제를 활성화
시키기 위해 경쟁체제 도입과 생산물의 자율처분권 확대 등 시장경
제의 원칙을 부분적으로 받아들이면서도 어디까지나 정권의 통제
하에 계획된 정책으로서만 받아들이겠다고 하는 정권유지를 위한
고심의 결과라고 할 것이다.

개발구 창설과 개발에 있어 도·직할시 인민위원회의 자율성을 규
범적으로 보장하고 있다는 점도 의미가 있다. 이전까지 북한의 특구
정책과 달리 경제개발구법에서는 중앙특수경제지도기관의 일관된
지도를 받기는 하지만 지방의 도·직할시 인민위원회가 지역별 특성
에 맞도록 개발구의 창설을 신청하고 개발방식을 결정하며 개발계
획을 작성하고 개발기업을 승인하는 등의 권한을 가지고 있다는 점
에서, 규범적으로는 도·직할시 인민위원회의 주도로 지방의 특성에
맞는 개발구의 개발이 가능할 것으로 보인다는 점이다.

경제개발구법은 중앙급과 지방급의 경제개발구 개발과정에서 관
리소속과 신청절차 외에는 유의미한 차이가 있는 규정을 두고 있지
않지만 향후 개발구별 단행법이 마련되면서 창설과 개발에 있어서
중앙급과 구별되는 도·직할시 인민위원회의 역할과 권한이 보충될
것으로 예상된다.

한편 지방정부가 주체적으로 개발구의 창설과 개발에 참여하는 방식은 각 지역이 지역별 비교우위를 고려하고 활용할 수 있게 함으로써 지역 간 발전 경쟁을 유도할 수도 있지만, 중복 개발과 혼란으로 이어질 수도 있다. 남포가 이러한 중복개발의 한 예로서, 중앙정부가 지정한 진도수출가공구는 지방정부가 개발하고자 하는 와우도 수출가공구와 위치 및 목적에서 중복된다는 것이다. 경제개발구에 대한 책임은 대외경제성에 있는데 이러한 중복이 발생하는 것은 국가경제개발위원회와 합영투자위원회가 대외경제성으로 통합되었음에도 불구하고 이들 사이의 경쟁과 혼란이 조직 차원에서 남아있다는 것을 의미한다.

이와는 반대로 중앙과 지방의 중복되는 권한 문제에서 지방정부로 권한을 양도한 온성섬관광개발구의 경우, 북중 간 통상 관련 매우 중요한 인물이었던 장성택의 처형으로 인해 북중관계가 타격을 입었음에도 온성군이 자율적으로 중국의 도문(투먼)시와 협동개발계약서를 체결함으로써 지방정부의 자율성 존중이 가져온 좋은 결과를 보여준다.[53]

북한의 기관과 기업소 및 단체를 개발구 개발의 주체로 명시한 점도 평가할 만하다. 경제개발구법은 기관, 기업소도 승인을 받아 경제개발구를 개발할 수 있고, 기관, 기업소, 단체는 다른 나라의 투자가와 함께 개발기업을 설립하는 경우 정해진데 따라 토지이용권을 출자할 수 있도록 규정하여 북한의 기관과 기업소는 단독으로 경제개발구를 개발할 수 있고 외국투자가와 공동으로 개발기업을 설립할 수 있으며, 북한의 단체는 단독으로 경제개발구를 개발할 수는 없지만 외국투자가와 공동으로 개발기업을 설립할 수는 있다(제20조, 제26조).

---

53) 안드레이 아브라하미안, "북한 경제개발구의 ABC", KDI 북한경제리뷰 2015. 2월호, 한국개발연구원, 81면.

기관 및 기업소보다 단체의 영역이 규범적으로는 제한된 것으로 보이지만 북한의 기관이나 기업소가 독자적으로 자본을 투여하여 개발구를 개발하기는 어려울 것이므로 현실적으로는 외국투자가와의 공동 개발기업 설립이라는 형태로 북한의 기관, 기업소, 단체가 경제개발구 개발에 참여하는 양상은 동일할 것으로 생각된다. 경제개발구의 개발에 있어서 북한의 기관과 기업소 및 단체의 참여가 가능하다는 규정을 둔 것은 북한 경제주체의 자율성이 신장된 현실을 반영하는 것이거나, 그렇지 못한 현실이라고 하더라도 경제주체의 자율성을 신장하는 방향을 추구한다는 지표로는 읽을 수 있을 것이다.

관리기관의 독자성을 규범적으로 보장하고 있지만, 다른 특수경제지대법과 비교할 때 보장의 규범적 수준이 낮다는 점은 적극적인 추진 의지를 의심하게 한다. 경제개발구 관리기관운영규정(제5조)은 '관리위원회 사업의 독자성 보장'을 조항의 제목으로 삼아 관리위원회의 독자성을 명문으로 보장하면서 "이 법에서 정한 경우를 제외하고 다른 기관은 관리위원회의 사업에 관여할 수 없다"고 규정하고 있어서 개성공업지구법(제6조)이 "공업지구의 사업에 관여하려 할 경우에는 지도기관과 합의하여야 한다"고 규정하고 있는 것과는 차이를 보인다.

개성공업지구의 경험에 비추어 특수경제지대에서 관리기관의 독자성을 보장하는 것이 특수경제지대의 개발과 운영에 있어서 중요하다는 인식을 북한이 갖게 된 것으로 볼 수 있다. 다만 라선경제무역지대법(제8조) 및 황금평·위화도경제지대법(제7조)은 법률의 수준에서 관리기관의 독자성을 보장하고 있다는 점에서는 일정한 후퇴라고 볼 수도 있다.

라선경제무역지대법 및 황금평·위화도경제지대법과 비교할 때 후진적인 규정이 다수 보이는 것도 북한 정권의 고민을 보여주는 것이라고 할 수 있다. 신변안전과 관련해서 경제개발구법은 "경제개발

구에서 개인의 신변안전은 조선민주주의인민공화국의 법에 따라 보
호된다. 법에 근거하지 않고는 구속, 체포하지 않으며 거주장소를
수색하지 않는다. 신변안전과 관련하여 우리나라와 해당 나라 사이
에 체결한 조약이 있을 경우에는 그에 따른다"고 규정하여(제8조),
라선경제무역지대법 및 황금평·위화도경제지대법과 비교하면 법에
의한 인권보호 조문을 삭제함으로써 인권보호 및 외자유치의 양면
에서 후퇴한 입법으로 볼 수 있다.

　기업의 권리에 관한 규정도 마찬가지이다. 라선경제무역지대법
과 황금평·위화도경제지대법은 독립된 조항으로 "기업은 경영 및 관
리질서와 생산계획, 판매계획, 재정계획을 세울 권리, 로력채용, 로
임기준과 지불형식, 생산물의 가격, 리윤의 분배방안을 독자적으로
결정할 권리를 가진다. 기업의 경영활동에 대한 비법적인 간섭은 할
수 없으며 법규에 정해지지 않은 비용을 징수하거나 의무를 지울 수
없다"고 규정하여 기업의 권리를 밝히고 있음에 비하여 경제개발구
법은 기업의 권리에 관한 조항을 두고 있지 않아서 기업친화적인 측
면에서 상대적으로 퇴영적인 입법의 한 단면이라고 할 수 있다.

　심의 및 승인절차의 간소화와 관련한 규정에서도 같은 모습이 보
인다. 라선경제무역지대법은 기업활동에 관한 조건과 관세, 통화 및
금융, 장려 및 특혜를 제4장 내지 제7장(제36조 내지 제79조)에서 44
개 조문을 할애하여 규정하고 있는데, 이 44개 조문 중 첫 번째 조문
인 제36조에서 경제무역활동과 관련한 심의, 승인절차의 간소화를
규정하고 있다.

　동일한 내용이 황금평·위화도경제지대법에서는 기업의 경제활동
조건의 보장, 장려 및 특혜를 규정한 제5장 내지 제6장의 첫 번째 조
문(제45조 '심의, 승인절차의 간소화')으로 규정되어 있음에 비하여
경제개발구법에서는 경제개발구에서의 경제활동, 장려 및 특혜를 규
정한 제5장 내지 제6장(제38조 내지 제58조)의 두 번째 조문(제39조)

으로 배치되고, 제목도 '수속절차의 간소화'로 변경되어 조문의 내용은 물론 배치에 있어서도 원칙적인 규정이라고 보기에 다소 무리가 있다.

수용에 있어서도 경제개발구법은 북한의 다른 특수경제지대법들과 비교할 때는 뒤처지는 모습을 보인다. "사회공공의 이익"이라는 수용의 요건이 명시된 점은 개성공업지구법의 내용과 동일하지만, 라선경제무역지대법 및 황금평·위화도경제지대법이 "적법한 절차에 의해 차별없이, 적시에, 효과있게" 보상한다는 원칙을 선언하고 있음에 비하여 경제개발구법에서는 이러한 규정이 삭제되어 보상의 기준이 상대적으로 추상적이고 보상 관련 절차법적 규정이 명시되어 있지 않다는 점이 드러난다.

2011년에 이미 보상과 관련하여 이와 같은 조항을 규정했다가 2013년에 제정한 경제개발구법에서 보상의 절차와 정도에 대하여 "적법한 절차, 차별 없이, 효과 있게"와 같은 내용을 삭제하고 있는 것은 입법상의 퇴영으로 볼 수 있다. 2011년에 제정된 법에 비하여 김정은 집권 이후인 2013년에 제정된 법이 다소 후퇴하는 모습을 보이는 것은 기업친화적인 법제도 환경을 구축하는 방향에 대해 그 강도를 둘러싸고 내부 이견이 존재하는 듯한 인상을 주며, 이와 같이 2011년 제정법과 2013년 제정법이 그 내용상 차이를 보일 경우 김정은 집권 후에 제정된 2013년 제정법에서 보이고 있는 입장이 향후 특수경제지대 관련 제·개정법에서도 관철되는 것은 아닌가 우려된다.

또한, 분쟁해결수단을 신소, 조정, 중재, 재판이라고만 규정하고 있는 것은 행정소송을 분쟁해결의 별도의 수단으로 규정하고 있는 라선경제무역지대법이나 황금평·위화도경제지대법보다 분쟁해결 방법의 다양성 및 실효성 차원에서 미비한 것으로 평가할 수 있다.

제2장

체제전환 국가의 법제전환과 경제특구 법제

Ⅰ. 체제전환 국가의 분류

1. 체제전환의 개념에 대한 다양한 논의

코르나이(Janos Kornai)에 의하면 체제개혁과 체제전환을 구분하는 결정적인 요인은 정치구조가 경제에 영향을 미치느냐의 여부이다. 즉, 공산당의 독점적 권력이 붕괴하거나 존재한다고 하더라도 더 이상 경제에는 영향을 미치지 않는 경우가 전환에 해당하는 것이다. 구체적으로는 경제조정의 메커니즘이 계획에서 시장으로 바뀌고 생산수단의 소유권이 국·공유에서 사유로 변화하며, 시장에 경쟁이 도입되고 가격과 무역이 자유화된다면 공산당이 존재한다고 하더라도 체제전환이 시작되었다고 보는 것이다.[1]

다만 코르나이는 공산당의 일당 독재, 국가 또는 준국가 소유권, 시장에 대한 관료적 조정의 우위와 같은 사회주의 체제의 근본적인 속성들이 자본주의 체제의 특징인 시장친화적인 정치권력, 사적 소유권, 시장 조정 기제의 확립으로 모두 변화되었을 때 사회주의 체제로부터 자본주의 체제로의 전환이 이뤄진다고 보고 있다.[2] 이 점에서 정치체제의 전환과 경제체제의 전환이 모두 이뤄진 상태를 전환으로 인정한다는 기본적인 입장을 확인할 수 있다.

라빈(Marie Lavigne)은 사회주의 체제의 속성을 공산당 일당 독재, 공유제 또는 국가 소유제, 중앙계획경제체제로 보면서 이것은 이데올로기와 밀접하게 연결되어 있다고 본다.[3] 따라서 개혁이란 공산당의 엄격한 통제, 국가 소유제, 중앙계획경제체제의 일부를 부분적으

---

1) Kornai. J., *The Socialist System*, Oxford University Press, 1992, p. 388.
2) Kornai, J., *op. cit.*, p.30.
3) Lavigne, M., *The Economics of Transition: from Socialist Economy to Market Economy*, New York: St. Matin's Press, 1995, pp.3-14.

로 교정하는 작업으로서 계획경제의 틀 안에서 이뤄지는 것이라고
설명하고 있다. 사회주의 경제체제의 개혁은 공산당의 통제 완화를
통한 분권화, 국가 소유제도의 완화를 통한 소유제도의 다양화, 시장
경제의 요소를 도입한 계획과 시장의 조화라는 세 가지 형태로 추진
된다는 것이다.[4] 라빈 또한 코르나이와 마찬가지로 정치적 영역의
전환과 경제적 영역의 전환을 동시에 고려하고 있다.

바이메(Klaus von Beyme)는 사회주의 체제에서 경제적 변화의 의
미를 다소간 다른 시각으로 보고 있다. 그는 사회주의 체제는 매우
독재적으로 맞물려 있기 때문에 하위 부문의 이탈은 체제 전체를 와
해시킬 수 있는데, 사회주의 체제전환 국가들의 전환 과정의 공통점
은 하위 부문의 변화가 동시에 일어났다는 점이라고 지적한다.[5] 따
라서 경제체제의 변화를 체제전환을 불러일으키는 하위 부문의 변
화로 여기는 것으로 볼 수 있다.

브레진스키(Zbigniew Brezinski)는 체제전환을 3단계로 파악한다. 1
단계는 자유화 또는 구체제의 붕괴 단계, 2단계는 민주화 또는 체제
의 교체 및 제도구축 단계이며, 3단계는 체제전환 과정의 공고화 단
계로 보고 있다. 3단계인 공고화 단계에 진입하면 정치적 안정과 경
제적인 도약이 수반되며, 시민사회가 완성될 때 자유민주주의와 시
장자본주의를 목표로 하는 현실 사회주의의 체제전환이 완료된다는
것이다.[6] 브레진스키 역시 코르나이와 마찬가지로 정치적 변화를 포
괄하여 체제전환이 완성되는 것으로 보고 있다.

체제전환의 개념을 정치적·경제적 전환의 양자가 이뤄진 경우로
한정하게 되면, 정치적으로 공산당의 일당 독재가 현존하는 가운데

---

4) Lavigne, M., *ibid.*, pp.29-43.
5) 클라우스 폰 바이메, 이규영 역, 탈사회주의와 체제전환, 서강대학교출판
   사, 2000, 70-87면.
6) Brezinski, Z., "The Great Transformation", *The National Interest* Vol. 33, 1993, p.4.

공산당에 의해서 추진되고 있는 경제체제의 전환이 이뤄진 국가들을 포괄하지 못하게 되는 문제가 있다. 체제전환의 개념에 대한 논의는 체제전환 이론 중에서도 동유럽의 사회주의 국가들이 일거에 정치적인 붕괴를 겪으면서 무너져 내린 1990년대에 급진주의와 점진주의 논쟁에서 집중적으로 논의되었다. 분석의 대상이 된 국가들은 동유럽 국가들로서 이들은 모두 정치적 체제와 경제적 체제가 동시에 전환되었다는 공통점이 있다. 따라서 이들 논의가 공산당 일당 독재를 유지하면서도 고도의 경제성장을 이룩하는 체제가 지속되고 있는 중국이나 베트남과 같은 아시아 사회주의 국가들의 경우를 포괄하지 못한 것은 지금의 시점에서 보면 당연한 일이기도 하다.

이러한 문제점을 해결하기 위하여 이 책에서는 코르나이나 라빈과 같이 사회주의 체제의 속성을 공산당 일당 독재, 생산수단의 공유제 또는 국가 소유제, 중앙계획경제체제로 보면서도 이 세 가지 속성 중 한 가지 이상이 본질적으로 변화했으며 그 변화가 불가역적인 경우에는 체제전환이라는 개념으로 포섭하기로 한다.

2. 본래적 의미의 급진주의와 점진주의 논쟁

베를린장벽 붕괴가 시각적으로 상징하는 1980년대 말과 90년대에 걸친 사회주의 체제의 몰락은 20세기의 역사적인 사건인 만큼 몰락의 동인과 몰락 이후의 체제에 대한 해명을 필요로 했다. 체제전환에 대한 연구는 사회주의 체제의 민주주의화, 자본주의화라는 역사적 사건의 원인과 내용을 해명하고 체계화하려는 시도에서 출발하였다고 할 수 있다. 이러한 연구는 정치학적 관점의 접근과 경제학적 관점의 접근으로 대별할 수 있다. 이것은 체제전환에 대한 연구가 정치체제로서의 사회주의의 몰락의 원인과 과정 및 결과에 대한 탐구이면서 동시에 사회주의 계획경제를 어떻게 효과적으로 시장경제로 대체할 것인가에 대한 고심의 산물이기도 했기 때문이다.

정치체제로서의 운명을 다한 사회주의가 어떻게, 왜 몰락했는가를 연구한 정치학적 접근은 그 자체로서 의미를 가질 것이다. 하지만 이 자리에서 다루고자 하는 주제의 성격상 동유럽의 경제재건이라는 목표를 가지고 살아있는 현실에 대해 연구한 경제학적 접근을 중심으로 살펴보고자 한다. 체제전환 연구의 핵심적인 목표와 실질적인 성과가 경제학적 연구에 있기도 하다.

동유럽에서 경제체제 개혁의 목표는 계획을 폐기하고 그 역할을 시장으로 넘길 수 있는 시스템을 갖추는 것이었다. 이것은 일차적으로는 경제자유화를 의미하지만, 경제체제 개혁을 일련의 과정으로 이해한다면 개혁의 목표는 단순히 계획경제를 해체하고 경제자유화를 달성하는 것을 뛰어넘어 자원의 배분과 이동이 시장에 의해서 이루어지고 경쟁에 의해 성장의 역동성이 추동됨으로써 한 국가의 국제 경쟁력을 높이는 기능적인 시장경제체제를 구축해서 계획경제를 대체하는 것이라고 할 수 있다. 이 과정에서 시장경제 도입에 필요한 정책과 자원을 배분하는 프로그램의 시행속도와 순서를 둘러싼 논쟁이 있었으며, 이것이 본래적 의미에서의 급진주의와 점진주의 논쟁이라고 할 수 있다.

한편 동유럽 전반에서 일어난 체제전환의 물결이 각국의 역사적 경험과 정치적 상황에 따라 변주를 거듭해가며 성공적인 전환과 불충분한 전환 사이에서 행진하고 있을 때, 1978년부터 시작된 중국의 경제개혁과 개방조치가 가져온 중국 경제체제의 전환은 일국 내에서 정치체제와 경제체제를 양분하여 체제전환의 속도를 조절할 수 있으며, 정치체제를 전환하지 않고서도 경제체제만을 선행적으로 효과적으로 전환시킬 수 있다는 가능성을 보여주었다.

중국과 이에 뒤이은 베트남의 성공적인 경제성장은 정치체제의 변화와 경제체제의 변화가 동시에 일어난 국가와 경제체제의 변화가 정치체제의 변화를 추동할 것으로 기대되는 국가를 이중전환과 단일전환이라는 범주로 이해하려는 새로운 시도들을 낳았을 뿐 아니라, 체제전환 국가들의 다양한 전환 양태는 분석틀의 다양성을 불러왔다. 전환의 동력에 대한 연구는 초기의 전환속도에 초점을 맞춘 연구에서 나아가 무엇이 한 국가의 사회주의 정치경제체제를 무너뜨리는 궁극적인 동력으로 작용했는가에 주목하는 연구이다.

초기의 급진주의 점진주의 논쟁은 정치체제와 경제체제의 동시적인 변화를 전제로 시장경제 도입에 필요한 정책과 자원을 배분하는 프로그램의 시행속도와 순서를 둘러싼 논쟁이었다. 이에 비하여 중국의 경제개혁의 성과가 부각된 이후 나타난 연구들은 정치체제와 경제체제의 전환속도를 둘러싼 유형 차이로 이해되고 있다. 즉 정치체제와 경제체제의 동시전환을 의미하는 이중전환형과 사회주의 정치체제를 고수하면서 경제체제만을 자본주의적으로 전환시키는 국가들을 지칭하는 단일전환형이 그것이다.

3. 전환의 속도 기준 분류

1) 급진주의

1990년대 초 국제통화기금(IMF), 세계은행(IBRD), 미국 내의 정치경제학자들과 행정부 관료들의 논의를 거쳐 정립된 '워싱턴 컨센서스'에 기반한 급진주의는 시장경제를 위해 필요한 모든 개혁조치를 즉시, 그리고 동시에 시행하여 가능한 짧은 시간 내에 체제전환을 완료하자는 입장이다. 서구의 자본주의 시장경제제도를 체제전환국에 그대로 적용하자는 논리로, 경제이론인 경제발전론이나 경제체제론을 체제전환정책에 응용하자는 관점이다. 헝가리를 제외한 대부분의 동유럽 사회주의 국가들이 체제전환 과정에서 이 입장을 받아들였다.

이 입장은 도덕, 규범, 거래관습 및 관행 등 경제질서 내의 다양한 행동규칙의 중요성을 무시하고 공식적 제도를 중요시하여[7] 동유럽 사회주의 국가들이 자본주의적 시장경제체제로 성공적으로 전환하기 위해서는 시장경제의 작동을 보장하는 제도적 장치를 마련하는 것이 중요하다고 보았다. 따라서 국유 재산의 신속한 사유화와 국가의 경제에 대한 개입 최소화를 주장했다.

사회주의 경제를 시장경제로 전환시키기 위한 조치로서 가장 기본적으로 언급되는 것은 경제안정화, 자유화, 사유화의 세 가지 조치들이다. 급진주의 전략은 이러한 모든 조치들을 동시적으로 강도 있게, 또한 빠른 속도로 진행시킨다는 것이다. 그 대표적인 사례가 1990년 1월부터 실행되었던 폴란드에서의 경제개혁이었다. 폴란드의 개혁은 다른 사회주의 국가들에서의 유사한 개혁실험을 위한 기본 모델을 제시했다.[8]

급진주의자들은 자원의 효율적 배분기구로서의 시장메커니즘에 확고한 믿음을 갖고 있는 반면, 시장시스템의 작용에 영향을 미치는 다른 힘에 대해서는 상대적으로 무관심하다. 또한 체제전환의 과정에서 시장모델은 즉시 이용 가능한 것으로 여겨지고 더욱 나은 결과를 낳을 수 있다고 믿어지며, 따라서 체제전환의 속도가 빠를수록 더욱 신속하게 기대하는 성과를 향해 도약할 수 있다는 것이다. 시장메커니즘에 대한 이러한 신뢰가 시장메커니즘을 도입하는 방법에 대한 점진주의와의 차이를 낳은 것이다.[9] 일국 내에 빠르고 포괄적

---

7) 민경국, "체제전환의 일반이론과 남북한 통일정책", 산업과 경제 제8집 제1호, 강원대학교 산업기술연구소, 1998, 16면.

8) 박형중, "사회주의 경제의 체제전환전략: 급진론과 진화론", 통일연구논총 제6권 제1호, 통일연구원, 1997, 222-223면.

9) 김영진, "체제전환에 대한 진화론적·제도주의적 관점의 고찰: 러시아의 경우를 중심으로", 세계지역연구논총 제27집 제1호, 한국세계지역학회, 2009,

인 방식으로 시장제도를 도입함과 동시에 국내경제를 국제경제 체제에 통합시켜야 한다는 것도 급진주의자들의 주장이다.

이들은 시장경제의 주요 요소들은 서로 연관되어 있기 때문에 필요한 개혁작업이 동시에 이루어져야 한다고 주장하면서, 만일 구(舊) 엘리트층의 권력을 지속시키는 제도가 신속하게 제거되지 않으면 그들이 개혁과정을 왜곡시킬 것이라고 보았다. 이러한 관점에서 가격자유화와 국가기업의 사유화, 보조금의 철폐와 독점적 기업구조의 해체를 포함하는 산업구조조정, 과거의 관행을 억제하고 새로운 관행을 만들어내는 다양한 기관과 기구의 창출이 함께 진행되어야 하고, 만일 이러한 정책이 동시에 진행되지 않으면 가격구조가 왜곡될 우려가 크다고 생각했다.

이들은 빠르고 급진적인 방식으로 시장경제제도를 도입함과 동시에 국내경제를 국제경제체제에 통합시켜야 한다고 주장했다.[10] 개혁정책의 동시진행을 중시하는 이들의 사고는 체제전환에 착수하는 과정뿐만 아니라 개혁을 되돌릴 수 없는 것으로 만들기 위해서도 정책의 상호보완성을 근본적인 것으로 간주하는 방식으로 드러난다.

만약 개혁조치를 한 가지씩 도입하려 한다면 한 영역에서의 개혁 결여는 다른 영역에서의 진보를 지체시킬 가능성이 높다는 것이다. 따라서 체제전환 과정을 위한 개혁정책은 포괄적이고 일괄타결적인 방식으로 도입되어야 한다는 것이다. 이들은 기존 제도에 대해 강한 반감을 가지고 있으며, 이들 제도가 신속하고 결정적으로 전복되지 않고서는 개혁이 성공할 가능성은 극히 낮다고 생각한다.

따라서 이러한 장애를 극복하기 위한 방법은 그것을 모두 한꺼번에 제거하는 것이며 '국제적인 최적의 관행'과 닮은 무엇인가를 그

37면.

10) 진승권, 동유럽 탈사회주의 체제개혁의 정치경제학(1989~2000), 서울대학교 출판부, 2003, 62면.

자리에 대체하는 것이다.[11] 이들의 최종목표는 시장경제 체제의 건설이고, 그 목표에 도달하기 위해 시장경제의 기본 제도라는 설계도면과 충격요법이라는 명확한 방법이 존재하는 것으로 간주한다.[12]

정부의 역할에 있어서도 거시경제의 안정을 유지하는 것을 예외로 하면 전반적인 경제문제에서 최소한의 역할을 수행하는 데 그쳐야 한다고 주장한다. 정부는 미시경제적 수준에 간여하지 않아야 할 뿐 아니라 국제무역, 국가간 자본이동, 금융거래 등과 같이 시장메커니즘이 더욱 효율적으로 기능할 것으로 예견되는 영역에서는 개입을 더욱 축소하여야 한다. 정부가 개입해야 하는 분야는 주로 법률과 계약을 준수하도록 강제하고 사적 소유권을 확립하는 것과 관련된 영역이다.

이들은 공적 소유 전반에 뿌리 깊은 반감을 가지고 있으며, 국유기업을 체제전환경제에서 비효율성의 주요 원인으로 간주한다. 시장에 기반한 경제가 등장하기 위해서는 국유기업이 신속하게 해체되어야 하며, 생산적 자산은 어떠한 대가를 치르고라도 민간의 수중으로 이전되어야 한다고 주장한다. 공적 소유에 대한 선험적인 부정적 태도로 인해 어떠한 사유화도 없는 것보다는 낫다고 생각하는 것은 이러한 사고의 자연스러운 귀결이다.[13]

개혁이라는 전략을 고안하는데 있어서 역사를 전혀 고려하지 않거나 중요하지 않은 것으로 논하는 것은 급진주의 전략에서 필수적인 요소였다는 비판[14]은 체제전환 국가들에 대한 자본주의 체체로의 전환전략을 논의함에 있어서 전환 이전에 사회주의체제에서 형성된

---

11) 김영진, 앞의 논문, 38면.
12) 박형중, "경제체제의 급진론과 점진론", 이종원 외, 통일경제론, 해남, 1997, 146면.
13) 김영진, 앞의 논문, 38-39면.
14) P. Murrell, "The Transition According to Cambridge", *Journal of Economic Literature* Vol. 13 No. 1, 1995, p.175.

역사와 문화, 사회심리에 대한 고려가 결여되었다는 지적일 것이다. 급진주의는 또한 역사적인 유산과 현재 및 미래의 관계를 설정하는 시각에 있어서 경로창출 과정을 밟는 것으로 생각했다.

사회주의 체제가 붕괴된 이후의 백지상태(tabula rasa)에서 미래에 대한 청사진을 가지고 과거와 단절된 역사의 경로를 새로이 만들어 나갈 수 있다고 생각한 것이다. 이들은 과거를 돌아보지 않으며 미래를 계획하고 그에 비추어 현재의 조치를 결정하려 했던 것이다.

이들에게 있어서 체제전환의 과정은 시장에 기반을 둔 경제체제와 정치적 민주주의가 구현되는 사회를 만들고자 하는 세력이 가지고 있는 제도적이고 조직적인 자원을 통해 새로운 체제를 향한 경로를 만들어가는 과정이다. 여기에 과거의 유산은 억제되고 해체되어야 할 대상으로서만 의미를 가지며, 구체제의 역사적 공과를 따지지 않고 구체제의 긍정적인 측면이 발전할 수 있는 길을 차단함으로써 새로운 체제에 적합한 제도를 확립할 수 있다고 본 것이다.[15] 이러한 시각에 따라 폴란드를 필두로 체코와 슬로바키아, 불가리아, 루마니아가 급진주의적인 체제전환을 이룬 것으로 볼 수 있다.

2) 점진주의

신고전적 내지는 신자유주의적 개혁방향 자체에 대해서는 이의를 제기하지 않더라도 급진적 방식은 개혁의 속도가 너무 빠르기 때문에 개혁이 성공하기 위해서는 점진적 방식을 택해야 한다는 주장을 피력하는 견해도 많았다. 이러한 점진주의적 견해는 신고전적 모델의 급진주의를 대체하는 대안적 방식이라기보다는, 급진적 개혁이 초래할 수 있는 감당하기 어려운 사회적 비용 때문에 급진적 개혁방

---

15) David Stark, "Path Dependence and Privatization Strategies in Eastern Europe", *East European Politics and Societies* Vol. 6 No. 1, 1992, pp.18-19.

식을 비판하는 사람들이 제시한 여타의 방식들을 말하는 것이다. 공통적 특징은 과거를 개혁하고 새로운 체제를 만들어내는데 충분한 시간이 절대적으로 필요하다는 점이 강조되고 있다는 점이다.[16]

이 견해들은 경제체제의 전환에 의하여 최종적으로 도달할 목표에 대해서는 알 수 있으나, 그 최종 목표에 도달하는 방법에 대해서는 원칙적으로 알 수 없다고 생각한다. 경제행위자·제도·법적 체계는 역사와 사회의 산물로서 쉽게 변화할 수도, 이식될 수도 없는 것으로 간주한다는 점에서 급진주의와 본질적인 차이가 있다. 제도의 변화는 소규모의 실험, 시행착오를 통한 학습, 사회의 참여 등에 따라 일어나는 시간이 걸리는 과정이라고 간주했기 때문에 구제도를 일거에 파괴해서는 안 되며, 당분간 활용하면서 점차적으로 대체하는 방식을 취해야 한다고 주장했다.[17]

점진주의자들은 시장경제가 정상적으로 작동하기 위해서는 제도적 구조와 그에 상응하는 행동양식이 요구되는데, 제도를 만들기 위해서는 시간이 소요되기 때문에 시장경제로의 체제전환은 제도구축에 필요한 시간만큼의 시간이 걸리는 과정[18]이라거나, 독점적인 경제구조를 즉각적으로 안정시키려고 하는 경우 아직 해체되지 않은 독점적인 구조 하에서는 경제안정화에 의한 과잉수요의 억제가 일시적인 생산위축과 더불어 이로 인해 방출된 유휴자원이 생산에 재투입되지 못하기 때문에 생산 감소를 불러일으키며, 생산 감소가 만성적으로 고착될 위험이 생긴다[19]는 식으로 급진주의의 프로그램에

---

16) 진승권, 앞의 책, 63면.
17) 박형중, "경제체제의 급진론과 점진론", 147면.
18) Kolodlko, G. W., "Transition to a Market and Enterpreneurship : The Systemic Factors and Policy Options", *Communist and Post-Communist Studies* Vol. 33, 2000, pp.271-293. 참조.
19) Newbery, D. M. *Sequencing the Transition*, London: Centre for Economic Policy Research, 1991, p.267.

반대하여 체제전환에는 일정한 시간이 걸린다고 전제하고, 이를 고려한 프로그램을 설계할 것을 주장한다.

점진주의자들의 전략은 세 가지 정도로 요약할 수 있다. 첫째, 새로운 체제하에서 살아갈 경제주체들은 구제도 하에서 살아왔으므로 변화에 적응하는 데 시간이 소요되므로 공산주의 하의 모든 경제제도를 일시에 붕괴시키는 것은 불가능하기도 하며 바람직하지도 않다. 그 제도들 중에서는 새로운 체제를 만드는 과정에서 활용할 수 있는 것도 있다. 둘째, 일정한 기간 동안 국가가 주도하는 영역을 유지하면서 민간이 주도하는 영역을 육성하고 그에 필요한 제도를 적극적으로 촉진해야 한다. 셋째, 민간이 주도하는 영역과 이를 위한 제도의 성장이 어느 정도 이뤄진 후에야 국유화 기업의 사유화가 점진적으로 가능해지고 이것이 바람직하다는 것이다.[20]

점진주의적 전략은 체제전환 과정에 있어서 장기간 동안 사회주의 경제체제와 시장경제체제가 공존함으로써 발생하는 문제를 통제할 수 있어야 하기 때문에 국가의 역할을 특히 강조하고 있다. 신속한 시장경제의 실현은 기업가 정신의 부족과 경쟁에 대한 지식의 결여로 인해 실패하기 쉽지만, 점진적으로 시장경제가 도입된다면 기업가 정신을 배울 수 있는 기회를 줄 수 있다는 것이다.[21]

그러나 사회주의 국가의 국민들에게 기업가 정신이 결여되어 있다는 주장은 그들을 과소평가한 것이며, 처벌에도 불구하고 암시장에서 작은 규모나마 기업적인 활동을 한 경우도 있다. 또한 일상생활에서 항상 재화가 부족한 상황에서도 임기응변적인 재주를 발전시켜 온 것이 기업가적인 행위라고 할 수 있으며, 이것은 사회주의 국가에서는 단지 사회 깊숙이 숨겨져 있었을 뿐 어디서나 그 근본은

20) P. Murrell, "Evolutionary and Radical Approaches to Economic Reform", *Economics of Planning* Vol. 25, 1991, p.82.
21) 정형곤, 체제전환의 경제학, 청암미디어, 2001, 153-154면.

존재한다는 견해도 있다.

결국, 점진주의는 시장경제체제로의 개혁에 필요한 조치의 순서와 속도에 있어서 장기간에 걸쳐 시장경제체제에 적응할 수 있는 과도기를 두면서 지속적으로 제반 제도들을 구축하고 필요한 조치들을 시행해나가는 것을 의미한다. 동유럽에서는 헝가리가 이에 해당하며 아시아에서는 중국, 베트남, 라오스, 우즈베키스탄을 들 수 있다.[22]

헝가리는 이미 1968년에 소위 신경제기구의 형태로 경제개혁을 시도하여 동유럽 국가 중 계획경제 제도를 단계적으로 폐지하고 사회주의적 시장경제를 지향한 최초의 국가였다. 1980년 이후에도 헝가리는 국유기업의 해체를 통해 독점산업을 분산시키고 사경제적 소규모 기업을 장려하는 등의 경제개혁을 추진하여 왔다. 이런 점에서 볼 때 헝가리는 정치개혁이 촉발된 1988년 이전에 이미 경제체제의 전환을 위한 예비적 과정을 겪었다고 할 수 있을 것이다.[23] 따라서, 폴란드와 같은 충격적인 정책을 추진하기 보다는 시장경제의 작용에 필수적인 법적인 틀과 금융 하부구조의 창설에 중점을 두고 점진적 개혁을 추진했던 것이다.[24]

헝가리에서는 신자유주의적인 시장경제가 국가사회주의의 유일한 대안으로 상정된 것은 아니었다. 국내외적으로 급진주의적인 자유주의 경제정책을 추진해야 한다는 압력이 크게 작용하는 상황에서도 헝가리의 정책결정자들 가운데는 오스트리아나 독일식의 사회민주주의를 지향하는 사람들도 다수를 차지하고 있었다. 실제로

---

22) 속도에 있어서 점진적이면서도 전환의 유형상 단일전환이고 전환의 동력상으로는 위로부터의 전환에 해당하는 중국과 베트남, 라오스, 우즈베키스탄은 단일전환 유형에서 다룬다.

23) 허만 외, 동유럽의 개혁과 시장경제의 도입, 집문당, 1993, 88면.

24) 전홍택, 북한의 체제전환과 남북한 경제통합의 주요과제, 한국개발연구원, 1996, 14면.

1990년 공산당의 정권상실로 이어진 총선거를 통해서 집권한 안탈 정부가 추구한 것은 '사회적 시장경제'였다고 볼 수 있다.

그 결과 폴란드와 비교할 때 헝가리의 경제개혁은 기본적으로 시장경제를 추구했다는 면에서 개혁의 방향은 같지만, 그 방식은 폴란드 솔리대리티(solidarity) 정부가 시도한 충격요법의 급진적 형태가 아닌 점진적인 형태를 띠는 것이 되었다. 폴란드의 개혁주의자들이 자유시장 경제에 기초를 둔 민주주의를 신봉하는 사람들이었다면, 헝가리의 개혁주의자들은 그 성격이 달라서 자유주의적 가치를 도입하는 것보다는 헝가리의 정치체제가 안고 있는 비효율성의 개선에 주안점을 두었다고 평가할 수 있다. 실제 헝가리의 개혁과정은 경제의 각 부문에 파편화된 형태로 지속적이고 단계적으로 이루어졌다.[25]

이에 대해서는 점차 세력을 상실하면서도 구체제를 유지하려고 노력하는 기득권 세력과 개혁을 가속화시키려는 급진적 개혁세력 간의 불편한 타협에 의한 것이라는 분석도 있다.[26] 점진주의는 급진주의 정책이 시행될 때 나타나는 과도한 충격을 완화시키려는 목적을 가진 논의에 불과할 뿐 이론이나 전략이 존재하지 않으며, 점진주의를 취한 것으로 여겨지고 있는 헝가리도 명시적으로 점진주의에 입각한 개혁을 추진한다고 한 바가 없다는 평가도 있다.[27]

4. 전환의 동력 기준 분류

코르나이는 사회주의 체제에서 자본주의 체제로의 변화에 대한 논의에서는 체제내적인 개혁과 체제전환을 가져오는 변화를 구분하

---

25) 진승권, 앞의 책, 223-225면.
26) 홍유수, 동구 경제개혁의 유형과 성과, 대외경제정책연구원, 1992, 79면.
27) Lavigne, M., *hop. cit.*, pp.118-121.

는 것이 중요하다고 강조하면서, 전환의 과정에서는 그 과정을 불러
일으키는 주요한 동력을 구분하는 것이 중요하다고 보았다. 변화가
주로 위로부터 강제적인 힘에 의해서 이뤄지는지, 아니면 아래로부
터의 자발적인 힘에 의해서 좌우되는지가 구분의 본질이라는 것이
다.[28] 체제 내적인 개혁은 대체로 현재의 체제를 유지하고 싶어 하
는 지배엘리트에 의해 시도된다는 점을 주목한다면 전환의 동력에
대한 구분은 체제전환 국가의 성격을 파악하는 데 있어 의미 있는
고찰이 될 수 있다.[29]

따라서 체제내적인 개혁은 현재의 집권자와 그와 연합한 국가기
구 또는 외부그룹에 의해서 추진되는 '위로부터의 개혁'이며, 이러한
개혁은 급진적이고 대규모적인 혁명을 통해 이뤄지는 것이 아니라
경제정책의 방향전환을 통해 제도변화를 추구함으로써 이뤄진다.
이때 제도의 변화를 통한 개혁은 현재의 집권자가 자신의 권력을 유
지할 수 있다는 확신을 가질 때 가능하다고 볼 수 있다.[30]

1) 위로부터의 전환

위로부터의 전환은 지금까지의 정치적 집권자가 위로부터의 개
혁을 시도하여 적절한 시기에 체제전환을 통해서 그들의 정치적 권
력을 계속 유지하는 경우와, 권력층에 속해 있었던 사람들 중 일부
나 반정부세력이 쿠데타를 통해서 현재의 집권자를 대체하고 체제
전환을 추구하는 경우를 상정할 수 있다. 국민 대다수가 현 체제에

---

28) Kornai, J., "What the Change of System from Socialism to Capitalism Does Not
    Mean", pp.31-32.
29) Ivan Szeleyni, "A Theory of Transition", *Modern China Vol. 34 No. 1, 2008*,
    pp.167-169.
30) 정형곤, 체제전환의 경제학, 청암미디어, 2001, 26면.

대한 강력한 불만을 표출하면서 체제전환에 대하여 암묵적인 합의
가 이뤄져 있거나 체제전환을 시도하는 집단적인 행위가 나타날 경
우는 물론이지만, 그렇지 않은 경우에도 경제체제의 모순으로 인하
여 정치체제가 위협받는 상황에서는 집권자는 정권유지의 위험을
감지하게 된다. 이에 따라 부분적이지만 정치적 특혜나 경제적 이권
을 양보하면서 권력을 유지하는 방안으로서 위로부터의 전환을 시
도하는 것이다.

위로부터의 전환은 대체로 체제내적인 개혁을 추구하지만 시대
적인 상황에 따라서는 부분적인 자유화와 개혁·개방이 불가역적인
상황으로 치달아 체제전환에 이르게 되는 경우도 많다. 1980년대 이
전 동유럽의 체제내적인 개혁은 대체로 부분적인 개혁에 머물렀던
반면, 1980년대 이후 사회주의 국가에서 시도한 위로부터의 개혁은
정치체제와 경제체제의 전환을 가져오거나 최소한 경제체제의 전환
을 가져오는 결과를 낳았다. 위로부터의 개혁에서 대표적인 국가는
소련과 동아시아 사회주의 국가들이다. 동유럽에서는 헝가리가 이
에 속한다. 이 국가들의 지도부는 기존의 경제체제가 더 이상 국가
의 중요한 문제들을 해결할 수 없음을 인식하게 됨에 따라 체제전환
으로 내몰린 경우라고 할 수 있다.

소련은 사회주의 혁명 이전의 전제주의적 문화배경을 가지고 있
었을 뿐만 아니라 혁명 이후 서구 자본주의 국가와 적대적인 관계를
지속했다. 또한 강력한 사회주의 이념 하의 중앙집권적 정부를 유지
한 결과, 시민사회와 정치적 대안세력의 성장을 효과적으로 억제할
수 있었다. 이같은 상황은 1917년 러시아혁명 이후로 70여년 가까이
지속되었으며 경직된 관료체제에 의한 명령형 계획경제체제는 경제
침체를 가속화시켰다. 1980년대 중반 이래 고르바초프는 정치와 경
제의 동시 개혁을 추진하였으나 경직된 소련의 정치·경제 구조로 인
해 체제위기가 증폭되었으며, 이는 민족국가의 독립으로 인한 연방

해체와 인민대중의 반체제화를 초래했다.

　결과적으로 소련의 지배엘리트는 정권경쟁을 위한 파벌로 분열되었으며, 급진적인 성향을 보인 옐친은 대중의 반체제적 성향에 힘입어 정권을 획득함과 동시에 체제전환을 진행시켰다.[31] 소련에서 구체제가 비폭력적이지만 단기간에 해체된 주된 이유를 경제개혁에 대한 보수파의 강력한 저항에 직면하게 된 고르바초프 등의 개혁파가 보수파를 약화시키기 위해 공세적으로 정치개혁을 시도한 데서 찾을 수 있다. 개혁파와 보수파 간의 갈등이 권력투쟁으로 발전하면서 국가의 사회 통제력이 현저하게 약화되었고, 이 과정에서 공화국들의 민족주의적 분리독립이 가열되고 신자유주의적 급진파가 득세하면서 고조된 정파들 간의 권력투쟁이 구체제 붕괴로 이어졌다.

　중국의 경우는 소련과 달리 등소평의 주도 하에 개혁파가 보수파와의 정치적 타협을 통해 지배체제의 정치적 안정을 전제조건으로 하여 경제개혁을 점진적으로 추진했으며,[32] 이 개혁이 결국은 '사회주의 시장경제'를 헌법적으로 선언할 만큼 진행되어 더 이상 사회주의 계획경제체제로는 돌아올 수 없는 경제체제 전환의 상황에 이른 것이다.

　중국의 경우는 지배체제의 안정을 위협하지 않도록 경제개혁을 둘러싼 분파적 갈등이 지배엘리트 내부에서 관리되고 조정될 수 있었기 때문에 정치적 지배체제가 유지되고 있는 점이 소련과 차이가 난다.[33] 실제 경제체제의 개혁이라는 것은 위로부터의 정책선택이라기보다는 아래로부터의 정치경제적 압력에 직면하여 사후적인 공식

---

31) 민족통일연구원, 앞의 책, 17면.
32) 최완규·최봉대, 사회주의 체제전환방식의 비교연구, 윤대규 편, 사회주의 체제전환에 대한 비교연구, 한울, 2008, 42-43면.
33) Alex. E. F. Jilberto and B. Hogenboom, "Developing Regions Facing China in a Neoliberalized World", *Journal of Developing Societies* Vol. 23 No. 3, 2007, p.321.

화로 전개되었던 측면이 강했다. 중국의 개혁과정도 대부분은 아래
로부터의 주도에 의한 변화를 중앙당국이 사후적으로 승인하는 식
이었다는 평가도 있다.[34]

집권 공산당이 채택한 신경제제도를 통해 정치체제의 변화 없이
꾸준히 경제성장을 이뤄가고 있는 라오스와, 집권 세력인 군부에 의
해 정치적 개혁과 경제적 개방을 시행한 미얀마, 공산체제 시절의
엘리트들이 여전히 집권당을 구성하면서 경제적인 체제전환을 시도
하고 있는 우즈베키스탄도 위로부터의 전환 유형에 해당한다. 미얀
마의 경우 1988년 군부가 사회주의 정권을 전복시키고 집권세력이
되었다. 집권 이후 군부는 경제적 개혁개방을 추진했으며 정치적 민
주화의 과정에 참여함으로써 정권의 정당성을 이어나갈 수 있게 되
었다. 미얀마의 군부 엘리트들은 거래를 통한 민주주의로의 이행에
의해 정권의 연속성과 정치적 통제를 보장받고 있다.[35]

헝가리는 동유럽의 어떤 국가들보다도 안정적으로 민주적 정치
질서로의 체제전환을 이룩한 국가이다. 헝가리는 수십 년 간 파업이
나 거리에서의 데모를 경험한 바가 없었는데, 공산체제의 붕괴와 새
로운 정치질서의 확립도 폭력사태가 전혀 없이 순수한 협상에 의해
이루어졌다. 이와 같은 안정적인 체제전환은 루마니아를 비롯한 발
칸반도 국가들은 물론이고, 폴란드나 체코슬로바키아 등 이웃 중유
럽 국가들에 비교해서도 두드러지는 현상이다. 이는 1980년대 말 경
제여건이 극도로 악화되는 상황에서도 헝가리 정부가 정치적 안정
성을 해칠 수 있는 급진적인 정책을 가급적 회피함으로써 가능할 수
있었다.[36]

---

34) 조영국, 앞의 논문, 274면.
35) 이경화, "미얀마의 개혁개방과 북한에 대한 시사점", 북한학연구 제9권 제2
　　호, 동국대학교 북한학연구소, 2013, 5면.
36) 진승권, 앞의 책, 216면.

헝가리에서는 체제전환 이전에 지배층에 의해 사회주의 계획경제의 단점을 보완하려는 경제개혁이 수차례 단행되었다. 무역수지 악화 등에 의해 경제침체가 계속되자 공산당 지도층은 1980년대 후반부터 제한적인 정치개혁을 통해 경제회복을 도모하기 시작했고, 체제전환은 공산당이 주축이 되어 경제적 모순을 타파하기 위한 최종방안으로 선택된 것으로서[37] 이 과정에서 다른 동유럽 국가와 달리 대중들의 역할은 별다른 비중을 차지하지 못하였다.

2) 아래로부터의 전환

집권세력인 공산당이 아니라 국민들의 저항에 의해 전환이 이뤄지는 경우가 아래로부터의 전환에 해당한다. 아래로부터의 전환은 대체로 경제체제에 대한 불만으로부터 촉발되는 것이지만, 역설적으로 정치체제의 변화를 먼저 가져온다. 오랜 경제침체로 인한 생활고를 겪으며 경제체제의 모순을 극심하게 느껴야 했던 동유럽 국가의 국민들이 무력시위 또는 협상을 통해 쟁취한 것은 일차적으로 정치체제의 전환이었고, 이에 따라 구성된 민주적인 정부에 의해 경제체제의 전환이 이루어졌다.

폴란드, 체코슬로바키아의 경우 소련의 절대적 영향력 하에 유지될 수 있었던 지배엘리트의 취약한 통치력과 경제적 침체가 원인이 되어 1980년대 이래 시민사회가 성장하면서 정치적 대안세력이 강화되었다. 1980년대 중반 이후 급격한 세계체제의 변화 및 고르바초프에 의해 주도된 소련의 역할 변화는 이들 국가에 있어서 체제전환의 기폭제가 되었으며, 결과적으로 지배세력인 공산당 엘리트그룹과 정치적 대안세력간의 타협에 의해 평화적인 체제전환을 이룰 수 있었다.[38]

---

37) 대외경제정책연구원, 헝가리편람, 1992, 41면.
38) 민족통일연구원, 앞의 책, 16면.

폴란드는 다른 동유럽 국가들과 비교할 때 공산체제의 안정성이 상대적으로 약했다. 약 40년에 걸친 공산당 집권은 여러 차례에 걸쳐 다양한 사회세력으로부터 사회적 저항에 직면했는데, 특히 집권자에 대한 노동자들의 요구나 저항은 다른 동유럽 국가들에서는 찾아보기 힘든 강렬한 성격을 띠었다. 농업과 소규모 자영업을 중심으로 한 민간경제부문의 비중이 상대적으로 컸다는 점도 폴란드에서 아래로부터의 전환을 가능하게 한 특징이라고 할 수 있다.

폴란드에서 민간경제부문의 비중이 높았던 가장 큰 이유는 공산 정부가 추진한 국유화 작업이 제대로 마무리되지 못했기 때문이다. 특히 농업부문에서의 국유화가 대단히 미진하였는데, 최종적으로 30% 정도가 국유화되었을 뿐이다. 이는 다른 동유럽 사회주의 국가들에 비하여 훨씬 낮은 수치이다.[39]

체코슬로바키아 공산체제의 가장 두드러진 특징은 동유럽 국가들 가운데 스탈린식 통치가 가장 철저히 집행된 국가였다는 점이다. 체코슬로바키아 공산체제의 안정성은 인접 공산국가였던 폴란드나 헝가리와 비교할 때 더욱 확연하게 드러난다. 폴란드의 경우 공산집권 세력이 1980년대 이후 솔리대리티 노조를 중심으로 하는 강력한 정치적 저항에 직면하였고, 헝가리의 경우 심화되는 경제적 어려움을 극복하기 위해 채택한 수차례의 경제개혁 정책을 통해 사회주의 계획경제의 운용틀에 대한 다양한 변형이 시도되었다. 반면 체코슬로바키아에서는 1970년대와 1980년대를 거치면서 정치적으로나 경제적으로 구조적 개혁을 필요로 하는 체제위협적 저항이나 위기에 직면하지 않았다.[40]

체코슬로바키아는 공산체제 성립 이후 5개년 경제계획(1949 - 1953) 기간 동안 경제적 체질이 완전히 바뀌어서 경공업 중심의 경제에서

---

39) 진승권, 앞의 책, 107-109면.
40) 진승권, 앞의 책, 273-274면.

중공업 중심의 경제로 변모하게 되었고, 무역도 서방 국가들이 아닌 소련을 중심으로 이뤄졌다. 체코슬로바키아 지역은 공산체제가 들어서기 전부터 이미 산업화가 크게 진척되어 있었다. 1840년대 오스트리아-헝가리 제국시대부터 산업화와 도시화가 빠른 속도로 진행되어 체코인의 문화적인 활동이 활발해지는 계기가 되었다.[41]

안정된 공산체제 하에서 정치 엘리트들은 개혁의 필요성을 느끼지 못했고, 위로부터의 아무런 개혁조치가 없었던 체코슬로바키아의 체제위기는 1989년 후반 재야세력 모임인 '헌장77' 등 20여 개의 학생·노동자 조직이 주도한 반정부 시위와 이에 대한 정부의 대응과정에서 급진전되었다. 결국에는 재야세력과 공산당 정부와의 협상을 통해 체제전환으로 치달은 것이다.

중앙집권적 계획경제 체제를 유지하면서 기업수준의 비효율성을 제거하는 등 그 폐단만을 시정하려 했던 루마니아, 불가리아 공산당은 정치적인 면에서 전혀 개혁의 움직임을 보이지 않다가 1989년 이후 소련의 동유럽 정책이 바뀌고 동독, 폴란드, 헝가리의 개혁이 본격화되면서 미약하나마 개혁의 움직임을 보이기 시작했다. 그러나 본격적인 개혁은 재야세력과 시민들의 힘에 의해서 추진되었다.

루마니아에서는 시민들이 차우셰스쿠의 1인 전제정치를 반대하는 대규모 시위를 계속 전개하여 정부군의 이탈을 이끌어냄으로써 정치개혁을 이룩했다. 불가리아에서는 1988년 '인권옹호를 위한 민주연맹'이 창설되어 시위를 시작한 이래 재야단체 주도로 정치적 다원주의, 종교의 자유, 소수민족 억압정책 중지 등을 요구하는 시위를 계속 전개한 끝에 공산당 정부와의 원탁회의를 통해 정치개혁을 이룩했다.[42]

---

41) 진승권, 앞의 책, 277면.
42) 법무부, 동구제국 체제개혁 개관-법제·사법개혁과 체제불법 청산-, 1996, 22면.

5. 전환의 영역 기준 분류

체제전환 국가들의 전환 유형은 정치영역과 경제영역의 변화의 동시성 여부에 따라서 나누어 볼 수도 있다. 첫 번째 유형은 정치개혁과 동시에 혹은 정치개혁을 통해 경제개혁을 이행하는 '이중전환'을 시도한 유형이며, 두 번째 유형은 정치체제는 그대로 두고 지도부에 의해 경제체제만 변화시키는 '단일전환'을 시도한 유형이다. 이중전환형은 대체로 동유럽과 소련에서 나타나고, 단일전환형은 중국과 베트남, 라오스 등 주로 아시아 국가들이다. 그렇지만 남미의 쿠바도 단일전환형으로 볼 수 있으며, 몽골과 미얀마 등 아시아의 사회주의 국가들 중에서도 정치적 전환과 경제적 전환을 동시에 추구한 이중전환형 국가들이 존재한다.

1) 이중전환

사회주의 경제체제의 입장에서 볼 때는 이중전환은 자본주의화로의 길이고, 단일전환은 사회주의 시장경제체제로 나타나고 있다. 하지만 자원배분의 메커니즘을 계획에서 시장으로 전환시킨다는 점에서는 공통점을 보여주고 있다.[43] 이중전환과 단일전환은 한편으로는 정경일치식 전환과 정경분리식 전환이기도 하다.

소련 및 동유럽과 중국 및 베트남 등이 전환에서의 차이를 보이는 이유는 사회주의 체제의 완결성의 차이 때문이기도 하다. 소련에서는 중국보다 사회주의 체제의 완결성이 훨씬 높았기 때문에 정경분리의 전략으로 사회주의 체제가 당면한 경제위기를 극복할 수 없었다.

---

43) 김일기, 북한의 개혁·개방의 단계와 방향, 건국대학교 박사학위논문, 2005, 27면.

특히 중국식의 정경분리식 전환은 이미 헝가리, 유고, 폴란드 등 동유럽 사회주의 국가들의 체제내적인 개혁과정에서 여러 차례 시도되었지만 별다른 효과를 산출하지 못했기 때문에 소련과 동유럽에서는 보다 근본적인 변화를 추구하지 않을 수 없었던 것으로 보인다. 반면 중국의 사회주의 체제는 보다 분절화되고 분권화되어 있었기 때문에 정경분리의 전략도 가능했으며, 사회주의 체제의 본질적인 영역을 위협하지 않으면서도 경제 영역에서의 근본적인 전환을 추진할 수 있었다.[44]

이중전환 국가들과 단일전환 국가들은 경제성과에 있어서도 차이를 보인다. 소련과 동유럽의 이중전환 국가들이 대체로 개혁 초기에 심각한 물가불안과 경제적 위축을 겪었다. 특히 소련 지역 국가들이 체제전환 이후 10여 년간 경제위축에 시달렸던 것과 달리, 중국과 베트남은 경제개혁을 시작한 초기부터 높은 경제성장률을 보여왔다. 단일전환 국가의 체제전환에 따르는 경제적 비용이 이중전환 국가보다 상대적으로 적게 든다고 할 수 있다.[45]

이중전환의 유형에 속하는 소련 및 동유럽 체제전환에서 공통분모는 일당독재 지배체제의 붕괴와 이를 대체하는 정치에서의 민주주의 체제, 경제에서의 시장경제 체제의 확립이었고, 이에 걸맞은 사회의 재구조화에 주력해나가야 했다. 그런데 이러한 과정과 유형은 각국의 정치·경제·역사적 조건에 따라 양상이 매우 다르다.[46] 정치체제의 전환과정을 보면, 이 국가들에서는 다당제를 도입하고 자유선거를 실시함으로써 민주적 형식은 갖추었지만 편차는 컸다.

---

44) 서진영, "북한의 중국식 개혁, 개방 전망", 통일전략포럼보고서 제22권, 경남대학교 극동문제연구소, 2001, 2-3면.
45) 박제훈, "북한 경제체제의 변화전망", 경남대학교 극동문제연구소 논집 제19권, 경남대학교 극동문제연구소, 2000, 118면.
46) 이무철, "조정기제의 변화와 국가의 역할", 사회주의 체제전환에 대한 비교연구, 한울, 2008, 174면.

소련 및 동유럽의 일당독재체제에서 민주주의 체제로의 전환 과
정에서는 다당제와 선거제도라는 최소한의 민주적 절차와 요건은
갖추었으나 구체적인 내용은 민주주의 체제와 동일하지 않아서, 이
러한 현상을 비자유민주주의 개념으로 설명하기도 한다. 이중전환
을 시도한 아시아의 사회주의 국가들에서도 정치적 전환의 양상은
이와 유사하다고 하겠다.[47]

헝가리나 폴란드, 체코와 같이 지리적으로 중부유럽에 속한 국가
들은 사회주의 체제 이전에 서유럽적인 역사적 발전경로를 가지고
있었다. 따라서 제한적이지만 시민사회의 자율성이 존재했고, 공산
당이 정당성 확보 차원에서 개혁을 추진함으로써 상대적으로 정치
적 자유화와 경제개혁의 진척이 이뤄졌다고 볼 수 있다. 이에 비하
여 루마니아와 알바니아 같은 동부유럽권에 속한 국가들의 경우 저
발전 지역으로 국가와 사회의 분리, 정치와 종교의 분리라는 역사적
발전이 이루어지지 않았다.

이에 따라 사회주의 체제가 성립된 이후 국가의 전체주의적 지배
가 용이하게 강화되었으며, 저항세력이 부재함에 따라 체제 내적인
자유화와 경제개혁이 미진한 상태였다. 소련, 루마니아, 불가리아,
알바니아에서는 근대화가 공산당에 의해서 이루어졌기 때문에 공산
당 이외의 대안세력이 존재하지 않았다. 따라서 내부개혁과 변화는
지체될 수밖에 없었고, 대안세력이 취약한 상황에서 국제적 대세에
밀려 탈공산화가 진행되었다.[48] 소련은 민족국가의 해체에 의한 소
비에트연방의 붕괴와 옐친을 중심으로 한 권력엘리트 내부의 분열
에 의해 체제전환이 이루어졌다는 독특한 특징을 가지고 있다.[49]

---

47) 서경교, "동유럽의 민주화: 비자유민주주의의 확산?", 이상환 외, 동유럽의
　　민주화: 체제이행의 역동성, 한국외국어대학교출판부, 2004, 37-38면.
48) 박형중, 북한의 개혁·개방과 체제변화 : 비교사회주의를 통해 본 북한의
　　현재와 미래, 해남, 2004, 83-85면.

한편 아시아의 사회주의 국가들 중 이중전환으로 볼 수 있는 미 얀마와 몽골의 경우 집권 세력이 체제전환의 과정에서 다당제 민주 선거의 외피를 씌운 선거를 통해 여전히 정치적인 지배를 계속하면 서 경제체제의 전환을 시도했다. 미얀마의 경우 네윈의 사회주의 정 권 하에서 확고하게 세력을 굳힌 군부가 1988년 네윈정권을 몰락시 키고 집권하여 권위주의 체제하에서 경제개혁을 시도했다. 몽골의 경우 집권 인민혁명당이 1992년 신헌법에 의해 실시된 다당제에 의 한 총선거에서 압승하면서 경제개혁을 시도했다. 이들 두 국가는 경 제체제의 전환과 더불어 정치적 다원주의화, 민주주의화의 길을 걷 고 있다.

2) 단일전환

중국이나 베트남의 체제전환이 당-국가 주도로 이뤄지고 있기는 하지만, 이 나라들이 처음부터 체제전환을 염두에 두고 경제개혁과 대외개방을 추진한 것은 아니었다. 중국이나 베트남의 경우 경제개 혁에 착수한 1970년대 말이나 1980년대 중반 시점에서 지배 엘리트가 처음부터 사회주의 계획경제 체제를 폐기하고 이를 자본주의 시장 경제체제로 대체하려는 의도를 가지고 있었다고 보기는 어렵다. 경 제개혁의 점진적 과정에서 자본주의적 시장의 성장과 체제전환 논 리에 포섭되면서 불가역적인 단계로 들어섰다고 보아야 할 것이 다.[50]

사회주의권의 다른 나라들과 마찬가지로 그 주된 계기는 심각한 경제침체에서 벗어나기 위한 것이었다.[51] 1980년대 중반 이후 고르

---

49) 이무철, 앞의 논문, 183-184면.
50) Kolodko, G. W., "Globalization and Transformation: Illusions and Reality", *Journal of Emerging Market Finance*, Vol. 2 No. 2, 2003, p.241.

바초프의 경제개혁·개방 정책의 전개과정에서 나타난 소련의 정치
경제적 불안정 가중과 그에 뒤따른 동유럽 사회주의권 해체사태가
중국과 베트남 등 아시아 사회주의 국가들에서 체제전환 방식을 둘
러싼 재검토의 계기로 작용했다고 볼 수 있다.[52] 중국이나 베트남은
다양한 정책노선의 수렴을 통해 과감한 개혁조치를 채택함으로써
경제적 위기를 벗어나 경제발전을 추구할 수 있었다.

그 결과로 나타난 경제성장에 힘입어 정치체제 변화압력을 극소
화해나가고 있다. 중국과 베트남은 체제 형성에 자생적 성격을 가지
고 있었기 때문에 민족주의적 정통성을 확보할 수 있었다. 이를 기
반으로 스탈린식 사회주의 모델을 자국의 환경에 적응시켜 나갈 수
있었던 것이다.[53]

중국과 베트남의 지배엘리트는 1980년대 중반 이후 강력한 통치
력을 바탕으로 과감한 개혁조치를 취함으로써 정치체제의 극적인
전환이나 붕괴과정을 거치지 않은 가운데 경제적 성과를 거두었다.
중국과 베트남은 과감한 시장기구의 도입 및 소유제의 다양화와 대
외개방을 통해 상대적으로 괄목할 만한 경제적 성과를 거둠으로써
사회주의 이념에 의한 공산당 정권에 정통성을 부여했으며, 정치와
경제의 이분화된 체제로부터 필연적으로 발생하게 되는 긴장관계를
어느 정도 해소할 수 있었다.

중국과 베트남의 사회주의 정권은 자생적 사회주의 형성과정을
배경으로 일찍부터 소련과 정치·군사상으로 일정한 거리를 유지해
왔다. 또한 근대 사회주의 민족국가 건설과정에서 스탈린식 경제발

---

51) A. G. Walder, "China's Transitional Economy : Interpreting its Significance", A. G.
Walder(ed.), *China's transitional economy*, New York: Oxford University Press, 1996,
pp.1-2. 참조.
52) 최완규·최봉대, 앞의 논문, 23면.
53) 이무철, 앞의 논문, 184면.

전 모델을 변용하여 적용하는 실천적인 경험을 쌓아왔으며, 초기의 혁명지도자에 의한 통치체제를 집단 지도체제화함으로써 다양한 경제발전 정책을 시도해 왔다.[54] 초기에 이들의 경제개혁은 물질적 인센티브 제공, 시장의 부분적 도입 등 자본주의적 요소를 사회주의적 계획경제의 틀 안에 도입하는 수준이었으나 점진적으로 사유화, 경쟁의 촉진, 시장가격의 도입과 확산, 분권화, 계획의 포기, 물질적 인센티브의 도입 등 시장경제 자체를 패키지로 하여 사회주의 계획경제를 대체하였다.[55]

라오스의 경우 사회주의 계획경제체제로 인한 경제적 모순을 극복하기 위하여 집권 인민혁명당 주도로 1986년 신경제제도를 시행하고 있다. 시장지향적 사회경제 개혁을 통한 사회주의적 경제발전을 추구하는 신경제제도는 집단적 소유에서 사적소유로의 전환, 시장화와 의사결정권의 재집중화, 글로벌 경제로의 통합을 위한 개방화를 내용으로 한다. 신경제제도를 통해 개혁과 개방을 추진한 결과 1990년대 이후 비교적 안정적이고 높은 경제성장률을 보여 왔다.

낮은 저축률 등으로 인해 국내 자본의 동원이 어려운 라오스에서는 공적개발원조와 외국인의 직접투자가 경제성장의 축을 담당하고 있다. 원조에 의존하는 경제, 중국의 영향력 확대에 따른 국내 생산능력의 저하 가능성, 사회적 불평등 및 지역 불균등 등의 문제가 제기되기도 한다. 하지만 라오스의 꾸준한 경제성장은 사회주의 정치체제를 유지하는 버팀목이 되고 있다.[56]

우즈베키스탄도 경제체제의 전환만을 시도한 국가이다. 1991년

---

54) 민족통일연구원, 사회주의체제 개혁·개방 사례 비교연구, 1993, 19면.
55) 김병연, "사회주의 경제개혁과 체제이행의 정치적 조건: 소련, 동유럽, 중국의 경험과 북한의 이행 가능성", 비교경제연구 제12권 제2호, 한국비교경제학회, 2005, 236면.
56) 백두주, "체제전환국 경제개혁·개방정책의 특성과 효과: 라오스 사례를 중심으로", 민주주의와 인권 제11권 제3호, 전남대학교 5·18연구소, 2011, 292면.

독립국가가 되었을 때 우즈베키스탄은 과거 소련 내에서 상대적으로 저발전 국가였으며, 소련으로부터 독립한 다른 신생 국가들과 마찬가지로 정치체제 전환과 경제체제 전환이라는 두 가지 과제에 직면해 있었다. 우즈베키스탄이 독립국가로 등장했을 때 국제통화기금은 저개발국가의 통상적인 발전전략인 급진주의적 이중전환 모델을 신정부에 제시했었다. 우즈베키스탄 정부는 이와 같은 경로를 거부하고 국가 주도의 점진적인 자본주의로의 체제전환 전략을 따랐으며, 이를 경제발전에 대한 개발주의 국가적 접근과 결합시킨 것으로 볼 수 있다.[57]

우즈베키스탄은 사회주의 시절의 기득권 세력이 체제전환 시기에 정권을 유지하였으며, 에너지 자원에 대한 자급체계가 이뤄지면서 시장경제로의 점진적 전환과 사유화 과정을 진행했다.[58] 복수의 환율과 외환통제, 높은 관세 및 비관세 장벽을 유지하며 정책적 고려에 기초한 신용 할당과 국영은행에 기초한 은행제도를 실시하였다. 공업과 농업 분야에서 기업의 의사결정에 국가가 적극적으로 개입하는 정책을 취하였으며, 산업 분야의 특정 부문을 선별적으로 지원하여 경제발전을 도모했다.[59]

이로써, 소련을 이루던 15개 공화국 가운데 하나였던 우즈베키스탄은 소련 해체 이후 시장경제로의 체제전환국 가운데 가장 양호한 실적을 보이는 국가 가운데 하나로 평가받고 있다.[60] 우즈베키스탄

---

57) 김영진, "우즈베키스탄의 '경제성장 역설'에 대한 고찰: 초기조건, 체제전환전략, 경제실적", 비교경제연구 제17권 제1호, 한국비교경제학회, 2010, 105면.
58) 박지원, "우즈베키스탄과 몽골의 시장경제 체제전환 초기 10년: 전략선택의 배경과 사유화 과정의 경로", 슬라브연구 제28권 제2호, 한국외국어대학교 러시아연구소, 2012, 1면.
59) 김영진, 앞의 논문, 105-106면.
60) 박지원, 앞의 논문, 2면.

의 상대적으로 양호한 경제실적과 국가 독립 초기 국제통화기금의 급진주의적 제안 거부라는 두 가지 요소의 결합은 세계은행과 같은 국제금융기관에서 '우즈베키스탄의 역설'로 불리기도 했다.[61] 우즈베키스탄이 보여준 성공적 체제전환의 경험은 구체적으로는 1990년대 체제전환 개시 직후 조기에 달성한 경제회복과 안정, 2000년대 이후 높은 경제성장의 달성이고 이것은 부존자원이라는 경제적 조건, 소련의 체제유산이라는 초기조건을 바탕으로 중앙집권적인 경제정책의 추진에 의한 것이라고 볼 수 있다.[62]

쿠바의 변화는 1990년대 냉전 종식 이후 촉발되었다. 개혁과 개방을 추진하고 외교관계의 다변화에 노력하였으며 새로운 지도부에서의 변화도 나타났다[63]. 쿠바의 체제전환은 지도층의 변화없이 정치적으로 사회주의 체제를 유지하면서 경제적 발전을 위한 개혁방안을 모색하는 방식으로 이루어졌다. 1992년 이후 쿠바시민의 달러소유를 합법화하고 태환화폐를 발행하였으며 자영업의 확대, 제한된 상품판매 허용, 농업개혁 등을 통해서 국가의 역할을 축소하면서 외국투자를 자유화하였다[64].

점진적인 경제개혁과 대외개방 추진, 지도자의 교체, 탈냉전의 국제환경에서의 유연한 정책으로 쿠바는 경제적 체제전환을 추구해왔으며 이는 결국 2015년 미국과의 관계 정상화로 이어졌다. 쿠바의 경우 시장경제체제로의 점진적인 변화를 통해 사회주의 정치체제 유지의 동력을 확보해 왔지만 미국과의 관계 정상화 문제가 핵심적 대

---

61) 김영진, 앞의 논문, 93면.
62) 정웅, 앞의 논문, 147면.
63) 이경화, "쿠바의 변화가 북한에 주는 시사점-쿠바의 변화와 북한의 현상 유지 지속에 대한 대조적 비교를 중심으로-", 인문사회21 제6권 제4호, 아시아문화학술원, 2015, 2면.
64) 김달관, "쿠바의 딜레마: 이상과 현실", 라틴아메리카연구 제17권 제3호, 한국라틴아메리카학회, 2004, 116-117면.

외변수로 작용하면서 체제전환의 능동적 전개를 저해하는 요인이었다.[65]

Ⅱ. 체제전환 국가 유형별 법제전환

속도, 동력, 영역을 기준으로 체제전환 국가를 배치하면 다음 세 가지 표와 같다. 다만 헝가리의 경우는 다른 동유럽 국가들에 비해서는 상대적으로 점진적인 전환과정을 겪었다고 볼 수 있다. 하지만 아시아 사회주의 국가들과 비교할 경우 체제전환의 속도에 있어서 점진주의로 보기 어려운 면도 있으므로 헝가리를 예외적인 경우로 보고 배치하는 것으로 한다.

법제분석의 측면에서는 급진주의-이중전환형 국가들과 차이를 찾기 어려우므로 이들과 같은 유형으로 분석한다. 동독은 정치적 실체 자체가 서독에 의해 급속하게 흡수되면서 법제 또한 사회주의 법제로부터 체제전환의 충격과 변화의 과정에 조응하면서 자본주의적으로 정립된 법제로서 변화하여 존재한다기보다는 서독의 법제로 흡수되어 소멸된 것으로 보는 것이 현실적이므로 법제전환의 유형에서 동독의 경우를 생략하고 논의한다.

세 가지 표의 여섯 가지 항목은 공통점에 따라 다시 세 가지 모델로 정리될 수 있다. ①급진주의-아래로부터-이중전환 유형(폴란드, 체코슬로바키아, 루마니아, 불가리아, 몽골)과 ②급진주의-위로부터-이중전환 유형(러시아, 미얀마, 캄보디아) 및 ③점진주의-위로부터-단일전환 유형(중국, 베트남, 라오스, 우즈베키스탄, 쿠바)이 그것이다.

---

65) 조영국, "체제내적 모순과 체제외적 모순-사회주의 체제전환과 국제협력을 중심으로", 윤대규 편, 사회주의 체제전환에 대한 비교연구, 한울, 2008, 272면.

급진주의적인 전환은 이중전환으로서 위로부터의 전환 국가와 아래로부터의 전환 국가가 있었지만 점진주의적인 이중전환 국가나, 점진주의적인 아래로부터의 전환 국가는 존재하지 않는다. 즉, 점진주의적인 전환은 단일전환이고 위로부터의 전환인 것이다.

〈표 3-1〉 속도와 영역을 기준으로 하는 배치

구분	급진주의	점진주의
이중전환	러시아, 폴란드, 체코슬로바키아, 루마니아, 불가리아, 몽골, 미얀마, 캄보디아	
단일전환		중국, 베트남, 라오스, 우즈베키스탄, 쿠바

〈표 3-2〉 속도와 동력을 기준으로 하는 배치

구분	급진주의	점진주의
위로부터의 전환	러시아, 미얀마, 캄보디아	중국, 베트남, 라오스, 우즈베키스탄, 쿠바
아래로부터의 전환	폴란드, 체코슬로바키아, 루마니아, 불가리아, 몽골	

〈표 3-3〉 영역과 동력을 기준으로 하는 배치

구분	위로부터의 전환	아래로부터의 전환
이중전환	러시아, 미얀마, 캄보디아, 헝가리	폴란드, 체코슬로바키아, 루마니아, 불가리아, 몽골
단일전환	중국, 베트남, 라오스, 우즈베키스탄, 쿠바	

이것은 첫째, 체제전환이 급진적으로 발생하는 경우에는 위로부터의 전환이건 아래로부터의 전환이건 그 속도가 가지는 추동력에

의하여 정치체제와 경제체제가 모두 전환된다는 것을 의미한다. 둘째, 오랜 시간을 필요로 하는 점진적인 전환은 지배체제를 갖춘 소수의 집권엘리트에 의해서 시도되는 경우에만 가능하며, 이 경우 집권엘리트는 속성상 자신의 정치적 사회적 기반을 해체하는 결과를 불러오는 정치영역의 전환을 배제하고 정치체제를 강화시키는 수단이 될 수 있는 경제체제의 전환만을 시도할 수밖에 없다는 것을 보여준다.

정치체제의 전환에도 경제제체의 전환에도 그 전환을 틀 지우고 준거를 제공해 줄 법제도의 확립이 필수적이다. 법제정비의 시각에서 ①급진주의-아래로부터-이중전환 유형과 ②급진주의-위로부터-이중전환 유형 및 ③점진주의-위로부터-단일전환 유형 모델 국가들의 법제정비 사례를 살펴보고 사회주의 정치체제를 유지하면서 부분적·제한적으로 경제 영역에서의 자본주의적 요소 도입을 통한 경제력 신장을 꾀하는 북한의 현실에 적합한 분석틀을 찾아보고자 한다. 체제전환 국가들 모두가 정치·경제의 양면에서건, 경제영역에 한정해서건 체제전환을 시도하면서 체제전환을 뒷받침할 법적·제도적 기반을 조성하기 위해 많은 입법 작업을 거쳤다.

이 점에서 ①급진주의-아래로부터-이중전환 유형과 ②급진주의-위로부터-이중전환 유형 국가들의 경우 헌법의 근본적인 개정을 통해서 법치주의 이념과 시장경제의 도입 및 기본권을 보장하고 사유화를 위한 각종 법률의 제·개정에까지 나아갔으며, ③점진주의-위로부터-단일전환 유형 국가들의 경우에는 헌법의 제한적인 개정을 통해 사회주의 일당 독재라는 정치체제를 유지하면서 경제체제에 시장경제적 요소를 도입하여 이에 따른 부분적 사유화와 개인의 권리보장을 법적으로 명시하는 모습을 보이리라는 것이 분석 이전의 가설이다.

정치적으로 일당독재 및 일인독재를 고수하면서 경제특구 확대 정책으로 외자유치를 통한 경제력 신장을 꾀하는 북한의 경우 지배층의 변화는 일인 지배자의 기호 및 정책에 따른 소규모 변화는 있지만 대체로 소수의 집권엘리트 계층에 의한 지배체제는 장기화되면서 고정성을 획득했다고 볼 수 있다. 이것은 북한 내에서 정변이 발생한 사실이 알려지지 않을 뿐 아니라 북한이 경제·외교정책상의 큰 변화 없이 제한적 경제개혁과 최소한의 개방정책을 지속하고 있다는 사실에서도 알 수 있다. 이런 점에서 북한의 경우에 가장 가능성이 높은 전환유형은 점진주의-위로부터-단일전환 유형이 될 것이라고 예측할 수 있다.

또한 북한에서 급격한 체제전환이 일어날 가능성을 완전히 배제할 수 없으며 통일과정과 통일 이후의 통합과정에서 필요한 시사점을 도출하기 위해서는 급진주의-아래로부터-이중전환 유형과 급진주의-위로부터-이중전환 유형 국가의 법제전환과의 비교도 필요하다. 따라서 이하에서는 ①급진주의-아래로부터-이중전환 유형과 ②급진주의-위로부터-이중전환 유형 및 ③점진주의-위로부터-단일전환 유형 모델에 따라서 각 국가의 법제전환 과정을 살펴보고 이를 평가하기로 한다.

1. 급진주의 – 아래로부터 – 이중전환 유형

1) 폴란드

폴란드는 체제전환 과정에서 민주적 법치국가 헌법의 제정을 우선과제로 삼았다. 1989년 헌법개정을 통해서 국민주권주의, 법치국가 원리와 시장경제체제를 규정하였다. 사회주의국가의 성격을 명시하고 있는 모든 헌법규정을 폐지하고, 노동자라는 용어 대신에 국민이라는 용어로 주권자를 표시하였다. '폴란드 공화국'이라는 전통적인 표현이 재도입되었고 사회적 정의의 제 원칙을 실현하는 민주적 법치국가임이 선언되었다. 이에 따라 사회주의 헌법성의 제 규정 즉, 계급투쟁론, 사회주의적 국제주의를 내용으로 하는 헌법전문, 사회주의국가 건설을 위한 폴란드 통일노동자당의 주도적 역할에 관한 규정이 폐지되었다.[66]

폴란드 헌법은 시장경제체제의 근간을 이루는 소유권·상속권의 보호와 개인의 소유권에 대한 포괄적 보장을 확정했다. 국가는 소유권의 형태와 관계없이 경제활동의 자유를 보장하며 개인의 소유권은 공공복리의 목적만을 위해 정당한 보상이 제공된 경우에 한하여 제한될 수 있는 헌법규정에 의해서 보완된다.[67] 1989년 원탁회담과 그 이후 수차례의 헌법개정법률을 통해서 정치적 다원주의와 경제적 영역에서의 시장경제화를 위한 법치주의적 제도개선이 이뤄져 왔다.

정치체제의 전환과 관련해서는 1989년 '하원의원 선거법'이 개정되어 투표가치 동등성의 원칙이 보장되었고, 1991년 새로운 상하 양원의원 선거법이 제정되었으며, 그 중 하원의원 선거법은 비례대표제를 규정하였다. 1989년 '법원조직법'이 개정되어 법관의 독립성 보장을 위한 여러 조항들이 규정되었다. 1990년 '검찰청법'이 개정되어 검찰의 임무는 사회주의적 질서의 수호 및 국가행정기관·협동조합·사회조직에 대한 일반적 감독에서 법치국가의 수호 및 형사소추 감독임무로 변화하였다.[68]

정치체제 전환과정에서 헌법재판제도가 도입되었다. 폴란드의 헌법재판소는 추상적·구체적 규범통제를 담당하며 추상적 규범통제를 위한 심사의 제청권자는 대통령과 상하원, 수석대법원장, 검찰총장 등이다. 구체적 규범통제를 위한 심사 제청권자는 모든 법원과

---

66) 법무부, 앞의 책, 104-109면.
67) 법무부, 앞의 책, 64면.
68) 법무부, 앞의 책, 128-132면.

헌법상 기본권을 침해당한 자이다. 정당의 목적 또는 활동의 위헌 여부를 심판하고 국가 중앙기관 간 권한쟁의 심판을 담당한다. 서명 전 법률과 비준 전 국제협약의 합헌성 심사 및 대통령 궐위 상황에 대한 판단도 헌법재판소가 담당한다.[69] 헌법재판 제도를 통해 헌법 보장 체계를 갖추고자 한 것이다.

경제체제의 전환과 관련해서는, 1988년 제정되고 1990년과 1991년 개정된 '경제활동에 관한 법률'에서 경제활동의 자유가 규정되면서 국유기업의 사유화가 시작되었고, 1989년 '은행법'이 개정되어 은행의 주식회사로의 조직변경을 조건으로 한 사유화가 허용되었다. 1990년 '사유화법'이 제정되어 국유화된 소규모기업의 토지 및 주택의 매각 내지 임대차를 통한 소규모 사유화를 개시하였으며, 경쟁의 촉진과 일반사업자 및 소비자보호를 목적으로 '부정경쟁방지법'이 개정되었다.

1991년 '외국자본참가회사에 관한 법률'이 제정되어 외국인투자의 기본조건이 규율되었다. 같은 해 '유가증권공개거래 및 투자기금에 관한 법률'이 제정되어 바르샤바 유가증권거래소가 창설되었으며, 1993년 '국가투자기금법'이 제정됨으로써 대중적 사유화의 법적 근거가 마련되었다.[70]

시장경제체제로의 완전한 전환을 위한 전제요건이 되는 경제자유의 원칙은 1988년 '경제활동에 관한 법률'에 의해 도입되어 1990년 개정되면서 국유기업의 사유화 과정을 규율하는 일반규정으로 작용하였다. 이로써 소유권 또는 재산권을 비국가법인이나 자연인에게 양도하는 과정에 대한 법원의 관여가 규정되어 특권층의 지대추구에 대한 규제가 가능해졌다.[71]

---

69) 황창화, 개정판 세계의 헌법Ⅱ, 국회도서관 법률자료과, 2013, 614-615면.
70) 김규판, 동구 주요국의 국유기업의 사유화 정책 및 제도, 대외경제정책연구원, 1994, 33-35면 ; 법무부, 앞의 책, 65-70면.

경제특구와 관련해서는 1989년 쉬제친 등 13개 지역을 자유무역
지대로 지정하고 '자유무역지대설치법'을 제정하였다. 그러나 항만,
물류시설 등 인프라의 낙후와 수출입상품에 대한 면세 이외의 특혜
제도가 정비되지 않아 외국기업들의 외면을 받았다.[72]

2) 체코와 슬로바키아

체코와 슬로바키아는 1990년 체코슬로바키아 연방공화국으로서
민주화를 위한 정치개혁을 함께 하면서도 민족문제와 경제적 부(富)
의 지역적 편중 및 체코인이 주도하는 정치권력 문제 등으로 인한
갈등 때문에 일찍부터 긴장관계에 있었다. 그래서 1992년 연방분리
에 합의하고 1993년 1월 1일 체코 공화국과 슬로바키아 공화국으로
분리되었다. 이로 인해 연방헌법이 제정되지 못하고 부문별로 헌법
수준의 규범력을 가지는 헌법법률을 제정하는 것으로 법제를 정비
하는 방식을 취하였으며, 체코 공화국과 슬로바키아 공화국은 분리
시점부터 발효되는 공화국 헌법을 각 제정하였다.

1992년 제정된 체코 헌법과 슬로바키아 헌법은 민주주의적 법치
국가 건설을 토대로 한다는 점에서 동일하다. 체코 헌법이 경제에
관한 별도의 조항을 두지 않고 있음에 비하여, 슬로바키아 헌법은
사회적 시장경제를 지향하고 자유경쟁을 보호한다는 규정을 두고
있다는 차이가 있다. 체코 헌법과 슬로바키아 헌법은 1992년 체코슬
로바키아연방의 분리와 함께 제정되었다.[73]

체코 헌법은 기본적 인권과 자유의 목록을 헌법질서의 구성부분

---

71) 허만 외, 앞의 책, 103-104면 참조.
72) 임을출, "체제전환국들의 경제특구활성화를 위한 법제 비교", 통일문제
   연구 제46호, 평화문제연구소, 2006, 147면.
73) 법무부, 앞의 책, 392-395면.

으로 한다는 선언조항을 두고 있음에 비하여, 슬로바키아 헌법은 헌법의 조문 속에서 이를 규정하고 있다. 체코 헌법이 경제에 관한 별도의 조항을 두지 않고 있음에 비하여, 슬로바키아 헌법은 사회적 시장경제를 지향하고 자유경쟁을 보호한다는 규정을 두고 있다는 차이가 있다. 체코 헌법과 슬로바키아 헌법은 모두 대통령제를 채택하였다.[74]

정치체제의 전환과 관련해서는 1990년 '의회의 해산과 새로운 선거에 관한 헌법법률'이 제정된 이후 '정당법'을 제정하여 다당제를 도입하고 체코슬로바키아의 민주화를 이끈 시민결사체로서 정당에 이르지 아니한 정치적 모임도 정당과 동일한 권리와 의무를 가지도록 규정하였다. 같은 해에 비례대표제를 도입하고 직접·비밀선거 원칙이 규정된 '선거법'이 제정되었다. 또 당국의 승인 없이 단결할 권리와 등록에 의하여 자유롭게 단체를 설립할 권리, 당국의 적법한 해산결정에 대한 구제절차 등을 규정한 '결사법'과 자유롭고 평화적인 집회와 시위의 자유를 보장하는 '집회법'이 제정되었다.

1991년 '법원과 법관에 관한 법률' 및 '법관의 징계책임에 관한 법률'이 제정되어 법질서와 법원조직이 재건되는 동시에 법관에 대한 인적 청산이 이루어졌다. 같은 해 '헌법재판소에 관한 헌법법률'과 '헌법재판소의 조직과 재판절차에 관한 법률'이 제정되어 헌법재판 제도가 시행되었다. 체코공화국과 슬로바키아공화국으로 분리된 이후에도 헌법재판 제도는 양 공화국에서 유지되었으며, 양 공화국의 헌법제판제도는 연방시절의 헌법재판 제도와 거의 동일하다.[75]

체코의 헌법재판소는 대통령과 양원의 제청에 따라 추상적 규범통제를 법원과 헌법소원 당사자의 청구에 의한 구체적 규범통제를 담당하며, 정당해산 심판과 국회의원 선거소송 및 자격심사, 중앙정

---

74) 법무부, 앞의 책, 392면.
75) 법무부, 앞의 책, 345면, 402-408면.

부와 지방정부 간 권한쟁의 심판을 담당한다. 대통령 탄핵심판과 직무수행불능 확인도 헌법재판소의 업무이다.[76] 슬로바키아의 헌법재판소도 추상적·구체적 규범통제를 행하며 국가기관 상호 간의 권한쟁의 심판, 대통령·국회의원·지방자치단체의 선거에 관한 소송 및 정당과 정치결사의 해산과 정치활동 금지결정의 합헌성도 심사한다. 분쟁의 소지가 있는 헌법과 헌법적 법률해석권이 규정되어 있으며, 대통령 탄핵심판과 일반 국민투표 및 대통령 해임 국민투표의 결과에 대한 소송과 국가비상사태 선포의 합헌성도 심판한다.[77]

경제체제의 전환과 관련해서는 1989년 '합작투자법'이 제정되어 기업설립에 있어서 외국자본의 참여를 허용하였다. 국유기업의 사유화를 효율적으로 추진하기 위하여 경매를 통한 소규모 사유화를 규정한 '일부 목적물에 대한 국가소유권의 타법인과 자연인에의 이전에 관한 법률'이 1990년에 제정되었다. 또한 경매, 직접매각, 쿠폰 분배를 통한 대규모 사유화를 규정한 '국가재산의 타인에의 이전조건에 관한 법률'이 1991년에 제정되었다. 같은 해에 새로운 경제질서의 토대로서 '상법전'이 제정되어 새로 생겨난 회사법 관계와 부정경쟁, 다양한 형식의 상사계약 등을 규율하였다. 상법전의 규정을 뒷받침하는 '파산·화의법', '카르텔법'이 같은 해에, '증권거래소법', '유가증권법'이 1992년에 제정되었다. 외국투자가의 투자환경을 개선하기 위하여 1990년 '외환법'이 '1992년 '은행법'이 국제적 지불유통에 적합하도록 개정되었다.[78]

---

76) 황창화, 개정판 세계의 헌법II, 614-615면.
77) 황창화, 개정판 세계의 헌법I, 국회도서관 법률자료과, 2013, 696-699면.
78) 대외경제정책연구원, 체코공화국편람, 1994, 329-334면 ; 법무부, 앞의 책, 347-348면.

3) 불가리아

불가리아는 다른 동유럽 국가들에 비하여 체제전환의 출발은 늦었지만 법제도적 정비는 비교적 일찍 이루어졌다. 1991년의 신헌법은 민주화 이후 동유럽에서 최초로 제정된 헌법으로서 공산당의 지도적 역할에 관한 헌법규정을 삭제하고 국민주권주의, 다당제, 다원주의 및 권력분립을 선언하였다. 경제체제는 자유경제에 기초를 둔다고 밝히고 사적 소유권의 불가침과 자유로운 경제적 창의를 시장경제질서의 요소로 명기하였다. 국가 소유가 개인과 법인의 사적 소유와 동일시되면서 국가 소유의 독점적 지위가 폐지되었고 모든 소유형태에 대하여 동일한 권리·의무가 부여되며 위법한 침해로부터 보호되었다. 신헌법은 국민의 기본적 권리와 의무에 대해서도 상세히 규정하고 있으며 헌법의 기초를 이루는 제1장에서 인격권 및 인간의 존엄과 가치의 존중을 규정하여 이를 헌법상 최고의 원리로 선언하고 있다. 불가리아는 의회정부의 형태를 취하는 공화국이다. 의회는 주권에 의한 권력의 담당자이고 입법부와 행정부로 분할된 국가권력의 행사에 있어서 의회가 주도적인 역할을 담당한다. 직선제로 선출되는 대통령은 국가의 중요한 안정요소로서 국가기관의 계속성을 보장한다. 한편, 불가리아 헌법 제2장에는 국민의 기본적 권리와 의무에 대한 매우 상세한 규정이 들어있다. 이것은 전체주의 국가의 입법과 일상생활에서 이러한 권리들이 무시되었던 데 대한 독특한 법심리적 반작용으로 볼 수 있다.[79]

민주적인 정치체제를 확립하는데 필수불가결한 정치관계 법들이 먼저 개정되었는데 1990년, 50명 이상이 동의하는 경우 정당 설립을 가능케 하는 내용 등을 담은 '정당법', '선거법' 및 '의회법'과 함께 집

---

79) 법무부, 앞의 책, 498-510면.

회 및 시위의 조직과 운영을 규율하는 '집회 및 시위에 관한 신법률'
이 제정되었다. 정치관계 법률들의 제정과 개정 이후에는 형법, 형
사소송법, 행형법 개정과 여러 차례에 걸친 사면 등으로 국민의 기
본권이 신장되었다.[80] 1994년 '사법에 관한 법률'이 제정됨으로써 법
관과 검찰의 조직개편 및 독립보장 등을 내용으로 하는 사법제도 개
혁이 이루어졌다. 헌법재판 제도는 1991년 신헌법 규정에 따라 도입
되었으며 헌법재판소의 조직과 활동이 법률에 의해서만 규율될 수
있도록 규정되었다.[81] 불가리아의 헌법재판소는 규범통제, 정부기관
간의 권한쟁의 심판 및 중앙행정기관과 지방자치기관 간의 권한쟁
의 심판, 정당 및 정치단체의 합헌성에 관한 분쟁, 대통령 및 부통령
과 의원의 선거소송, 대통령 및 부통령에 대한 탄핵결정의 권한을
갖는다.[82]

경제체제의 전환과 관련해서는 1991년에 사유화의 기초가 되는
'상법전' 일부를 재제정하였고 경쟁을 제한하거나 배제하게 될 가능
성이 있는 계약 또는 합병이 이뤄지지 않도록 조치하고 경제주체 간
의 경쟁을 감시하는 '경쟁보호법'이 제정되었다. 1992년 기업의 사유
화에 관한 입법으로 '국유기업 및 자치단체 소유기업의 조직변경 및
사유화에 관한 법률'이 제정되었고, 같은 해에 외국투자자의 환전 및
송금의 자유와 투자승인 불요를 주된 내용으로 하는 '외국인의 경제
활동 및 외국투자보호에 관한 법률'이 제정되어 사유화가 상당히 고
무된 것으로 평가된다.[83] 불가리아는 1988년 영업활동과 관세상의
혜택을 부여하는 자유무역지대를 설치하는 입법을 하고 무역 및 경

---

80) 법무부, 앞의 책, 450면.
81) 법무부, 앞의 책, 516-523면.
82) 법무부, 앞의 책, 510-511면.
83) 대외경제정책연구원, 지역경제 1993. 9월호, 23-24면 ; 대외경제정책연구원,
   불가리아 편람, 1996, 51-54면 ; 법무부, 앞의 책, 456-460면.

제활동을 위해 특정 지역을 대외적으로 개방하였으며 1989년 추가로 자유무역지대를 설치하였으나 특별한 성과를 거두지는 못하였다. 경제특구에 해당하는 자유무역지대의 설치는 경제난의 타개를 위한 것이었으며 비딘(Widin)과 루세(Russe)가 1988년 먼저 개방되고 동유럽이 몰락하던 1989년 각료회의 의결로 플로프디프(Plovdiv)가 추가로 개방되었다. 수공업, 물품생산 및 일정한 서비스 제공행위에 대하여 관청의 승인 없이 신고만으로 영업을 할 수 있도록 하였으나 경제상황 개선에는 큰 도움을 주지 못하였다.[84]

4) 루마니아

1991년 제정된 루마니아의 신헌법은 사유재산제도와 시장경제에 대한 분명한 인식을 특징으로 한다. 또한 근대 민주주의 원리인 국민주권주의, 사회적 민주주의 원리, 법치국가의 원리 및 권력분립주의 등을 명백히 규정하고 있다. 인간의 존엄과 인성의 자유로운 발전 및 정치적 자유와 사유재산권의 보호를 명시하면서 재산권의 내재적 한계를 규정함으로써 재산권제도에 대한 현대적이고 혼합경제적인 수정을 가했다. 신헌법은 사유재산권을 비롯한 기본권의 보장, 법치주의의 채택, 시장경제체제의 선언, 복수정당제와 자유선거의 보장, 삼권분립, 통치기구로서 강력한 대통령제와 양원제, 사법권의 독립을 골자로 하는 이상적인 것이며 적어도 헌법규정상으로는 공산체제의 찌꺼기가 완전히 청산되었다.[85]

헌법 규정을 근거로 1992년 '상·하원 선거법', '대통령 선거법', '지방선거법'이 제정되었다. 1990년 고문금지, 사형제도 폐지 등의 내용으로 개정된 형법은 구 집권세력인 공산당 간부의 보호를 위한 정치

---

84) 법무부, 앞의 책, 452면.
85) 법무부, 앞의 책, 556-558면.

적인 목적을 가진 개정으로 간주되어 1991년 신헌법 제정 이후 '입법
위원회'에 의해 헌법이념에 일치하는 경우에만 그 효력을 유지하도
록 했다. 1991년 '사법조직법'이 개정되어 인민참심원 제도가 폐지됨
으로써 재판부는 직업법관으로만 구성되게 되었다.

　1992년 제정된 '헌법재판소의 조직과 기능에 관한 법'은 헌법에 규
정된 헌법재판소의 권한행사 절차, 재판관의 법적 지위 등에 관하여
상세한 규정을 두고 있다. 같은 해 새로 제정된 '사법조직법'과 1993
년 제정된 '대법원법'은 법원과 검찰의 조직과 권한에 대하여 규정하
고 있다. 루마니아 헌법재판소는 추상적·구체적 규범통제를 담당하
며 공공기관 상호 간의 권한쟁의 심판, 정당의 위헌성 심판, 대통령
선거절차 감시 및 선거결과 확정, 대통령 권한대행 상황의 존재 확
인, 국민투표 준비와 실시절차 감시 및 투표결과 확정을 담당한다.

　경제체제의 전환과 관련해서는 1990년 기존의 회사법 체계를 완
전히 대체하는 새로운 '회사법'이 제정·시행되었다. 1991년 '부정경쟁
방지법'이 제정되어 새로운 경제질서 위반행위를 규율하도록 하였으
며, 같은 해 '토지법'이 제정되어 협동농장에 귀속되었던 토지가 원
소유주나 농장구성원에게 반환되거나 분배되었다. 1995년 '국가로 이
전된 주거용 건물의 법적 지위에 관한 법률'이 제정·시행되었고, 같
은 해에 '사유화촉진에 관한 법률'이 제정되어 사유화를 촉진시켰
다.[86]

　정치적 자유화, 시장경제의 도입과 개방화의 영향으로 새로운 범
죄가 나타나자 형사법상 새로운 구성요건이 필요해졌다. 이에 따라
독과점 혹은 덤핑, 상인의 직업과 관련된 비밀누설, 다른 상인이 사
용하는 상호의 도용, 특허에 대한 허위표시 등을 범죄구성요건으로
새롭게 도입한 '부당경쟁방지법'이 1991년에 제정되었다.[87]

---

86) 법무부, 앞의 책, 560-561면 ; 서승원, "루마니아의 외국인 투자환경", 지역경
　　제 1992. 6월호, 대외경제정책연구원, 49-52면.

5) 몽골

몽골은 오랫동안 사회주의 체제를 유지해왔으며 국경 대부분이 중국, 러시아와 접하고 있어 중국과 러시아의 영향을 많이 받았다. 특히 정치적·경제적으로 오랫동안 구(舊)소련과 경제상호원조회의 (CMEA: Council for Mutual Economic Assistance)의 영향을 받아왔다. 1986년 소련에서 개혁과 개방 정책이 채택되고 더 이상 소련에 의존할 수 없게 됨에 따라 몽골에서도 그 영향으로 개혁정책을 채택하였으며, 이것이 몽골이 시장경제체제로 전환하는 계기가 되었다.

개혁정책에 따른 개혁과 개방의 분위기는 국민의 정치참여를 유발하는 계기가 되었고, 동유럽 사회주의 국가의 몰락이 시작되면서 몽골에서도 저항세력이 형성되어 반정부활동을 벌이면서 공산당과의 협상에 의한 전환양상이 나타났다. 이 개혁정책은 '시네칠엘 정책'이라고 불리며 계획경제 하의 생산목표 대상품목을 축소하고 정부기업의 투자활동에 대해 부분적인 자율화를 실시하였다. 협동조합이나 국영기업으로 하여금 잉여생산물의 일부를 시장에서 판매할 수 있도록 하고, 국방비 지출 삭감 등 국방 및 서비스 분야의 합리화를 도모하였다.[88]

몽골의 체제전환은 "창문 하나 깨지지 않은 체제전환"으로 표현되기도 하는데 이는 많은 사회주의 국가들이 체제전환 과정에서 유혈사태를 보이기까지 하는 등 극심한 혼란을 겪었음에도 몽골은 전환과정이 비교적 평화로웠기 때문이다. 또한 중국과 베트남 등이 정치체제의 전환보다 경제체제의 전환을 중시한 반면, 몽골은 정치체

---

87) 민경배, "체제전환국 법제의 특징과 구조", 윤대규 편, 사회주의 체제전환에 관한 법제도적 비교연구, 한울, 2008, 72면.
88) 바야르 체체크, 몽골 사회주의 체제전환의 정치경제, 연세대학교 석사학위논문, 2001, 33면.

제의 전환을 우선시하였다.[89]

1990년 인민대회에서 일당독재에 대한 헌법적 근거를 삭제하기로 의결하면서 다당제에 대한 보장법이 입법되었고, 선거제도 개혁을 위한 선거법이 제정되었다. 이를 토대로 같은 해 몽골 역사상 최초의 민주선거가 실시되었다. 1992년 공포된 몽골 신헌법은 국가의 목표에서 사회주의 건설이라는 전제를 삭제하고 국명을 몽골인민공화국에서 몽골국으로 변경하였으며, 자유민주주의, 삼권분립을 기초로 하는 대통령 직선제와 단원제 의회 및 자유시장경제체제로의 전환을 골자로 하였다.

정치적 민주화를 위한 법 체제의 확립과 민주선거의 토대를 구축하고 다당제를 시행하는 등 제도적인 장치를 마련하고, 시장경제체제를 도입하기 위한 정책들이 촉진되었다. 헌법상 국가권력의 최고기관은 국회로 규정되었으며, 신헌법의 제정으로 헌법재판소가 설치되었다. 몽골의 헌법재판소는 규범통제를 행하는 헌법상 최고기관으로서 헌법 개정의 적헌성을 심판하는 특징이 있다.[90]

1988년 개인영업활동법을 제정하여 일반 근로자와 학생의 협동조합 방식에 의한 서비스업 종사를 허용하고, 공공기관이 소유하는 기자재를 불하받아 자영업에 종사하는 것도 허용하였다. 1989년 협동조합법을 제정하여 조직구성에서 생산 판매에 이르는 모든 활동에서 자유로운 활동을 인정했다. 1990년에는 재정수입의 증대를 위해 세제개편, 민간기업에 대한 조세징수체계 확립, 세무조사 실시 등을 내용으로 하는 국세법을 제정하였다. 같은 해 은행조직법, 1991년 중앙은행법, 1992년 파산법 제정으로 금융부문에 많은 개혁이 이뤄졌고 1993년에는 외국인투자법을 제정하였다.

---

89) 창찰돌람, 몽골의 체제전환과 국가능력 그리고 발전성과, 대구대학교 석사학위논문, 2015, 22면.
90) 바야르 체체크, 앞의 논문, 50-66면.

인프라 부문에 투자하는 외국 투자자에 대하여 최초 10년 면세하고 다음 5년간 세금의 50%를 감면, 중공업 부문에 투자하는 외국 투자자에 대하여 최초 5년 면세하고 다음 5년간 세금의 50%를 감면하는 등 세제상의 혜택이 두드러진다.[91] 외국인투자에 의한 합작기업이 사용할 수 있는 토지 사용기간을 최대 100년으로 정하고 배상규정을 명시한 토지법도 제정하였다.[92]

1991년부터 국유재산의 사유화가 시작되었고, 1996년 국유 및 지방재산에 관한 법이 제정되었다. 이에 따라서 2007년까지 국유재산의 대부분을 사유화한다는 프로그램이 실시되었다.[93] 가격구조의 자유화, 재정구조의 개혁 및 정부역할의 재조정, 은행을 비롯한 금융제도의 개혁 및 정비, 무역의 자유화 등이 몽골 경제체제 전환의 남은 과제로 꼽힌다.[94]

2. 급진주의−위로부터−이중전환 유형

1) 러시아

1988년 소련의 서기장이던 고르바초프의 정치·경제개혁으로 시작된 정치적 민주화는 사회적·경제적 민주화를 수반하였고 소련의 해체로 이어지게 되었다. 같은 해 복수 후보자가 출마하는 선거제도 도입, 헌법감독위원회 신설과 사법독립 보장을 내용으로 하는 헌법개정이 이루어졌다. 1990년 소련 공산당의 유일적 지위를 부인하는

---

91) 장지보도르쥐 롬보, "21세기 몽골의 개혁개방 정책의 전망", 한몽경상연구, 한몽경상학회, 1999, 40면.
92) 바야르 체체크, 앞의 논문, 39-44면.
93) 장지보도르쥐 롬보, 앞의 논문, 39-40면.
94) 창찰돌람, 앞의 논문, 2015, 37면.

복수 정당제 허용, 소유권 질서의 변화 및 보통·평등·직접·비밀선거에 의하여 선출되는 대통령제 채택 등을 담은 전면적인 헌법 개정이 다시 이루어졌다.

1993년 대통령의 권한을 대폭 강화하여 대통령중심제 국가체제를 규정하고 의회의 양원제를 도입하며 개인의 자유와 권리를 대폭 신장하고, 사유재산제도를 명시한 서구식 민주헌법 지향의 신헌법이 제정되었다. 1988년 제19차 공산당 대표자협의회에서 고르바초프가 '사회주의 법치국가'의 확립을 호소한 이후 협의회는 '법개혁에 관한 결의'를 채택하여 민주주의를 기초로 사회생활의 전 영역에서 법률이 존중되는 사회적 법치국가의 형성을 목적으로 하는 광범위한 법제도 개혁이 이루어졌다.[95]

러시아의 경우 1993년 신헌법 제정을 통해 자유민주주의 체제로 전환한다는 서구식 민주헌법 지향을 확실히 하고 법치주의 원칙과 기본권 보장, 권력분립 원칙과 정치적 다원주의, 양원제 의회제도, 연방제와 지방분권화 등을 기본적 헌법원칙으로 삼았다. 동시에 사회국가 원칙과 함께 사유재산을 보장하고 기업활동의 자유를 규정해 재화와 용역 및 자본의 자유로운 이동을 보장함으로써 시장경제제도의 헌법적 토대를 마련했다.

그러나 통치구조와 관련해 러시아 헌법은 국민의 직접선거에 의해서 선출되는 대통령제를 채택했으며 대통령의 헌법상 권한이 절대적이어서 권위주의 체제라는 비판과 함께 권력분립의 원칙이 통치구조에서 관철되고 있지 못하다는 비판을 받기도 한다.[96] 러시아는 경제개혁보다 정치개혁의 속도가 훨씬 빨랐고 그 범위도 또한 더욱 넓었다. 형식적이었던 민주주의적 제도와 절차에 대한 실질적 민주화가 적극 추진되면서 그 범위와 심도가 점차 상승적으로 확대되

---

95) 법무부, 앞의 책, 734면.
96) 류길재·민경배, 앞의 논문, 107-108면.

고 내실화되어 정치적 민주화뿐만 아니라 사회·경제적 민주화도 수
반하였다. 민주화는 사회적 경제적 기대수준을 상승시키고 체제에
대한 불만을 공개적으로 만들었으며 결과적으로 소련의 해체라는
기존 정치·경제체제의 부정 곧 체제전환으로 발전하였다.[97]

정치체제의 전환과 관련하여서는 1989년 복수후보 출마를 내용으
로 하는 '선거법'이 제정되었다. 1993년 국가회의, 연방회의, 모스크
바 지방회의 및 지방자치행정기관의 모든 선거에 관한 요건과 절차
를 규정한 새로운 '선거법'이 제정되었다. 1991년 '러시아 대통령에
관한 법률'과 '최고회의 의회와 위원회의 상설위원회에 관한 법률'이
제정되어 권력분립과 법치주의에 의거하여 정부조직을 정비할 수
있는 규범이 제공되었다. 1992년 '교육에 관한 법률' 제정으로 러시아
연방의 분권화 의지가 교육제도의 자유화로 구현되었으며, 같은 해
'국적법'이 제정되어 소련 국민이 자신의 희망에 따라 러시아 국적을
취득할 수 있도록 하였다.[98]

사법제도의 개혁과 관련하여서는 1989년 제정한 '법관의 지위에
관한 법률'에서 공산당 및 국가기관의 재판에 대한 간섭금지, 법관자
격제와 법관신분보장 등을 규정함으로써 법관의 특권과 독립성을
확실히 하였다. 같은 해 '신행정재판법'을 개정하여 행정에 대한 사
법통제의 광범위한 예외를 철폐하였다. 또한 1991년 법령, 국제조약
과 협정의 위헌심사권 등 헌법재판소의 권한과 결정의 집행, 재판관
의 선거방식에 관하여 규정한 '러시아공화국 헌법재판소에 관한 법
률'을 제정하여 헌법재판 제도를 도입하였다.[99]

러시아의 헌법재판소는 헌법재판을 통해 재판권을 행사하는 사

---

97) 민족통일연구원, 앞의 책, 6면.
98) 법무부, 앞의 책, 737-740면.
99) 법무부, 소련법연구Ⅲ-사회주의법의 특성·법제개혁·사법제도-, 1991, 132
면.

법적 헌법통제 기관으로 규정되어 있고 헌법의 우위와 직접적 효력
보장을 목적으로 법률 및 국제조약의 위헌심사, 기관 간 권한쟁의
심판, 국민의 손해배상 소송에 관한 결정권 등 많은 권한을 가지고
있다. 그렇지만 주된 기능은 법률의 합헌성 심사이다. 헌법재판소의
판결종류는 결정, 감정의견, 처분의 세 가지가 있다.[100]

경제체제의 전환과 관련해서는 1990년 '소유권법'이 제정되어 개
인이 재산을 형성하는 수단으로 근로에 의한 수입 이외에 자영에 의
한 수입과 채권 기타 유가증권에 의한 수입을 인정하게 되었다. 같
은 해에 '소연방내 기업에 관한 법률'이 제정되어 기업이 자산을 자
유로이 처분할 수 있게 되었으며 자율경영이 보장되었고, 소련 내의
투자촉진을 위해 '투자기본법'이 제정되었다. '중앙은행법'과 '은행
법'이 제정되어 자본시장을 법률적으로 새로 규율하게 되었으며, '노
동조합에 관한 법률'이 제정되어 노조운동의 새로운 법적 근거가 마
련되었다.

1991년에는 '기업의 탈국유화와 사유화의 기본원칙에 관한 법률'
이 제정되어 국가가 보유하는 모든 기업을 대상으로 하는 사유화의
조건과 조직적 과정이 규율되었고, 외국인의 투자를 유치하기 위한
'외국인투자기본법'이 제정되었다. 같은 해에 '토지법'이 제정되어 토
지에 대한 제한적인 개인소유가 인정되었다가 1993년 '토지관계의
규율과 농제개혁의 발전에 관한 포고령' 발표로 모든 국민의 제한
없는 토지 소유가 가능해졌다.[101]

시장에서의 재산법 관계를 규율하고 기업의 권리와 의무를 규정
하며 기업경영과 국민의 재산권을 보호하기 위한 법률 규정의 토대
가 되는 민법전이 1994년부터 1996년에 제정·시행되었다. 이를 토대

---

100) 류길재·민경배, 앞의 논문, 127-128면.
101) 민족통일연구원, 앞의 책, 129-131면 ; 법무부, 동구제국 체제개혁 개관- 법
　　 제·사법개혁과 체제불법 청산-, 682-689면.

로 토지 및 사유화에 관한 법령, 외국인 투자 관련 법령, 은행 및 조세 관련 법령, 독점 규제와 소비자 보호 관련 법령, 노동 관계 법령 등과 같은 시장경제의 정착과 발전을 위한 법제가 보완·개선되었다. 형사법은 1992년부터 1996년 신형법전이 제정될 때까지 끊임없이 진행된 법제 개혁을 통해 정비되었다.

신형법전은 러시아의 정치적·경제적·사회적 변화에 따른 다양한 시장경제 관계와 개인 권익을 우선시하는 정책을 보호함과 동시에 1993년 신헌법의 정신을 실현하려는 필요에 따라 제정되었다. 즉, 범죄현실을 정확히 형법에 반영하고 형법을 계획경제에서 시장경제로 전환하는 러시아 경제의 새로운 국면에 일치시킬 필요성, 특히 경제범죄에 관한 기존 형법상 규범이 현실에 부적합하다는 인식에 따라 새롭게 형법전을 제정하고자 했던 것이다.[102]

2) 헝가리

헝가리의 체제전환 과정에서는 과거 공산주의 체제의 합법성이 전면 부인되지는 않았으며, 신·구체제 간의 법적 연속성이 인정되었다. 동유럽 국가 중에서도 헝가리는 정치개혁보다 시장경제체로의 전환을 위한 경제개혁이 시기적으로 우선하였다는 데에 특징이 있다. 이것은 공산당 주도의 위로부터의 체제전환 유형에서 다수 발견되는 방식이다. 중국과 베트남 및 라오스 등 아시아 사회주의 국가에서도 이러한 방식의 체제전환을 선택하였으며, 차이는 아시아 사회주의 국가들이 공산당의 통제 아래 경제적 실험을 진행하면서 체제전환의 영역과 속도를 조절할 수 있었음에 비하여 헝가리의 경우 동유럽 전체 사회주의 국가의 몰락과 더불어 급속한 개혁개방의 움

---

102) 민경배, 앞의 논문, 68-70면.

직임이 확산됨에 따라 정치체제의 전환까지 함께 이뤄질 수밖에 없었다는 점이다.[103]

정치개혁을 통해 승인된 헌법 및 다수의 기본법들이 구법 질서하의 입법권에 관한 규범력이 유지된 상태에서 제정되었으며 구법도 개정을 전제로 효력을 계속 유지할 수 있었다. 1989년과 1990년 2차에 걸친 헌법 개정을 통해서 정치적으로 "헝가리공화국이 독립된 민주주의적 법치국가"임을 확정하고 가장 기본적인 인권은 긴급한 경우에도 제한될 수 없음을 명시하였다. 경제적으로 시장경제 원칙 및 자유경쟁 보장 등을 도입하였으며, 공공재산과 사유재산에 대해 동등한 보호를 인정하였다. 특히 헌법 개정과 함께 시장경제체제로의 조속한 전환을 위한 경제의 탈국유화가 추진되었고, 그 기초가 되는 경제법제의 제정과 개정작업이 이루어졌다.[104]

정치체제의 전환과 관련해서는 1989년 1월 정당·노동조합·대중조직·이익대표조직·조합을 결성할 권리를 인정하는 '결사권에 관한 법률'이 제정됨으로써 헝가리공산당의 독점적 지위가 법적으로 종료되었다. 같은 해인 1989년에 '집회법'이 제정되어 평화로운 집회, 시위, 행진 등이 허용되고 '선거법'이 개정되어 의원의 사망 또는 해임으로 인해 생기는 중간선거에 관한 규정이 개정됨과 동시에 정치적 개혁으로 인해 정치범죄에 대한 새로운 규율이 필요해짐에 따라 '형법'이 개정되어 형법 각칙상의 국가에 대한 범죄에 관한 장이 근본적으로 개정되었다.[105].

1990년 '헝가리 헌법재판소에 관한 법률'이 제정되어 헌법재판 제도가 도입되었고 '검찰청에 관한 법률'이 개정되어 검찰독립이 보장

---

103) 허만 외, 앞의 책, 98면 ;
104) 법무부, 동구제국 체제개혁 개관 - 법제·사법개혁과 체제불법 청산 -, 212면.
105) 법무부, 앞의 책 273-276면, 294면.

되었으다. 1991년 '국가행정부 결정에 대한 법원심사에 관한 법률'이 제정되어 행정재판제도가 도입되었고, 1992년 '법원조직법'이 개정되어 법관독립의 원칙을 구현하는 제도가 규정되었다. 헌법재판소의 합헌성을 보장하기 위하여 '헝가리 헌법재판소에 관한 법률'이 같은 시기에 제정되었다.[106] 헝가리의 헌법재판 제도는 헌법소원보다는 법규범의 합헌성 심사에 무게를 두고 있다. 헌법재판소는 헌법소원, 위헌정당 해산권과 통상의 모든 권한을 가진다. 규범통제와 관련해서 사전적·사후적 규범통제가 가능하며 대부분은 사후적 규범통제이고 국민들에 의해 제기된다.[107]

정치체제의 전환에 앞서 시장경제 체제의 조속한 구축을 위해 경제의 탈국유화가 추진되고 그 기초를 이루는 경제법제의 제·개정 작업도 이루어졌다. 1988년 '회사법'이 제정되면서 구상법이 폐지되었고, 1998년 '회사법'이 다시 제정되면서 시장경제체제로의 전환을 위한 회사설립의 자유가 보장되었다. 회사법 제정을 통해 자본주의에서 흔히 볼 수 있는 다양한 형태의 회사설립이 가능해졌고, 이는 자발적 사유화의 법적 기반이 되었다.[108]

한편 헝가리는 완제품이나 중간재의 수출을 촉진하고 외화를 유치하기 위하여 1972년 합작투자법을 제정하고 1982년 개정하여 자유무역지역에서 외국인투자기업에게 기업설립절차 간소화, 조세상의 특혜 등을 부여받으며 활동할 수 있도록 하는 경제특구제도를 시행해왔다. 1988년 조세우대, 과실의 해외송금 허용, 투자우선대상지역 선정 등을 내용으로 하는 외국인투자법을 제정하였다.[109]

---

106) 법무부, 동구제국 체제개혁 개관 - 법제·사법개혁과 체제불법 청산 - , 273-276면, 277-283면.
107) 류길재·민경배, 앞의 논문, 128면.
108) 이상수, 사회주의 국유기업의 사유화에 관한 연구, 서울대학교 박사학위 논문, 1996, 141면.
109) 한국법제연구원, 헝가리의 경제개혁법제연구, 1992, 110-111면.

1989년 '경제조직과 경제회사의 조직변경에 관한 법률'이 제정되어 국유기업과 협동조합을 유한회사 또는 주식회사로 조직 변경할 수 있게 하기 위한 법적 근거가 마련되었다. 1990년 '소사유화에 관한 법률'이 제정되어 소규모 기업의 신속한 사유화가 가능해졌고, 1991년 개인투자자의 자본에 의해 헝가리 경제 재건에 필요한 자본 수요를 충족시키려는 목적으로 '투자기금에 관한 법률'이 제정되었다. 1992년에는 '일시적 국유재산관리법'과 '영구적 국유재산관리법'이 제정됨으로써 사유화 법률이 포괄적으로 마련되었다.[110]

시장경제체제 수용에 따라 경제적 이윤추구를 위한 각종 범죄가 나타나자 이러한 병폐현상에 대처할 경제형법의 개정이 요청되었기에 1994년까지 경제범죄를 억제하고 민영화 작업을 원활히 추진하여 신속한 경제체제 전환을 도모할 목적으로 여러 차례 관련 형법 규정이 개정되었다.[111]

3) 미얀마

1988년 미얀마 군부는 국가법질서위원회를 구성하여 입법·사법·행정권을 장악하고 1962년부터 계속된 '버마식 사회주의' 체제에 종말을 고했다. 버마식 사회주의 체제는 네윈 정권 하에서 추구된 통치이념으로 정치적으로는 집권당인 버마 사회주의 계획당을 중심으로 하는 강력한 권위주의 체제이고, 경제적으로는 대규모 국유화를 특징으로 했다.[112] 군부는 법과 질서의 회복, 원활한 교통망의 확보,

---

110) 김규판, 앞의 책, 53-71면; 한국법제연구원, 앞의 책, 111-118면; 허만 외, 앞의 책, 96면.
111) 민경배, 앞의 논문, 76면.
112) 양길현, 제3세계 민주화의 정치적 동학 비교연구: 한국, 니카라과, 미얀마의 경험을 중심으로, 서울대학교 박사학위논문, 1996, 229-239면.

국민의 의식주 생활 향상, 복수정당제에 의한 민주적 총선거 실시라는 네 가지 개혁과제를 내세웠다. 이러한 개혁과제에 따라 1990년 총선이 치러졌으나 헌법 제정을 둘러싼 군부와 정당 간의 대립으로 총선에서 승리한 당이 집권당이 되지 못하고 군부정권이 지속되었다.[113]

군부정권은 신경제정책을 채택하고 대외개방정책과 시장경제체제로의 전환을 추구하면서 이를 위해 무역 자유화와 국경무역의 활성화 및 외자 유치 등의 대외개방정책과 국유 기업의 민영화 및 민간경제의 활성화, 금융개혁, 재정개혁 등을 추진하였다. 미얀마의 중요한 경제개혁 정책은 국유기업의 민영화, 민간부문의 활성화, 금융개혁으로 나눠볼 수 있다.

국유기업의 민영화와 관련해서는 1994년 민영화법을 제정하여 국유기업에 대한 외국기업과의 합작회사 설립 및 외국기업의 자본 참여를 허용하였다.[114] 같은 해 민간투자를 활성화하기 위하여 민간투자법을 제정하였으며 이 법은 민간부문의 투자를 유도하기 위하여 외국투자법보다도 많은 혜택을 규정하고 있으며, 주된 혜택은 세제상의 혜택을 대폭 확대한 것이다.[115]

한편, 1988년 사회주의 정권 수립으로 정지되었던 회사법을 복원하고 적극적인 외자유치를 위해 외국투자법을 제정하였다. 미얀마의 외국인투자와 관련된 법률은 외국투자법 외에도 2011년 제정된 미얀마특별경제구역법을 들 수 있다. 미얀마도 경제특구를 통하여 외국자본을 유치하는 특구정책을 취한 것이다.[116] 미얀마에서 외국

113) 대외경제정책연구원, 미얀마편람, 1993, 87-88면.
114) 함택영, "인도차이나 저발전국의 개혁·개방", 한국과 국제정치 제13권 제2호, 경남대학교 극동문제연구소, 1997, 21면.
115) 정재완, 대미얀마 경제협력 강화방안: 투자와 공적개발원조(ODA)를 중심으로, 대외경제정책연구원 지역정보센터, 1996, 24-25면.
116) 한국법제연구원, 아세안 투자법령 해설서Ⅱ - 라오스·캄보디아·미얀마, 2013,

인의 기업설립은 외국투자법, 특별회사법과 더불어 회사법으로도 가능했는데 외국인 투자자들이 회사법과 미얀마 기업규정을 통해서도 충분히 회사를 설립하거나 지점 또는 대표사무소를 설립할 수 있고 외국투자법 적용이 강제되지 않았기 때문이다.[117] 사회주의 경제 체제를 지탱하는 법규를 폐지하고 활성화되지 못했던 시장경제 관련 법률을 복원하며 1989년 국유경제기업법, 1990년 사적산업기반법, 1994년 미얀마시민투자법 등 새로운 법률들을 제정하였다.

그러나 초기에는 군사정부의 한계와 민주화 시위 및 소수민족의 저항으로 시장경제로 전환이 큰 실효를 거두지는 못하였다. 2008년 신헌법이 채택되고 2013년 새로운 정부가 출범하면서 외견상으로 군사정부가 종식됨에 따라 정치 및 사회 관련 입법을 재정비하고 경제 관련 입법에도 박차를 가하고 있다. 미얀마는 최근까지도 급격한 정치변동을 경험하고 있다. 미얀마의 개혁과 개방은 국민들의 저항과 국제제재로 인한 고립으로 위기를 느낀 군부의 새로운 생존전략이며, 미국 및 국제사회의 적극적 관여정책이 복합적으로 작용한 결과이다.[118]

4) 캄보디아

캄보디아는 1990년대 초부터 계획경제체제를 포기하고 사적 부문에 대한 정부의 개입을 줄이면서 법적 기반을 구축하기 시작했다. 1993년 진행된 자유민주선거를 통해서 연립정부가 구성되었고 헌법

143면.

117) 이준표, 메콩경제권 국가들의 기업법에 관한 비교법적 고찰, 한국외국어대학교 박사학위논문, 2012, 59면.

118) 이정애, 미얀마의 개혁·개방정책과 북한에 대한 함의, 성균관대학교 석사학위논문, 2015, 79면. ; 한국법제연구원, 아세안 투자법령 해설서Ⅱ - 라오스·캄보디아·미얀마, 158면.

이 제정되었다. 이 시기부터 캄보디아는 자유민주주의와 시장경제 체제를 채택하였으며 민주주의의 정착, 지역적 통합, 중소기업의 사유화, 법제정비, 외국인직접투자 장려 등을 주요 목표로 하여 개혁을 진행하였다. 1993년 제정된 신헌법은 자유민주주의와 자유시장경제, 다당제, 삼권분립 등을 규정하였다.[119] 또한 경제성장의 핵심 엔진을 사기업 부문이라고 보고 전략적으로 이 부문에 집중하고 있다. 시장경제체제로의 전환과 함께 외국인투자법을 비롯한 경제발전을 위한 규범이 마련되었고, 1992년에는 새로운 노동법이 공포되었다.[120]

캄보디아는 국가경제 건설을 위해 적극적으로 외국인의 투자를 유치하고자 국내법을 국제법 기준에 합치시키려는 노력을 기울이는 한편 여러 법령을 통해 외국인 투자에 대해 각종 인센티브를 제공하고 있다. 투자에 관한 기본법인 투자법이 1994년 제정되었으며 당시 이 법은 인근 동남아 국가 대비 가장 경쟁력 있는 투자법으로 인식되었다. 그 근거로 투자승인기업체에 대한 법인세 9% 부과 및 8년간 과세 면제, 원자재 및 생산설비 수입관세 면제, 이윤 송금의 자유화 등을 꼽을 수 있다.[121] 2003년 투자등록제도를 단순화하고 예측 가능하도록 하기 위하여 투자등록절차 및 투자인센티브 조항을 포함하는 투자법 개정이 이루어졌다.[122] 2005년에는 기업활동 및 캄보디아 내에서 기업활동을 하는 기업가들을 규율하는 캄보디아 상사기업법이 제정되었다. 캄보디아 상사기업법은 1995년 제정된 '상업규칙 및 상업등기에 관한 법률'에 기초한 것으로서 영미법과 유사한 부분이 많다고 평가된다.[123]

---

119) 한국법제연구원, 아세안 투자법령 해설서II-라오스·캄보디아·미얀마, 100면.
120) 한국법제연구원, 앞의 책, 99- 100면.
121) 한국법제연구원, 앞의 책, 81면.
122) 한국법제연구원, 앞의 책, 81- 2면.
123) 이준표, 앞의 논문, 53면.

캄보디아 경제에 있어서 중대한 결함 중의 하나는 외국자본과 국내 경제활동을 적절히 통제할 수 있는 기본적 법률의 부족으로서 이로 인해 더 많은 외국자본의 유치는 물론이고 유치된 외국자본을 안전하게 보장할 수 있는 정부의 신뢰성에도 영향을 주고 있다는 평가도 있다.[124] 하지만 2004년 WTO 가입을 계기로 46개에 달하는 국내법을 WTO 규범 및 시장경제 유지에 적합한 법규정으로 개정하는 작업을 지속적으로 추진하면서 새로운 법 제정을 위해서도 노력하고 있다.[125]

3. 점진주의－위로부터－단일전환 유형

1) 중국

중국은 1978년 이후 경제개혁과 대외개방 정책을 추진하면서 외자도입을 목적으로 하는 경제특구를 설치하였으며, 이 경제특구들은 개방의 출발점이자 경제발전의 중심이 되었다. 1980년 광동성 경제특구 조례가 제정되었고 1986년 외국투자장려법, 토지관리법, 민법통칙 등 외국투자유치를 위한 법이 제정되었다.[126] 경제특구의 발전은 개방을 확대시켰다. 1992년 심천시, 1994년 하문시, 1996년 산두시와 주해시에 구체적인 상황과 국가의 관련 법률, 전국인민대표대회와 상무위원회의 관련 결정 및 국무원의 관련 행정법규의 원칙에 따라

---

124) 박성관, "캄보디아의 통일과 개혁·개방", 한국과 국제정치 제13권 제3호, 경남대학교 극동문제연구소, 1997, 142면.
125) 한국법제연구원, 아세안 투자법령 해설서Ⅱ－라오스·캄보디아·미얀마, 100면.
126) 최영택, "중국의 경제개혁과 법제정비에 관한 검토", 서경대학교논문집 제22집, 서경대학교, 1994, 141-142면.

법규를 제정하여 각각의 경제특구에 실시하도록 하는 입법권이 부여되었는데, 어느 정도 중앙정부의 통제는 있었지만 경제특구를 관리하는 행정기구에 대해서는 폭넓은 입법자율성이 부여되었다.[127]

중국은 1988년 헌법 개정을 통해 사영경제의 수용과 토지사용권의 양도를 허용하면서 시장경제체제로의 전환을 향한 단초를 열게된다. 1993년 헌법 개정으로 사회주의 시장경제를 수용하여 시장조정 기제를 활성화하고 동시에 경제입법을 강화했다. 국영기업의 소유와 경영을 분리시켜 국유기업으로 전환하면서 경영자율권을 확대했다. 이는 점진적으로 시장기능을 강화한다는 헌법적 확인이다. 1993년 헌법을 개정하여 "사회주의 시장경제의 실시"를 명문화함으로써 경제계획의 수립과 시행에 관한 국가권력이 삭제되었고, 국가의 역할은 법령의 제정과 시행을 통한 거시적 통제로 전환되었다. "사회주의"라는 단어가 여전히 남아있기는 하였지만 "시장경제"가 중국의 궁극적인 목표임을 천명한 것으로 이론적인 면에서의 급격한 선회라고 할 수 있다.

1993년 헌법 개정을 통해 시장경제체제의 법제화를 위한 법률적 토대를 구축하고 같은 해 중국공산당 제14기 3중전회에서 '사회주의 시장경제체제 확립의 약간의 문제에 관한 결정'을 채택하여 향후 시장경제체제의 골격을 구체화하고 시장경제체제에 부응하는 법률체계를 기본적으로 수립한다는 목표를 제시하였다.[128]

같은 해 중국 최초의 '회사법'을 제정하여 주식소유와 회사의 경영구조에 대한 기본개념을 명확히 하고 국유기업을 자본주의적인 회사로 재편하려고 시도하였다. 1992년 '노동조합법'을 개정하여 노동조합의 권리와 책임을 구체적으로 규정하였는데, 기업이 위법행위

---

127) 문준조, "중국의 개혁·개방법제 변천을 통해서 본 북한의 외국인투자법제 전망", 2011 남북법제연구보고서, 법제처, 2011, 342면.
128) 문준조, 앞의 논문, 329면.

를 할 경우에 노동자에게 이를 시정할 권리를 부여하는 등 책임보다
는 권리를 강조하였다. 한편 사회주의 시장경제 발전에 부적당한 21
개 행정법규를 폐지하여 시장경제체제로의 진전을 위한 구체적인
법제정비를 시작했으며, 1999년 개체경제·사영경제 등 비공유경제의
지위를 사회주의 시장경제의 중요한 구성부분으로 명시하는 헌법
개정을 단행하였다. 이 개정으로 사영기업에 대한 업무제한이 점차
완화됨에 따라 중국 사영기업의 발전은 더욱 가속화되고 경제적 비
중도 높아지고 있다.

　1997년 10월 개최된 중국공산당 제15차 전국대표대회에서는 중국
의 개혁·개방 이래 형성된 일련의 이론적 혁신과 축적된 경험을 종
합 결산하였다. 문화대혁명의 극복과 정치적 안정, 개혁·개방정책의
추진을 위한 법·제도의 정비, 시장경제의 발전과 세계경제체제로의
편입 등 중국이 당면한 사회적 변화에 적응하면서 추진했던 1980년
대 및 1990년대 초반의 법제개혁은 '의법치국과 사회주의 법치국가
건설'이라는 국가 목표 설정에 대체 또는 흡수되었고, 사회주의와 시
장경제를 대립된다고 보아 양자 간의 관계 설정에 신중했던 기존 관
념을 탈피하여 중국 경제는 '중국 특색이 있는 사회주의' 건설을 기
초로 한 여러 종류의 소유제 경제가 공동으로 발전하는 사회주의 초
급 단계의 경제제도임을 분명히 하였다. 이러한 이론과 경험의 종합
을 헌법에 수용하기 위하여 1999년 헌법이 개정되었다.[129]

　1999년 헌법 개정으로 사영경제가 국가경제의 '중요 구성부분'으
로 확인되면서 이미 전환을 거친 국유기업을 다시 민영화하는 조치
를 통해 시장경제체제를 실현하려는 법제개혁이 꾸준히 진행되었다.
이는 이후 사적 소유제를 바탕으로 한 시장경제를 더욱 확대 실시할
것이라는 법적 확인이다. 시장경제체제로의 전환에 따른 성과를 바

---

129) 문준조, 앞의 논문, 329-334면.

탕으로 2004년 토지수용에 따른 보상과 비공유 경제에 대한 국가지원의 강화 및 사유재산의 불가침 등과 같은 기본원칙들이 헌법 개정을 통해 도입되면서 공산당 영도 아래 중국은 전면적인 시장경제를 실시할 것을 천명하였다고 볼 수 있다.[130)]

중국 체제전환의 초점이 본래 경제제도에만 집중되었다고 할지라도 정치 영역과 관련한 법제에서 변화 흔적이 결코 없지는 않았다. 중국은 공산당의 영도적 지위와 중앙민주집중제 원칙을 견지하면서도 형식적 법치주의를 채택함으로써 공민의 자유와 권리도 부분적으로 허용하지 않을 수 없었다. 특히 외국인 투자자의 보호, 국제협약의 준수 등은 개인의 권익 보호를 불가피하게 요구하게 되었다. 또한 이전까지의 계급투쟁에서 날로 증가하는 인민들의 물질적 요구와 낙후된 사회적 생산 사이의 모순으로 주요모순이 변화함에 따라 사회주의 현대화 건설, 즉 경제건설이 주요임무가 되면서 이를 실현하기 위해 최대한 많은 국민들의 동의와 협력이 필요해졌다.

이에 따라 '민법통칙', '민사소송법', '형법', '형사소송법', '상법', '회사법', '계약법', '토지 관련법', '노동법' 및 외자유치를 위한 '삼자기업법' 등 시장경제를 담보하는 법률이 제정되거나 개정되었다. 이와 같이 중국은 법제의 전 영역에서 광범위한 입법작업을 진행해 그동안 전혀 경험하지 못했던 '법 홍수' 아래 놓이게 되었으며, 1982년 제정된 이래 4회의 개정을 거친 헌법은 하위 법과 관련 제도의 전환에 대한 규범적 근거를 제공했다.

헌법감독은 소위 "입법형 위헌심사제도"를 선택한 구 사회주의국가 헌법에서 주로 사용된 개념으로 인민주권을 대표하는 권력기관, 즉 인민대표대회가 적어도 이념적으로는 여타 국가기관의 상위에서 그 권한행사를 감독한다는 이른바 민주집중의 통치원리에 입각한

---

130) 민경배·류길재, "북한의 체제전환의 성격과 기본적 법제", 공법학연구 제8권 제4호, 한국비교공법학회, 2007, 114-115면.

일원적 정치체제의 특수성이 위헌심사 분야에 반영된 것으로 볼 수 있다.[131]

중국은 입법부에 의한 헌법감독 제도를 채택하고 있다.[132] 중국의 헌법감독 제도는 위헌법안을 허가하지 않고 위헌법률을 취소하며, 위헌책임자의 직무를 파면해서 위헌성에 대하여 법적 책임을 지게 하는 등으로 사전적 심사와 사후적 심사를 병행하고 있다. 중국의 헌법감독제도는 참여기관이 여타의 국가들보다 광범위하다. 국무원, 중앙군사위원회, 최고인민법원, 최고인민검찰원과 각 성 수준의 인민대표대회 및 상무위원회가 모두 위헌심사요구권을 가지고 있어서 일단 합법적으로 제출되면 전국인민대표대회 상무위원회는 무조건 전문위원회에 분배해서 의견을 내야 한다.[133] 헌법감독의 구체적 절차, 특히 사후적인 구제절차가 마련되지 않아 헌법감독의 실효성이 떨어진다는 지적이 많았으나 2000년 제정된 입법법에서 헌법감독절차를 명시적으로 규정하였다.[134]

체제전환 초기에 관료 계층의 부정부패와 불안정한 시장화로 인해 국가적 차원의 통제가 어렵다는 문제점을 해결하고 규범의 공백을 메우기 위해 규범의 법제화 작업인 성문법의 제정과 개정을 사회개혁의 일환으로 실시한 결과 법률보급운동의 강화, 엄격한 법적용, 사회주의 법제 건설 등이 지속적으로 이뤄졌다.[135] 2002년 1월 중국은 WTO에 가입했는데 가입 전에 법제화 작업을 통해 국제적인 수준

---

131) 민경배, 앞의 논문, 83면.
132) 신우철, "중국의 헌법감독-경제체제 개혁 이후의 위헌심사제도 개선론을 중심으로", 공법연구 제31집 제4호, 한국공법학회, 2003, 107면.
133) 정금지, 중국 헌법감독제도의 실제적 분석과 개선방안, 충북대학교 박사학위논문, 2014, 21-24면.
134) 정철, "중국 법원의 헌법해석권", 공법연구 제37집 제3호, 한국공법학회, 2009, 229면.
135) 전성흥 편, 전환기의 중국사회 2, 오름, 2004, 223-231면, 241면.

으로 경제적 규범을 정비했고, 가입 이후에도 꾸준히 법제 정비를 지속하고 있다. 중국은 민주주의 정치체제를 운영하지 않으면서도 중국식 법치주의를 구현하려는 시도를 계속 하고 있으며, 이것이 중국과 다른 체제전환 국가들과의 차이라고 할 수 있을 것이다.

2) 베트남

베트남은 1986년 12월 제6차 공산당 당대회에서 통일 이후 각종 정책의 시행과정과 결과를 평가하고 쇄신(도이모이)을 위한 개방개혁정책을 채택했다. 쇄신(도이모이) 정책은 '전시 공산주의 체제의 수정'이라는 점에서 그 이전의 부분적 자유화 정책과는 구별된다. 도이모이 정책의 기본 방향은 시장경제체제 도입을 통한 국민경제구조 및 투자구조의 조정, 소유제도의 다양화, 경제관리 메커니즘의 개혁, 국가행정조직의 재구축, 대외경제관계의 다변화 등으로 요약할 수 있다.[136]

도이모이 정책을 채택한 이후 시작한 경제전반에 대한 개혁은 필연적으로 법과 제도의 정비를 수반하였다. 개혁개방 초창기에는 활발한 법률의 제정과 개정은 이루어지지 않았고, 주로 외국자본의 도입을 위해 불가피한 영역에서만 법률 정비가 이루어졌다. 그러나 개혁개방이 진행될수록 보다 세련되고 현대적인 법규범의 제정 필요성이 절실해지면서 베트남의 개혁개방 관련법제 정비의 폭도 확대되고 그 깊이도 심화되어 갔다.

생산수단을 공유화하고 국영경제와 집단경제로만 구성된 사회주의 중앙집권적 경제체제로는 더 이상의 생산증식과 경제발전을 도모할 수 없었고, 도이모이 정책을 내세운 베트남 정부로서는 시장경

---

136) 조명철 외, 중국·베트남의 초기 개혁개방정책과 북한의 개혁개방, 대외경제정책연구원, 2000, 20면.

제질서 요소를 도입한 새롭고 자유로운 경제활동을 뒷받침할 수 있
는 법체제의 정비가 긴요했다. 그러나 개혁개방의 초기에는 서구적
의미에서의 법치주의 도입을 시도한 것은 아니었다.

베트남 공산당 지배세력에게 필요했던 것은 '법의 의해 지배되는,
법의 우위가 확보되는 법치국가'가 아니라, 부분적인 시장경제 활성
화를 통해 생산량의 증식을 꾀할 수 있을 정도의 제한적 법체제의
정비였다.[137] 이에 따라 사회주의 건설의 일개 수단에 불과하였던 법
규범이 전혀 새로운 의미를 지니게 되었다.

1992년 헌법은 집단소유를 기초로 하는 것을 전제로 하기는 하였
지만 개인소유를 허용하였으며, 이를 통한 다양한 경제주체들의 시
장경제 활성화를 그 경제적 목표로 삼았다. 나아가 모든 경제구성원
에게 속한 합법적인 자본과 재산은 국가로부터 보호받고 국유화되
지 않는다고 규정함으로써 개인소유를 국가가 보호한다고까지 천명
하기에 이르렀다. 도이모이 정책이 가져온 생산수단의 법적 소유형
식에 관한 첫 번째 변화는 1988년 "청부생산계약제의 도입을 통한 토
지사용과 생산수단에 대한 개인소유 인정"이었다. 이러한 제도의 변
화가 1992년 헌법에 반영된 것이다.

1992년 헌법에서는 시장경제제도에 따라 다부문 경제구성원의 상
품경제를 발전시키며(제15조) 국가경제, 집단경제, 개체경제, 개인자
본경제 및 국가자본경제 등 다양한 경제 구성원으로 된 국민경제를
실현한다(제16조)고 규정하면서 개체경제, 개인자본경제는 생산, 경
영조직형태를 선택하고 기업을 설립할 수 있으며 국민경제에 이로
운 분야 직업에서는 활동규모에 제한을 받지 않으며 가정경제 발전
을 장려한다(제21조)고 규정하고 있다는 점에서 민간경제 부문과 개
인기업 제도를 적극적으로 활성화시키려는 헌법적 의지를 보여주고

---

137) 법무부, 베트남 개혁개방법제 개관, 2005, 260-261면.

있다.[138]

그러나 베트남이 1992년 헌법에서 비사회주의 소유형식을 승인한 것은 결코 사회주의를 포기하거나 사회주의 소유개념을 확대한 것은 아니다. 단지 "자본주의 발전단계를 거치지 않고 곧바로 사회주의로 진행한다"는 기존의 목적을 위해 "자본주의 시장경제의 적극적인 요소를 활용하여 경제를 발전시켜 사회주의를 달성하겠다"는 방식으로 정책수단을 변경한 것일 따름이며, 사회주의를 포기한 것이라고 보기는 어렵다.[139]

또한 베트남의 헌법은 단일전환 국가가 가지는 정치적 측면과 경제적 측면의 이념 차이가 그대로 드러나고 있는데 정치적 이념으로서는 사회주의를, 경제적 틀로서는 시장경제질서를 추구하는 두 이념의 충돌 내지 혼용을 볼 수 있다. 베트남 경제체제의 이념을 나타내는 1992년 헌법 제15조는 "국가가 관리하는 시장제도에 따른 다부문의 상품경제를 발전시킨다"라고 규정하였다가 2001년 헌법 개정에 있어서는 "사회주의를 지향하는 시장경제질서"라는 개념으로 정립하였다. 즉 베트남 헌법상 경제이념은 '시장경제질서요소의 대폭적인 도입'이라는 측면에서는 개방적이고 개혁적인 내용을 담고 있으나, '사회주의를 지향'한다는 측면에서는 여전히 사회주의적 이념의 틀과 한계에서 벗어나지 못하는 모습을 보이고 있다.[140]

2013년의 헌법 개정에서는 베트남 공산당에 대한 군의 충성의무를 추가하는 등 정치적으로 일당독재의 사회주의 체제유지가 더욱 강고해졌다. 정치체제로서의 사회주의 일당독재 체제를 유지하면서 경제체제만을 다원화된 주체의 자유경쟁 체제로 운영하려는 단일전

---

138) 법무부, 베트남 개혁개방법제 개관, 262-264면.
139) 안희완, "베트남 제도 및 법적 하부구조", 베트남의 법제도와 시장개혁, 연세대학교 동서문제연구원, 2002, 41면.
140) 법무부, 베트남 개혁개방법제 개관, 313면.

환 국가로서의 실험이 가져올 흥미로운 미래 또한 헌법에 반영될 것
이다.

개인기업 제도를 활성화시키려는 의지는 1990년 회사법과 개인기
업법 공포에서도 드러나는데 1990년에 공포된 회사법과 개인기업법
은 이후에 공포된 국내투자장려법, 민법, 상법 등과 일치되지 않는
조항이 있고 현실에 부합하지 않는 점이 있었기 때문에 1999년 '기업
법'으로 통합되었다.[141] 통합된 기업법은 종래의 회사법 및 개인기업
법과 달리 기업설립 및 출자 대상자 확대를 통한 개인과 기업의 생
산, 경영 및 직접투자 기회 확대, 기업설립 및 경영에 대한 등록절차
의 간소화, 개인 및 기업의 자주권과 경영권의 확대, 기업관리자의
권력 남용 및 사익 추구 방지를 위한 투자자 특히 소액주주의 법적
권한 강화, 기업인수합병과 업종 전환을 규정하는 등 기업의 활동영
역을 확대하여 개인기업 활동을 법적으로 보장하였다.

1996년 협동조합법을 개정하고 증대되는 토지관련 법률분쟁을 해
소하고 효율적인 토지 이용과 관리를 위해서 1993년 토지법을 제정,
공포하였으며 2001년 개정 토지법에서는 토지 교부 및 임대의 관할
권을 분권화하고 행정절차를 간소화하는 한편 해외교포에게도 토지
사용권을 부여한 주택매입을 허용하였다. 협동조합법에 의하면 조
합 가입은 자원원칙에 따르며 협동조합은 조합원의 이익을 보장하
고 조합원에게 양질의 서비스를 제공하도록 규정하였다. 토지법의
주요내용은 국가는 토지를 조직 및 개인에게 안정적으로 임대하며
이러한 토지사용권 및 토지사용권의 교환, 양도, 임대, 상속 및 저당
권은 공인되지만 국가가 필요한 경우 또는 교지임대 목적을 위반한
경우에는 회수할 수 있다는 것이다.

1999년 공포된 개정 토지법은 기존 토지사용권에 토지사용권 재

---

141) 안희완, 앞의 논문, 55면.

임대 및 토지사용권 가치로써의 자본출자 권리 등 2가지의 토지 관련 권리를 추가하였다.[142] 1993년 제정된 농지이용법에서는 농민의 토지이용기간을 50년까지 허용하였으며 이 기간 동안 양도와 상속이 가능하고 토지를 담보로 한 대출도 가능하게 함으로써 표면상 토지의 국가소유라는 사회주의 원칙을 견지하고 있으나 농업개혁을 통해 토지사용권에 대한 매매, 양도, 임대, 상속, 저당 등 각종 권리행사를 허용하고 사용기간도 장기화함으로써 실질적으로 토지의 사유화를 인정한 것으로 평가된다.[143]

베트남은 노동자가 국가의 주인이라는 사회주의적 이념에 따라 노동자의 권익과 인권보장을 위한 별도의 법규범인 노동법에 대한 현실적인 필요성이 제기되지 않았다. 그래서 경제적인 개혁 이후에도 1990년 노동조합법을 개정한 이외에는 별도의 노동법규를 구비하지 않았다가 시장경제체제로의 전환에 따른 새로운 형태의 노동규범의 필요성과 외국기업의 베트남 진출에 따라 1994년 노동법이 제정되었다. 본격적으로 개혁개방정책이 추진된 이후 법치주의에 대한 헌법적 강조에 따라 민법, 민사소송법, 형사소송법, 상법, 회사법, 토지법, 노동법 등 각종 근대적인 법률들이 지속적으로 제정 내지 개정되어 왔다.[144]

1987년 외국인투자법 제정 이후에는 적극적인 외자유치를 위해 수출가공구 및 공단개방사업을 추진하였다. 베트남 정부는 외자유치를 통한 산업개발을 도모하기 위해 수출가공구 개발을 1988년 말부터 추진하였으나, 실제 '특별수출가공구에 관한 규정'은 1991년 11

---

142) 안희완, 앞의 논문, 53-55면.
143) 한국은행 조사국 북한경제팀, 베트남의 경제개혁 추이와 시사점, 한국은행, 1999, 25면.
144) 권율, "베트남 노동정책과 현지화 전략", 지역경제 1995. 12월호, 대외경제정책연구원 지역정보센터, 1995, 84면.

월 공포되었다.[145] 현재 베트남의 경제특구는 법인세 및 소득세 우대와 관세 면제, 저렴한 토지임차료 등을 무기로 중앙정부 또는 지방정부의 인프라 개발을 통해 운영되고 있으며 규범적인 근거는 '특별경제가공구 규정'과 '공업구, 수출가공구 및 경제구에 관한 규정', '외국인투자법' 등이다.

베트남도 중국과 마찬가지로 헌법감독 제도를 채택하고 있으며 헌법에 의하면 헌법감독의 주체는 국회와 국회 상무위원회이다. 헌법감독의 대상은 국가주석, 국회 상무위원회, 정부, 정부 총리, 최고인민재판소와 최고인민검찰청이다. 헌법감독의 방법으로는 첫째, 국회는 헌법과 법률에 위배되는 국가주석, 국회 상무위원회, 정부, 정부 총리, 최고인민재판소와 최고인민검찰청의 공문을 폐지할 수 있고 둘째, 국회 상무위원회는 헌법·법·법령을 유권해석하며 셋째, 국회 상무위원회는 헌법·법·국회의결·국회 상무위원회의 의결사항 시행을 감독하고 넷째, 국회 상무위원회는 헌법·법령·국회의결에 위배된 정부, 정부수상, 최고인민재판소, 최고인민검찰청의 문서시행을 정지시키고 그 문서의 폐지를 결정하며 다섯째, 국회 상무위원회는 국회 상무위원회의 법령·의결에 위배된 정부, 총리, 최고인민재판소, 최고인민검찰청의 문서를 폐지할 수 있다.

3) 라오스

라오스는 1975년 사회주의 혁명 이후 누적된 경제적·사회적 모순들을 해결하기 위해 시장지향적인 사회경제 개혁을 추진하여 사회주의적 경제발전을 도모하고자 1986년 '신경제제도(NEM: New Economic Mechanism)'을 채택하면서 본격적인 경제개혁·개방정책을

---

145) 허병희, "도전과 기회의 나라 베트남 : 외국인투자 관련 제도", KOTRA 북방통상정보 제86호, 한국무역투자진흥공사, 1993, 99-100면.

공식화하였다.[146] 신경제제도는 거시경제의 안정, 사적 부문의 확대, 공적 부문의 재편이라는 세 가지 주된 축을 중심으로 하고 있었다. 이것은 국영기업의 사유화와 무역 자유화 및 이에 필요한 법적·제도적 정비 등을 포함하여 국가 주요정책의 전반적인 영역에서 수정을 요구하는 등 라오스의 변화와 개혁에 많은 영향을 미치게 되었다. 1990년 국영기업의 다른 기업형태로의 전환에 관한 법률이 제정되었다. 이것은 대부분의 국영기업들을 임대차 계약, 매각, 공동소유 등의 방식을 통해 다른 형태의 기업으로 전환시키는 내용을 담고 있었다.[147]

1987년 농업생산물 거래에 관한 제한을 철폐하고 낮은 생산자 조달 물가의 조정 등 시장화 조치가 확산되면서 1990년대 초반까지 사적 소유가 급속하게 성장하고 있던 서비스 부문뿐만이 아니라 농업에서도 지배적인 소유형태가 되었다. 이와 같은 소유권 변화의 사회적 흐름은 1991년 최초의 헌법 제정을 통해 제도화되었다. 헌법 제정 배경에는 시장지향적 사회경제 개혁의 초기와 연관되어 국가의 허약한 법적 구조가 개혁과 경제발전 달성에 장애로 작용한다는 인식이 있었다.[148] 이 헌법은 경제부문에서 사회주의적인 내용을 전혀 포함하지 않았고 시장경제를 도입하였다. 이는 당시에 직면하고 있던 경제적 어려움을 극복하기 위해 라오스 정부도 개혁과 개방이 필요하다는 것을 인식하고 있었음을 의미한다.[149]

신경제제도를 채택하면서 본격화된 대규모의 법률정비는 통치의 효율화를 기하고 외국인 투자를 유치하는 데 필요한 법률적 환경을

---

146) 백두주, 앞의 논문, 291-292면.
147) 한국법제연구원, 아세안 투자법령 해설서Ⅱ - 라오스·캄보디아·미얀마, 39-40면.
148) 백두주, 앞의 논문, 269면.
149) 김성주, "라오스의 정치·경제체제와 개방정책", 국제정치논총 제36집 제1호, 한국국제정치학회, 1996, 214면.

조성하기 위한 것으로서 외국인투자법률, 계약법, 보험법, 회계법, 노동법, 불법행위법, 민사소송법 등의 정비는 모두 이러한 노력의 일환이었다. 국내 자본의 동원이 어려운 상황에서 외국의 직접 투자는 라오스의 경제성장 원동력으로 간주되었다.[150] 1988년 외국인투자 유치의 시발점이 된 외국인투자법이 제정되었고, 1994년 외국인투자촉진법으로 대체되었다.

라오스는 2003년 헌법을 개정하여 "국가는 국유, 공유 및 사유를 포함하는 모든 형태의 소유권 및 국내 자본가의 사적 소유권과 라오스에 투자한 외국인의 소유권을 보호하고 그들의 투자를 촉진한다"라고 규정하여 외국인의 투자 촉진을 헌법적 차원에서 보장하고 있다.[151] 1994년 전통적인 서구체제를 기초로 하여 회사법이 제정되었고, 이 법은 2005년 시장경제적 요소를 가미한 새로운 기업법으로 대체되었다.[152] 2009년 WTO 가입 신청과 함께 라오스는 내국인 및 외국인 투자를 조화시키기 위한 조치의 일환으로 외국인투자촉진법과 내국인투자촉진법을 폐지하고 통합투자촉진법을 제정하였다.[153] 라오스에서 국가는 여전히 광범위한 영역에서 영향력을 미치고 있지만, 소유권, 시장화와 의사결정의 재집중화, 개방화를 통해서 시장의 힘이 강화되는 방향으로 전환을 계속하고 있다.

동유럽 공산정권의 몰락이 라오스 국민들에게 별다른 영향을 미치지 못한 것은 폐쇄적인 체제가 가져온 정보차단으로 가능한 것이었다. 동유럽이나 필리핀의 민주화 과정, 미얀마의 대중봉기 등도 라오스 정치지도자들로 하여금 정치적 자유화 조치를 유보하는 하

---

150) 백두주, 앞의 논문, 278면.
151) 한국법제연구원, 아세안 투자법령 해설서Ⅱ-라오스·캄보디아·미얀마, 19면.
152) 한국법제연구원, 앞의 책, 41면.
153) 한국법제연구원, 앞의 책, 19면.

나의 원인이 되었을 것으로 보인다.[154] 주정부로부터 중앙정부로의 의사결정권의 재집중화는 시장의 힘을 제한하기 위한 것이라기보다는 개혁과 개방정책의 효율화를 위한 것이다. 라오스는 동유럽 및 소련과는 달리 단일전환 유형에 속하며 점진적인 변화를 시도해왔다. 라오스는 사회주의 정치체제와 시장경제가 상호 충돌 없이 비교적 안정된 사회체제를 바탕으로 꾸준하게 경제개혁과 개방정책을 추진하고 있다.[155]

Ⅲ. 유형별 법제전환의 특징과 차이

체제전환국의 법제전환을 개관해보면 급진주의-위로부터/아래로부터-이중전환 유형과 점진주의-위로부터-단일전환 유형은 유형별로 시기, 범위, 내용, 속도에 있어서 차이를 나타낸다는 점을 알 수 있다. 첫째, 전환의 시기에 관해서는 급진주의-위로부터/아래로부터-이중전환 유형 국가의 경우 정치체제 전환과 관련한 헌법, 정당법, 선거법, 사법제도 관련법들의 제정과 개정이 경제체제의 전환과 관련한 일련의 법들보다 먼저 혹은 동시에 이뤄졌다는 공통점을 발견할 수 있다.

이에 비하여 점진주의-위로부터-단일전환 유형 국가들의 경우에는 경제체제의 전환과 관련한 법들의 제정과 개정이 먼저 이루어지고, 정치체제의 전환과 관련한 법들은 변화가 없거나 경제체제의 전환에 근거를 마련하기 위한 헌법개정이 이뤄지는 등 경제체제의 전환과 관련한 법들보다 늦게 법제정비가 이뤄졌다는 점 역시 공통적

---

154) 김성주, "인도차이나 반도 사회주의국가의 체제전환과 개혁·개방정책", 한국정치외교사논총 제25집 제1호, 한국정치외교사학회, 2003, 327면.
155) 백두주, 앞의 논문, 292면.

이다.

둘째, 법제전환의 범위와 관련해서는 급진주의-위로부터/아래로
부터-이중전환 유형 국가들의 경우 정치체제와 관련한 법제 및 경제
체제와 관련한 법제 양면에서 폭넓은 정비가 이루어져서 과거의 법
제와는 성격을 달리 하는 새로운 정치체제와 경제체제의 법제 인프
라가 구축되었다. 이에 비하여 점진주의-위로부터-단일전환 유형 국
가들의 경우 경제체제의 전환과 관련해서는 사회주의 계획경제의
자취를 찾아보기 어려울 만큼 자본주의 시장경제라는 새로운 원리
에 의한 법제 구축이 있었음에도 불구하고, 정치체제와 관련해서는
헌법을 비롯하여 경제체제의 전환이 추동한 범위 내에서 최소한의
변화를 보여주는 법제정비가 이루어졌다는 점을 알 수 있다.

셋째, 법제전환의 내용에 관해서는 급진주의-위로부터/아래로부
터-이중전환 유형 국가들의 경우 정치체제 면에서는 법규범과 제도
상의 정치적 민주주의와 다원주의, 국민주권, 법치주의, 삼권분립,
기본권 보장의 수준 향상과 범위 확대 등이 새로운 원리로 규정되었
다. 경제체제 면에서는 사유화와 시장경제가 명시되어 정치체제와
경제체제에서 발생한 본질적인 변화를 수용하고 있다.

이에 비하여 점진주의-위로부터-단일전환 유형 국가들의 경우 경
제체제 측면에서는 생산수단에 대한 소유 주체로 개인을 명시하고
국가 소유권의 범위 축소와 개인 소유권의 범위 확대를 규정하고 있
으며, 기업활동의 자유와 경쟁시스템에 의한 경제구조를 도입하여
급진주의-위로부터/아래로부터-이중전환 유형 국가들과 별다른 차이
가 없을 정도이다. 그렇지만 정치체제의 측면에서는 여전히 일당독
재를 고수하면서 민주주의, 정치적 다원주의를 수용하지 않고 있다.

또한 급진주의-위로부터/아래로부터-이중전환 유형 국가들의 경
우 헌법 개정을 통해서 정치에 대한 법의 우위를 원칙으로 삼는 법
치국가 원리를 명시하고, 법률의 집행과정에서 자의성이 개입될 수

있었던 과거에 대한 반성으로 개인의 기본권 보호를 법률과 사법제도의 기본 임무로 삼아 권력분립의 정신에 따라 사법기관이 정치권력으로부터 독립적인 기능을 수행할 수 있도록 하는 사법부 독립의 원칙을 필수적인 내용으로 받아들였다. 아울러 국민주권·기본권 보장·권력분립 원리라는 헌법규범의 실효성을 담보하는 제도적 보장수단으로[156] 헌법재판 제도를 수용하였음이 특징적이다.

넷째, 법제전환의 속도와 관련해서는 급진주의-위로부터/아래로부터-이중전환 유형 국가들의 경우 10여 년에 못 미치는 짧은 기간 동안 급격하게 정치체제와 경제체제의 양면에서 법제전환이 이루어졌다. 특히 새로운 국가의 근간이 되는 헌법의 경우 체제전환 초기에 개정이 주로 이루어짐으로써 새로운 체제로의 전환에 대한 헌법적 근거로 작용했다. 점진주의-위로부터-단일전환 유형 국가들의 경우에는 경제체제와 관련한 법제의 정비가 길게는 수십 년에 걸쳐서 이뤄졌다. 정치체제의 전환과 관련한 법제의 정비는 단속적인 헌법 개정의 형식으로 이뤄지는 등 경제체제의 전환으로 인한 추동력에 의하여 어쩔 수 없는 경우에만 발생하는 최소한의 개정에 불과한 실정이다.

급진주의-위로부터/아래로부터-이중전환 유형 국가들과 점진주의-위로부터-단일전환 유형 국가들 간에는 변화한 법제의 내용에 있어서도 명확한 차이가 나타난다. 급진주의-위로부터/아래로부터-이중전환 유형 국가들은 이미 법제적인 측면에서도 민주주의·국민주권·법치주의·기본권 보호가 규범화되어 있다. 반면 점진주의-위로부터-단일전환 유형 국가들은 법제적인 측면에서 볼 때 경제적 영역은 자본주의적으로 정비되어 가고 있지만, 정치적 영역은 헌법상 공산당의 지도적 위치가 고수되는 등 정치적 영역과 경제적 영역에 간극이

---

156) 성낙인, 헌법학, 법문사, 2005, 963-964면.

있음을 알 수 있다.

일당독재의 정치체제를 고수하면서 사회주의 계획경제의 틀 안에서 경제개방을 시도하고 있는 북한의 경우는 법제적인 측면에서 점진주의-위로부터-단일전환 유형 국가로 볼 수 있을 것이다. 점진주의-위로부터-단일전환 유형 국가의 하나로 분류할 수 있는 북한의 법제정비는 남북경협관계법제, 외국인투자관계법제 등 경제개방과 관련한 분야에서 지속적으로 이뤄져 왔다. 향후에도 경제개방과 관련한 부문에서 활발히 이뤄질 것으로 보인다. 이에 비하여 정치적인 부문은 경제개방을 뒷받침하거나 그에 추동되는 영역에 한해서 소극적으로 이뤄질 것으로 예상할 수 있다.

한편 헌법은 사실적 특성으로서 특정한 시대의 이념과 이데올로기가 반영되어 있을 뿐만 아니라 역사적 현실을 반영하고 있는 시대정신을 구현하는 가치지향적인 성격을 가지고 있으며, 규범적 특성으로서 통일된 가치체계로서 최고규범성을 가지고 있다.[157] 따라서 체제전환국은 정도의 차이는 있지만 모두 헌법적 변화를 겪었다. 이는 국가의 기본원리를 정하는 규범으로서의 헌법의 중요성을 반영하는 것이며, 법치주의가 실질적으로 이뤄지지 않고 있는 점진주의-위로부터-단일전환 유형 국가들의 경우에도 이와 같은 헌법적 변화가 필수적이었다는 것은 현대 사회에서 헌법이 차지하는 위상을 잘 보여주는 것이기도 하다.

헌법원리의 측면에서 보면, 급진주의-위로부터/아래로부터-이중전환 유형 국가들은 체제전환 이전에도 이미 제한적 개혁정책과 법제건설을 통해 계획경제의 모순과 공산당 통치의 총체적 위기상황을 극복하기 위해 나름대로 노력했다. 그러나 1989년을 기점으로 사회주의 체제와 일당독재는 붕괴되면서 체제전환이 대대적으로 시작

---

157) 이효원, 남북 교류 협력의 규범체계, 경인문화사, 2006, 10면.

되고 이를 뒷받침할 기본적인 법제의 정비, 즉 헌법의 새로운 제정 또는 개정이 요청되었다.

이들은 표현상의 차이는 있지만 정치적으로 일당독재를 포기하고 경제적으로 사회주의적 계획경제체제를 포기하였으며 국민주권주의, 자유민주주의, 법치주의를 헌법의 기본원리로 수용하였다. 이 원리들을 구체화하기 위하여 국민투표제도, 대의제도, 선거제도, 복수정당제도 등을 채택하였고 자유권과 재산권 등 국민의 기본권을 헌법적으로 보장하였으며, 이윤추구와 자유경쟁 등 경제활동의 자유가 헌법에 명시되었다.

이 국가들의 체제전환의 보편적 방향은 자유민주주의 원리와 시장경제 원리에 맞추어졌다. 이 기본원리는 1990년대 초반부터 동유럽 체제전환국들의 헌법에 속속 수용되었다. 이들은 정치영역에서 공산당에 의한 일당독재를 자유민주주의체제로 전환하였다. 법에 대한 정치의 우위를 원칙으로 삼는 전통적 사회주의 법제에서 벗어나 법의 정치에 대한 우위를 규율하는 원리를 수용하였다. 이들은 법의 지배에 의한 국가질서의 확립을 천명한 법치국가 원리에 절대적 신뢰를 가지면서 표현의 차이는 있지만 헌법에 명문으로 규정하여 구체적 법률로 실현토록 했다.

점진주의-위로부터-단일전환 유형의 국가들인 중국과 베트남의 헌법원리 및 정치체제와 관련한 규정에도 법치국가 명시 등 일정한 변화가 없는 것은 아니지만 인민주권주의, 사회주의, 통치원리로서의 민주집중제와 공산당의 영도원칙을 여전히 헌법에 규정하고 있다. 아직까지 정치체제에서 보이는 변화는 공산당 지배체제에서 다만 경제개혁을 고양시키기 위한 정치개혁일 따름이라고 할 수 있다. 즉 경제건설이라는 목표를 실현하기 위해 시장경제체제를 확립하고 나아가 이를 담보하기 위한 전제로 정치제도에 대한 부분적 개혁을 시도한 것이다. 정치 영역의 일련의 변화를 통해 당의 영향력이 외견상 축소되거나 민주적으로 발전된 모습으로 비칠 수도 있겠지만, '당의 영도적 지위'에 대한 헌법의 기본원칙에는 아무런 근본적인 변화가 없기 때문에 정치영역의 본질적 변화는 없다고 할 수 있다.

경제체제에서 시장경제질서와 사유재산의 보장은 헌법과 국가의 이념적 성격을 가늠하는 본질적 가치체계이다. 따라서 급진주의-위로부터/아래로부터-이중전환 유형 국가들의 헌법은 사회주의 계획경제를 폐기하고 정치적 민주화와 함께 급진적으로 시장경제원칙을 도입하기 위한 법제전환의 기본방향을 제시하고 그에 근거하여 기본적인 법제가 개편되었다.

시장경제체제의 정착을 구체화하기 위한 최대 현안은 시장의 주체인 개인이나 기업이 자유로운 경제활동을 수행할 수 있는 사유재산권의 보장이었다. 이는 사회주의체제에서 사적 재산이 몰수되어 국가소유로 이전되었던 재화의 재사유화와 국유기업의 민영화를 통한 시장경제로의 체제전환에 대한 규범적 조건이었다. 시장경제체제의 명확한 정착을 위해 이윤추구와 자유경쟁 등과 같은 경제활동 자유가 헌법에 보장됨으로써 경제활동 영역에서의 사적 이익의 추구로 인격권과 인간의 존엄성을 지킬 수 있게 하는 규범적 토대가 마련되었다고 할 수 있다.

점진주의-위로부터-단일전환 유형 국가들의 경우 경제체제와 관련해서는 사회주의 시장경제라고 규정하고 있어서 자본주의적인 시장개념의 도입, 생산수단의 사유화 진행, 개인의 경제활동의 자유 보장과 경쟁체제 용인, 외국투자 도입을 위한 법규범의 정비에도 불구하고 이념적으로는 사회주의를 지향하고 있음을 명시하고 있다. 헌법상 생산수단에 대한 국가 소유의 범위가 넓고 경제활동에 있어서 대외경제활동을 통일적으로 관리하고 경제관계를 발전시키며, 국내 생산을 보호하고 촉진시킬 의무 등 국민경제를 관리하는 국가의 권한이 크기 때문에 경제활동에 대한 개입의 여지도 넓어서 경제주체의 자율성이 훼손될 가능성이 상대적으로 크다고 평가할 수 있다.

그러나 지난 수십 년간 중국 경제의 발전을 견인해 온 사영경제를 비롯한 비공유경제의 발전이 비공유경제 종사자들로 하여금 시장경제와 사영경제의 이익과 지위를 법적으로 보장해 줄 것을 요구하게 하였다. 비공유경제의 발전은 단순히 중국 경제의 다원화만을 촉진한 것이 아니라 중국 사회의 계층구조의 다원화도 촉진한 것이어서, 개혁과 개방의 성공은 결국 공산당 지도부에게 비공유경제 종사자들에 대한 헌법적 보장의 확대와 더불어 사유재산제도의 불가침성을 인정하고 다양한 계층의 이익을 대변하게끔 하는 압력으로 작용했다고 볼 수 있다. 이 부담에 대한 공산당 지도부의 규범적 대응이 결국 헌법 조항의 변화라고 할 수 있을 것이다.

중국의 신생 자본가계급이라고 할 수 있는 사영기업가들에게 공산당원 자격을 개방한 것은 사영경제와 사영기업가들의 법률적 이익과 지위를 인정하고 보호할 뿐만 아니라, 결국 공산당이 사영기업가들의 정치적 이익도 대변할 수밖에 없는 구조로 중국 사회가 변화했음을 반증한다. 2000년 강택민이 '3개 대표론'을 발표하여 공산당이 노동자와 농민뿐 아니라 자본가와 지식인의 근본이익을 대표해야 한다고 선언한 이후 2004년 헌법 개정을 통해 중국 헌법 서언에 3개 대표론이 규정되었다. 이에 따라 자본가 계급의 공산당 입당이 가능해졌다. 따라서 경제력의 신장에 따라 커져가는 자본가 계급의 이해와 요구는 향후에도 지속적으로 규범적으로 수용될 것으로 예상할 수 있고, 자본가 계급의 공산당 내에서의 권력 강화는 정치체제의 근본적인 전환을 가져오는 추동력이 될 수도 있다.

2016년 3월 개최된 중국의 양회(전국인민대표자대회와 전국인민정치협상회의)에는 중국의 100대 부자 중 36명이 참석했다. 15명이 전국인민대표대회 대표, 21명이 전국인민정치협상회의 회원이었다. 이들은 양회에서 목소리를 높이며 영향력을 행사했다. 중국 최대 포

털인 바이두 설립자와 중국 최대 스마트폰 제조업체인 샤오미 창업자가 모두 양회에 참석해서 기업의 이익을 대변하는 법안의 완비를 촉구했다는 사실도 알려져 있다.

급진주의-위로부터/아래로부터-이중전환 유형 국가들의 경우 정치체제의 전환이 수반되었기 때문에 기본권 규정은 자유민주주의 국가의 그것과 대동소이하다. 이에 비하여 점진주의-위로부터-단일전환 유형 국가들의 기본권 규정과 관련해서 눈에 띄는 것은 권리와 의무의 단일성에 대한 강조이다. 베트남 헌법은 기본권은 의무와 분리되지 않는다는 기본원칙을 천명하여 사회주의 국가의 기본권관을 분명히 나타내고 있다.

이러한 집단주의에 기초한 기본원칙으로 인하여 기본권의 실질적 의미와 내용이 보장되고 실현되는 것에 본질적인 한계를 가지게 된다. 기본권의 핵심적인 내용에 해당하는 인간의 존엄성에 대한 규정을 두고 있지 않을 뿐만 아니라, 기본권 제한의 일반원칙이나 제한의 한계 등에 대해서는 아무런 규정을 두고 있지 않다.[158] 경제와 관련된 기본권에 대해서는 경제체제의 전환에 따른 요소를 반영하고는 있으나 사회주의적인 원칙을 고수하면서 일정한 범위 내에서만 개인 소유의 대상을 인정하는 등 규범상의 한계를 보이고 있다.

헌법재판 제도와 관련해서는 헌법도 다른 법과 마찬가지로 그 자체의 항구성과 안정성이 요청되고 있으나, 그 중에서도 헌법의 안정성 특히 실효성 보장이 문제되고 있다. 헌법은 일반적인 법률과 달리 국가권력 자체를 규제하는 법이고 헌법질서를 확보하는 것은 헌법의 규제대상인 국가권력이며, 헌법질서는 여러 정치세력의 상호관계에 의하여 항상 동적으로 전개되기 때문에 헌법의 실효성이 동요되기 쉬운 것이다. 이처럼 헌법질서는 규범과 사실의 신장관계 중에

---

158) 이효원, "베트남사회주의공화국 헌법과 정치체제", 아시아법제연구 제3호, 한국법제연구원, 2005, 265면.

서 전개되는 것이 원칙이며 규범과 사실의 괴리현상도 부인할 수 없을 것이다. 이러한 현상으로부터 헌법존속을 확보하는 것이 헌법보장이다.[159)

급진주의-위로부터/아래로부터-이중전환 유형 국가들은 사회주의 체제 하에서 헌법이 단지 당의 정치적 목적을 실현하기 위한 수단으로 기능했던 과거 경험에 대한 반성으로, 특정 정치세력에 의한 헌법 침해행위도 방어하고 국가기관의 자의적 권력행사까지도 통제함으로써 국민의 기본권이 보장될 수 있는 제도적 장치로서 기존 헌법재판 제도를 보완하거나 또는 새롭게 수용하였다. 헌법보장 제도로서 헌법재판 제도를 수용하여 현대적 의미의 법치국가로 거듭나고자 한 것이라고 평가할 수 있다.

한편 중국과 베트남처럼 사회주의 정치체제를 유지하는 점진주의-위로부터-단일전환 유형 국가에서는 인민주권을 대표하는 국회가 민주집중제의 원칙에 따라 헌법감독권을 행사하는 것으로써 위헌심사를 대체하고 있다. 이들은 헌법에 민주집중제와 의회에 의한 헌법감독을 명시함으로써 권력분립의 원리를 정면으로 거부하고 있다고 할 것이다.

체제전환 국가들은 외자유치를 위한 법제를 정비하면서 적극적으로 경제특구를 시도한 경우가 많았다. 이들은 체제전환 이전 단계에서 자국의 경제적인 어려움을 타개하는 수단으로 서방의 자본과 기술을 끌어들이기 위해 합작투자에 관한 법률을 경쟁적으로 도입하고 정비했다. 급진주의-위로부터/아래로부터-이중전환 유형 국가들 중 합작기업의 설립과 운영에 관한 최초의 입법이 1968년 유고슬라비아에서 시작된 이후 1971년 루마니아, 1972년 헝가리, 1976년 폴란드, 1987년 소련 순으로 합작투자에 관한 입법이 이뤄졌다. 체코는

---

159) 小林直樹, 憲法秩序の理論, 東京大學出版會, 1986, 206면.

1989년 발효된 '신합작투자법'으로 많은 외국인 투자기업을 유치했다. 1980년대 후반에 이르러서는 동독을 제외한 모든 사회주의 국가에 외국인의 참여를 허용하는 투자유치 관련 법률이 제정되었다. 이들 법률들은 외국인 투자활동 및 투자이익 송금 보장, 비자발급의 간소화 등 외국인 투자기업들에게 보다 양호한 투자환경을 제공하기 위해 지속적으로 개정되었다.[160]

폴란드, 루마니아, 유고, 불가리아는 1970년대 말부터 1980년대까지 자유경제무역지대를 설립한 바 있지만 인프라 낙후와 특혜조치 부족 등으로 큰 성과를 거두지 못했다. 폴란드의 경우 쉬제친 등 13개 지역을 자유무역지대로 지정하고 1989년 '자유무역지대설치법'을 발효시켰으나 항만, 물류시설 등이 낙후된 데다가 특혜도 수출입상품에 대한 면세 이외에는 별다른 조치가 취해지지 않아 서방기업들의 외면을 받은 사례가 대표적이다.[161]

급진주의-위로부터/아래로부터-이중전환 유형 국가들의 경우 경제특구를 운영하려던 초기에는 외국자본과 기술의 유치 및 선진적인 경영기법을 습득하려는 목적 이외에 경제력 신장을 통해 정치적으로 사회주의 체체를 유지하려는 목적이 있었다고 보아야 할 것이다. 그러나 1990년대 초반 이후 급진주의-위로부터/아래로부터-이중전환 유형 국가들에서 급속한 정치·경제적 체제전환이 이뤄짐에 따라 경제력 신장을 통한 사회주의 정치체제 유지라는 의미는 사라진 것으로 보아야 한다. 국가 전체가 자본주의적 시장경제체제를 받아들임에 따라 제한된 지역에서 특별한 법제를 적용하는 경제실험장으로서의 경제특구의 의미 자체가 유명무실해졌다고 할 것이다.

점진주의-위로부터-단일전환 유형 국가들의 경우 급진주의-위로

---

160) KOTRA, "대동구 투자, 어느 나라가 유망한가?", 특수지역경제무역정보 제90권 제12호, 1990, 24면.
161) 임을출, 앞의 논문, 147면.

부터/아래로부터-이중전환 유형 국가들과 달리 경제력 신장을 통한 정치체제의 유지라는 목적은 현재도 유효하며, 특히 중국의 경제특구는 성공적인 것으로 평가되고 있다. 베트남도 외자유치를 활성화하기 위한 적극적인 조치로서 2003년 이후 경제특구 운영을 계속하고 있다. 이들은 시범적으로 정치·경제적 부작용이 다른 지역으로 전파되는 것을 차단할 수 있는 소수의 경제특구를 지정하여 사회주의적 가치를 벗어난 유연한 법제도의 도입을 통해 경제체제의 실험을 진행한 뒤, 성공적이라고 평가된 후에 경제특구 제도를 확산시키는 방식을 취하고 있다.

중국의 경우 초기부터 목적성이 분명했다. 중국 당국은 경제특구를 경제체제 개혁의 중요한 실험장으로 삼아 개방이 전국의 개혁을 선도하게 했다. 경제특구가 외자유치와 종합적인 발전을 맡고 더불어 특수한 관리체제와 특수정책을 기반으로 각종 개혁을 진행하고, 전국의 개혁·개방과 현대화 건설에 있어 실험·시범과 선두주자의 역할을 담당하도록 했다.[162] 중국 지도부의 경제특구에 대한 기본정책이 시장경제 체제의 도입과 실험에 있었던 셈이다.

중국 정부는 법에 따른 경제특구 관리의 중요성을 강조하여 1980년 '광동성 경제특구 조례'가 공포된 후 1981년 국무원이 비준한 '광동·복건 두 성과 경제특구 공작회의 기요'는 경제특구 건설사업의 발전을 위해 경제특구의 각종 단행법규를 제정토록 지시하였다. 전국인민대표대회 상무위원회가 의안을 통과시켜 광동·복건 두 성의 인민대표대회 상무위원회에 소속 경제특구의 단행법규를 제정할 권한을 부여토록 건의하였으며, 1982년 국무원이 비준한 '경제특구 시범운영 업무 중 당면한 약간의 문제에 관한 기요'에서는 경제특구의 입법이 완비되지 않아 외국인투자자로 하여금 투자의 안정성에 관

---

162) 黎學玲, 特別經濟區法, 北京: 中國法律出版社, 1997, 29-30면.

하여 우려를 갖게 하므로 경제특구 입법을 더 빨리 제정하고 완비하도록 지시하였다.[163] 중국의 사례는 경제특구 내에서 제한된 시장경제 법제도의 실험을 통해 국가의 전반적인 체제전환을 추진하는 법제도와 체제전환의 밀접한 연관성을 잘 보여준다.

이처럼 체제전환 국가의 경제특구 개발은 경제개발을 위한 외국자본과 기술의 확보, 개혁·개방의 실험무대 확보 등을 위한 내부적 수요와 저렴한 노동력과 유리한 조세 등을 겨냥한 외부의 투자수요가 체제전환 국가의 정치사회적·지경학적 요건에 따라 변화하면서 추진되었다.[164] 급진주의-위로부터/아래로부터-이중전환 유형 국가들의 경우 헌법 등 정치영역의 법제정비가 경제영역의 법제정비와 동시에 또는 경제영역을 선도하면서 이루어지며, 전 사회적이고 모든 분야를 망라한 체제전환이 이뤄지는 까닭으로 경제특구의 건설 시도와 필요성이 두드러지지 않아 관련 법제의 발전도 이뤄지지 않았다.

이에 비하여 점진주의-위로부터-단일전환 유형 국가들의 경우 경제영역의 법제정비가 활발하게 이루어지는 반면 정치영역의 법제정비는 경제체제의 전환을 위해서 필요한 최소한의 범위에서만 이뤄진다는 점과, 외자유치를 통한 경제력 신장이라는 목표달성을 위한 경제특구의 건설과 관련 법제의 정비가 두드러진다는 특징을 보인다.

---

163) 법무부, 중국 경제특구 법제 연구, 2005, 34-35면.
164) 이상준·이성수, "체제전환국 경제특구 개발과 북한경제특구 개발에 대한 시사점: 폴란드와 중국 경제특구 개발의 수요와 공급을 중심으로", 국토연구 제42권, 국토연구원, 2004, 55-56면.

제3장

점진주의-위로부터-단일전환 유형 경제특구법과 북한의 경제개발구법

중국은 2001년, 베트남은 2006년 각각 WTO에 가입하였다. 이들은 WTO 가입 이전부터 꾸준히 관련 법제를 정비하여 국제화해 왔으며, WTO 가입 이후의 법제는 급속하게 자본주의화하여 더 이상 사회주의 국가의 경제법제라고 보기는 어려울 정도이다. 따라서 이 책에서는 기본적으로 WTO 가입 이전 시기의 법제를 연구의 대상으로 하여 개혁과 개방을 시도하는 사회주의 국가에서 경제특구 법제를 어떤 내용으로 마련하였는가를 분석하고, 이를 북한의 경제특구 법제와 비교·분석할 것이다. 경제특구 정책을 통하여 경제체제의 모순을 극복하고자 시도하는 지금의 북한은 개혁과 개방을 시도하던 초기의 중국 및 베트남의 상황과 법제의 내용과 형식적 측면에서 유사하기 때문이다. WTO 가입 이후의 법제는 필요한 한도에서만 참고로 한다.

따라서 중국의 경제특구법 중에서는 일반법으로 볼 수 있는 1980년 '광동성 경제특구 조례'를 기본으로 하고, 베트남의 경제특구법 중에서도 일반법으로 볼 수 있는 1991년 '특별경제가공구 규정'을 분석의 대상으로 한다. 이들을 북한의 '경제개발구법'과 비교함으로써 경제체제의 전환만을 추구하는 국가들에서 추진하는 경제특구 정책의 일반법의 형식과 주요내용 간 공통점과 차이점을 추출하고 비교·평가하는 범위에서 연구하고자 하기 때문이다. 경제특구 법제를 분석하기 위하여 먼저 경제특구의 개념에 대해서 살펴본다.

I. 경제특구의 개념과 유형

경제특구(Special Economic Zone)는 1979년 중국이 대외개방정책의 일환으로 동남부 연해 지역에 한해 적극적인 시장경제체제의 허용 및 대외개방을 추진하면서 사용한 명칭이다. 그러나 경제특구는 이제 중국의 것만을 의미하는 것이 아니라 세계 각국에서 법적 제도적으로 국내의 다른 지역과 구분하여 생산, 무역, 조세상의 특별한 대우가 주어지는 자유무역지대, 자유공업지역, 수출자유지역, 수출가공구 등과 같은 지역을 총칭하는 것으로 보편화되었다.[1] 따라서 중국의 5대 경제특구를 지칭할 때의 경제특구는 협의의 개념이고, 광의의 개념으로는 협의의 경제특구는 물론 각종 개발구의 유형을 모두 포괄하는 개념으로 이해할 필요가 있다.

유엔공업개발기구(UNIDO : United Nations Industrial Development Organization)는 광의의 경제특구를 "어떤 국가 내에 정책적으로 특별히 선정된 공업지역으로 이곳에 진출하여 투자하는 기업에 대해 다수의 우대조치를 적용함으로써 국내 및 외국 기업들이 그 지역에 진출하여 기업을 설립하고 경제활동을 하도록 유도하기 위하여 설정된 지역"이라고 정의한다.[2] 현대적 의미에서 광의의 경제특구는 제2차 세계대전 이후 등장한 아시아와 중남미 지역의 개발도상국가들과 함께 확산되기 시작했다. 개발도상국들은 특정 지역에 자유무역지대를 설치하고 경제발전에 필요한 외국의 자본과 기술을 적극적으로 유치하였다. 이로 인해 전 세계적으로 다양한 형태와 명칭으로

---

1) 홍익표, 북한의 경제특구 확대가능성 및 발전방향, 대외경제정책연구원, 2001, 54면.
2) United Nations Industrial Development Organization(UNIDO), "Export Processing Zones in Developing Countries", *UNIDO Working Papers on Structural Changes* No. 19, UNIDO/ICIS　176, 1980.

광의의 경제특구가 설치·운영되고 있다.[3]

이를 토대로 광의의 경제특구에 관해 정의한다면 '경제적 측면에서 일반적인 지역과 차별되는 특별한 성격을 갖는 지역으로 국내의 여타 지역에서 일반적으로 적용되지 않는 일단의 정책수단을 통하여 규제를 완화하는 한편, 각종 혜택을 부여함으로써 수출입 및 투자 등 특정한 종류의 경제활동을 장려하는 제한된 범위의 지리적 공간'이라고 할 수 있다. 경제특구는 국내 지향적인 성장전략에서 탈피하여 국제무역·자본·기술유치를 통해 경제발전과 경제구조 조정을 촉진하기 위해 설치된다. 기능적으로는 무역, 물류, 제조, 가공, 정보처리 등의 다양한 경제활동이 이루어진다.[4]

따라서 경제특구는 ①특정한 지역에 경계를 두어 획정한다는 장소적 요건, ②경제특구에만 적용되는 규범이 존재한다는 규범적 요건, ③특정한 목적을 위하여 투자자에게 특혜를 제공한다는 내용적 요건으로 구성되는 개념이라고 정의할 수 있다.

북한은 경제특구의 개념을 중국과 관계지어 협의의 의미로 이해하고 있으며, 광의의 경제특구는 "특수경제지대"라고 지칭하고 있다. 북한의 사회주의 헌법 제37조는 "국가는 우리나라의 기관, 기업소, 단체와 다른 나라의 법인 또는 개인들과의 기업합영과 합작, 특수경제지대에서의 여러 가지 기업창설운영을 장려한다"고 규정하고 있다. 외국인투자법에 의하면 "특수경제지대란 국가가 특별히 정한 법규에 따라 투자, 생산, 무역, 봉사와 같은 경제활동에 특혜가 보장되는 지역"이라고 규정하고 있어 광의의 경제특구의 개념을 특수경제지대라는 용어로 사용하고 있음을 알 수 있다. 중국의 경우에는 협

---

3) 한홍렬, 산업구조개편 촉진을 위한 경제특구 활용방안, 대한상공회의소 한국경제연구센터, 1998, 29면.
4) 이원섭, "경제특구의 개발전략과 지역균형 발전", 국토연구 제251호, 국토연구원, 2002, 24면.

의의 개념으로 경제특구라는 개념을 사용하며, 5대 경제특구를 다른 개발구들과 구별하고 이 두 종류를 합하여 "특별경제구"로 지칭한다. 따라서 중국에서 광의의 경제특구는 특별경제구라고 불리는 것이다.

한편 광의의 의미에서의 경제특구 정책은 다음과 같은 네 가지 요소가 결합되어 있다. 첫째, 외국자본의 투입은 경제특구의 국가소유제 또는 협동단체의 공유제와 결합하여 새로운 시장경제의 초기 자본을 형성한다. 경제특구는 사회간접자본시설을 구축하는데 주로 외국의 자본에 의존하며 그러한 소유구조는 국가소유, 협동단체소유, 개인소유 및 외자기업과의 결합으로 나타난다. 둘째, 경제특구는 경제규제의 측면에서 시장의 역할이 발휘되는 것 즉, 시장경제가 작동되는 것이다. 새로운 시장경제의 운영방법에 관한 노하우를 가진 인적 자원이 다소 확보되어야만 경제적 성과를 기대할 수 있다. 셋째, 경제특구는 투자자를 우대하여 진입 및 퇴출의 장벽 완화를 촉진한다. 이는 경제특구 당국은 투자의 효율성을 강조하고 투자자는 투자의 경제성을 기대하는 입장이므로 진입 및 퇴출의 장벽이 낮아지게 되기 때문이다. 넷째, 경제특구 내에서 정부조직은 다른 지역의 정부조직보다 경제관리의 측면에서 더욱 강력한 권한을 행사한다. 경제특구에서는 권한을 분권화함으로써 투자의 효율성을 가져오고 진입장벽을 낮출 수 있다. 실제로 중국 정부는 권한의 이양으로 지방정부의 자율성을 증대시키고 투자의 진입과 퇴출 장벽을 낮추려는 노력을 지속함으로써 외국인 투자 유치에 성공하였다.[5]

광의의 경제특구는 추구하는 기능적 목표에 따라 무역형, 공업과 무역 결합형, 과학기술개발 및 첨단기술 도입을 위한 과학기술형, 관광형, 다목적 종합형으로 나눌 수 있다. 무역형 경제특구는 국가가 특정 항구 등 일부 지역을 지정해서 해당 지역을 통과하는 외국물자

---

5) 정영화, "북한 경제특구법의 분석과 전망", 북한법연구 제6호, 북한법연구회, 2003, 125-126면.

에 대해 관세를 면제하는 것이다. 자유항, 자유무역지대, 수출자유지
대, 면세구역, 특혜수출구역, 보세구 등은 모두 무역형 경제특구라고
할 수 있다. 공업·무역형의 대표적인 형태는 외국으로부터 면세 수
입된 원료를 임가공하여 전량 수출하는 수출가공구이다. 수출가공
구는 아시아 지역에서 가장 활발하게 설치되었다.

　과학기술특구는 일반적으로 과학기술공업단지라고 불리며 국제
시장의 경쟁이 첨예화됨에 따라 비교적 늦게 만들어진 경제특구 유
형이다. 종합형 경제특구는 대부분 투자진흥지역으로 수출가공구를
기초로 하면서 면적의 대규모성, 경영의 광범위성, 업종의 다양성,
정책의 다목적성을 가지고 있다. 따라서 종합형 경제특구는 생산,
무역, 금융, 과학기술, 관광 등에 이르는 거의 모든 산업을 대외적으
로 개방하고 외국인들의 투자와 자유로운 경제활동을 최대한 보장
하는 지구이다. 중국의 경제특구나 홍콩, 싱가포르 등이 대표적인
종합형 경제특구라고 할 수 있다.[6]

　기능에 따라서 이같이 구분할 수 있는 광의의 경제특구는 입지조
건과 설치목적에서는 공통점을 보인다. 광의의 경제특구의 입지조
건은 대부분의 경제특구들이 국제적 교통의 요지, 해당지역 또는 배
후지역의 경제적 잠재력, 세계 주요 경제권과의 연계성이고 설치목
적은 대체로 국제수지 개선 및 외자도입 확대, 수출확대 및 다각화,
고용증대, 지역발전 등이다.[7] 중국이나 베트남 같은 단일전환형 국
가들의 경우 광의의 경제특구는 경제개혁의 실험이라는 목적이 추
가되었다고 할 수 있다.

---

6) 오용석, "세계 경제특구의 유형 및 전략과 남북한 경제통합에의 응용", 한
　국비교경제학회, 남북한의 경제체제와 통합, 박영사, 1995, 233-236면.
7) 홍익표, 앞의 책, 58면.

Ⅱ. 점진주의-위로부터-단일전환 유형 경제특구 법제

1. 중국의 특별경제구 법제

1) 등소평의 '선부론(先富論)' 개념과 개혁개방

특별경제구란 어떤 한 나라가 설립하는 것으로 대외 경제무역활동에 있어 특수한 개방정책을 실시하고, 조세감면 등의 특혜 및 융통성 있는 조치를 사용하여 외자를 끌어들이고, 기술을 도입하여 대외무역을 발전시키고, 경제발전을 촉진하는 경제적 성질의 구역을 말한다.[8] 중국의 특별경제구에는 경제특구와 각종 개발구가 있다. 중국의 "특별경제구" 개념은 광의의 경제특구 개념으로서, 각종 개발구와 협의의 경제특구를 합한 개념이다. 경제개발구와 협의의 경제특구를 합한 개념인 북한의 "특수경제지대"와 같은 개념이라고 볼 수 있다. 이하에서는 중국의 경제특구라고 표현하는 경우 협의의 의미로 사용한다.

개발구는 중점 사업에 따라 경제기술개발구, 첨단산업개발구, 보세구, 수출가공구, 변경경제합작구, 관광개발구의 여섯 가지로 구분할 수 있다. 또 관리주체에 따라 국가급, 성급, 시급, 현급, 향·진급의 다섯 개 등급으로 세분할 수 있다.[9] 특별경제구의 설립은 중국의 경제개혁과 개방정책 실시의 중대한 조치이다. 중국은 1978년 개최된 공산당 제11기 3중전회에서 대내적 경제개혁과 대외적 개방을 국가의 주요 정책으로 채택하고 이를 달성하기 위해 경제특구 설치를 결

---

8) 黎學玲, 앞의 책, 1면.
9) 강효백, "중국 국가급 경제기술개발구의 특성과 전망 : 경제특구와의 비교를 중심으로", 국제지역연구 제8권 제2호, 국제지역학회, 2004, 321면.

정하였다. 개혁개방을 선언하면서 등소평은 불균형 지역개발의 근 거가 되는 '선부론(先富論)' 개념을 제시하였다. 중국의 동부 연해지역을 우선 발전시킨 다음 내륙으로 발전공간을 확대한다는 것으로서 사회주의 경제체제의 평등주의에 기반을 둔 '균부론(均富論)'을 폐기한 것이다.

특별경제구 중에서도 경제특구는 동남부 연해지역에 몰려 있어 선부론에 입각한 경제개혁과 대외개방의 창구가 되었다. 1979년 국제무역항으로 외국인들의 왕래가 빈번한 광동성의 심천과 마카오에 인접한 주해가 최초의 경제특구로 확정되었다. 이후 심천과 주해에서 얻은 경험을 바탕으로 1980년 광동성의 산두 및 대만과 마주하고 있는 복건성의 하문을 경제특구로 지정하였다. 4개 경제특구는 몇 년 동안의 건설과정을 거쳐 중대한 진전을 이루었고 매우 큰 기능을 발휘하였다.

이 지역들이 초기에 경제특구로 지정된 것은 지정학적·전략적 요인이 작용한 결과였다. 경제특구의 초기 단계에서는 서방으로부터의 외자 유치가 쉽지 않을 것이라는 예상 하에 홍콩, 대만, 마카오를 비롯한 동남아 화교 자본의 유치를 염두에 둔 것이다. 이러한 고려는 경제특구를 동남부 연해지역에 설치하게 하는 주요 요인으로 작용하였다. 또한 주변에 연계발전 내지 흡수발전이 가능한 충실한 경제력이 존재해야 한다는 점이 고려되었다. 이러한 고려는 통일 정책 차원에서 정치적 고려와 맞물려 홍콩과 접경한 심천, 마카오와 접경한 주해, 대만해협을 사이에 둔 하문을 경제특구로 선택하게 하였다.[10]

4개의 경제특구는 중국의 개혁과 개방 정책의 상징이자 주도적인 역할을 담당하면서 계속 확대되고 발전하여, 1988년 해남도가 성으

---

10) 백권호, "외자도입과 외국인 직접 투자", 유희문 외, 현대중국경제, 교보문고, 2000, 336-337면.

로 승격되면서 중국 최대의 경제특구로 추가 지정되었다.[11] 1980년 '
광동성 경제특구 조례'가 제정되고 1982년 '복건성 하문 경제특구 기
업등기 규정', '복건성 하문 경제특구의 외국인 토지사용에 관한 규
정', '복건성 하문 경제특구의 노동관리 규정' 등이 제정되면서 법적
인 근거도 갖추게 되었다.

　경제특구 설치 이후 대외개방 지역의 확대 요구와 외국인 직접
투자의 증가는 새로운 경제지역의 개발을 야기하였으며, 개발배경에
는 경제특구의 경험이 커다란 영향을 끼쳤다. 1984년 등소평이 개혁
과 개방의 가속화를 촉구하면서 기존의 경제특구 외에 연해지역에
위치한 도시들의 개방을 촉구함으로써 개발구에 대한 지도지침을
제시하였다. 그러자 국무원은 경제특구의 성과를 확대하고 공업발
전과 대외개방을 가속화하며 해외자본의 유치와 선진기술의 지속적
인 도입을 위하여 대련, 상해, 천진 등 14개 동부 연해도시를 대외개
방도시로 지정하고 이들 도시에 경제특구와 유사한 국가급 개발구
를 설립하기로 결정하였다.[12] 1985년 주강삼각주, 장강삼각주와 민남
하·장·천 삼각지대를 개방하고 1988년에는 요동반도와 산동반도를
더 개방하였다. 1990년대 이후에는 중국의 대외개방이 더욱 다양화
되고, 전방위적으로 이루어졌다.[13]

　이렇게 개발된 새로운 지역은 개발목적, 개발방식, 관리주체와 운
영방식 등에서 상이하기 때문에 다양한 형식으로 분류되고 있다. 하
지만 중국에서는 개혁과 개방 정책을 채택한 이후에 다양한 형식으
로 외국자본을 유치하기 위해 조성된 개발지역을 통칭하여 개발구
라고 이른다.[14] 개발구의 도입기에 개발구 설립의 이론적 근거는 경

---

11) 홍익표, 앞의 책, 59면.
12) 강효백, 앞의 논문, 324면.
13) 黎學玲, 앞의 책, 8면.
14) 안재섭, "중국 경제개발구의 설치와 운영시스템에 대한 연구", 한국경제지

제특구의 이론적 근거와 동일한 '선부론'이다. 이 시기에 개발구들은 선진기술의 도입, 과학적 관리경험의 보급, 경제정보의 전달, 인재양성과 확산 등의 측면에서 경제발전을 선도하는 역할을 수행할 수 있도록 외자유치와 기술도입 등의 대외경제활동에 관한 자주권이 부여되고, 국내외 투자기업과 화교기업 등에 대한 우대조치를 실시하였다.[15]

선부론 시기에 개발구의 성공요인 중 하나는 평등주의를 버리고 지역격차를 적극적으로 용인한 것이었다. 그러나 1990년대 이후 경제개혁과 대외개방 정책을 최초로 추진하면서 표방했던 것처럼 연해지역의 발전이 내륙지역으로 파급되는 전이효과는 나타나지 않았다. 오히려 내륙이 원료공급 기지화하는 양상 속에 일부 연해지역 성과 시의 경제력 신장을 바탕으로 한 발언권 신장과 지방분권화 현상이 나타났으며, 지역적 이기주의가 만연하고 내륙의 상대적 박탈감 고조와 경제적 낙후라는 개혁 부작용이 야기되었다.[16]

1992년을 기점으로 중국의 지역개발 정책은 연해 우선 발전 전략에서 내륙발전을 중시하는 지역간 협조발전론으로 전환되었다. 대외 개방정책으로서는 전방위개방정책의 전단계로 평가된다. 이것은 지역 간 협조 발전을 통해 연해와 내륙 사이의 경제력 차이를 줄임으로써 지역 간 경제력 균형과 공동부유를 달성하려는 목표를 가진 정책이며 내륙에 대한 투자확대, 연해와 내륙 간 긴밀한 경제협력과 분업, 연해의 내륙에 대한 지원과 투자 장려, 지역 간 산업구조의 조정, 내륙개방 확대 등을 내용으로 했다.[17]

중국이 1978년 경제특구 설치를 결정한 이후 연해 개방도시, 연해

리학회지 제5권 제1호, 한국경제지리학회, 2002, 90면.

15) 강효백, 앞의 논문, 325면.

16) 강준영, 중국진출전략 대특강, 중앙M&B, 2003, 34-37면.

17) 강정모 외, 신동북아경제론, FKI미디어, 2003, 287-295면.

경제개방구, 연강 개방도시, 연변 개방도시, 내륙지역에 이르는 점진적인 개방전략의 일환으로 개발구가 설치되었으며, 그 발전에 따라 다양한 개발구 형식이 등장하였다. 개발구의 근거가 된 것은 1984년 중국 공산당이 국무원에 하달한 '연해지역 도시좌담회 기요'라고 할 수 있다. 이 문건은 경제특구 설립 이후 확대 개방한 14개 연해 항구도시에 개발구를 설치할 수 있으며, 경제특구와 같은 몇 가지 특수한 우대정책을 개발구에서 실행할 수 있도록 한 것이다.[18]

중국은 민감한 부분의 개혁은 일정 범위에서 실험을 거친 후에 결과에 따라 차후 확산정책을 결정하였다. '실험 후 확산'을 추진한 대표적인 사례가 경제특구이며 정치적인 부담감, 부작용의 통제, 역량의 집중 등 다양한 요인을 고려하였다. 이러한 시도는 중국의 광대한 영토의 특징을 잘 반영한 것이기도 하다.[19] 중국의 경제특구는 대외개방 정책의 유형이며 중앙과 지방정부의 권한 조정으로 중앙정부의 권한이 대폭 이양되었다는 특징이 있다.

중앙정부는 지방의 특구에 대한 통제권을 일부 완화했다. 따라서 지역의 경제활동은 자율적인 경제관리를 통해서 수행될 수 있었다. 투자계획에 대한 심사권과 허가권 등의 실질적인 권한이 지방정부에 이양됨으로써 경제특구라는 실험의 장에서 지방정부의 자율성이 실효적으로 보장되었다. 실험을 거친 경제특구가 중국 경제개방의 선두주자가 된 이후, 개방 지역의 확장에 따라 개발구가 양적·유형적 측면에서 지속적으로 확대되어 개방 지역의 경제체제 변화에 선도적인 역할을 담당하면서 지역경제 성장의 견인차 역할을 하고 있다.

---

18) 강효백, 앞의 논문, 323면.
19) 양문수, "체제전환기의 경제정책과 성과", 윤대규 편, 사회주의 체제전환에 관한 비교연구, 한울, 2008, 211면.

2) 특별경제구 법제의 체계

가. 더 강한 헌법적 근거를 확보

외국의 자본을 유치하기 위한 적극적인 시도인 특별경제구를 뒷받침하는 법제의 기본은 헌법이다. 사회주의 계획경제체제 하에서 외국투자자의 투자 허용 여부는 헌법적인 근거가 필요하기 때문이다. 외국 자본의 국내 유입과 관련되는 경제개혁의 속도와 범위도 헌법에서 규율할 문제이다. 1982년 헌법은 "중국은 외국의 기업 및 기타 경제조직 또는 개인이 중국 법률의 규정에 따라 중국에 투자하고 중국의 기업 또는 기타 경제조직과 각종 형식의 경제합작을 진행하는 것을 허용하며, 중국 내의 외국기업과 기타 외국 경제조직 중 중외합자경영 기업은 모두 반드시 중국의 법률을 준수하여야 하며 그들의 합법적인 권리와 이익은 중국 법률의 보호를 받는다"고 규정하여 외국투자자의 투자 및 대외경제 합작과 교류에 대한 헌법상의 근거를 마련하였다(제18조).

1993년 헌법 개정은 등소평의 남순강화 이후 사회주의 시장경제체제를 본격 채용함에 따라 '개혁심화, 개방확대' 노선과 정책을 보다 공고히 한 것이다.[20] 1993년 헌법은 "우리나라는 사회주의 초급단계에 처해있고", "중국적 특색을 가지는 사회주의 이론을 건설"하며 "개혁과 개방을 견지"한다는 내용을 전문에 추가하였다. 또한 "국가는 사회주의 시장경제를 실행한다", "국가는 경제입법을 강화하고 거시조정을 완비한다", "국가는 법에 의해 임의의 조직이나 개인이 사회경제질서를 혼란시키는 것을 금지한다"고 규정함으로써 사회주의 시장경제 이론을 도입하였다(제15조). 향후 개혁과 개방을 심화시켜 나가기 위한 이론적 토대를 구축한 것이다.[21]

---

20) 사법연수원, 중국법, 2004, 48면.
21) 사법연수원, 앞의 책, 50면.

중국은 1993년 헌법에서 사회주의 시장경제를 선언함으로써 향후 경제논리에 따라 정책을 추진하겠다는 의지를 표명한 것이고, 이로써 외국 자본 유치 정책은 전환점을 맞은 것이라고 볼 수 있다. 한편 중국은 외자유치에 따르는 부정적인 효과 발생을 방지하기 위하여 외국자본 기업의 설립에 관한 심사비준제도(審査批准制度)를 시행한다. 설립하려고 하는 외국자본기업의 업종이 섭외기업법 등 관련 법률이 허용하고 있는 업종에 해당하는가, 외국투자자의 자금력이나 기술력이 외자유치를 통해서 달성하고자 하는 경제발전의 정책적 취지에 부합되는가, 당해 외상투자기업의 설립을 허용하는 것이 중국의 국익과 경제발전에 도움이 될 것인가 등을 종합적으로 검토하여 당해 외상투자기업의 설립을 허용하는 것이 중국의 외자유치에 관한 정책방향과 부합하여 중국의 경제발전에 도움이 된다는 판단이 내려졌을 때 비로소 법인의 설립을 허용하는 제도이다.[22]

1999년 헌법에서는 제15조를 다시 개정하여 "중화인민공화국은 법에 의하여 나라를 다스리고 사회주의 법치국가를 건설한다"는 내용을 새롭게 규정했다. 경제제도에 대한 개정으로 "국가는 사회주의 초급단계에서 공유제를 주체로 하고 각종 소유제 경제가 공동으로 발전하는 기본경제제도를 견지하며, 노동에 따른 분배를 주체로 각종 분배방식이 병존하는 분배제도를 견지한다"는 내용을 새롭게 추가하였다.

비공유제 경제에 대한 보호를 강화하기 위하여 "법률의 범위 내의 개체경제, 사영경제 등 비공유제 경제는 사회주의 시장경제의 주요한 구성부분이다"라고 규정하였다.[23] '사회주의 초급단계'의 장기성을 강조함으로써 시장경제 체제를 지향하는 경제개혁이 지속적으로 유지·발전될 것임을 천명한 것이다.

---

22) 사법연수원, 앞의 책, 223면.
23) 한대원 외, 앞의 책, 60면.

2004년 헌법에서는 "사영경제 등 비공유경제의 발전을 지지하고 인도한다"는 규정을 추가하였고 합법적인 사유재산을 침해하지 않고, 공공이익의 필요성에 따라 법 규정에 의거하여 공민의 사유재산을 징수하거나 수용하는 경우에 보상을 하여야 한다고 규정하여 재산권을 보장하고 있다.[24] 헌법상의 이와 같은 변화는 사회주의 계획경제 체제를 자본주의 시장경제 체제로 바꿔나가는 정책적 의지에 근거한 것이면서 동시에 그러한 정책의 근거가 되었다. 외국투자자의 투자를 적극적으로 유치하고자 하는 정책은 이 같은 개혁개방 정책의 핵심적인 부분으로서 헌법 개정에 따라 점점 더 강한 헌법적 근거를 확보한 것이다.

나. 개혁 개방의 시험지이자 창구이고 교량인 중국의 경제특구

헌법을 제외한 중국의 규범은 중앙법률과 지방법규로 구성된다. 중앙법률은 전국인민대표대회와 전국인민대표대회 상무위원회에서 제정하는 법률과 국무원이 제정하는 행정법규로 나뉜다. 지방법규는 성, 자치구, 직할시의 인민대표대회가 헌법과 법률 및 행정법규에 저촉되지 않는다는 전제 하에 제정할 수 있다. 이와 같은 중앙법률과 지방법규는 헌법과 입법법에 의하여 부여된 법정입법권에 의해서 제정되는 것이다.

이러한 법정입법권의 기초 위에서 중국은 경제특구의 수권입법을 추진하여 1981년 11월 전국인민대표대회 상무위원회는 '광동성·복건성 인민대표대회 및 그 상무위원회에 소속 경제특구의 각종 단행 경제법규를 제정하는 권한을 수여하는 것에 관한 결의를 통과시켰다. 1988년 4월 전국인민대표대회는 '해남 경제특구 건립에 관한 결의'를 통과시켰다. 그리고 1992년 7월 전국인민대표대회 상무위원회

---

24) 사법연수원, 앞의 책, 61면.

는 '심천시 인민대표대회 및 그 상무위원회와 심천시 인민정부에 각
각 법규와 규장을 제정하여 심천경제특구에 실시하는 권한을 수여
하는 것에 관한 결정'을, 1994년 3월 전국인민대표대회는 '하문시 인
민대표대회 및 그 상무위원회와 하문시 인민정부에 각각 법규와 규
장을 제정하여 하문경제특구에 실시하는 권한을 수여하는 것에 관
한 결정'을, 1996년 3월 '산두와 주해시 인민대표대회 및 그 상무위원
회, 인민정부에 각각 법규와 규장을 제정하여 각자의 경제특구에 실
시하는 권한을 수여하는 것에 관한 결정'을 각 통과시켰다.

이로써 광동, 복건, 해남 3성의 인민대표대회와 그 상무위원회, 심
천, 하문, 산두와 주해 4개 도시의 인민대표대회 및 상무위원회는 소
속 경제특구에 대해 법규를 제정할 수 있는 수권입법권을 취득하게
되었다.[25]

중국은 지역이 광대하고 경제발전 수준이 각기 다르며 사회관계
가 복잡하고 다양하다. 경제특구는 중국 개혁과 개방의 시험지이자
창구이고 교량이다. 기존의 낙후된 법규로는 개혁과 개방을 선도하
기 어렵기 때문에 새로운 법제의 창조를 가능하게 하는 법적 수단이
필요한 것이다.[26] 수권입법은 각기 다른 경제특구의 환경과 사정을
고려하여 경제특구에 가장 적합한 규범을 만들 수 있도록 함으로써
규범적으로 경제특구의 발전을 지원하는 제도인 것이다.

특별경제구의 입법은 특별경제구의 설립목적과 특별경제구의 특
성에 맞도록 입법을 규범화하고 효율성을 제고시킬 수 있도록 법규
의 수준을 끌어 올려야 하며, 입법과정의 각 단계에서 따를 수 있는
법을 제정하는 것이 필요하다. 중앙법률과 지방법규, 수권입법에 의
한 법규 등 중국 입법의 절차적 문제에 대해서는 중국 헌법, 중국 입
법법, 지방 각급 인민대표대회와 지방 각급 인민정부 조직법, 전국인

---

25) 법무부, 중국경제특구 법제연구, 43-45면 참조.
26) 법무부, 중국경제특구 법제연구, 49면.

민대표대회 및 그 상무위원회의 경제특구가 소재하는 성, 시에 대한 수권입법의 결의, 국무원의 법규, 규장 등록규정 등에서 일반적인 규정을 가지고 있다.[27]

이와 같이 중국의 특별경제구의 규범은 중앙법률과 지방법규, 수권입법에 의한 법규로 이루어져 있다. 특별경제구의 규범으로는 '광동성 경제특구 조례'를 비롯하여 '경제특구와 연해 14개 항구도시의 기업소득세와 공상통일세 감면에 관한 규정', '상해시의 포동신구 외상투자 장려에 관한 약간의 규정', '중화인민공화국 해관의 경제기술개발구 출입경 화물에 대한 관리규정', '외상투자기업의 인력사용 자주권과 근로자 임금·보험·복지비용에 관한 규정' 등 수많은 법규가 존재한다. 법규 중에는 적용범위를 경제특구로 한정한 규정도 있고, 적용범위를 명시하지 않은 규정도 있다. 적용범위를 한정하는 규정의 반대해석상 적용범위를 명시하지 않은 규정은 특별경제구 전체에 적용된다고 보아도 무방할 것이다.

다. 특별경제구의 대표적 법인 광동성 경제특구 조례

1980년 제정된 '광동성 경제특구 조례'는 중국에서 최초로 제정된 경제특구 관련 법규이다. 이 조례는 경제특구의 성질, 목적, 임무, 외상의 경제특구 투자경영 관리와 우대혜택 정책 등을 규정하고 있으며 복건성의 하문 경제특구에도 적용되어 중국 경제특구의 일반법적 지위를 차지하고 있는 것으로 볼 수 있다. 경제특구와 개발구는 중국의 경제개혁과 대외개방 정책의 산물로서 설립목적이 동일하다.

개발구의 하나인 포동신구를 경제특구에 준해서 개발한 사례에서 보듯이 중국 정부도 소재지의 차별성 이외에는 특구와 개발구에 차이가 있다고 보지 않는 점, 개발구의 일반법은 제정되지 않았다는

---

27) 黎學玲, 앞의 책, 55면.

점, 경제특구의 경험을 토대로 개발구를 조성하였으며 경제특구의
특혜와 우대제도를 개발구에 적용하였다는 점, '경제특구와 연해 14
개 항구도시의 기업소득세와 공상통일세 감면에 관한 규정'을 비롯
하여 경제특구와 개발구에 모두 적용되는 법규가 상당하다는 점 등
을 고려할 때 광동성 경제특구 조례는 경제특구의 근거가 되는 규범
이기는 하지만 특별경제구의 대표적인 일반법으로서 그 내용을 살
펴본다고 해도 무리가 없을 것이다.

3) 광동성 경제특구 조례의 주요내용

광동성 경제특구 조례는 26개 조문, 총 6장으로 구성되어 있는데
제1장은 총칙, 제2장은 등록과 경영, 제3장은 우대혜택, 제4장은 노무
관리, 제5장은 조직관리, 제6장은 부칙이므로 사실상 총 5장 체계라
고 볼 수 있다.

가. 기본제도

기본제도를 규정하고 있는 제1장 총칙은 6개의 조문으로 이뤄졌
으며, "대외경제협력과 기술교류를 확대시키고 사회주의 현대화 건
설을 촉진하기 위하여" 경제특구를 설치한다고 규정하여 경제특구
설치의 목적을 먼저 밝히고 있다(제1조). 투자의 주체는 외국의 공민,
화교, 홍콩·마카오 동포 및 그 회사·기업으로서 이들을 통칭하여 "객
상"이라고 칭하는데 객상은 경제특구에서 공장을 설립하거나 중국
측과 합자하여 공장을 설립하거나 기업과 기타 사업을 설립할 수 있
다(제1조). 객상의 자산·이윤·기타 합법적인 권익은 법에 따라 보호
된다(제1조). 준거법은 중화인민공화국의 법률과 법령 및 관련 규정
이며 "본 조례에 특별한 규정이 있는 경우에는 본 조례의 규정에 따
른다"고 하여 광동성 경제특구 조례의 특별법적인 지위를 밝히고 있

다(제2조).

경제특구에서는 투자자를 위해 광범위한 경영범위를 제공하고 양호한 사업조건과 안정적인 경영장소를 보장하는 것으로써 외자 유치의 기본조건을 제시하고, 국제적인 경제협력과 기술교류에 있어 적극적인 의의를 가지는 일체의 공업·농업·목축업·양식업·여행업· 주택건축업·고급기술연구제조업 및 객상과 중국 측이 공동으로 관심을 가지는 기타 업종은 단독 또는 중국 측과 합자하여 창업할 수 있도록 하여 창업 업종에 제한을 두지 않는 유연함을 보인다(제4조).

나. 거버넌스

경제특구의 관리권한은 광동성경제특구관리위원회에 있다. 광동성 인민정부를 대표하여 각 특구에 대한 통일적인 관리를 실시하는 광동성경제특구관리위원회는 경제특구의 관리를 위하여 신설되는 조직이다(제3조). 광동성경제특구관리위원회는 특구발전계획의 수립 및 실시, 객상의 특구 내 투자항목에 대한 심사와 비준, 특구의 공상등기 및 토지심사배정 처리, 특구 내에 설립된 은행·보험·세무· 해관·출입경·검역·우편기구 등의 업무관계 조정, 특구기업에 필요한 근로자 공급처 제공과 근로자의 정당권익 보호, 특구의 교육·문화· 위생 및 각종 공익사업의 설립운영, 특구의 치안유지, 특구 내에서 신체 및 재산이 침해당하지 않도록 법에 따라 보호하는 역할을 하는 기구이다(제23조).

심천특구는 광동성경제특구관리위원회가 직접 경영·관리하며 주해특구와 산두특구는 필요한 사무처리기구를 설치한다(제24조).

특구의 토지정리사업과 용수공급·배수·전력공급·도로·항만·통신·창고 등의 각종 공공시설은 광동성경제특구관리위원회가 책임지고 건설하도록 하여 경제특구의 인프라 구축을 관리위원회가 맡도록 했다. 그러면서도 필요시 외자를 도입하여 건설에 참여시킬 수

있다는 규정을 두어 인프라 구축에도 투자가 가능하도록 하고 있다
(제5조).

특구에는 국내외 전문가와 중국의 현대화건설에 열정적인 관련
인사를 초빙하여 고문위원회를 구성하여 자문기구의 역할을 맡기고
있다. 자금모집과 신탁투자업무, 특구 유관기업의 경영 또는 객상과
의 합자 경영, 특구 객상과 내지 간에 거래되는 구매 및 판매의 대리,
상담서비스를 제공하는 광동성경제특구발전공사를 설립하여 특구
경제활동의 전개에 부응하도록 하고 있다(제6조, 제25조).

다. 등록과 경영

투자자가 공장을 설립하거나 각종의 경제사업을 하려면 광동성
경제특구관리위원회에 신청서를 제출하여 심사와 비준을 받은 후
등록증서와 토지사용증서를 발급받아야 한다(제7조). 투자자는 특구
내에서 독립적으로 자신의 기업을 경영할 수 있고(제10조), 특구 내
에 설립된 기업에서 생산하는 제품은 해외 판매를 원칙으로 하되 광
동성경제특구관리위원회의 비준을 받아 국내에 판매하는 경우에는
해관에 보충납세수속을 하는 세제상의 불이익이 있다(제9조).

투자자는 특구 내에 있는 중국은행 또는 기타 중국 측에서 설립
을 비준한 은행에 계좌를 개설하여 외환 관련 업무를 행할 수 있고,
보험의 경우에도 특구 내에 설립된 중국인민보험공사 또는 중국 측
에서 설립을 비준한 보험회사에 각종 보험을 가입할 수 있도록 하여
금융과 보험 관련 규정을 두고 있다(제8조). 투자자는 광동성경제특
구관리위원회에 사유를 신고하고 특구 내에 설립한 기업을 중도에
폐업할 수 있으며 채권과 채무의 청산의무가 있다. 폐업 후의 자산
은 양도할 수 있고 자금은 국외로 송금할 수 있도록 하여 수익의 자
유로운 이동을 보장하고 있다(제11조).

라. 노동과 임금

각 특구는 노동서비스회사를 설립한다. 특구기업은 중국 국적의 사무원과 노동자를 고용함에 있어 현지 노동서비스회사의 소개를 받거나 또는 광동성경제특구관리위원회의 동의를 받은 후 투자자가 스스로 모집할 수 있다. 어느 경우이든 기업이 심사하여 채용하고, 근로자와 노동계약을 체결하여야 한다(제19조). 투자자는 특구 내에서 외국 국적의 인원을 고용하여 기술과 관리업무를 담당하게 할 수도 있다고 하여 단순 노동의 경우에는 중국 인력을 사용하도록 하고 전문성이 인정되는 분야에 한정하여 외국인을 고용할 수 있도록 하고 있다(제10조).

특구기업에서 일하는 중국 근로자의 임금수준·임금형식·장려방법 및 노동보험과 국가의 근로자에 대한 각종 보조금은 광동성경제특구관리위원회의 규정에 따라 기업과 근로자가 계약을 체결한다. 특구기업이 고용한 근로자는 기업의 경영상 필요에 따라 관리하고, 필요한 경우 해고할 수 있으며 해고는 노동계약의 규정에 따라 실시하는데, 근로자의 사직도 노동규정에 따라 신청하도록 하고 있다(제20조, 제21조). 한편 특구기업은 반드시 필요한 노동보호조치를 강구하여 근로자가 안전하고 위생적인 조건 하에 작업할 수 있도록 보장하여야 한다(제22조).

마. 우대 혜택

제3장에 규정된 우대 혜택은 광동성 경제특구 조례의 여섯 개 장 중 조문수가 가장 많은 장으로 중국 당국이 외자유치를 위해 노력했다는 점을 알게 해 준다. 특구의 토지는 사회주의 국가의 소유 개념에 따라 모두 국가 소유이다. 투자자가 토지를 사용할 경우에는 실제 수요에 따라 토지를 제공하며 사용연한, 사용비용, 납부방법에 대하여는 업종과 용도에 따라 우대혜택을 부여하는데 구체적인 방법

은 광동성 경제특구 조례에는 나와 있지 않다(제12조).

특구기업에 대한 소득세 세율은 15%이지만 특구 초기의 투자 유치를 활성화하기 위하여 광동성 경제특구 조례가 공포된 1980년부터 2년 이내에 투자하여 설립하는 기업이나 투자액이 미화 500만 달러 이상인 기업, 기술수준이 높고 자금의 회전기간이 비교적 긴 기업에 대하여는 특별한 세제상의 우대혜택을 부여하도록 하고 있다(제14조). 투자자가 얻은 이윤을 특구 내에 재투자하고 그 기간이 5년 이상인 경우에는 재투자 부분에 대한 소득세의 감면을 신청할 수 있다(제16조). 세제상의 우대혜택과 관련하여 "자금회전 기간이 비교적 긴"과 같이 판단자의 주관이 개입할 여지가 마련된 불명료한 개념을 사용하고 있는 것이 눈에 띈다.

특구기업이 생산에 필요한 기계설비, 부품, 원재료, 운송수단 및 기타 생산수단을 수입할 경우에는 수입세를 면제하며 필수적인 생활용품에 대하여는 구체적인 상황에 따라 수입세를 징수 또는 감면한다. 이러한 물품을 수입하거나 특구제품을 수출할 때에는 해관에 신고하도록 하고 있다(제13조). 특구기업이 중국 내에서 생산한 기계설비, 원재료 및 기타 물자에 대한 사용을 장려한다. 그 가격은 중국의 동종 상품의 수출 가격에 준하여 우대혜택을 주고 외환으로 결산한다. 이러한 제품과 물자는 판매단위의 판매증빙을 근거로 직접 특구 내로 운송할 수 있다(제17조).

투자자가 기업소득세를 납부한 후 얻은 합법적 이윤과 특구기업에 근무하는 외국 국적의 근로자, 화교 근로자, 홍콩·마카오 근로자의 납세 후 임금 및 기타 정당한 수입은 특구 외환관리방법의 규정에 따라 특구 내의 중국은행 또는 기타 은행을 통하여 송금할 수 있고(제15조), 특구에 왕래가 빈번한 외국인과 화교 및 홍콩·마카오 동포에 대하여는 출입국 수속을 간략하게 하여 편의를 제공하도록 규정함으로써 화교 자본 유치에 적극적인 모습을 보여주고 있다(제18조).

2. 베트남의 특별경제가공구 법제

베트남의 경제개혁 조치인 도이모이 정책은 시장경제에 기초하는 경제체제로 이행하는 것을 근간으로 하며, 이는 계획 경제체제 하에서 경직되었던 경제시스템이 개혁되어 민간 부문에 의존하는 구조로 변환되는 것을 의미한다. 특히 대외 개방과 국제협력을 통해 외자를 유치하는 것이 필수적이었다. 베트남도 중국과 마찬가지로 외자유치와 기술도입의 창구로서 1988년 광의의 경제특구 제도를 도입할 것을 결정하고 제품의 생산과 수출 및 관련한 서비스를 제공하는 공단 육성을 도모하였다.

최초에 그 명칭은 수출가공구(Export Processing Zone)라고 불렸으며, 법적인 개념으로는 "특별경제가공구"였다. 베트남에서의 특별경제가공구는 광의의 경제특구 개념으로서 중국의 특별경제구와 같은 의미라고 볼 수 있다. 개혁과 개방정책이 확대됨에 따라 특별경제가공구의 종류는 수출가공구 외에도 공업구, 경제구 등으로 다양하게 늘어났다.

베트남은 개혁노선을 채택한 이후 대외경제 개방정책을 적극 추진하면서 대내적으로는 사회주의권의 전통적인 개발전략인 중화학 공업 우선정책에서 탈피하여 개혁 이후 경공업 지원정책을 강화하는 한편, 대외적으로는 외국인투자에 따른 국내기업 및 내수시장 잠식 등 부작용을 최소화하면서 수출 및 고용증대를 기하고 외자 및 기술을 마찰없이 이전받기 위해 수출가공구 개발을 본격화하였다.[28]

본격적인 경제제도의 변화는 1986년부터 시작된 법제도 정비가 어느 정도 마무리된 1988년부터 시작되었다. 호치민시의 탄투언과 린쭝 및 칸토 중부의 다낭과 북부의 하이퐁이 1988년 말 수출가공구

---

28) 권율, 베트남의 수출가공구 개발정책과 현황, 대외경제정책연구원 지역정보센터, 1993, 19면.

로 지정되었다. 수출가공구에 입주하는 기업들에게는 각종 우대정
책이 제공되었는데 대표적인 것은 세제특혜였다. 베트남은 외국계
기업을 유치하여 유휴 노동력을 흡수하고 수출증대를 유도함으로써
단순한 수출공단을 넘어 산업발전 및 경제개발 거점으로 확대될 수
있었다.[29]

무엇보다도 베트남의 수출가공구는 외국인 투자활동을 촉진하기
위해 설립되었다고 할 수 있는데, 수출가공구 설치를 통해 개선될
수 있는 투자여건의 변화는 다음과 같다. 첫째 국내 경제의 불안정
적인 변화에 상대적으로 독립적인 지역을 조성함으로써 외국인 투
자자들의 생산과 사업상의 안정적인 경영조건을 만들려고 하는 것
이다. 이에 따라 수출가공구 내에 독자적인 관리기관과 조직을 설
치·운영하여 베트남의 경영 및 규제유형에 익숙하지 않은 외국인 투
자자들에게 불필요한 행정절차를 간소화한 서비스를 제공함으로써
베트남 진출 여건을 개선시키고자 하였던 것이다. 둘째 국내 경제
전반에 걸친 투자환경 개선은 베트남의 자본과 기술이 부족하여 단
기적으로 가능하기 않았기 때문에 수출가공구로 지정된 특정 지역
에 우선적으로 토지개발과 제반 인프라 시설을 집중적으로 건설함
으로써 투자환경을 개선시키려고 했던 것이다.[30]

베트남의 수출가공구들은 인접지역과 분리되어 엄격하게 운영되
었다. 수출가공구와 인접지역 간 상품의 불법유출은 금지됨으로써
수출가공구는 공단 건설을 위한 배타적인 지역으로 설정되었다. 수
출가공구에 진출한 기업들은 수입원자재를 가공하여 수출하는 외국
투자자 단독투자 기업과, 내수시장에서 수요가 있을 경우 내수시장
에서 재료를 구입하고 생산물을 판매할 수 있는 베트남기업들과의

---

29) 권율, "체제전환 이후 베트남 산업단지 개발정책의 성과와 과제", 국토연구
    제22호, 국토연구원, 2003, 86면.
30) 권율, 앞의 책, 19-20면.

합작기업으로 구성되어 있었다. 또한 국내의 여타 지역과는 구별되는 우대조치를 마련함으로써 외자유치 증대와 유치산업 보호라는 목표를 동시에 달성하려고 한 것이다.[31]

수출가공구에 입주한 기업들은 내수판매를 제외하고는 생산품 전량을 수출해야 했다. 따라서 수출가공구 입주기업들은 풍부한 유휴노동력을 이용하는 전자, 플라스틱, 완구, 섬유, 봉제, 스포츠용품, 자동차 부품조립과 같은 노동 집약적인 단순 조립가공 분야에 진출하였다. 한편 수출물품의 제조, 하청 또는 조립생산 뿐 아니라 수송, 하역, 수리, 보험 및 은행 같은 서비스 업종도 운영할 수 있었다.[32] 1995년 미국와의 수교 이후 광의의 의미에서의 경제특구 개발이 본격화됨에 따라 수출가공구는 기능의 차이에 따라 공업구, 수출가공구, 경제구, 국경관문경제구로 분화되었다.

1) 특별경제가공구 법제의 체계

가. 외국투자자산의 헌법적 보장을 명기

베트남에서도 외자 유치를 통한 경제력 신장은 경제체제 개혁과 대외 개방의 핵심적인 정책이었으며, 이를 뒷받침한 것은 헌법 개정과 외국투자법제 마련 등을 통한 법제정비였다. 베트남 정부는 1986년부터 시작한 도이모이 정책의 실천적 결과를 헌법으로 수용하기 위하여 1992년 헌법을 개정하였다. 1992년 개정 헌법은 개인의 경제활동과 생산수단의 사유화를 허용하고, 사영부문을 포함하는 다부문 상품경제를 도입하는 등 시장경제를 지향하였다. 대외경제 정책과 관련해서는 "경제 구성원의 외국과의 경제·과학·기술협력과 세계시

---

31) 중화경제연구원, 중공경제특구에 관한 연구, 백권호 역, 산업연구원, 1985, 7면.
32) 권율, 앞의 책, 21면.

장과의 교류를 확대한다"고 하여 1980년 헌법과는 다른 방향을 제시하고 "모든 경제구성원에 속한 기업은 법률의 규정에 따라 국내 및 외국의 개인 및 경제조직과 합작관계를 가질 수 있"고 "국가는 외국의 개인 및 조직이 베트남 법률에 부합하는 베트남에 대한 자본 및 기술투자를 장려하며 외국 개인 및 조직의 합법적인 자본 소유권 및 기타 권리를 보장한다"는 규정을 둠으로써 외국인 투자에 대한 헌법적인 근거를 마련하였다.

　이것은 대외무역에 있어서의 국가독점주의라는 사회주의 국제경제의 대원칙을 버리고 대외경제 관계에 있어서 사기업 및 외국기업의 권리를 보장하고 자율권을 부여하는 정책을 채택한 것으로서, 외국자본의 유치에 있어서 가장 중요한 것은 외국투자 자본에 대한 안정성 보장이었기 때문이다. 특히 투자할 대상이 베트남과 같은 후진 사회주의 국가일 때는 그 필요성이 더욱 컸다. 따라서 베트남의 1992년 헌법은 외국투자자산의 헌법적 보장을 명기해야만 했던 것이다.[33]

　경제제도에 대해서는 "국가가 관리하는 시장제도에 따른 다부문의 상품경제를 발전시킨다"고 선언하면서 그에 따라 "개체경제, 개인자본경제는 국민생계를 위하여 이로운 분야에서는 활동규모에 제한을 받지 않는다"고 하여 개인자본의 활동자유를 보장하였다. "합법적인 개인, 조직의 재산은 국유화되지 않는다"고 하여 다부문 경제주체의 법적 안정을 확보해 놓았다. 국유기업의 경영자주권과 집단경제의 자발적 경영, 생산자와 소비자의 권리보호 등을 규정하였을 뿐만 아니라, 대외경제 관계에서 외국인 자본 및 기술투자 장려와 소유권보장을 명시하여 특별경제가공구에 대한 외국투자 유치를 위한 헌법 차원에서의 노력을 보여주었다.

---

33) 법무부, 베트남 개혁개방법제 개관, 210-211면.

이 시기에는 헌법 개정 뿐 아니라 1990년에는 개인기업법과 회사법을 제정하고, 소비세·부가세·이윤세 등 근대적인 조세제도를 도입했다. 1991년에는 개인소득세제도를 도입하고 외환거래소를 설립했다. 1993년에는 토지법을 개정하여 개인과 법인에 20년 내지 50년 간의 장기간에 걸친 토지사용권을 보장하고 토지사용권의 양도와 담보를 허용하였으며, 1994년에는 파산법과 노동법을 제정하였다. 1995년에는 경제체제 개혁을 위한 개혁적 경제법률의 집합이라고 할 수 있는 베트남 민법전을 제정하여 시행하였으며, 베트남 국유기업법 시행을 통해 국유기업의 개혁을 가속화하는 등 많은 양의 근대적인 법률들을 제정·시행하였다, 베트남 개혁과 개방의 법제화는 대부분이 시기에 이뤄졌다고 보아도 과언이 아닐 것이다.[34]

2001년 헌법은 "국가는 사회주의 시장경제 개발정책을 지속적으로 수행한다"고 하여 사회주의 시장경제를 기본경제제도로 선언하고 "경제 및 외국인투자경제, 과학, 기술협력과 세계시장과의 교류를 확대한다. 모든 경제부문은 사회주의 시장경제의 주요한 구성을 이룬다. 모든 경제부문의 조직과 개인은 사업, 지점, 합법적인 무역에서의 생산활동을 할 수 있으며 장기간 개발, 협력, 법에 의한 공정한 경쟁에 참여할 수 있다. 국가는 사회주의 기초에 따라 모든 종류의 시장 형성, 개발, 점진적 개선을 강화한다"고 선언하여 외국인투자와 시장개발을 공식화하였다.[35] 이로써 외국자본의 투자에 대한 입장을 헌법적으로 분명히 한 것이다. 또한 "국가는 해외에 거주하는 베트남 인민의 국가에 대한 투자를 장려하며 그에 대한 유리한 조건을 조성한다"는 규정도 두어 외자 유치의 폭을 확대하고자 하였다.

---

34) 법무부, 베트남 개혁개방법제 개관, 118-119면.
35) 권은민, 북한 외국인 투자법제에 관한 연구: 시기별 변화와 전망, 북한대학원대학교 박사논문, 2012, 245면.

나. 적극적인 투자유치 위한 인센티브 제공

개혁개방을 추진하기 위해서 특히 외국 투자자들이 안심하고 베트남에 투자할 수 있는 환경을 조성하기 위해서는 헌법적 근거의 마련은 물론이고, 체계적인 투자법제도의 구축이 필요했다. 그에 대한 첫 대응이 1987년 외국인투자법의 제정이었다.[36] 외국인투자법은 베트남에 대한 외국인 투자를 장려하기 위하여 투자자본의 소유권과 외국인 투자자의 합법적인 이윤을 보장하며, 그들에게 최적의 투자조건과 간소하고 신속한 절차를 제공하는 것을 목적으로 한다(외국인투자법 제1조).

1987년 제정된 외국인투자법은 외자기업에 대한 규제조항이 엄격하여 외국인투자를 유치하기에는 부적절한 요소가 많았다. 외자기업의 투자상한선을 50% 미만으로 설정하여 기업운영권에 제한을 두었고, 활동기한도 10년 내지 15년이었다. 그럼에도 이 법은 중국의 외국인투자법보다 2년이나 빨리 제정된 것으로서 당시 상황에서는 획기적인 법률이었다.[37] 외국인투자법은 외국인 투자자들이 베트남에 대한 직접 투자를 위하여 투자자본금을 베트남 내로 이동시키는 조건과 절차, 그 효과에 관한 제반 규정을 포함한다. 베트남은 외국인투자법의 목적을 금지된 투자를 허용하는 차원을 넘어 적극적인 투자유치를 위한 인센티브 제공으로 규정하였다.

2005년 내국인 투자법과 외국인 투자법을 통합하는 통합 투자법을 제정하면서 내국인과 외국인에 대한 차별을 철폐하고, 하나의 법에서 투자 관련 사항을 모두 규율하게 되었다. 외국인 투자를 유치하기 위하여 특별한 법을 둘 필요가 더 이상 없다고 판단한 것이다. 외국인투자법은 성공적으로 그 역할을 마감하였다고 평가할 수 있다. 2005년 제정된 기업법에서 정의한 용어를 보면 기업이란 경제활

---

36) 법무부, 베트남 개혁개방법제 개관, 353면.
37) 법무부, 베트남 개혁개방법제 개관, 211면.

동을 목적으로 한 경제조직이며 경영은 이윤창출을 목적으로 이뤄지는 투자과정이라고 정의하고 있다(기업법 제4조).

또한 기업의 권리로는 사업운영, 투자형식 등에 관한 자율권을 가지고 자본동원, 분배, 사용방식 및 형식을 선택할 권리가 있고 능동적으로 시장과 고객을 발굴하고 계약을 체결할 권리가 있으며, 기업의 요구에 맞게 근로자를 선발하고 고용할 권리가 있고 법률이 규정하지 않는 자원의 공급요청을 거부할 권리가 있다고 규정하고 있다(기업법 제8조).[38] 더 이상 사회주의적 정치체제 하의 국가에서 만들어진 법률이라고 보기는 어려울 정도로 계획경제의 자취를 찾을 수 없다고 하겠다.

다. 1991년에 특별경제가공구 규정을 공포

수출가공구 자체에만 적용되는 규범도 마련되었다. 베트남 정부는 1988년 말 수출가공구를 설치하기로 결정한 이후에 특별한 관련법 없이 공단 건설을 개별적으로 검토했다가, 1991년 베트남 각료평의회에서 수출가공구 설치에 관한 근거가 되는 '특별경제가공구 규정'을 공포함으로써 수출가공구 건설과 기업 진출의 제도적 기반을 정비하였다. 1992년 외국인투자법을 개정하면서 수출가공구 내에 설립되는 기업들을 "수출가공구 기업"이라고 명확하게 규정하였다(외국인투자법 제19조).

각 지역의 수출가공구 개발이 본격적으로 추진됨에 따라 수출가공구와 수출가공구 기업에 대한 별도의 추가 규범으로서 2008년 '공업구·수출가공구 및 경제구에 관한 규정'을 공포하였다. 이 규정은 베트남의 투자법률, 기업법률, 무역법률과 정부조직법에 근거한 시행령으로서 1991년의 규정을 대체하는 것으로 보인다. 다만 베트남

---

38) 한국무역투자진흥공사, 베트남투자법령집, 2006, 103-108면.

은 2006년 WTO에 가입하기 위하여 그 이전부터 경제 관련 법령을 대거 정비하였으므로 2008년 제정된 '공업구·수출가공구 및 경제구에 관한 규정'은 사회주의 국가의 경제특구 관련 규정이라고 보기에는 무리가 있다. 2005년 제정된 통합 투자법이나 기업법을 보면 알 수 있듯이 경제체제 및 이를 뒷받침하는 관련 규범에서 사회주의적 경제 체제의 흔적을 찾을 수 없게 된 이후에 제정된 규범인 것이다. 따라서 아래에서는 사회주의적 경제체제가 주를 이루는 가운데 광의의 의미에서의 경제특구 실험을 하려고 했던 시기의 규범으로서 북한의 경제개발구법과의 비교를 통해서 시사점을 찾을 수 있는 1991년 베트남 각료평의회 제정 '특별경제가공구 규정'의 주요 내용을 살펴보기로 한다.

2) 특별경제가공구 규정의 주요 내용

베트남 특별경제가공구의 근거가 되는 '특별경제가공구 규정'은 총 10장, 조문수는 66개이며 제10장인 부칙에 3개 조문을 두고 있어 실제로는 총 9장, 조문수는 63개로 특별수출가공구의 개발과 관리 및 기업활동에 대하여 규정하고 있는 것으로 볼 수 있다.

가. 기본제도

특별경제가공구는 수출용 상품을 생산하고 상품의 수출과 관련된 서비스를 제공하는 중앙 직할의 공업지대이다(제1조). 베트남 정부는 수출용 상품의 생산과 실제 수출에 적합한 장소에 특별경제가공구를 설치하여야 하며, 설치결의에 따라 정해진 지리적 경계에 의해 특별경제가공구의 구역이 정해진다(제2조). 특별경제가공구의 근거규범은 '특별경제가공구 규정'이다(제1조, 제7조, 제10조, 제14조, 제34조, 제36조, 제43조). 특별경제가공구는 '특별경제가공구 규정'에 따라 설치되고 운영되어야 하며, 특별경제가공구 기업은 '베트남외국인투자법'과 '특별경제가공구에 관한 규정'에 따라 운영되어야 한다.

하부구조 건설 사업을 하는 합작기업은 '1991년 2월 5일자 각료회의 시행령(No.28-HDBT)' 및 '베트남 외국인투자법'에 따라 설립되고 운영되어야 하며, 장비·운송기구·원자재 및 상품의 수출입과 베트남 현지매매에서는 '관세법'과 '수출입법'이 준수되어야 한다. 베트남 지역 외로부터 특별경제가공구로 반입되거나 특별경제가공구로부터 베트남 지역 외로 반출되는 외환은 베트남의 '외환관리규정'에 따라 반출입되어야 한다.

외국의 경제조직 및 개인과 해외에 거주하는 베트남의 개인 및 법인, 전 부문의 베트남 경제조직은 특별경제가공구에 투자할 수 있고(제5조), 투자자는 수출상품의 생산과 가공 및 조립, 이러한 활동과 관련된 서비스 제공 분야에서 영업활동을 해야 하며(제4조), 베트남 정부는 특별경제가공구에 투자하는 모든 투자자에게 공정하고 평등한 처우를 보장하고 특별경제가공구 규정에 따른 특혜를 부여하며, 외국인투자법에 규정된 투자보장을 특별경제가공구에 투자하는 투자가에게 보장한다(제3조).

투자자는 외국인투자법에 명시된 금액의 해외송금을 허가받아야 하며 ①100% 외국투자기업의 설립, ②외국과 베트남 간 합작기업의 설립, ③특별경제가공구 내의 기업과 외국조직 및 개인 또는 베트남 법인체 간의 경영협력계약 방식으로 투자할 수 있다(제46조, 제9조). 생산품은 외국시장에 판매되어야 하고 생산활동이 환경오염을 야기해서는 안되며, 운송·하역·정비·보험 및 금융 등 서비스 산업은 특별경제가공구 내에서 수출입활동을 효과적으로 지원해야 한다(제8조).

특별경제가공구는 출입국 구분체계에 의해 인근 지역과 분리되어야 하며 베트남 내국인과 외국인은 특별경제가공구 내에 거주하지 못한다. 업무적인 필요가 있는 경우 관리위원회의 허가를 받아

임시로 거주할 수 있다(제26조, 제28조). 투자자·관리자·근로자와 특별경제가공구 내에서 활동하는 기구·조직 및 기업의 관계자들은 특별경제가공구 내로의 출입이 허용된다(제27조).

나. 개발

특별경제구역 내의 토지는 베트남 국가 소유이며 투자자는 사업에 필요한 건물과 공장을 건설할 목적으로 관리위원회의 허가를 받아 토지를 임차할 수 있다(제17조, 제18조, 제20조). 임차기간은 영업허가서에 명기된 기업활동 기간과 일치하여야 하며 건물과 공장 건설은 특별경제가공구의 계획과 설계에 따라야 하며 3년 이내의 건설기한이 있다. 불가항력 또는 적법한 이유로 기업이 기간 내에 건설을 완료할 수 없는 경우, 기한이 종료되기 전에 관리위원회에 건설기한 연장을 신청해야 하고 규정된 건설기간이 종료되거나 건설기한이 연장되지 않는 경우 관리위원회는 지불된 임대료를 반환하지 않고 부지를 회수할 수 있다(제19조, 제20조, 제22조).

투자자는 하부구조건설에 종사하는 합작기업을 구입할 수 있고, 하부구조 건설업을 수행하는 기업들은 관리위원회의 종합계획에 근거하여 건설 및 공장의 임대와 하부구조 건설을 위해 다른 투자가의 투자를 유도할 수 있다(제21조, 제24조). 투자자는 특별경제가공구 내에서 건물과 공장을 자체적으로 건설하거나 입찰에 부칠 수 있고 건설된 건물 및 공장을 임차하거나 구입할 수 있으며, 건물과 공장 건설을 입찰에 부치는 경우 베트남 건설업자에게 우선권이 주어져야 한다. 건설 프로젝트를 추진할 경우 용수 공급·화재예방·소방·환경 및 생태보호를 보장하는 데 필요한 조치가 취해져야 한다(제21조, 제23조, 제24조).

다. 거버넌스

특별경제가공구의 지도기관은 국가투자협력위원회이다. 국가투자협력위원회는 특별경제가공구의 정관과 운영계획의 심사 및 승인, 관리위원회의 활동 지도 및 감독, 특별경제가공구 관리위원회와 관할 인민위원회의 권한에 속하지 않는 정책 및 법률과 관련한 문제의 해결을 담당한다(제61조).

특별경제가공구의 관리기구는 '특별경제가공구관리위원회'이다. 관리위원회는 특별경제가공구의 개발과 운영계획을 수립하고 투자와 건설을 촉진하며 특별경제가공구 규칙을 제정한다. 국가투자협력위원회로부터 위임받은 권한의 행사와 특별경제가공구 내의 투자계획을 심의하고 하부구조 건설 합작기업 외의 기업에 대한 영업허가서를 발급한다. 국가기관이 허용한 범위 내에서 특별경제가공구의 관리 및 운영비에 관한 규정을 제정하고 특별경제가공구 내의 각종 행정적인 업무를 담당하며, 원산지증명 등 각종 증명서를 발급한다(제6조, 제57조). 특별경제가공구의 수입은 국고에 귀속되고 비용은 국가예산에 의해 충당되며 관리위원회는 예산을 편성한다(제60조).

관리위원회 위원은 국가투자협력위원회 위원장 및 특별경제가공구를 관할하는 성과 시의 인민위원회 위원장의 제청에 따라 각료회의 의장이 임명하고, 필요한 경우 관리위원회는 기업 대표와 전문가로 구성된 자문위원회를 구성할 수 있다(제58조, 제59조). 특별경제가공구 내의 관세·조세·보안 등의 전담기구는 적합한 상급전문기관에 의해 설치되며 상급전문기관의 지침에 따른다(제59조).

라. 기업 활동

특별경제가공구 기업은 베트남 법률에 의한 법인체로서 유한책임회사로 설립되어야 한다(제10조). 기업을 설립하려는 투자자는 관리위원회에 필요한 서류를 첨부한 신청서를 제출하여야 하고, 관리위원회는 신청서 접수 후 3개월 이내에 영업허가서와 정관등록서를 투자자에게 발급하여야 한다(제11조). 관리위원회로부터 영업허가서를 발급받은 기업은 자동적으로 법인으로서의 지위를 가지며 정관 등 투자관련 정보를 관리위원회에 등록하여야 한다(제12조, 제11조). 기업의 활동기한은 영업허가서 발급일로부터 50년이고 활동기한이 종료된 이후에는 연장을 신청할 수 있으며 연장신청이 승인된 경우 정관을 재등록할 필요는 없다(제13조).

각 기업의 권리와 의무는 국가투자협력위원회가 교부한 투자인 가서에 규정되어야 하며 기업운영의 자치주의 원칙에 따라 특별경제가공구의 기업은 ①특별경제가공구 내의 부지 임차·주택 건축·영업허가서의 규정에 따른 사업 수행, ②특별경제가공구 내의 하부구조 및 서비스 이용과 사용료 지불, ③영업허가 및 정관의 규정에 따른 영업조직의 결정 및 계획, ④영업허가 규정에 따라 기업활동에 필요한 장비·원자재 및 기타 재료의 수입, ⑤생산품의 외국시장 수출 및 상품수출과 관련된 서비스의 제공, ⑥합의에 의한 생산품 및 서비스의 가격 결정, ⑦인력 고용의 권리를 가진다.

한편 특별경제가공구 내 기업의 의무는 ①특별경제가공구 규정, 외국인투자법 및 베트남의 제 규정 준수, ②특별경제가공구 규정에 명시된 베트남 정부에 대한 재정적 의무 이행, ③베트남 은행·베트남과 외국 간 합작은행 혹은 베트남 내 외국인은행 지점에 계좌 개설 및 유지, ④베트남 법률에 따른 회계장부의 공개 및 통계기록, ⑤투자 및 기타 영업상의 위험을 대비한 보험 가입, ⑥근로자의 안전과 위생시설의 확보·특별경제가공구의 환경 및 생태계 보호·화재예방조치 시행 등이다(제7조, 제15조, 제16조).

특별경제가공구 내의 기업은 베트남 기업과 외국 기업 사이에 재료의 가공 및 서비스의 공급과 관련한 베트남의 각종 규정에 따라 원자재의 완제품 가공과 서비스의 공급을 위해서는 허가를 받아 베트남 경제조직과 계약을 체결해야 한다(제38조). 베트남의 은행과 보험회사는 허가를 받아 특별경제가공구 내에 지점을 설치할 수 있다(제59조).

피고용인 모집에 있어서 베트남 내국인을 우선하여야 하며 외국인 고용은 베트남 내국인이 할 수 없는 부문에만 허용된다(제8조, 제30조). 특별경제가공구에서 일하고자 하는 베트남 근로자는 특별경제가공구 규정에 따라 관리위원회에 등록하여야 한다. 특별경제가공구 내의 기업은 관리위원회에 등록된 인력을 고용할 수 있고, 특별경제가공구 인력공급회사에 인력모집을 의뢰할 수 있다. 기업은 피고용인을 모집할 경우 구체적인 자격요건을 홍보하여 적합한 베트남 내국인이 관리위원회에 등록할 수 있도록 하여야 한다(제31조). 임금은 기업대표와 피고용인 간에 합의해야 하며 근로계약서에 기록되어야 한다(제32조).

기업은 베트남 재무당국의 재무감사를 받아야 한다. 투자협력위원회·재무부 및 특별경제가공구 내의 기업의 요청에 따라 회계법인은 기업을 감사할 수 있다. 기업회계보고서는 기업의 회계연도 말부터 3개월 이내에 관리위원회와 재무당국에 제출되어야하고(제49조, 제50조), 생산업체의 경우 이윤의 10%, 서비스업체의 경우 이윤의 15%를 법인세로 납부하여야 한다. 특별경제가공구 내에서 생산·공급된 상품이 베트남 국내 시장에서 해외 시장으로 판매된 경우에는 수출입관세가 부과된다(제51조, 제52조). 특별경제가공구 내의 주택과 토지에는 베트남 법률에 의한 세금이 부과되며 외국인투자자가 이익금을 해외로 송금하려 할 경우에는 5%의 송금세를 납부하여야 한다(제53조, 제54조).

마. 관세와 외환

외국으로부터 특별경제가공구로 또는 특별경제가공구로부터 외국으로 수출입되는 장비·수송기구·원자재 및 상품 등은 관세법에 따라 통관검사를 받아야 하며 관세지불의 대상이 되고, 기업은 특별경제가공구 내에 있는 세관에서 통관절차를 이행하여야 한다(제34조, 제35조). 기업이 베트남 현지에서 물품을 매매할 경우 베트남 수출입법에 따라 외국과의 수출입품과 같이 취급된다(제36조). 통관절차는 공개적으로 신속하고 친절하게 시행되어야 하며, 특별경제가공구에서 물품 및 수하물에 대한 세관검사는 소유자나 소유자의 법정대리인의 입회 아래 시행된다. 특별경제가공구 사이에 운송되는 물품은 수출입 관세가 면제된다(제39조, 제40조).

특별경제가공구에서 활동하는 기업인이 외환을 베트남으로 반입하려 할 경우에는 베트남 출입국항의 세관에서 통관절차를 거쳐야 하며, 미지급 잔금은 소지허가를 받아야 한다(제42조). 베트남화는 특별경제가공구에서 유통할 수 없으며 모든 매매와 지불은 태환이 용이한 화폐를 사용해야 한다(제44조). 외화지급의 대가로 상품을 수출하거나 서비스를 제공하는 특별경제가공구 내의 기업은 외환을 은행 계좌에 예치하여야 하며, 이 계좌를 통해 경비를 지불해야 한다(제45조). 특별경제가공구 내의 기업에 종사하는 외국인은 임금과 적법한 수익금의 해외 송금을 허가받아야한다(제47조).

바. 우대조치와 분쟁해결 제도

베트남 정부는 특별경제가공구 내 하부구조 건설과 관련한 사업을 목적으로 베트남과 외국 간 합작투자기업 설립을 허용하고 장려하여야 한다(제7조). 생산업체는 기업의 이익 발생 연도부터 4년간 법인세를 면제받고, 서비스업체는 이익 발생 연도부터 2년간 법인세를 면제받는다. 특별경제가공구 내에서 3년 이상 영업을 하고 있는 기업이 이익금을 재투자할 경우 재투자된 이익금과 관련하여 지출된 세금은 환급된다(제51조). 기업은 외국으로부터 특별경제가공구 내로 들여오는 장비·원자재 및 상품의 수입과 관련한 수입세가 면제되며 외국으로 수출하는 물품에 대한 수출세도 면제된다(제52조).

기업과 노동자 간의 분쟁 및 기업 간의 계약과 관련한 분쟁은 관리위원회의 중재대상이다. 중재에 의해 해결되지 않는 분쟁은 노사문제의 경우 지역인민법정에 송치되며, 기업 간의 계약 관련 분쟁은 국가중재에 회부되고 합작투자계약 관련 분쟁은 외국인투자법 제25조에 따라 처리된다. 형사상 범죄는 베트남 법률의 제 규정에 따라 인민법원이 관할한다(제62조, 제63조).

Ⅲ. 북한 법제의 점진주의 – 위로부터 – 단일전환 유형적 특징

점진주의-위로부터-단일전환 유형 국가는 사회주의 정치체제 하에서의 경제특구의 유용성과 경제특구 법제 정비의 필요성을 잘 보여주는 사례로서, 경제특구 법제 등 외자유치법제의 정비를 통한 외자유치로 경제성장의 기틀을 이루었다. 북한의 경우 경제특구와 관련한 실험은 1990년대 초반부터 진행되었다. 소련과 동유럽 사회주의 체제의 몰락과 함께 대내외적으로 가중된 압박에 대응하고 사회주의 정치체제를 유지하기 위한 수단으로 외자 유치를 위한 경제력 향상을 도모하기 위해 1991년 라진·선봉 자유경제무역지대 지정을 시작으로 경제특구 정책을 지속적으로 추진해왔다.

1998년 헌법 개정을 통해 경제특구 추진을 위한 의지를 헌법적으로 명시하였고, 2013년 경제개발구법에 이르기까지 다수의 경제특구법과 대외적 경제개방 및 외국인투자 관련법을 제정 및 개정하고 경제특구의 활성화 등 대외개방을 통해 외자와 선진기술을 유치하려는 노력을 계속하고 있다.

북한이 보이는 법제정비의 양상은 점진주의-위로부터-단일전환 유형 국가들에서 찾아볼 수 있는 전형적인 패턴이다. 정치 분야의 법제에 있어서는 인민민주주의 및 민주집중제 원칙에 의한 공산당의 권력 독점 체제를 고수하면서 법제 정비는 이에 유용한 범위 내에서 소극적으로 이뤄진다. 외국의 자본을 유치하기 위한 목적으로 경제 분야의 대외개방 관련 법제·외국투자 관련 법제·경제특구 법제를 적극적으로 제정하거나 개정한 이후에 이를 뒷받침하기 위해 필요한 한도 내에서 헌법의 경제조항을 개정하는 방식을 취하고 있다.

이는 점진주의-위로부터-단일전환 유형 국가들이 취해온 법제정비 방식과 기본적으로 동일하다고 볼 수 있다. 이하에서 북한 헌법상 경제조항의 변화 양상 및 경제특구 법제 등 대외경제법제의 정비과정을 통해서 찾아볼 수 있는 북한법제의 점진주의-위로부터-단일전환 유형적 특징을 검토한다.

1. 헌법 규정

1) 1948년 헌법 ~ 1972년 헌법상의 경제조항

북한은 1948년 헌법을 제정한 이후 1970년대까지 1954년, 1955년, 1956년, 1962년, 1972년 5회에 걸쳐 헌법을 개정하였으며, 경제조항과 관련하여 변화를 보인 것은 1972년 개정헌법이다. 1948년 헌법에서는 생산수단의 소유자를 국가, 협동단체 또는 개인, 자연인이나 법인의 소유로 규정하고(제5조) 토지, 기타 생산수단, 기업소, 원료, 주택, 저금 등에 대한 개인 소유와 상속권을 법적으로 보장하고 있었다(제8조). 국가는 인민경제계획을 작성하고 그 계획을 실시함에 있어 국가 및 협동단체의 소유를 근간으로 하고 개인경제부문을 이에 참가하게 하는 것으로 규정하고 있었다(제10조).

북한이 사회주의 단계로 진입했다고 주장하면서 사회주의 헌법이라고 명명한 1972년 헌법은 경제에 관한 장을 별도로 편제하고, 사회주의적 소유이론에 따라 국가와 협동단체에 대해서만 생산수단의 소유를 인정했다(제18조). 자연인이나 법인인 개인의 소유제를 폐지하였으며 개인 소유는 근로자들의 개인적 소비를 위한 소유로서 노동에 의한 사회주의적 분배와 국가 및 사회의 추가적 혜택으로 이뤄지는 것으로 규정하였다(제22조). 이 당시까지의 헌법은 경제체제의 전환의 조짐을 보이고 있지 않으며, 오히려 사회주의 경제원리를 공고히 한 것으로 평가할 수 있다.

2) 자본주의적 요소를 가미한 1990년대 헌법 개정

1990년대에는 1992년과 1998년 2회에 걸쳐 헌법 개정이 이루어졌다. 1992년 헌법은 소련과 동유럽 사회주의 체제의 몰락 이후 실감하게 된 대내외적 경제 환경의 변화가 초래한 경제난 타개를 위하여 최초로 자본주의적 요소를 가미한 헌법이다. 사회주의 계획경제라는 틀을 유지하면서도 외자유치를 위한 헌법적 토대를 구축하지 않을 수 없었던 현실을 반영하여 북한 내에서 외국인의 합법적 권리와 이익을 보장하고(제16조), 북한의 기관·기업소·단체와 외국의 법인 또는 개인과의 기업합영과 합작을 장려한다고 규정하였다(제37조).

외국과의 합영과 합작을 가능하게 하는 조항을 헌법에 신설한 것은 중국이 1982년 헌법에서 외국기업·기타 경제조직·개인이 중국에 투자하고 경제합작을 추진하는 것을 허용한 규정과 유사하다. 이로써 북한은 중국의 대외적 경제개방 정책을 모방하여 법제도적인 환경을 마련하고 선진자본과 기술의 도입을 통해 경제난을 극복하고자 하는 의지를 헌법적으로 명시하였다.

1998년 헌법은 이에서 한걸음 더 나아가 생산수단의 소유주체에 사회단체를 추가하였다(제20조). 국가소유의 대상을 축소하였으며 사회·협동단체의 소유대상을 확대하였다(제21조 내지 제22조). 개인소유의 주체도 확대하여 종전의 근로자에서 공민으로 규정하였고(제24조), 텃밭 경리를 비롯한 주민의 개인부업경리에서 나오는 생산물과 그 밖의 합법적인 경리활동을 통하여 얻은 수입을 개인소유의 대상으로 인정했다(제24조). 그리고 자율적인 농업을 통한 잉여생산물을 농민시장이나 물물교환 등에 활용할 수 있도록 인정함으로써 묵시적으로 허용되던 소규모의 사적 경제활동을 허용하였다.

또한 독립채산제를 확대하고 원가, 가격, 수익성 같은 시장경제적 개념을 도입했다(제33조). 이로써 공장·기업소·농업·유통 등 분야에서 경제관리의 자율성을 확대하고, 국가 전체를 대상으로 하는 완전 계획경제의 틀에서 벗어나 원가와 수익 개념을 통해 영역별 생산 주체들의 책임성과 자율성을 높이려는 정책의 규범적인 근거를 마련하고 있다. 1998년 헌법에서는 북한의 기관·기업소·단체와 외국의 법인 또는 개인들과의 기업합영과 합작, 특수경제지대에서의 여러 가지 기업창설운영을 장려한다고 규정하여(제37조) 1990년대 이후 활발하게 추진되어 오던 경제특구의 헌법적 근거도 마련하였다. 북한은 이후 2009년, 2010년, 2012년, 2013년에 걸쳐 헌법을 개정했지만, 경제조항과 관련해서는 눈에 띄는 변화 없이 1990년대 개정 헌법의 틀을 계속 유지하고 있다.

대외적 개방과 대내적 개혁이라는 경제적 실험을 통해서 체제전환으로 나아간 중국 경제체제 전환의 이론과 과정을 중국헌법의 경제조항 변화를 통해서 파악할 수 있듯이, 1990년대 북한헌법의 경제조항 개정은 북한의 경제난을 벗어나려는 고심의 결과로서 경제현실과 경제여건의 변화를 반영하는 것이다. 중국의 경우 1982년 헌법에서부터 시작된 시장경제적 개혁을 위한 법적 논리와 방법의 보장은 중국경제의 체제전환의 법적 기초가 되었다. 나아가 중국의 1999년 헌법은 개체경제, 사영경제 등 비공유제 경제를 사회주의 시장경제의 중요한 구성부분으로 격상시키고, 이에 대해 국가적인 보호를 규정하여 시장화를 향한 개혁추진의 법적인 장애를 제거함으로써 사실상 자본주의 경제체제로 진입한 것으로 평가받고 있다.

중국의 경제체제 전환 즉, 소유제에 대한 새로운 인식과 사적 소유에 대한 헌법적 인정은 사회주의 이론의 경제원리를 부정하는 것으로서 대외적인 경제개방을 통한 경제적 발전의 결과라고 볼 수 있다. 북한의 1992년 개정 헌법과 1998년 개정 헌법은 부분적이지만 이러한 중국 경제체제의 전환 과정과 법적 원리를 모델로 하고 있다는 인상을 준다.

2. 경제 분야 법제정비

1) 중국을 본뜬 북한 대외경제법제

북한의 법제정비는 점진주의·위로부터·단일전환 유형 국가들의 특징을 명확하게 나타낸다. 정치 분야 관련 법제의 정비는 공산당의 일당 독재체제에 변함이 없는 가운데 시장경제적 요소의 도입에 따른 대책의 일환으로 사후적으로 최소한도에서 이뤄진다. 이에 비하여 경제 분야 관련 법제의 정비는 외자 도입이 활성화되는 구조를 만들기 위하여 넓은 영역에서 많은 법이 신설되었으며, 경제특구의 근거 법들이 마련되고 시장경제적 요소의 반영으로 개인소유권 대상의 확대가 민법에 반영되는 등 상대적으로 커다란 변화를 보이고 있는 것이다.

북한은 1984년 서방의 자본과 기술을 유치하기 위한 법적 장치로서 1979년 제정된 중국의 중외합자경영기업법을 모델로 하여 합영법을 제정하였으나 관련한 법제도의 미비로 그 실적은 부진하였다. 게다가 사회주의 국가들의 붕괴에 영향을 받아 해외시장을 상실하고 무역 감소로 인한 경제침체가 심화되었다. 사회주의의 붕괴는 경제위기에서 비롯되었기에 체제 고수를 위해서라도 북한은 국제적 고립과 경제난을 타개하기 위하여 경제개방의 필요성을 인식하고 대외적 경제개방 정책을 추진하게 되었다.[39]

북한이 본격적으로 대외적 경제개방 정책을 펼친 시기는 김정일 정권 이후이다. 정권 수립 이후 사회주의 경제권의 유대 아래서 협력과 지원을 받아온 북한에게 있어서 사회주의권이 몰락한 1990년대 이후 대외적 경제개방 정책이란 서구 자본주의 세계와의 교류와 협력을 통한 것일 수밖에 없었다. 중국과 베트남의 예에서 보듯이 대외적 경제개방은 필연적으로 사회주의 계획경제 체제의 변화를 수반할 수밖에 없으며 북한도 1990년대 두 차례의 헌법 개정을 통해 규범적인 차원에서도 변화를 반영하기에 이르렀고 이는 연쇄적으로 대외경제법제와 경제특구 관련 법제의 정비를 불러왔다.

북한의 대외경제법제의 정비 양상은 중국과 유사한 점이 많았다. 북한의 대외경제법제는 중국과 베트남 같은 기존의 사회주의 국가의 경제개방법제를 참고로 하여 마련되었기 때문이다. 사회주의 국가들의 체제 안정성과 자유민주주의 국가와의 체제 차이를 고려하였을 때 사회주의 경제원리에 변화를 주는 것은 그만큼 어려운 사안이며, 선행 사회주의 국가들의 사례가 있는 상황에서 북한이 이를 참고하는 것은 당연한 결과였다. 특히 우방국가이자 인접국가인 중국의 사례는 대외적 경제개방 정책에 있어 지대한 영향을 끼쳤다.[40]

---

39) 박정원, 북한헌법(1998)상 경제조항과 남북한경제통합, 한국법제연구원, 1999, 32면.
40) 문준조, 중국의 섭외경제분쟁해결 제도와 사례, 한국법제연구원, 1995, 11면.

2) 경제특구 법제의 정비

북한은 1991년 라진·선봉 자유경제무역지대 지정을 시작으로 외국의 자본과 기술을 도입하는 창구로서 경제특구 정책을 본격화했다. 경제특구 관련 법률은 경제특구의 지정 이후에 제정되는 형식으로 정비되어 왔다. 현행 법률로는 라선경제무역지대법, 황금평·위화도자유무역지대법, 개성공업지구법, 금강산국제관광특구법, 경제개발구법을 들 수 있다. 경제특구와 관련하여 가장 최근에 제정된 법률은 2013년에 제정된 경제개발구법이다.

북한은 경제개발구법에 의거해 전국의 시·도에 19개의 경제개발구를 지정함으로써 외화확보와 지방별 자체 생존을 추구하는 양상을 보이고 있다. 김정은 정권의 경제특구 정책인 경제개발구 정책을 실현하기 위하여 경제개발구법 제정과 순차적인 경제개발구 지정에 이어 경제개발구를 관리하는 조직인 국가경제개발위원회를 대외경제성 산하 총국으로 편입시키고, 외자유치와 경제개발구 관련 조직을 통폐합하는 등 제도적인 정비도 이뤄지고 있다.

경제개발구는 김정은의 높은 관심에 따라 국제화·세계화 이미지를 구현하는 수단으로써 법령 제정 및 제도 정비와 함께 대외적인 투자설명회 개최 등으로 적극 활용되고 있다. 그러나 체제에 끼칠 부정적 영향을 최소화하기 위하여 주민 거주지역과 격리된 지역으로 부지를 선정하고 국내 산업과의 연계를 차단하는 등 사실적·규범적 한계를 보이고 있기도 하다.

북한의 점진적인 체제전환을 통한 통일을 상정할 경우 경제특구를 통한 경제력 성장이 헌법의 변화를 유도하는 등 정치체제의 전환을 추동하는 압력으로 작용할 가능성이 크다. 그러므로 경제특구 법제의 정비 및 체계화를 위한 지원이 통일준비 및 통일과정에서 중요하게 부각될 수 있다. 헌법상 경제조항의 변화양상과 경제특구 법제 등 대외적 경제개방 관련 법제의 정비 현황을 볼 때 현재 북한이 추구하는 유형은 점진주의-위로부터-단일전환 유형 국가들이 과거 경제특구를 통해 대외적 경제개방과 개혁을 추구하던 양상과 유사하다.

그러므로 통일대비 및 통일과정에서 북한이 경제체제만의 전환을 시도하는 경우에는 중국과 베트남 등 점진주의-위로부터-단일전환 유형 국가의 경제특구 법제를 모방할 가능성이 크다. 따라서 중국 및 베트남의 특구법제와 북한의 경제개발구 법제를 비교법적으로 연구해서 북한의 경제특구정책의 성공을 위한 효율적인 경제특구 법제 구축의 과제를 탐구하고 이를 위한 남한법적 과제와 남북합의서 측면의 과제, 국제법적 측면의 과제를 검토할 필요가 있다.

한편 급진주의-위로부터/아래로부터-이중전환 유형 국가들과 같은 방식으로 북한에 급진적인 변화가 생겨 통일이 되는 경우에는 북한지역의 정치적 혼란을 고려하고, 남한과 경제력 측면에서 격차가 클 뿐 아니라 법제적 측면에서도 상이한 체제 하에서 운영된 북한의 경제적 체제전환을 성공적으로 이끌어내기 위한 정책으로 한시적으로 북한지역에 대한 별도의 관리가 필요할 수 있다. 이때에도 특별관리되는 북한지역에서 제한된 자원을 투입하여 경제력을 신속하게 제고하고, 북한지역을 자본주의화할 방안으로 특정 지역을 외자유치의 창구이자 자본주의적 법제의 실험장인 경제특구로 지정해서 운영하는 방안은 유용한 대안이 될 수 있다. 이 경우 급진적인 변화가 일어나는 시점까지 북한에서 규범력을 가지고 운영되던 경제특구의 법제도에 대한 이해는 필수적이기도 하다.

따라서 이 책에서는 기본적으로 점진주의-위로부터-단일전환 유형을 모델로 하여 북한의 경제력 성장을 이끌어 낼 수 있는 가능성이 높은 제도인 경제특구의 법제를 분석한다. 특히 점진주의-위로부터-단일전환 유형 국가들 중 중국과 베트남은 경제특구 운영에서 소기의 목적을 달성한 모범적인 사례로 볼 수 있으므로 이들의 경제특

구법과 북한의 경제개발구법을 비교하여 유용한 시사점을 도출하고
자 한다. 다만, 이들 국가들은 WTO 가입과 관련하여 자본주의적인
법제 정비를 가속화하였으며 WTO에 가입한 이후에도 법제정비가
지속되고 있어 WTO 가입 이후의 법제에서는 사회주의 국가의 경제
특구 운영이라는 특성을 찾기 어렵다. 그러므로 각 국의 경제특구
운영 초기에 제정된 일반법을 북한의 경제개발구법과의 비교 대상
으로 한다.

점진주의·위로부터·단일전환 유형 국가들과의 경제특구 법제 비
교는 북한의 경제개발구법의 체계화를 위한 과제 도출은 물론이고,
통일준비 및 통일과정과 그 이후의 경제통합을 위해서 지금 우리 법
제가 어떤 대비를 해야 하는지에 대한 시사점을 줄 것이다. 더불어
서 북한의 성공적인 체제전환을 위해서 국제적인 지원이 어떻게 조
직되고 제공되어야 하는지에 대해서도 경제특구 법제의 정비를 중
심으로 검토해볼 수 있을 것으로 생각한다.

Ⅳ. 중국 및 베트남 경제특구법과 경제개발구법의 비교

1. 구조와 체계

	중국 광동성 경제특구 조례(26조항)	베트남 특별경제가공구 규정(66조항)	북한 경제개발구법 (64조항)
1장	총칙 (6조항)	총칙 (9조항)	경제개발구법의 기본 (9조항)
2장	등록과 경영 (5조항)	특별수출가공구의 기업 (7조항)	경제개발구의 창설 (9조항)
3장	우대혜택 (7조항)	토지 및 건물 (9조항)	경제개발구의 개발 (12조항)
4장	노무관리 (4조항)	특별수출가공구의 출입 (4조항)	경제개발구의 관리 (7조항)
5장	관리기관 (3조항)	노동과 임금 (4조항)	경제활동 (14조항)
6장	부칙 (1조항)	통관과 관세 (8조항)	장려 및 특혜 (7조항)
7장		외환관리 (6조항)	신소 및 분쟁해결 (4조항)
8장		회계 및 세금 (9조항)	부칙 (2조항)
9장		관리기관 (7조항)	
10장		부칙 (3조항)	

중국의 광동성 경제특구 조례는 부칙 1장 1조항을 포함하여 총 6장 26조항, 베트남의 특별경제가공구 규정은 부칙 1장 3조항을 포함하여 총 10장 66조항, 북한의 경제개발구법은 부칙 1장 2조항을 포함하여 총 8장 64조항으로 이뤄져 있다. 기본적인 체제는 총칙(기본제도) - 기업창설과 경영 - 거버넌스 - 장려 및 혜택 - 부칙이다. 광동성

경제특구 조례는 장과 조항수가 가장 적으며, 총칙에서 거버넌스의 일부를 규정하고 있고 우대혜택을 앞세우고 조항수도 가장 많은 점이 특징적이다. 특별경제가공구 규정은 장과 조항수가 가장 많고 기업의 경제활동 특히, 수출입과 관련한 통관과 관세를 자세히 다루고 있는 점이 특징이다. 경제개발구법은 경제개발구 자체 창설과 개발, 신소와 분쟁해결에 관한 장을 별도로 두고 있다는 점이 특징적이다.

2. 기본제도와 원칙

1) 공통점

세 법률은 첫째, 경제특구·경제개발구의 목적 또는 사명에 대해 규정하고 특별경제가공구·경제개발구의 개념에 대해 정의함으로써 이후 전개될 법률의 내용을 이해할 수 있게 하는 체계적인 도입부를 갖추고 있다. 중국의 경제특구 제도를 원형으로 하여 베트남과 북한이 경제특구 제도를 도입하였음에 비추어 1980년에 제정된 중국 광동성 경제특구 조례의 입법형식이 정치체제로서의 사회주의를 고수하고자 하는 점진주의·위로부터·단일전환 유형 국가의 경제특구법률의 원형으로서 1991년 제정된 베트남의 특별경제가공구 규정과 2013년 제정된 북한의 경제개발구법에 영향을 주었음을 추정할 수 있다.

둘째, 경제특구의 개념을 정의하고 있다. 대외경제협력과 기술교류를 확대시키고 사회주의 현대화 건설을 촉진하기 위하여 일정 구역을 나누어 설치하며 투자자에게 경영 자율성을 넓게 보장하고 경영조건과 장소에서 우대를 제공한다거나(광동성 경제특구 조례 제1조, 제4조), 수출용 상품의 생산과 실제 수출에 적합한 장소에 특별경제가공구의 규정 및 설치결의에 따라 결정된 지리적 경계에 의해 정해진 구역으로서 투자가에게 특혜가 제공된다거나(특별경제가공구 규정 제1조 내지 제3조), 국가가 특별히 정한 법규에 따라서 경제활동에 특혜가 보장되는 특수경제지대라는 내용을 명시하여(경제개발구법 제2조), ① 특정한 지역에 경계를 두어 획정한다는 장소적 요건, ② 경제특구에만 적용되는 규범이 존재한다는 규범적 요건, ③ 특정한 목적을 위하여 투자자에게 특혜를 제공한다는 내용적 요건을 만족시키는 개념으로 각 경제특구를 정의하고 있는 것이다.

셋째, "외국의 공민, 화교, 홍콩·마카오 동포 및 그 회사·기업"(광동성 경제특구 조례 제1조), "외국 경제조직 및 법인, 해외거주 베트남 개인 및 법인, 경제 전 부문의 베트남 경제조직"(특별경제가공구 규정 제5조), "다른 나라의 법인, 개인과 경제조직, 해외동포"(경제개발구법 제5조)라고 규정하여 경제특구의 투자자가 누구인지에 대해 정의하고 있다.

넷째, 적용법규를 명시하고 있다. 광동성 경제특구 조례는 "특구 내의 기업과 개인은 중화인민공화국의 법률과 법령 및 관련 규정을 준수하여야 하며 본 조례에 특별한 규정이 있는 경우에는 본 조례의 규정에 따른다"고 하여(제2조), 광동성 경제특구 조례의 특별법적인 지위를 밝히고 있다. 특별경제가공구 규정은 특별경제가공구는 '특별경제가공구 규정'에 따라 설치되고 운영되어야 하며 특별경제가공구 기업은 '베트남외국인투자법'과 '특별경제가공구에 관한 규정'에 따라 운영되어야 한다고 규정하고 있으며(제1조, 제10조), 경제개발구법은 경제개발구의 개발과 관리, 기업운영같은 경제활동에는 이 법과 이 법에 따르는 시행규정, 세칙을 적용한다고 규정하여 준거법에 대해서 밝히고 있다.

2) 차이점

첫째, 투자자의 범위와 투자자 권익의 법적 보호에 차이가 있다.

광동성 경제특구 조례와 경제개발구법은 투자자의 정의에 있어서 외국 투자자를 상정하고 있으며 베트남의 경우 "경제 전 부문의 베트남 경제조직"을 외국 투자자와 함께 투자자의 범위에 포함시키고 있다. 다만 경제개발구법은 기업과 기업소가 승인을 받아 경제개발구를 개발할 수 있으며(제20조), 다른 나라 투자가와 함께 개발기업을 설립할 수 있다고 규정하고 있다(제26조). 또한 특별경제가공구 규정의 경우 투자자의 권리와 이익을 법적으로 보장한다는 규정을 두고 있지 않다. 베트남 경제특구의 모델이 된 중국 광동성 경제특구 조례에서 "법에 따라 투자자의 자산·이윤·기타 합법적인 권익을 보호한다"고 규정하고 있음에 비추어 이례적이다(제1조).

둘째, 거버넌스의 구성에 있어서 커다란 차이를 보인다. 광동성 경제특구 조례의 경우 경제특구의 관리기구는 관리위원회로 단일화되어 있으며 이것이 총칙에서 명시되고 있다. 관리위원회에 대해서는 별도의 장을 두어 권한과 업무를 규정하고 있으며, 기업의 업무 처리 편의 도모를 통한 특구발전을 도모하고자 하는 의지를 읽을 수 있다. 광동성경제특구관리위원회는 특구발전계획의 수립 및 실시, 객상의 특구 내 투자항목에 대한 심사와 비준, 특구의 공상등기 및 토지심사배정 처리, 특구 내에 설립된 은행·보험·세무·해관·출입경·검역·우편기구 등의 업무관계 조정, 특구기업에 필요한 근로자 공급처 제공과 근로자의 정당권익 보호, 특구의 교육, 문화, 위생 및 각종 공익사업의 설립운영, 특구의 치안유지, 특구 내에서 신체 및 재산이 침해당하지 않도록 법에 따라 보호하는 역할을 하는 기구이다(제23조).

또한 자금모집과 신탁투자업무, 특구 유관기업의 경영 또는 객상과의 합자 경영, 특구 객상과 내지 간에 거래되는 구매 및 판매의 대리, 상담서비스를 제공하는 광동성경제특구발전공사를 설립하여(제25조) 특구 관리위원회의 업무를 보조한다. 별도의 지도기관을 규정하지 않고 있으며 특구에만 적용되는 고유한 입법권은 각 특구가 속한 성의 인민대표대회와 인민대표대회 상무위원회에 있다. 중국 인민대표대회 및 그 상무위원회는 수권입법결의를 통과시켜 광동성, 복건성, 해남성, 심천시, 하문시, 주해시와 산두시의 인민대표대회 및 그 상무위원회에 그 소속 경제특구에 대한 법규를 제정할 수 있는 권한을 수여했다.

이에 따라 수권입법권을 부여받은 기관들은 헌법의 구체적인 규정과 저촉되는 경우를 제외하고는 경제특구에 새롭게 적용되는 제도와 시스템을 만들기 위해 기존의 법률 및 행정법규와 일치하지 않는 규정을 입법할 수 있게 되었다.[41] 특히 특구의 토지정리사업과 용수공급·배수·전력공급·도로·항만·통신·창고 등의 각종 공공시설은 광동성경제특구관리위원회가 책임지고 건설하도록 하여 경제특구의 인프라 구축을 관리위원회가 맡도록 함으로써 인프라 구축의 부담 없이 투자가 가능한 매력적인 특구를 지향했다(제5조).

특별경제가공구 규정도 관리기구를 총칙에서 명시하고 있으며, 관리에 관한 별도의 장을 두고 관리위원회의 권한과 업무내용에 대해 상세히 규정하고 있다. 지도기관을 두고 있지만 입법권은 관리위원회에 전속적으로 귀속되어 있어서 경제특구의 실정에 맞는 입법과 집행이 가능한 구조이며, 특별경제가공구의 개발과 운영계획 수립 및 노동력 공급 업무도 관리위원회에 속해 있다. 이에 따라 지도기관의 역할은 경제특구를 감시하고 자본주의화를 차단하려는데 있다기보다는 전국적인 관점에서 경제특구 정책을 결정하고 처리해야 하는 경우에 비중을 두고 있는 것으로 판단된다.

이에 비하여 경제개발구법의 경우 각 경제개발구의 상황을 상세히 알 수 있는 관리기관이 아니라 중앙의 지도기관에서 경제개발구의 발전계획을 작성하고 지방의 지도기관에서 노동력 공급업무를

---

41) 법무부, 중국 경제특구 법제 연구, 2005, 45-69면.

담당하며, 관리기관은 발전계획의 실행과 등록·검사 등 행정적인 업무를 주로 책임지는 기관으로 규정되어 있어서 업무의 성격에 걸맞는 권한의 분배가 이뤄지고 있지 않다. 입법권의 소재에 있어서도 법률의 하위 규범인 규정의 입법권은 최고인민회의 및 그 상임위원회에 있다. 지방의 지도기관이 규정의 하위규범인 시행세칙의 입법권을 가지고 관리위원회는 단지 시행세칙의 하위규범인 준칙에 관한 입법권을 가질 뿐이어서 경제개발구의 실정에 맞는 체계적인 규범의 제정이 신속하고 효율적으로 이뤄지기는 어려운 구조이다.

셋째, 투자부문에 대한 규정의 방식과 내용에서도 차이를 보인다. 광동성 경제특구 조례의 경우 "국제적인 경제협력과 기술교류에 있어서 적극적인 의의를 가지는 일체의 공업·농업·목축업·양식업·여행업·주택건축업·고급기술연구제조업 및 투자자와 중국 측이 공동으로 관심을 가지는 기타 업종"이라고 하여(제4조) 기본적인 업종의 제안 외에도 넓게 투자의 범위를 열어놓고 있다. 특별경제가공구 규정은 "수출상품의 생산·가공 및 조립, 상기 활동 및 수출과 관련된 서비스 제공"이라고 명시하여 업종을 불문하고 수출가공구라는 경제특구의 목적에 부합하는 모든 투자를 유치하겠다는 취지를 알 수 있다(제4조).

이에 비하여 경제개발구법은 투자에 있어서 금지되거나 제한되는 부문을 법률에 명시하면서 "나라의 안전과 주민들의 건강, 건전한 사회도덕생활, 환경보호에 저해를 주거나 경제기술적으로 뒤떨어진 대상의 투자와 경제활동은 금지 또는 제한"한다고 규정하고 있다(제6조). 특정 부문에 대한 외자유치를 거부한다는 취지를 법률에 명시하고 있으며 그 내용도 불명확하고 주관적인 가치판단이 필요한 개념으로 구성되어 있어서 입법의 목적과 취지에 부합하지 않을 뿐 아니라 입법내용상으로도 문제가 있다고 할 수 있다.

다섯째, 투자의 방식에 대하여 특별경제가공구 규정은 경제특구 일반법의 차원에서 명확하게 규정하고 있다는 점이다. 광동성 경제특구 조례와 경제개발구법이 투자의 방식에 대하여 경제특구 일반법의 차원에서 규정을 두지 않음으로써 외국인투자법과 그 하위규정의 적용을 받거나 경제특구 일반법 하위규정에의 위임이 예상되는 등 경제특구의 일반법만으로는 투자의 방식이 불명확하다. 이에 비하여 베트남 특별경제가공구 규정은 투자의 방식에 대해 100% 외국인투자기업의 설립, 외국과 베트남 간 합작기업의 설립, 특별경제가공구 내의 기업과 외국조직 및 개인 간, 베트남 법인체 간의 경영협력계약 방식으로 투자할 수 있다고 규정하고 있어서(제9조) 투자자의 입장에서는 일반법 자체로 어떤 방식의 투자가 가능한지를 알게 해 준다는 장점이 있다.

3. 기업활동

1) 공통점

첫째, 토지이용 제도에 관해 법률에 규정을 두고 법률 자체 또는 하위규범에서 최장 50년의 사용연한 및 사용연한 갱신을 규정하고 있다. 광동성 경제특구 조례는 토지의 소유권이 국가에 있음을 밝히고 투자자의 수요에 따라 토지를 제공하되 사용연한·사용료·납부방법에 대해서 업종과 용도에 따라 달리 취급하겠다는 원칙을 명시하고 하위 규정에 구체적인 사항을 위임하고 있다. 이에 따라 제정된 하위 규정에서는 업종에 따라 20년 내지 50년의 토지 사용연한을 정하고 갱신이 가능하다고 규정하고 있다.

특별경제가공구 규정은 특별경제가공구 내에서 기업의 활동기한을 50년으로 허가하고 연장이 가능하되 토지의 사용연한을 이에 연동시킨 점이 특징적이다. 경제개발구법도 국토관리기관과의 임대차

계약을 통해 최장 50년간 토지사용이 가능하며 임대기간이 종료되면 임대차계약을 갱신할 수 있도록 규정하고 있다.

둘째, 14% 내지 15%의 기업의 세율을 명시하고 있으며 업종에 따라 이원화된 세율을 적용하고 장려부문에 대한 투자나 장기간의 투자에 대한 세금우대 제도를 규정하고 있다. 구체적으로 보면 광동성 경제특구 조례는 특구기업에 대한 소득세율은 15%, 이윤을 재투자하고 그 기간이 5년 이상인 기업은 재투자분에 대한 소득세 감면을 신청할 수 있도록 하고 있다. 특별수출가공구 규정은 생산업체의 법인세는 이윤의 10%로 하되 이익발생 연도부터 4년간 면제, 서비스업체는 이윤의 15%로 하되 이익발생 연도부터 2년간 면제하며, 3년 이상 영업하는 기업이 이익금을 재투자할 경우 재투자분 이익에 대한 세금은 환급하는 것으로 규정한다.

경제개발구법은 기업소득세율은 결산이윤의 14%로 하되 장려부문은 결산이윤의 10%로 하고, 경제개발구에서 10년 이상 운영하는 기업의 소득세는 감면할 수 있도록 하고 있다. 기본적인 세율은 경제개발구법이 가장 유리하지만 특별경제가공구에서는 3년 이상이면 재투자분으로 얻은 이익에 대한 세금이 전액 환급되므로 장기간 영업과 이익의 재투자를 계획하는 투자자는 특별경제가공구의 규정에 끌릴 것이다.

셋째, 판매처에 관해서 해외판매를 원칙으로 하지만 내국 판매도 허용하고 있다. 광동성 경제특구 조례와 특별경제가공구 규정은 내국 판매의 경우 통관과 관세에 있어서 제공하는 혜택을 배제하고 일반적인 수입품과 같이 취급한다는 취지를 밝히고 있다. 경제개발구법은 상품가격을 당사자들이 정한다는 원칙만을 밝히고 있어서 관세 적용에 대해서는 불명확하지만 국내 판매를 허용한다는 점은 동일하다.

2) 차이점

첫째, 인력채용과 해고에 있어서 광동성 경제특구 조례가 가장 선진적인 모습을 보여주고 있으며, 채용절차에 있어서 경제개발구법이 기업의 근로자 선택의 자유를 가장 제약하고 있다. 특별경제가공구 규정과 경제개발구법은 내국인 우선 채용을 원칙으로 하고 해고에 관한 규정을 두고 있지 않지만 광동성 경제특구 조례는 내국인 우선 채용 규정을 두지 않고 경영상 필요에 따라 해고할 수 있다고 규정하고 있다.

세 법률 중에서 가장 먼저 입법되었음에도 불구하고 경제특구에서의 기업 활동에 대해 가장 기업친화적인 면모를 보인다. 채용절차에 있어서는 광동성 경제특구 조례와 특별경제가공구 규정에 의하면 기업은 인력공급회사에 모집을 의뢰할 수도 있고 직접 고용도 가능하다. 경제개발구법은 개별적이고 직접적인 채용을 불허하고 노력보장을 담당하는 지방 인민위원회에 신청해서 인력을 채용하도록 규정하고 있다.

둘째, 합법적으로 취득한 이윤의 역외 송금과 관련하여 광동성 경제특구 조례와 경제개발구법은 별도의 제한 없이 송금을 허용하고 있음에 비하여, 특별경제가공구 규정은 이익금을 해외로 송금할 경우 전체 송금액의 5%를 송금세로 부과하고 있다.

셋째, 금융제도와 관련해서는 각자 다른 내용을 선택하고 있으며 경제개발구법의 경우 입법의 불비로 보이는 점도 있다. 경제개발구법에서는 유통화폐와 결제화폐는 북한 화폐와 정해진 화폐로 하도록 규정하고 있다. 이에 비하여 특별경제가공구 규정은 특별경제가공구 내에서 자국 화폐의 유통을 금지하고 태환화폐만을 사용하도록 하고 있고, 광동성 경제특구 조례는 화폐에 대한 규정을 두고 있지 않다. 보험에 대해서는 광동성 경제특구 조례는 "투자자는 특구 내에 설립된 중국인민보험공사 또는 중국 측에서 설립을 비준한 보험회사에 각종 보험을 가입할 수 있다"고 규정하고 있고(제8조), 특별경제가공구 규정은 "베트남의 보험회사는 가공구 내에 지점의 설립을 허가받아야 한다"고 규정하고 있음에 비하여(제59조) 경제개발구법은 보험에 관한 규정을 두고 있지 않다.

광동성 경제특구 조례와 특별경제가공구 규정은 모두 특구 내의 은행에 기업의 계좌를 개설할 것을 요구하고 있지만 경제개발구법에는 이에 관한 규정이 없다. 경제개발구법보다 앞서 제정되거나 개정된 경제특구법들에서 보험이나 은행과 관련한 규정을 두고 있었음에 비추어 입법의 불비일 가능성이 높은 것으로 보인다.

4. 분쟁 해결과 신변안전 등

분쟁해결제도에 관하여 중재와 재판에 의하고 있다. 다만 광동성 경제특구 조례는 분쟁해결에 관한 규정을 두지 않고 자국의 민사소송법을 근거로 하고 있다. 소송은 인민법원에서 관할하고 중재에 관한 사항은 심천 소재 중국국제무역촉진위원회 심천분회와 북경 소재 중국국제경제무역중재위원회에서 맡고 있다.[42] 특별경제가공구 규정은 관리위원회에 중재 책임을 맡기고 있으며, 중재에 의한 해결이 이뤄지지 않는 경우 지역 인민법정에서 재판을 하도록 규정하고 있다. 경제개발구법은 당사자 간 조정과 국제중재 및 경제개발구 관할 재판소 또는 최고재판소에서의 재판에 의한 분쟁해결을 규정하고 있다. 분쟁해결 방법의 다양성에 있어서 경제개발구법의 규정이 가장 잘 정비되어 있다.

또한 법에 의한 신변안전의 보호 규정 유무와 내용상 차이가 있

---

42) 법무부, 중국 경제특구 법제 연구, 2005, 639-640면.

다. 광동성 경제특구 조례가 관리위원회의 업무내용의 하나로 "특구 내에서 신체 및 재산이 침해당하지 않도록 법에 따라 보호"할 것을 규정하고 있다(제23조). 이에 비하여 경제개발구법은 법에 의한 신변 안전의 보호는 물론 법에 근거하지 않은 구속과 체포 및 수색의 금지를 선언하고 신변안전과 관련하여 다른 나라와 체결된 조약에 따른다고 명시하고 있어서(제8조), 국가 간 개별 합의에 의해 자국 투자자의 신변안전을 더 두텁게 보호할 수 있는 근거를 두고 있다. 특별경제가공구 규정에는 신변안전과 관련한 조항이 없다.

경제개발구법이 선진적인 면모를 보이는 규정도 있다. 회계의 국제기준 수용(제44조), 지적 소유권의 보호(제48조), 신소 허용(제59조)은 광동성 경제특구 조례나 특별경제가공구 규정에서는 찾아볼 수 없는 조항들이다. 특히 신소의 허용은 사법적인 절차 이전 단계에서 경제주체들에게 행정적인 구제수단을 마련해주는 것으로서 의의가 크다.

5. 비교법적 평가

1980년에 제정된 광동성 경제특구 조례와 1991년에 제정된 특별경제가공구 규정 및 2013년에 제정된 경제개발구법은 제정시기의 엄청난 차이에도 불구하고 경제특구 내에서 경제활동을 하려는 기업에게 필수적인 두 가지 사항에 대해 거의 동일한 내용을 규정하고 있다. 첫째, 경제특구 내의 기업은 국가 소유의 토지를 50년 연한으로 임차하고 사용연한을 갱신하는 방식으로 소유와 유사하게 사용할 수 있다는 점이다. 둘째, 경제특구 내의 기업에게 제공되는 우대세율은 기업소득세 14% 내지 15%를 기본으로 한다는 점이다. 경제개발구법은 앞서 입법된 두 법이 동일한 우대세율 15%를 규정하고 있음에 비하여 1%를 낮춘 14%를 기준 세율로 책정했다. 그렇지만 수십 년이라는 입법시기의 차이를 고려해보면 세월의 흐름과 그에 따른 전 세계적인 경제적 변동 및 금리의 변화를 고려하지 않고 앞서 입법된 두 법을 그대로 모방했다고 평가할 수 있을 정도이다.

물론 경제개발구법이 선진적인 모습을 보이는 규정도 있다. 신변안전과 관련해서 경제개발구법은 "경제개발구에서 개인의 신변안전은 조선민주주의인민공화국의 법에 따라 보호된다. 법에 근거하지 않고는 구속, 체포하지 않으며 거주장소를 수색하지 않는다. 신변안전과 관련하여 우리나라와 해당 나라 사이에 체결한 조약이 있을 경우에는 그에 따른다"고 규정한 것은(제8조) 신변안전의 법에 의한 보호선언이라는 점에서 이러한 조항을 두고 있지 않은 광동성 경제특구 조례와 특별경제가공구 규정에 비해서는 법치주의적인 요소가 강화된 것으로 평가할 수 있다.

수용에 있어서도 경제개발구법은 "경제개발구에서 투자가에게 부여된 권리, 투자재산과 합법적인 소득은 법적 보호를 받고 국가는 투자가의 재산을 국유화하거나 거두어들이지 않으며 사회공공의 이익과 관련하여 부득이하게 투자가의 재산을 거두어들이거나 일시 이용하려 할 경우에는 사전에 통지하며 그 가치를 제때에 충분히 보상하도록 한다"고 규정하여(제7조) 수용에 관한 조항을 아예 두고 있지 않은 광동성 경제특구 조례나 특별경제가공구 규정에 비해서는 법치주의적인 요소가 강화되었다고 할 수 있다.

그러나 경제개발구법을 광동성 경제특구 조례 및 특별경제가공구 규정과 비교할 때 더욱 눈에 띄는 것은 경제개발구법의 후진성이다. 1980년에 제정된 광동성 경제특구 조례가 간결하고 객관적인 기술을 하고 있고 1991년에 제정된 특별경제가공구 규정이 입법목적에 부합하는 실용적이고 객관적인 기술을 하고 있다는 점과 비교하면, 경제개발구법은 조문의 내용이 주관적·추상적인 경우가 있고, 규제의 강도나 혜택의 제공 및 중앙정부의 관여도 측면에서 외국투자자를 끌어들이기에 부족한 측면을 보인다. 대표적인 것이 거버넌스 규정과 노동력 채용 규정이다.

첫째, 광동성 경제특구 조례의 경우 경제특구의 관리기구는 관리위원회로 단일화되어 있으며 관리위원회의 권한과 업무는 특구발전계획의 수립 및 실시·특구 내 기업의 경제활동을 위한 행정업무·특구의 치안유지에 집중되어 있다. 관리위원회에 대한 별도의 지도기관을 두지 않고, 각 특구가 속한 성의 인민대표대회 및 인민대표대회 상무위원회가 수권입법권의 형태로 일원적으로 입법권을 행사함으로써 특구에 적합한 규범을 신속하게 제정할 수 있는 구조를 갖추고 있다. 특별경제가공구 규정에 의하면 특별경제가공구의 관리위원회에는 지도기관이 있지만 관리위원회가 특별경제가공구의 개발과 운영계획 수립 및 노동력 공급 업무를 수행하며 입법권도 가지고 있어서 경제특구의 실정에 맞는 입법과 집행이 가능한 구조이다.

이에 비하여 경제개발구법의 경우 중앙의 지도기관에서 경제개발구의 발전계획을 작성하고 지방의 지도기관에서 노동력 공급업무를 담당하며, 관리기관은 발전계획의 실행과 기업의 경제활동을 위한 등록·검사 등 행정적인 업무를 주로 책임지는 기관이다. 입법권의 소재에 있어서도 관리위원회는 단지 위계상 최하위의 규범인 준칙에 관한 입법권을 가질 뿐이어서 경제개발구의 실정에 맞는 체계적인 규범의 제정이 신속하고 효율적으로 이뤄지기는 어려운 구조이다.

둘째, 노동력 채용과 해고에 있어서 특별경제가공구 규정과 경제개발구법은 내국인 우선 채용을 원칙으로 하고 해고에 관한 규정을 두고 있지 않지만, 광동성 경제특구 조례는 내국인 우선 채용 규정을 두지 않고 경영상 필요에 따라 해고할 수 있다고 규정하고 있다. 채용절차도 광동성 경제특구 조례와 특별경제가공구 규정에 의하면 기업은 인력공급회사에 모집을 의뢰할 수도 있고 직접 고용도 가능하지만, 경제개발구법은 개별적이고 직접적인 채용을 불허하고 노력보장을 담당하는 지방 인민위원회에 신청해서 인력을 채용하도록 규정하고 있다.

광동성 경제특구 조례가 가장 먼저 입법되었음에도 불구하고 경제특구에서의 기업 활동에 대해 가장 기업친화적인 면모를 보여주고 있으며, 경제개발구법이 기업의 자유를 가장 제약하고 있다. 33년 전에 입법된 광동성 경제특구 조례는 물론이고 22년 전에 입법된 특별경제가공구 규정에도 미치지 못하는 경제개발구법의 거버넌스 구조 및 노동력 채용과 해고 규정을 보면 정책결정권자의 의지를 의심하지 않을 수 없다.

셋째, 판매시장과 같은 기본적인 항목을 비교하는 경우에도 광동성 경제특구 조례와 특별경제가공구 규정은 원칙적인 외국판매, 예외적인 내국판매를 규정하면서 내국 판매의 경우 추가적인 통관과 납세절차 부과를 명시하고 있다. 이에 비해 경제개발구법은 생산품의 판매시장에 대한 원칙 규정을 두고 있지 않으며 "경제개발구 안의 기업과 경제개발구 밖의 우리나라 기관, 기업소, 단체 사이에 거래되는 상품가격은 국제시장의 가격에 따라 당사자들이 협의하여 정한다"는 규정상 내국판매가 허용된다고 해석할 수 있을 뿐이다(제43조).

넷째, 특별경제가공구 규정이 특별경제가공구 내의 유통화폐로 태환성이 없는 자국 화폐 사용을 금지하고 태환화폐를 유통화폐로 과감하게 규정하고 있다. 이에 비하여 경제개발구법은 태환성이 전혀 없는 자국 조선원을 유통화폐 및 결제화폐의 일종으로 규정하고 있어서 내국기준에 집착하는 비실용적인 모습을 보이고 있다고 평가할 수 있다.

제4장

경제개발구를 통한
체제전환의 규범적 과제

Ⅰ. 경제개발구법의 문제점

1. 형식과 체계

1) 발전적 측면 엿보이나 입법기술의 정체 드러내

경제개발구법은 2013년 북한의 최고인민회의 상임위원회 정령의 형식으로 입법되었다. 경제개발구법의 기본(9조항) - 경제개발구의 창설(9조항) - 경제개발구의 개발(12조항) - 경제개발구의 관리(7조항) - 경제개발구에서의 경제활동(14조항) - 장려 및 특혜(7조항) - 신소 및 분쟁해결(4조항) - 부칙(2조항)의 총 8장 64조항으로 구성되어 있다.

입법기술적으로 보면 발전적인 측면이 없는 것은 아니다. 먼저 조문의 배치 및 구성에 있어서 발전을 보이고 있다. 경제개발구법이 제3장 '경제개발구의 개발'의 첫 조문으로 경제개발구의 개발원칙을 내세우고 있는 것은(제19조), 첫 조문에 규정된 개발원칙은 이하의 조문들이 서로 다른 사항에 관하여 개별적인 준거가 되는 것과는 달리 해당 장 전체에 효력을 미치는 지위에 있는 것으로 볼 수 있다. 그렇기 때문에 경제개발구의 개발원칙으로서 제3장 전체에 영향을 미치는 원칙조항으로 볼 수 있으며, 이는 개성공업지구법에서는 찾아볼 수 없는 배치순서와 내용으로 특수경제지대 관련 입법의 진일보한 측면이라고 할 수 있다.

지대의 사명과 지위에 관하여 별도의 조문을 두고 있는 것도 개성공업지구법이 개성공업지구법의 사명과 개성공업지구의 정의를 하나의 조항에서 규정하고 있는 것에 비하여 입법상 진화로 볼 수 있다. 서로 다른 내용인 법의 사명과, 지대의 법적 지위 또는 정의는 별개의 조항으로 규정하는 것이 체계적이므로 이들을 별개로 다루고 있는 경제개발구법의 조문은 개성공업지구법 제정 이후 10여 년 동안 축적된 북한 입법기술의 진화의 일면이기도 한 것이다.

하나의 조문 내에서도 조문의 제목 및 내용에서 규제보다는 우대에 관련된 사항을 먼저 배치하는 방식을 사용하는 것도 투자유치를 위한 법의 목적에 부합한다고 볼 수 있다. 조문의 제목을 '투자장려 및 금지, 제한부문'이라고 하면서 조문의 내용상 장려부문을 먼저 기술하고 있는 것은(제6조), 2002년에 제정된 개성공업지구법이 투자와 영업활동을 할 수 없는 부문을 명시하고, 이어 하부구조건설부문 등 투자장려부문을 밝히는 순서로 조문을 구성하고 있음에 비하여(제4조), 투자의 긍정적인 측면을 더 중시하면서 일괄적인 금지가 아니라 제한 또는 금지로 투자의 부정적인 측면에 대해 접근하고 있어 한결 유연해진 투자에 대한 태도를 입법기술적으로 보여준다.

그러나 경제개발구법보다 앞서 제정된 라선경제무역지대법이나 황금평·위화도경제지대법보다도 조문 수가 적고 구체적이지 못하며 체계정합성이 떨어지는 점은 문제이다. 또한 중국 및 베트남의 초기 경제특구법과 현재의 법이 보여주는 격차와 비교했을 때, 북한에서 경제특구 입법이 시작된 지 20여 년이 경과한 지금까지 입법기술의 발전이라고 볼 수 있는 측면이 이 정도에 그친다는 것은 입법기술의 정체를 보여주는 것이라고 밖에 할 수 없으며 지나치게 방어적인 정책 운용의 결과라고 생각된다.

2) 법률의 수준에서 체계정합성 문제 노출

헌법을 정점으로 하는 규범체계에서 특수경제지대법의 일종인 경제개발구법과 특수경제지대에 관해 규정하고 있는 각종 법률들과의 관계를 살펴보기 위해서는 이들의 적용범위를 일차적으로 고려해야 할 것이다. 적용지역에 제한을 두지 않고 북한지역 전체를 대상으로 하는 법률들은 경제개발구법의 일반법적인 성격을 가지거나 예외조항을 둠으로써 경제개발구에는 적용되지 않는 법일 것이다. 북한의 헌법 및 외국인투자법, 합작법, 합영법, 외국인기업법, 외국인투자기업파산법, 외국인투자기업재정관리법, 외국투자기업회계법, 외국투자기업등록법, 외국인투자기업로동법, 외국투자기업 및 외국인세금법, 무역법은 법률의 내용 중에 특수경제지대에 관하여 규정하고 있으며 규정의 형식에 따라 다음가 같이 세 그룹으로 구분할 수 있다.

①그룹 : 외국인투자법 제2조(용어의 정의) "특수경제지대란 국가가 특별히 정한 법규에 따라 투자, 생산, 무역, 봉사와 같은 경제활동에 특혜가 보장되는 지역이다." 외국인투자법 제9조(특수경제지대에서의 특혜적인 경영활동조건 보장) "국가는 특수경제지대 안에 창설된 외국투자기업에 물자구입 및 반출입, 제품판매, 로력채용, 세금납부, 토지이용 같은 여러 분야에 특혜적인 경영활동조건을 보장하도록 한다.", 합작법 제7조(합작기업의 등록) "합작기업창설승인서를 발급받은 당사자는 30일 안에 기업소재지의 도·직할시 인민위원회 또는 특수경제지대관리기관에 등록하여야 한다. 세무등록, 세관등록은 도·직할시 인민위원회 또는 특수경제지대관리기관에 등록한 날부터 20일 안에 한다.", 합영법 제10조(합영기업의 등록) "합영기업창설승인서를 발급받은 당사자는 30일 안에 기업소재지의 도·직할시 인민위원회 또는 특수경제지대관리기관에 등록하여야 한다. 세무등록, 세관등록은 도·직할시 인민위원회 또는 특수경제지대관리기관에 등록한 날부터 20일 안에 한다.", 외국인기업법 제9조(외국인기업의 등록) "외국투자가는 외국인기업창설승인서를 받은 날부터 30일 안에 기업소재지의 도·직할시 인민위원회 또는 특수경제지대관리기관에 등록하여야 한다. 세무등록, 세관등록은 도·직할시 인민위원회 또는 특수경제지대관리기관에 등록한 날부터 20일 안에 한다.", 외국인투자기업파산법 제6조(기업파산사건의 재판관할) "특수경제지대에서

기업파산사건은 해당 특수경제지대를 관할하는 재판소가 취급처리한다."

②그룹 : 외국인투자기업재정관리법 제10조(법의 적용대상) "특수경제지대에서 외국투자기업재정관리질서는 따로 정한데 따른다.", 외국투자기업회계법 제2조(적용대상) "특수경제지대에 창설한 외국투자기업의 회계절차는 따로 정한데 따른다.", 외국투자기업등록법 제8조(특수경제지대에서의 기업등록) "특수경제지대에서 외국투자기업의 등록질서는 따로 정한데 따른다.", 무역법 제10조(특수경제지대에서의 무역질서) "특수경제지대에서의 무역사업은 해당 법규에 따른다.", 2012년 개정 이전 구세관법 제10조(적용대상) "특수경제지대의 세관사업질서는 따로 정한다."

③그룹 : 외국인투자기업로동법 제8조(적용대상) "이 법은 합영기업, 합작기업, 외국인투자기업에 적용한다.", 외국투자기업 및 외국인세금법 제6조(적용대상) "이 법은 우리나라에서 경제거래를 하거나 소득을 얻는 외국투자기업과 외국인, 해외동포에게 적용한다.", 세관법 제10조(세관법의 적용대상) "이 법은 우리나라 국경을 통과하여 짐과 운수수단, 국제우편물을 들여오거나 내가는 기관, 기업소, 단체와 공민에게 적용한다. 기관, 기업소, 단체와 공민에는 외국투자기업과 우리나라에 주재하는 다른 나라 또는 국제기구의 대표기관, 법인, 외국인도 속한다."

이 규범들과 경제개발구법의 관계를 규범체계적 측면에서 살펴보면 먼저, 조항의 제목 및 내용으로 보아 특수경제지대에 적용된다는 것을 밝히고 있는 법률들로는 외국인투자법, 합작법, 합영법, 외국인기업법, 외국인투자기업파산법이 있다. 따라서 이 법률들과 경제개발구법은 일반법과 특별법의 관계로 보아 경제개발구법에 특정한 규정이 없을 경우 이 법률들이 경제개발구에 적용되며, 동일한 사항에 대하여 경제개발구법이 다른 내용을 규정하고 있을 경우에

는 이 법률들의 적용이 배제된다고 보아야 할 것이다. 관련 하위 규
범의 경우도 마찬가지이다.

두 번째로, 특수경제지대에 적용되지 않는다는 것을 명문으로 밝
히고 있는 법률들이 있다. 외국인투자기업재정관리법, 외국투자기업
회계법, 외국투자기업등록법, 무역법이 이에 해당하며 개정 이전의
구세관법도 이에 해당한다. 구세관법 제10조(적용대상)에서는 "특수
경제지대의 세관사업질서는 따로 정한다"는 규정을 두고 있었는데,
2012년 대외경제개방 관련 법제를 일제히 정비하면서 이 조항을 삭
제하는 개정을 단행했다.

외국인투자기업재정관리법, 외국투자기업회계법, 외국투자기업
등록법, 무역법상의 유사한 규정을 삭제하지 않은 것으로 보아 의도
적인 개정으로서, 세관제도와 질서에 대해서는 특수경제지대에 독특
한 제도와 질서를 시행하지 아니하고 전국적인 규율을 하겠다는 취
지인 것으로 해석된다. 따라서 일반적으로 이 법률들은 특수경제지
대에 적용되지 않으며 경제개발구법에 입법 공백이 있는 경우에도
이 법률들은 적용되지 않는 것으로 보아야 할 것이다.

세 번째로, 특수경제지대에 대하여 따로 규정하고 있지는 않지만
외국투자기업에 대해서 규정하고 있는 법률들이 있다. 외국인투자
기업로동법, 외국투자기업 및 외국인세금법, 세관법이 이에 해당한
다. 북한의 외국인투자법에 의하면 외국투자가란 북한에 투자하는
다른 나라의 법인과 개인이고, 북한에 창설된 합작기업·합영기업·외
국인기업을 외국인투자기업이라고 하며, 북한의 투자관리기관에 등
록을 하고 경제활동을 하는 외국의 기업을 외국기업이라고 한다.

외국인투자기업과 외국기업을 합한 개념이 외국투자기업이다.
그러므로 북한의 특수경제지대에서 활동하는 모든 기업은 외국투자
기업이라고 할 수 있다. 따라서 논리적·체계적 해석에 따르면 이 법
률들도 경제개발구법의 일반법이 될 수 있으므로 경제개발구법에

특정한 규정이 없을 경우 이 법률들이 경제개발구에 적용되며, 동일한 사항에 대하여 경제개발구법이 다른 내용을 규정하고 있을 경우에는 이 법률들의 적용이 배제된다고 보아야 할 것이다.

결과적으로 첫 번째 유형과 세 번째 유형의 법률들 및 그 하위규정들은 경제개발구법 및 그 하위규정과의 관계에서 동일한 체계적 지위에 있다고 볼 수 있다. 다른 특수경제지대법들의 하위규정 제정의 선례에 비추어 두 유형 간의 차이를 찾자면 첫 번째 유형에 해당하는 법률들의 하위 규정에 대응하는 경제개발구법의 하위 규정은 제정이 미비하거나 거의 제정되지 않을 것으로 보이는 반면에, 세 번째 유형에 해당하는 법률들의 하위 규정에 대응하는 경제개발구법의 하위 규정은 이미 제정되었거나 향후 상세히 제정될 것이 예상된다.

특수경제지대의 노동과 세금 및 통관·출입은 북한 당국이 특별한 관심을 가지고 있는 분야이기 때문에 다른 특수경제지대법률의 하위 규정도 상세히 정비되고 있다. 따라서 논리적·체계적으로 해석하면 세 번째 유형에 해당하는 법률들이 특수경제지대에 적용되는 경우가 발생하지만, 북한 당국으로서는 특별히 특수경제지대에 적용되지 않는다거나 적용된다고 규정할 필요를 느끼지 않은 것으로 생각된다.

결론적으로 헌법을 정점으로 외국인투자법, 합작법, 합영법, 외국인기업법, 외국인투자기업파산법은 경제개발구법의 일반법으로서 경제개발구법에 특정한 규정이 없을 경우 이 법률들이 경제개발구에 적용되며, 동일한 사항에 대하여 경제개발구법이 다른 내용을 규정하고 있을 경우에는 이 법률들의 적용이 배제되는 관계에 있다고 보아야 할 것이다. 하지만 명문으로 특수경제지대에의 적용을 배제하고 있는 외국인투자기업재정관리법, 외국투자기업회계법, 외국투자기업등록법, 무역법의 경우와 해석상 경제개발구법의 일반법으로

서 경제개발구법에 특정한 규정이 없을 경우 이 법률들이 경제개발
구에 적용되며, 동일한 사항에 대하여 경제개발구법이 다른 내용을
규정하고 있을 경우에는 이 법률들의 적용이 배제되는 관계에 있다
고 인정되는 외국인투자기업로동법, 외국투자기업 및 외국인세금법,
세관법과 어떤 기준으로 적용에 차별을 둔 것인지는 불명확하다. 북
한 당국의 주관적인 수요에 맞춘 입법인 것으로 보이며 규범의 정합
적인 체계화를 위한 입법이라고 보기는 어렵다고 하겠다.

경제개발구법 조항상의 체계정합성도 부족하다. 경제개발구의
경제활동의 적용법규는 경제개발구법과 시행규정, 세칙으로 명시되
어 있다. 경제개발구법은 최고인민회의 상임위원회 정령의 형식으
로 제정되었으며 시행규정의 입법권은 경제개발구법에 명시되어 있
지 않지만 현재까지 제정된 하위규정의 입법권자는 최고인민회의
상임위원회이며 그 형식은 결정이다. 시행규정은 도·직할시 인민위
원회가 작성하며 관리기관은 준칙과 규약을 작성할 권한이 있다. 관
리기관이 작성하는 준칙과 규약의 규범적 위계에 대해 규정하지 않
고 있어서 법률의 수준에서는 경제개발구에 적용되는 규범의 체계
정합성에서 문제를 보이고 있다.

또한 조약과 다른 법규와의 관계에 있어서도 라선경제무역지대
법이나 황금평·위화도경제지대법이 명확하게 우선순위를 규정하여
준거법상의 다툼의 소지를 없애고 있는데 비하여, 경제개발구법은
이에 관한 규정을 두고 있지 않다. 위 법들이 부칙에서 법률의 해석
권이 최고인민회의 상임위원회에 있음을 밝히고 있는 것과 달리 경
제개발구법은 부칙에서 라선경제무역지대와 황금평·위화도경제지
대, 개성공업지구와 금강산국제관광특구에 경제개발구법이 적용되
지 않는다는 것을 밝히고 있다.

조약 및 다른 법규와 경제개발구법의 관계를 명시하지 않은 것은
정합성의 문제가 있는 것으로 판단된다. 그렇지만 경제개발구법의

해석권자가 누구인지를 밝히지 않고 있는 것은 헌법에서 일반적으로 법률의 해석권자를 명시하고 있기 때문에 문제되지 않는 것으로 볼 수 있으며, 하위 규정을 통하여 준칙의 법규성을 인정하고 조약의 우선적용을 밝히면서 규범준수의 의무에 대해서도 규정하고 있어서 이와 같은 규정들을 향후 개정을 통하여 법률의 수준으로 격상시켜서 체계정합적으로 정리할 필요가 있다고 하겠다.

제재의 근거를 법률에 두지 않은 점도 체계정합성의 문제로 볼 수 있다. 북한의 특수경제지대법들이 금강산국제관광특구법을 제외하고는 모두 법률상 제재의 근거를 두지 않고 있다. 경제개발구법도 법에 제재의 근거를 두지 않고 하위 규범인 기업창설운영규정, 노동규정, 환경보호규정에서 벌금의 기준과 액수, 영업활동 중지 등 구체적인 제재를 담고 있다. 하위 규정이 많이 제정된 개성공업지구의 경우와 라선경제무역지대의 경우에도 마찬가지이다.

법과 규정의 경우에는 정령과 결정으로 입법의 형식은 상이하지만 입법권자가 동일하다는 북한의 입법상의 특성에서 나온 결과로 이해할 수는 있다. 하지만 기업의 권리와 의무에 관한 규정은 보다 규범력이 강한 높은 수준의 규범에 최소한의 근거를 두고 하위 규범에서 구체적인 절차와 기준을 정하는 것이 타당하다고 생각된다.

북한에 있어서는 법의 제정 및 운용이 당의 정책에 예속되어 있다. 즉, 다른 사회주의 국가에서와 같이 북한에서도 당의 정책과 이념은 법의 형식으로 표출되며 이미 제정된 법의 의미·내용에 대한 해석과 운용에 있어서 중요한 기준으로 작용하고 있다. 그리고 당이 정책을 제시하면 국가기관은 이를 실천에 옮기며 당의 감독을 받게 된다. 뿐만 아니라 국가기관은 당의 정책을 실천에 옮김에 있어 법 자체의 객관적 타당성 등에 대하여 논란을 제기할 수 없으며, 법의 객관적 타당성 등을 내세워 당의 정책 실천을 거부할 수도 없다.[1] 따라서 사회주의적 특징이 규범의 체계정합성 요구를 압도하는 것은 필연적이라고 하겠다.

3) 개발구별 특성을 반영할 하위 규범의 미비

경제개발구법은 북한의 다른 특수경제지대법에는 없는 '개발구의 창설'을 독자적인 장으로 편성하고 있으며, 다른 특수경제지대법과 비교할 때 특수경제지대의 관리에 할애한 조문 수가 가장 적다. 개성공업지구법은 14조항, 라선경제무역지대법은 13조항, 황금평·위화도경제지대법은 10조항을 지대의 관리에 할애하고 있음에 비하여 경제개발구법은 7조항만을 두고 있다. 경제개발구의 창설을 독자적인 장으로 편성한 것은 특정 지역의 특수경제지대 창설을 전제로 특정 특수경제지대에 적용하기 위하여 만들어진 다른 법들과는 달리 전국에서 지역별 특성에 따라 개발될 개발구들의 일반법으로서의 성격을 반영하고 있는 것으로 볼 수 있다.

관리기관과 관련된 조문 중에서 다른 특수경제지대법에는 있는데 경제개발구법에 규정되지 않은 사항은 관리기관의 설립과 지위, 책임자, 사무소설치 등으로 조문 수가 적은 것은 지도기관을 중앙특수경제지도기관과 인민위원회로 다층화해서 중앙에서 전국적인 관점이 필요한 사안을 지휘하면서도 지방의 인민위원회가 각 지방의 특색에 맞게 관리기관을 지도함으로써 관리기관의 책임자, 사무소설치 등에 관해서는 지역의 특성에 따라 결정하도록 한 것일 수 있다. 이 또한 일반법으로서의 특징을 보여주는 것이라고 할 수 있다.

부칙에서 라선경제무역지대와 황금평·위화도경제지대, 개성공업지구와 금강산국제관광특구에는 경제개발구법을 적용하지 않는다고 적용제한을 두고 있는 점도 마찬가지이다. 각 특수경제지대 법들

---

1) 법무부, 북한법의 체계적 고찰(I)-민사관계법-, 12면.

의 적용법규 조항에서 각 법들이 특수경제지대에 고유하게 적용되는 법이라는 것을 알 수 있다. 그럼에도 불구하고 이를 부칙에서 다시 밝히고 있는 것은 경제개발구가 기존의 북한의 다른 특수경제지대들과는 성격을 달리하는 소규모의 전국적인 특수경제지대이며, 북한이 추진하고 있는 경제특구 중 라선경제무역지대와 황금평·위화도경제지대 및 개성공업지구와 금강산국제관광특구에는 지대별 개별법이 적용되고 그 외의 경제개발구들에는 일반법으로서 경제개발구법이 적용된다는 점을 드러내는 규정이라고 하겠다.

다른 특수경제지대법들은 각 특수경제지대의 성격을 하나의 지역 안에 서로 다른 성격을 가진 다수의 산업들이 건설될 것을 전제로 규정하고 있다. 이에 비하여 경제개발구법은 하나의 지구 안에 복합적인 성격을 갖도록 하지 않고 지구별로 특정한 목적을 가지고 단일한 업종으로 규정하고 있는 것도 일반법으로서의 특징이라고 평가할 수 있다. 이것은 다른 특수경제지대에 비하여 좁은 면적을 설정하여 전국적으로 지역별 특성을 살릴 수 있는 업종을 육성하고자 하는 경제개발구 정책의 목적에서 기인한 규정이라고 하겠다.

문제는 개발구별 특성을 반영할 하위 규범의 부재이다. 경제개발구법이 가지는 일반법적인 특징을 법률 자체에서 명시하고 하위 규범을 경제개발구별 특성에 맞게 정비함으로써 경제개발구 법제를 체계화할 필요가 있다.

2. 내용상의 문제점

1) 경제적 현실의 반영인 기업활동에 대한 사회주의적 제약

북한법은 공법과 사법의 구별이 없고, 모든 법이 공법화되어 있다. 이는 사회주의법의 일반적 특성으로서 사회주의 국가들은 생산수단의 사적소유가 사회의 모든 갈등과 모순의 온상이고 자본주의적 폐단의 근본으로 보아 모든 생산수단을 국유화하였다. 이에 따라 생산수단의 사유화가 인정되지 않는 사회에서 공·사법의 구분은 무의미하다. 따라서 법령은 공법적 효력을 가지고 있고, 사법의 가장 대표적 형태인 민법마저도 공법적 성격을 갖는다.

심지어 가족법에서도 국가의 폭넓은 관여가 인정되고 있어 사법이라기보다는 사회보장법에 가까울 정도이다. 계약도 재산거래관계를 형성하기 위한 권리주체 간의 법률행위라고 이해되기 보다는 국가경제계획을 집행하기 위한 수단 내지 절차로 인식되고 있다. 사법이 사법으로서의 특성을 잃고 공법 내지는 준 공법으로 기능하고 있다는 점은 북한법의 가장 커다란 특징 중의 하나이다.[2]

경제개발구법은 생산수단의 국유화 및 계획적·중앙집권적 경제체제의 특징을 보여준다. 토지 사용을 필요로 하는 기업이 국토관리기관과 토지임대차계약을 맺어야 한다거나 등기에 의하여 권리를 보호하고 입증하는 것이 아니라 국토관리기관이 발급하는 토지이용증이 그 역할을 한다는 규정은 생산수단의 국가 소유라는 사회주의 이념을 잘 드러낸다. 노동력의 국가 관리도 마찬가지이다. 노동시장의 형성에 따라 자유롭게 노동력이 매매되는 것이 아니라 국가가 노동력을 일원적으로 관리하는 경제개발구법의 노동 관련 규정은 계획적이고 중앙집권화된 사회주의 경제의 단면으로서 경제개발구정책의 중앙집권적 성격을 보여준다고 하겠다.

또한 경제개발구법의 각 조항은 국가의 정책을 집행하기 위한 수단 또는 절차로서 규정되어 있다. 각 경제개발구의 개발총계획에 대한 승인권한을 내각이 가진다는 규정과 중앙특수경제지도기관이 개발기업의 승인 및 개발세부계획의 승인을 담당한다는 규정은 전국

---

2) 법무부, 북한법의 체계적 고찰(Ⅰ)-민사관계법-, 10면.

적으로 외자유치를 활성화함으로써 경제력 신장과 국토의 균형발전을 도모하고자 하는 경제개발구 정책을 실현하는 과정에서 국가적인 통제장치를 확실히 하려는 취지로서 경제활동을 통제하는 수단으로서의 법의 성격, 국가의 경제조직적 역할을 뒷받침하는 법의 기능을 표현하고 있다.

경제개발구법은 제1조에서 "조선민주주의인민공화국 경제개발구법은 경제개발구의 창설과 개발, 관리에서 제도와 질서를 바로세우고 대외경제협력과 교류를 발전시켜 나라의 경제를 발전시키고 인민생활을 높이는데 이바지한다"라고 경제개발구법의 목적을 밝힌다. 이를 위해 공업개발구, 농업개발구, 관광개발구, 수출가공구, 첨단기술개발구 등의 경제개발구를 창설하고 중앙급 경제개발구와 지방급 경제개발구로 구분하여 관리하며, 외국 투자가 및 북한의 기관과 기업소도 경제개발구의 개발에 참여할 수 있다. 이 경우 토지이용권을 출자할 수 있으며, 경제개발구에 투자하는 투자자에게 토지이용, 노동력 채용, 세금납부 등에서 특혜를 부여한다고 규정하고 있다. 그러나 이는 사회주의적 제약으로 인해 침체된 경제적 현실의 반영이자 기업활동에 대한 사회주의적 제약으로 보인다.

공업개발구, 농업개발구, 관광개발구, 수출가공구, 첨단기술개발구 등의 경제개발구를 창설하고 중앙급 경제개발구와 지방급 경제개발구로 구분하여 관리하는 것은 경제개발구의 창설과 개발을 전제로 한다. 각각의 경제개발구의 창설과 개발에는 특정 공간 내에 토지 정리, 도로 건설, 건물 신축, 전기·수도·소방 설비 마련, 행정조직 설치 등 인프라 구축이 필요하다. 문제는 북한에 수십 개에 이르는 경제개발구에 이와 같은 인프라를 구축할 여력이 존재하지 않는다는 것이다. 그렇다면 결국 경제개발구의 인프라 구축도 외자에 의존하겠다는 것이다. 이것은 광동성 경제특구 조례가 인프라 구축을 관리기관의 임무로 규정하고 있는 것과는 달리, 경제개발구법이 인프라 구축을 경제개발구 지도기관과 관리기관의 임무로 규정하지 않은 데서도 잘 드러난다.

다만 경제개발구의 개발에 있어서 북한의 기관과 기업소가 개발 당사자가 될 수 있게 하고 토지이용권을 출자할 수 있도록 하고 있어, 실제 개발에 있어서는 북한의 기관이나 기업소의 참여방식을 추정할 수 있게 해준다. 즉, 국가 소유인 토지의 경우에는 경제개발구법에 근거하여 토지이용권을 출자하는 방식으로 개발에 참여할 수 있을 것이고, 기관이나 기업소 소속의 노동력을 조직화하여 일정기간 제공하는 방식으로 금전적인 출자를 대신하는 방식도 가능할 것으로 생각된다. 경제개발구의 창설과 개발에 필요한 기술과 설비 및 전문인력 고용에 소요되는 금원을 출자하기 어려워 외자에 의존할 수밖에 없는 북한의 현실을 드러내는 입법이라고 하겠다.

외국투자자는 토지 사용을 위해서는 국토관리기관과 토지임대차 계약을 체결하고, 노동력 채용을 위해서는 해당 노동행정기관에 노동력 채용신청을 함으로써 노동력을 공급받을 수 있다. 경제개발구 밖에 상품을 판매하는 경우 상품가격 결정은 북한의 국가기관·국가소유의 기업소 및 단체와 협의하도록 함으로써, 자본주의 경제체제에서 사법상의 계약으로 다뤄지는 각종 계약을 재산거래관계를 형성하기 위한 권리주체 간의 법률행위라기보다는 국가의 특정 정책을 집행하기 위한 수단 내지 절차로 규정하고 있다. 사법적 계약의 성격을 공법적으로 전환시키는 이런 특징들은 경제개발구법의 많은 조항에서 나타나며, 사회주의 법이론에 부합하는 모습이라고 할 수 있다. 사적 계약의 독자성을 인정하고 경제주체의 자율성을 확대하는 방향으로 개선될 필요가 있다.

경제개발구에 투자하는 투자자에게 토지이용, 노동력 채용, 세금 납부 등에서 특혜를 부여하는 수단은 토지의 경우 50년 연한의 사용기간을 갱신할 수 있다고 규정하고 있다. 그렇기 때문에 토지임차료와 토지사용료의 수준이 외자유치에 적정한 것인가가 문제될 수는 있지만 토지의 국가 소유라는 사회주의 체제의 원칙과 현실이 반영된 입법이다.

노동력 채용의 경우는 노동행정기관에 노동력 채용신청서를 내고 노동력을 공급받도록 하고 있다. 이것은 사적인 노동시장이 존재하지 않고 국가가 계획적으로 노동력을 배치하고 관리하는 사회주의 계획경제제제의 특성을 반영하는 입법이라고 할 수 있다. 북한은 사회주의 계획경제체제이기 때문에 노동시장이 형성되어 있지 않다. 노동시장의 부존재와 이로 인해서 생기는 노동자의 채용과 해고에 있어서의 경직성 및 직업동맹에 의한 노동자 관리는 북한의 경제특구에 투자하는 기업에게는 커다란 애로사항이 될 수 있다.

사회주의 계획경제의 특징인 국가에 의한 노동력 배치 및 종신고용제로부터 노동시장을 전제로 한 노동계약제로의 변화는 국가와 기업 및 노동자에게 사회 시스템의 근본적 변화를 의미하는 것으로, 북한 집권층의 전향적 사고가 전제되어야 하며 시간과 노력이 필요할 것으로 생각된다. 한편 북한 노동력 우선 채용 규정은 고용에 관한 규제 성격의 조항으로서 현실적으로 풍부한 노동력을 저임금으로 제공할 수 있는 것이 북한의 강점이다. 그런 만큼 북한의 경제개발구에 투자하려는 투자자의 경우 전문지식이나 기술이 필요한 관리업무 등 특정한 영역 이외에는 북한 노동력 채용을 우선시할 것이 예상되므로 장기적으로는 삭제되는 것이 경제개발구법의 현실적합성을 높이고 규제적 성격을 탈색시키는데 기여할 것으로 생각된다.

세금납부와 관련해서는 기업소득세율을 결산이윤의 14%, 장려부문은 결산이윤의 10%로 규정하고 10년 이상 운영하는 기업에 대해서는 기업소득세를 감면한다. 이윤을 재투자하여 5년 이상 운영하는 기업에 대해서는 기업소득세액의 50%를 환급한다고 규정하면서도 절차와 세율 및 감면기간의 계산시점 등을 규정할 하위 규범인 세금규정 등을 제정하지 않고 있는 상태이다. 한 국가의 조세제도가 제대로 기능하기 위해서는 과세대상을 과세당국이 정확히 파악할 수 있는 과세 인프라를 구축하는 일이 중요하다. 과세대상은 그것 자체가 정확히 법적으로 규정되어야 하며, 계량적으로 파악할 수 있어야 한다. 민·상법 체계가 확립되어야 하고 회계제도도 갖추어져야 하는 것이다.

사회주의 국가는 이론상으로 세금이 없는 제도이고 중국에서도 개혁·개방 이래 여러 시행착오를 거치면서 세금제도를 정비해왔다. 북한의 경제특구에서의 세금제도는 초보적 단계에 있다고 할 수 있다. 경제개발구법에서 세금과 관련하여 간결한 규정만을 두고 관련 하위 규범이 제정되지 않고 있는 것은 이러한 현실을 반영하는 것으로 보인다.

2) 후진적인 내용을 담은 법제로는 정책의 성공 어려워

경제개발구법은 투자자의 권리와 합법적인 소득을 법적으로 보호하며, 투자자의 재산을 국유화하지 않고 부득이하게 사회공공의 필요에 따라 수용하거나 일시 이용할 경우에는 사전에 통지하며, 그 가치를 제때에 충분히 보상하고, 개인의 신변안전을 법에 따라 보호하며, 법에 근거하지 않고는 구속이나 체포하지 않고 거주 장소를 수색하지 않으며, 신변안전과 관련하여 외국과 체결된 조약을 우선하고 지적소유권을 법적으로 보호한다고 규정하고 있다. 또한 건설용 물자와 무역용 물자 및 기업의 생산 또는 경영용 물자와 생산품 등에 대해 관세를 부과하지 않으며, 물자의 반출입은 신고제로 하고, 우편·전화·팩스 이용의 편의를 제공하는 등의 수단을 제시하고 있다.

투자자의 권리와 합법적인 소득을 법적으로 보호하며 투자자의 재산을 국유화하지 않고 부득이하게 사회공공의 필요에 따라 수용하거나 일시 이용할 경우에는 사전에 통지하며 그 가치를 제때에 충분히 보상하고, 개인의 신변안전을 법에 따라 보호하며 법에 근거하지 않고는 구속이나 체포하지 않고 거주장소를 수색하지 않으며 신변안전과 관련하여 외국과 체결된 조약을 우선하고 지적소유권을 법적으로 보호하는 수단은 일단, 과거 북한 당국이 금강산관광지구에서 현대아산의 투자자산을 몰수한 것과 개성공업지구에서 직원을 억류한 선례에 비추어 현실과 괴리가 큰 선언적인 입법으로 평가할 수 있다. 다만, 선례의 경우 관광특구 자체의 논리에 의한 처분이었다기보다는 정치적인 상황에 휘둘린 결과로 볼 수 있기 때문에 북한 당국이 정치와 경제를 분리시켜 운영하며 규범을 준수하는 방향으로 법치주의를 강화함으로써 투자자의 신뢰를 받을 수 있도록 현실을 개선해야 할 것이다.

건설용 물자와 무역용 물자 및 기업의 생산 또는 경영용 물자와 생산품 등에 대해 관세를 부과하지 않으며, 물자의 반출입은 신고제로 하고, 우편·전화·팩스 이용의 편의를 제공하는 등의 수단은 구체화될 필요가 있다. 개성공업지구에서도 무관세 물자의 반출입 절차를 까다롭게 지정·운영함으로써 투자자들에게 커다란 불편을 주었음에 비추어 실제로 운영될 반출입 제도의 구체적인 내용을 어떻게 설계할 것인지가 중요하다고 하겠다.

투자자에 대한 통신편의 제공 조항에 대해서는 컴퓨터·핸드폰 등 각종 도구를 통해 인터넷으로 온 세상이 연결될 수 있는 현대 사회에서 우편·전화·팩스 이용의 편의를 제공한다는 것을 투자자에 대한 우대조치로 규정하는 것 자체로 북한 사회의 낙후 수준을 짐작할 만하다고 하겠다. 북한의 후진적인 현실을 잘 보여주는 입법의 한 예이다. 투자자 및 경제개발구 관련자로 사용자를 제한하는 수준에서라도 인터넷 망을 구축하는 등 현대적인 통신제도를 도입하지 않으면 외자 유치에 어려움을 겪을 수밖에 없을 것이다.

경제개발구법은 북한의 다른 특구법들 및 광동성 경제특구 조례·특별경제가공구 규정과 비교했을 때 후진적인 모습을 보이는 것으로 평가할 수 있다. 한편으로는 개발주체를 확대하고, 관리위원회의 독자성을 명문화하며 기업의 지적 소유권을 법으로 보호하는 등 경제개발구의 창설과 운영에 있어서 적극적인 모습을 보이면서도 수용의 절차 및 법에 의한 인권보호, 기업의 권리 삭제 등 이전에 제정된 경제특구 법제에 비해서 후퇴한 내용을 포함하는 이중적인 모습을 보이고 있다.

거버넌스 구조·노동력 채용과 해고·판매시장의 지정·유통화폐 규정 등에서는 1980년에 입법된 광동성 경제특구 조례나 1991년에 입법된 특별경제가공구 규정에도 미치지 못하는 내용으로 입법되어 있는 것이다. 법에 의한 인권보호, 지적 소유권 보호, 회계에 있어서 국제관례에 따른다는 조항 등 일부 선언적인 규정에서 선진적인 면모가 없는 것은 아니지만 근본적으로 경제개발구 도입의 목적을 의심하게 하는 반기업적인 요소가 강하다. 정책 결정권자의 의지가 반영된 것으로 볼 수밖에 없을 것이다.

이것은 경제적 개혁과 개방을 성공시키겠다는 확고한 정책적인 의지와 체계적인 청사진을 가진 모습이라고 보기는 어렵다. 경제난을 타개하기 위한 수단으로 전국적으로 수십 개의 경제개발구를 조성하고자 하면서도 경제난 타개의 수단이 가져올지도 모르는 변화의 속도와 폭을 두려워하면서 중앙정부의 관여의 폭을 넓히거나 기업의 권리를 제한하는 방식으로 비자율적이고 반기업적인 요소를 규범화하면서 안도하고자 하는 속내를 읽을 수 있는 것이다. 뚜렷한 목적의식을 가지고 투자자에게 매력적인 친기업적인 제도를 마련하면서 폭넓은 개방과 개혁을 일관되게 병행한다고 해도 성공하기 어려운 경제개발구 정책을 펼치면서, 현재와 같은 후진적인 내용을 담은 법제로는 정책의 성공은 요원하다고 하겠다.

3) 조항 간의 모순과 충돌에도 해결기준 제시 않아

경제개발구법을 구성하는 본문 62개 조항은 상호 모순적이거나 충돌하고 있지는 않은가? 각 조문 간에도 전체적으로 체계정합성이 유지되어야 한다는 시각에서 개별 조항 간의 체계를 검토할 필요가 있고, 독립된 법률로서 경제개발구법의 수준을 평가하고 북한 입법의 현재 실정을 판단하기 위해서 미시적인 수준에서 각 조항의 내용이 규범적으로 명료하며 논리적인지도 살펴본다.

관리기관은 경제개발구의 개발과 관리에 필요한 준칙을 작성할 권한이 있다고 경제개발구법에 명시되어 있으므로(제36조) 관리기관이 작성한 준칙은 경제개발구에서 적용되는 규범의 일종이다. 그러나 적용법규를 규정한 조항에서는(제9조) 법과 시행규정 및 세칙만을 명시하여 준칙이 배제되는 결과가 됨으로써 관리기관의 준칙 작성권을 규정한 조항과 충돌을 일으킨다.

경제개발구의 지도기관 중 하나인 도·직할시 인민위원회의 사업내용으로 "경제개발구의 기업에 필요한 로력 보장"을 규정하고 있으면서도(제34조) 그 후에 배치된 조항에서(제41조) "경제개발구의 기업은 해당 로동행정기관에 로력채용신청문건을 내고 로력을 보장받아야 한다"고 규정하여 노동행정기관이 어디인지를 불분명하게 하고 있다. 앞선 조항인 제34조에서 경제개발구에서의 노동행정을 도·직할시 인민위원회의 업무로 규정하였으므로 제41조에서도 노동행정기관이라는 용어를 사용할 것이 아니라 도·직할시 인민위원회로 명확히 규정했어야 할 것이다.

이러한 모순은 제2조(경제개발구의 정의와 유형)와 제49조(관광업) 사이에서도 볼 수 있다. "경제개발구에는 공업개발구, 농업개발구, 관광개발구, 수출가공구, 첨단기술개발구 같은 경제 및 과학기술 분야의 개발구들이 속한다"고 규정함으로써(제2조) 경제개발구 각각이 서로 다른 특정한 성격으로 특화될 것임을 명시해놓고도 "경제개발구에서는 해당 지역의 자연 풍치와 환경, 특성에 맞는 관광자원을 개발하여 국제관광을 발전시킬 수 있도록 한다. 투자자는 정해진데 따라 관광업을 할 수 있다"고 규정하여 모든 경제개발구에서 국제관광을 발전시키도록 하고 있는 것이다(제49조). 이렇게 조항 간의 충돌과 모순을 보이면서도 이러한 모순과 충돌을 해결할 기준이 제시되고 있지 않아서 체계정합성의 측면에서 문제를 노정한다.

4) 책임질 기관을 모호하게 입법

경제개발구법에 의하면 국가는 경제개발구를 관리소속에 따라 지방급 경제개발구와 중앙급 경제개발구로 구분하여 관리하도록 하며(제3조), 국가는 경제개발구의 창설과 관련하여 대내외적으로 제기되는 문제들을 중앙특수경제지도기관에 집중시켜 처리하도록 하고(제4조), 국가는 투자가에게 토지이용·노동력 채용·세금납부 등의 분야에서 특혜적인 경제활동조건을 보장하도록 한다(제5조). 또한 국가는 경제개발구에서 특정 영역에 대한 투자를 장려하며(제6조), 국가는 투자자의 재산을 국유화하거나 거두어들이지 않으며(제7조), 국가는 경제개발구를 내오는 결정을 한다(제18조).

이와 같이 경제개발구법은 많은 조항에서 '국가'의 권한과 업무를 규정하고 있다. 그러나 "국가가 특별히 정한 법규에 따라(제2조)"의 경우 국가는 입법기관인 최고인민회의 상임위원회를 의미하는 것으로 추정된다. 하지만 그 외의 경우는 상이한 업무를 담당하는 '국가'가 어떤 기관을 지칭하는지를 알 수 없어서 각 해당 기관의 업무를 전체적으로 파악할 수 없고, 책임의 소재가 불분명해지는 등 법률의 명확성 원칙에 반한다. 이것은 의도적으로 모호하게 입법한 규정일 수도 있지만, 그보다는 경제개발구 관련 업무에 있어서 분화되지 못한 북한 조직체계의 실상을 드러내는 것일 가능성이 더 큰 것으로 보인다.

또한 경제개발구의 명칭과 소속을 정하는 사업 및 창설승인은 비상설국가심의위원회가 하고(제3조, 제17조), 경제개발구의 창설과 관련한 실무사업은 중앙특수경제지대지도기관이 통일적으로 맡아서 하도록 규정하고 있다(제4조). 한편 경제개발구의 개발총계획의 승인은 내각이 하고 세부계획의 승인은 중앙특수경제지도기관이 한다(제22조). 토지임대는 해당 국토관리기관이 하고(제24조), 노동력 채용과 관련된 업무는 노력행정기관이 담당하지만(제41조), 종업원의 월 노임 최저기준은 중앙특수경제지도기관이 결정한다(제42조).

경제개발구의 창설 및 운영과 관련하여 이와 같이 비슷한 성격의 업무를 여러 기관에서 분담하고 있으면서도 기관 간의 위계에 대해서 규정하지 않고 있어서, 투자자의 입장에서는 경제개발구법을 들여다보아도 업무분담의 기준과 기관 간 관계를 알 수 없다. 기관 간 관계를 규정하고 상위 기관의 추상적인 업무를 앞서 배치하는 등으로 조항 간의 체계정합성을 높일 필요가 있다고 하겠다.

주체가 모호한 조항도 문제가 된다. "경제개발구에서는 기업용 토지는 실지수요에 따라 먼저 제공되며 토지의 사용분야와 용도에 따라 임대기간, 임대료, 납부방법에서 서로 다른 특혜를 준다(제52조)"와 같이 주체가 없는 조항을 볼 수 있다. 제52조의 경우 누가 토지를 제공하고 누가 특혜를 제공하는 것인지를 알 수 없다. 제24조에서 "토지를 임대하려는 개발기업은 해당 국토관리기관과 토지 임대차계약을 맺어야 한다"고 규정하고 있기 때문에 해당 국토관리기관을 주체로 추정할 수도 있다. 그렇지만 제24조는 경제개발구의 개발에 관한 장에서 규정한 개발기업의 토지사용에 대한 조항이고, 제52조는 장려 및 특혜의 장에서 다루는 기업용 토지에 관한 조항으로서 차이가 있다. 따라서 같은 성격의 업무를 여러 기관에서 나눠서 하는 것으로 규정하고 있는 경제개발구법의 구성상 제52조의 주체를 해당 국토관리기관이라고 단정하기가 어렵다. 이와 같이 주체가 모호한 조항을 다수 발견할 수 있다.

1991년에 제정된 베트남 특별경제가공구 규정에서는 이와 같이 주어가 없는 조항을 찾아볼 수 없다. "베트남 정부는 특별경제가공구에 투자하는 모든 투자자에게 공정하고 평등한 처우를 보장해야 한다(제3조)"와 같이 모든 조항에서 의무와 권리 및 행위의 주체를 명확하게 밝히고 있는 점을 볼 때, 경제개발구법의 모호한 조항은 전범으로 삼을 입법례가 없어서라기보다는 경제개발구에서의 기업활동에 대한 구체적인 고려를 하지 않은 결과이거나, 권리의 보호 및 혜택의 제공에 대해 책임질 기관을 의도적으로 모호하게 한 입법의 결과일 가능성이 있다.

Ⅱ. 경제개발구의 성공을 위한 개선방안

경제개발구법을 북한의 다른 특수경제지대법 및 중국과 베트남의 경제특구법과 비교하여 법정책적 측면, 규범체계적 측면, 규범 자체의 형식적·내용적 측면, 개별 조항 간의 체계적·내용적 측면으로 구분하여 분석한 결과 입법기술의 발전을 보여주고 있으며, 경제개발구들의 일반법이라는 특징과 함께 경제개발구의 성공을 위해서 정비되어야 할 여러 가지 미비점이 발견되었다. 경제개발구법은 경제개발구 정책의 규범적인 기준이라는 점에서 미비한 사항에 대한 보강과 정비는 성공적인 외자유치를 위한 기반이 될 것이다.

또한 경제개발구가 성공한다면 북한 주민들에게 시장경제가 주는 이익을 체험하게 함으로써 중국이나 베트남의 경우와 같이 경제체제 면에서의 체제전환을 심화시키는 기제로 작용할 가능성이 크다는 점에서 경제개발구 성공을 위한 법제도의 정비는 체제전환을 위한 규범적 과제이기도 하다. 규범의 체계정합성 확보와 규범의 목적적합성 확보라는 과제로 나누어 경제개발구 법제도의 정비에 관해 살펴보고, 경제개발구의 성공을 위해서 필수적인 남북 교류 협력의 확대와 강화를 위한 법제도적 방안을 모색한다.

1. 경제개발구 법제도의 정비

1) 규범의 체계정합성 확보

가. 외국투자기업 위한 법적 안전장치 보강되어야

경제개발구법의 문제점으로 지적되는 사항들을 수용하여 보다 체계적이고 법치주의적이며 친기업적인 성격으로 개정할 필요가 있다. 이와 더불어 경제특구법 전체의 문제점도 시정될 필요가 있다. 각 경제특구법과 경제개발구법에는 다양한 기업의 형태에 관한 일반규정이 없고, 기업의 결합에 관한 구체적인 절차 등을 정하고 있지 않아 외국투자기업을 유인하는데 제약요인이 되고 있다. 기업의 창설에 관한 규정들이 개별 특수경제지대법과 외국인투자법에 각각 유사하게 규정되어 있으나, 소폭의 차이점이 있어 각 법령 간의 체계 및 상호관계가 모호하다는 문제를 안고 있다.

그밖에 기업창설 등록 전, 등록자본 출자 전에 외국투자기업과 거래하는 상대방을 보호하고 거래의 안정성과 활성화를 담보하기 위한 규정이 미비하며, 기업의 권리와 관련한 특수경제지대법상의 규정도 명백한 사유 없이 각 법령 간에 차이점이 발견된다. 향후 북한의 기업 관련 법제는 개별법 간의 공통 사항을 통합하여 일반적으로 적용되는 규정과 합영·합작 기업 등 기업 간의 특성 등을 감안하여 예외규정을 두는 방식으로의 개선이 요구된다. 외국투자기업이 북한에서 경영활동을 활발히 할 수 있도록 지원하는 법적 안전장치도 보강되어야 한다. 입법기술적으로는 특수경제지대별로 두고 있는 개별법을 통합하고 외국인투자기업에 관한 합영법, 합작법, 외국인기업법의 통합법 제정을 고려해 볼 수 있다.[3]

구체적으로는 첫째, 법원(法源)과 법원(法源) 간의 위계의 문제이다. 현재 경제개발구법은 법과 규정 및 세칙만을 적용법규로 명시하고 있으며, 하위 규범인 경제개발구 관리기관운영규정에서 "관리기관 관리사업의 법적 기초는 법과 규정, 세칙과 준칙같은 법규범이다"라고 하여 준칙을 법규범의 일종으로 명기하고 있다. 법원에 대한 조항은 규범체계상 근본적인 내용을 담고 있는 조항이라고 할 수 있으므로 위 조항의 소재를 격상시켜 상위의 규범인 법률에서 적용법규를 "법과 규정, 세칙과 준칙"으로 명시할 필요가 있다.

또한 하위규범인 경제개발구 개발규정에서 "개발과 관련하여 외국과 맺은 협정·양해문·조약의 내용이 이 규정과 다를 경우에는 그 조약을 적용한다"고 하여 조약과 규정 간의 위계를 밝히고 있을 뿐이고 조약과 법률 간의 위계를 규정하지 않고 있다. 중국은 물론이고 북한의 경제개발구에 관심을 보이는 외국과 양자조약 및 다자조약의 체결 가능성이 있는 북한으로서는 외국 투자자 유치를 위해서라도 법률 개정을 통하여 법원 간 위계를 명확히 하여야 할 것이다.

둘째, 제재에 관한 근거 규정을 법에 두고 하위 규정에서 제재의 구체적인 절차와 기준을 정하는 것이 타당하다. 경제개발구 법제와 마찬가지로 개성공업지구 법제와 라선경제무역지대 법제는 제재에 관하여 법률의 차원에서 근거규정을 두지 않고 있다는 공통점이 있다. 입법사항에 해당하는 제재의 근거는 법률에 두어야 하므로, 현재와 같이 법률에 근거를 두지 않고 하위규범인 규정에서 수범자에

---

3) 박찬홍, "북한법제의 동향과 기업법제의 개편방향", 통일연구논총 제23권 제2호, 통일연구원, 2014, 78-79면.

게 불리한 내용인 제재를 규정하고 있는 것은 체계정합성 측면에서 문제가 있다고 하겠다. 또한 제재의 근거를 법률에 두더라도 현행 규정의 내용만으로는 어떤 경우에 어느 정도의 제재를 받는지 알 수 없어 규범의 예측가능성이 떨어지며 제재의 자의적인 집행을 가능하게 하고 있다. 하위규범에서 제재의 요건과 기준 및 절차에 관하여 구체적으로 규정해야 할 것이다.

셋째, 경제개발구법은 수용에 관한 조항을 아예 두고 있지 않은 광동성 경제특구 조례나 특별경제가공구 규정에 비해서는 법치주의적인 요소가 강화되었다고 할 수 있다. 하지만 북한의 다른 특수경제지대법들과 비교할 때 보상의 기준이 상대적으로 추상적이고 보상 관련 절차법적 규정이 명시되어 있지 않기 때문에 수용 및 보상과 관련해서도 입법이 요구된다. 보상의 기준을 더 구체화하고, 보상 관련 절차법적 규정을 명시할 필요가 있다. 또한 하위 규범인 규정, 세칙, 준칙에 의하여 보상 및 수용의 구체적인 요건, 절차, 효과, 구제방법 등에 관한 사항이 상세히 규정되어 있지 않은 상태이므로 수용을 당한 경우에 현실적인 절차미비로 권리구제의 어려움이 예상된다. 수용 및 보상의 구체적인 요건과 절차를 규정하는 하위규범의 입법도 필요하다고 하겠다.

넷째, 기업의 권리 보장을 명문화하고 관세, 외환관리, 은행, 보험 제도 등 기업활동을 뒷받침하는 기본제도를 이용자 편의를 고려하여 설계할 수 있도록 규범적 근거를 입법해야 한다. 라선경제무역지대법과 황금평·위화도경제지대법은 독립된 조항으로 "기업은 경영 및 관리질서와 생산계획, 판매계획, 재정계획을 세울 권리, 로력채용, 로임기준과 지불형식, 생산물의 가격, 리윤의 분배방안을 독자적으로 결정할 권리를 가진다. 기업의 경영활동에 대한 비법적인 간섭은 할 수 없으며 법규에 정해지지 않은 비용을 징수하거나 의무를 지울 수 없다"고 규정하여 기업의 권리를 밝히고 있음에 비하여 경제개발구법은 기업의 권리에 관한 조항을 두고 있지 않다.

라선경제무역지대법에서 규정되었던 기업의 권리를 보장하는 조항이 경제개발구법에서 삭제된 것은 북한 당국의 외자 유치에 대한 의지를 의심하게 하는 퇴보적인 입법이다. 이를 법에 규정하여 친기업적이고 법치주의적인 의지를 선언하고 아울러 관세의 면제대상과 부과대상에 대한 기준, 은행의 설치와 영업에 대한 기준, 보험회사의 설립과 활동에 대한 기준 등을 규정하여 하위규범에서 이를 구체화할 수 있는 근거를 제공할 필요가 있다.

나. 경제개발구의 성격에 따른 세칙과 준칙 특화해야

첫째, 분야별 하위규정을 조속히 완비하여 경제개발구의 규범체계를 체계적으로 정립해야 한다. 현재까지 경재개발구 창설, 관리기관운영, 기업창설운영, 노동, 환경보호, 개발, 부동산, 보험에 관한 규정이 입법되었다. 이 외에도 출입 및 체류, 세관, 외화관리, 회계, 회계검증, 기업재정, 자동차관리, 건축, 안전관리, 광고, 보건 및 위생, 감정평가 등 분야에서 하위규정의 정비가 요구된다. 특별히 투자자들의 원활한 경제활동을 위해서 저당제도와 금융·외환제도에 관한 체계적인 입법이 완비되어야 할 것이다.

경제개발구 부동산 규정의 내용은 공개되지 않았지만 비슷한 시기인 2014년에 제정된 라선경제무역지대 부동산 규정의 내용과 거의 유사할 것으로 추정된다. 라선경제무역지대 부동산 규정은 토지이용권과 건물소유권을 취득한 경우 부동산등록기관에 등록하도록 하고 등록의 종류를 시초등록과 변경등록, 저당등록과 취소등록으로 나누고 있어 남한의 등기제도와 유사하다.

토지이용권과 건물소유권에 대한 저당을 허용하고, 대부나 담보 목적의 저당권 설정을 규정하고 있으며 저당물의 이용과 양도통지의무, 저당권자의 추가담보제공 권리, 저당권의 행사범위 등을 상세히 규정하고 있다. 경제개발구의 부동산 규정이 이와 유사한 내용이라면 여기에 더하여 몇 가지 요구되는 사항이 있다.

개성공업지구의 예에서 볼 수 있듯이 투자기업은 일반적으로 경제개발구에서 북한의 노동력을 활용하는 생산활동에 종사하는 경우가 많을 것이고, 이에 따라 생산활동에 필요한 기계설비가 기업자산의 일부를 차지할 것이므로 기계설비를 저당권의 대상으로 추가하는 것이 기업의 자금융통을 원활하게 하는데 도움이 될 것이다.

또한 저당제도의 활성화를 위해서는 남한의 은행이 경제개발구에 존재하는 경협기업의 토지이용권과 건물소유권 및 기계설비에 대해 저당권을 설정할 수 있도록 하고, 저당권의 목적물에 대한 객관적인 가치평가를 위해서 감정평가제도가 입법에 반영될 필요가 있다고 하겠다.

경제개발구법은 은행에 대한 규정을 두고 있지 않지만 라선경제무역지대법은 투자자가 규정에 따라 은행이나 은행의 지점을 개설하고 은행업무를 할 수 있다고 밝히고 있다. 장기적으로는 경제개발구법을 개정하여 은행에 관한 근거규정을 두어야 할 것이며, 우선 하위규정을 통해 금융과 외환제도를 정비해야 한다. 남한 투자자의 기업활동의 편의를 위해서는 경제개발구 내에 남한 은행의 지점 설치가 제도적으로 허용되어야 할 것이다.

외환제도에 대해서는 "정해진 화폐"라고만 규정하고 있으므로 화폐의 태환성 및 투자자의 국적을 고려하여 다양한 외화의 유통이 허용될 여지가 있다. 남한 투자자의 편의를 고려하여 남한의 원화도 유통화폐로 인정한다면 기업활동의 편의성이 크게 높아질 것이다. 하위규정을 통해 규범이 조속히 구체화되지 않으면 투자자로서는 경제개발구에 대한 투자 유무를 판단할 근거를 갖지 못하고, 이는 투자 유치에 악영향을 미칠 것이므로 조속히 하위 규범이 완비되어야 하겠다.

둘째, 개발구별 특성을 반영한 세칙과 준칙이 제정되어야 한다. 기존의 경제특구와 차별화되는 경제개발구의 특성 중의 하나는 복합적인 성격을 가진 경제개발구의 육성이 아니라 경제개발구별로 지역의 특성과 경제성 등을 고려하여 서로 다른 성격을 부여하고 있는 것이다. 규범의 정비에 있어서도 이러한 특성이 잘 반영될 필요가 있다.

환경적인 조건이 뛰어나서 관광개발구로 지정된 지역에서는 관광업과 관련 서비스업에 보다 큰 혜택을 부여하고 이에 관하여 다른 경제개발구의 세칙과 준칙보다 자세히 규정하고, 보세가공을 위주로 하는 공업개발구로 지정된 지역에서는 보세지역의 설정과 통관절차의 간소화 등을 상세하게 규정하며, 정보산업을 주요 업종으로 하여 공업개발구로 지정된 지역에서는 정보산업과 관련된 특허 등 지적재산권에 대해 두텁게 보호하는 규정을 두는 등으로 경제개발구의 성격에 따라 세칙과 준칙을 특화하는 방식을 고려할 수 있을 것이다.

다. 입법의 일관성 유지가 관건

경제개발구 정책이 성공적으로 집행되어 북한 경제의 성장에 도움을 주기 위해서는 물류·교통·전기·수도 등 각종 인프라 구축과 더불어 법제도의 발전이 필요하다. 법제도의 발전은 투자보장·세금특혜·신변안전·각종 제도 보장을 규범으로서 입법하는 것이 그 출발점이다. 그렇지만 법제도의 입법보다 선행되어야 할 것은 입법된 법이 일관성을 가지고, 입법된 법이 준수될 것이라는 법에 대한 신뢰 확보이다.

법의 일관성 확보는 투자의 안정성을 보장해주는 역할을 하며 규범의 기초적인 역할인 예측가능성을 담보한다. 경제개발구 관련 규범이 당초의 입법취지와 다른 내용으로 갑자기 개정된다든지, 경제개발구의 지도기관이나 관리기관이 규범을 무시하는 태도를 보인다면 투자의 안정성은 흔들리고 투자자는 투자환경에 대해 예측할 수 없게 된다. 신의주 특별행정구 기본법은 특별행정구의 법과 제도를 50년간 변경하지 않는다고 규정하고 있다. 이와 같이 법의 일관성 확보를 위해 투자 관련 법규의 일정기간 개정 불가 조항을 두거나 투자 관련 법규를 개정할 때 기존 투자자의 기득권을 보장하기 위해 기존투자자에게는 개정 전 법률을 적용하거나 일정한 보상을 하는 방안 등을 고려할 수 있을 것이다. 경제개발구법의 개정에서도 이러한 조항을 둠으로써 법의 일관성을 보장할 필요가 있다.

라. 입법절차 규범화로 법치주의 진전시켜야

경제개발구를 통한 남북 경협을 상정하는 경우에 투자하기 좋은 법제도를 정비하고 북한의 일방적인 입법을 억제하며, 규범의 일관성을 확보하기 위해서 경제개발구 입법절차를 마련하고 이를 공개하며, 공개된 입법절차에 따라 입법이 이뤄지도록 할 필요가 있다. 경제개발구에서의 입법절차 정비와 준수는 향후 북한의 자체적인 입법절차 정비에 도움을 줄 수 있을 것이며, 이는 북한의 법치주의를 진전시키는 역할도 할 것이다.

경제개발구에서의 입법절차를 마련하기 위해서는 첫째, 입법절차에 관한 규정을 북한이 제정하도록 하는 방안이 있을 수 있다. 둘째, 입법절차에 관한 합의서를 남북 당국 간에 체결하는 방안을 고안할 수 있다. 입법절차에 관한 규정이나 합의서에는 남한의 입법절차상 요구되는 관계기관 협의 - 입법예고 - 공보에 의한 공포절차가 명확히 규정되도록 함으로써 남한에서 전혀 알 수 없는 상태에서 경제개발구의 입법이 완료되는 것을 막을 수 있다. 또한 입법 과정의 입법예고·규제심사 등과 관련하여 남한 전문가의 참여를 제도화하고 투자자인 기업의 입장을 반영할 수 있는 제도적 장치로 활용할 수 있을 것이다.

2) 규범의 목적적합성 확보

경제개발구법은 기본적으로 외자 유치를 목적으로 하는 법이다. 그렇다면, 더 많은 외국 투자자들로부터 북한의 경제개발구에 대한 투자가 수익이 크며 안전하다는 것을 보장하는 방향으로 법과 제도가 구조화되어야 한다.

가. 관리운영체계의 실효성 강화

중국 광동성 경제특구의 성공요인 중 하나로 경제특구 관리기관에 대한 자율성 부여를 들 수 있다. 중앙집권적 계획경제 체제로 구조화된 사고와 제도를 그대로 둔 채로는 개혁과 개방이 불가능했기 때문에 경제특구 내에서 시장경제라는 새로운 실험을 성공시키기 위해서는 관리기관에 대한 자율성 부여가 불가피했던 것이다. 중앙 특수경제지도기관과 도·직할시 인민위원회로부터 각종 지도를 받도록 구조화된 경제개발구의 관리기관과 달리 광동성 경제특구 조례에 의하면 관리기관을 지도하는 지도기관은 처음부터 존재하지 않았다.

관리기관은 경제특구의 발전계획을 수립하고 일체의 행정적인 업무를 전담하며, 투자자의 기업활동을 원활하게 하기 위해 각종 관련 기관 간의 업무를 조정하는 역할을 담당했다. 경제특구가 발전함에 따라 관리기관은 더 많은 자율성을 요구하게 되었고, 이것이 지역 인민대표대회에 대한 수권입법권의 형태로 부여되었던 것이다. 경제개발구에서도 장기적으로는 수권입법권을 통해 입법자율성을 최대한 보장할 필요가 있다.

현재로서도 경제개발구와 같은 경제특구 정책이 성공하기 위해서는 더 넓은 범위의 입법권이 경제특구 자체에 주어질 필요가 있다. 경제개발구와 같이 서로 다른 자원과 조건을 가진 수십 개의 경

제특구가 한꺼번에 개발될 경우에는 각각의 특성을 고려하여 장점
을 살리는 입법이 요구되므로 그 필요성은 더욱 크다. 경제개발구법
은 중앙의 입법기관에서 제정한 법과 규정이라는 상위 규범 하에서
지도기관이 시행세칙을 제정하고 관리기관이 준칙을 제정하도록 하
여, 제한적이나마 입법 자율권적인 실험을 하고 있다고 볼 수 있다.

현재와 같은 중앙특수경제지도기관과 도·직할시 인민위원회라는
이원적인 지도기관의 구성구조에서는 중앙특수경제지도기관보다는
각 경제개발구의 사정을 잘 알 수 있는 도·직할시 인민위원회가 세
칙 작성의 주체가 되는 것이 각 경제개발구별로 요청되는 사항을 정
확하게 판단해서 신속하게 입법하는데 효율적일 것이다. 장기적으
로는 실제 경제개발구를 운영하는 관리기관이 경제개발구별 입법의
주도적인 역할을 담당하고 입법권한도 폭넓게 부여받는 것이 경제
개발구의 성공을 위해서 요청된다고 하겠다.

북한 인력 중심으로 자체 운영 역량을 길러야

중국 광동성 경제특구의 경우 초기의 시행착오에도 불구하고
1990년대에 비약적으로 성장할 수 있었던 원동력 중의 하나는 시행
착오를 통한 역량 축적을 들 수 있다. 경제개발구도 개발이 본격적
으로 진행되어 갈수록 늘어나는 행정수요가 엄청날 것이므로 이에
상응하는 전문성을 갖출 수 있도록 인적 구성과 조직구조를 준비해
야 할 것이다.

이과 관련하여 중국의 경우 1981년부터 1992년까지의 기간 동안 5
차에 걸쳐 광동성 경제특구 운영 조직의 개혁이 이루어졌다. 그 결
과 경제적 의사결정이 분권화되었으며, 행정의 효율성이 제고되었
다. 또 기업활동의 자율성이 보장되는 등 시장경제체제에 부합하는
운영관리체제로 변경되었고, 법률제도를 확립하고 민주적인 방법으
로 감독함으로써 행정의 투명성을 보장하였다는 점을 참고하여야

한다.

남한 인력 중심으로 관리위원회를 구성했던 개성공업지구의 사례가 바람직한 것인지도 중장기적인 관점에서 검토해 볼 필요가 있다. 개발의 진행에 따라 북한 인력이 중심이 되어 자연스럽게 자체 운영 역량을 길러갈 수 있도록 지원하는 방안을 강구할 필요가 있다.

경제개발구 관리기관의 전문성을 확보하기 위해서는 무역, 첨단기술, 수출가공, 기계제작, 관광, 농업연구 등 상이한 경제개발구별 특성을 살릴 수 있도록 각 경제개발구의 특성과 관련한 업무에 특화된 전문인력을 양성하는 실용적 교육과정을 개설하고, 이를 경제개발구의 관리인력 채용과 유기적으로 연계시킨다. 규범에 근거한 업무처리가 확산되도록 하여 외부기관의 관여를 제도적으로 차단함으로써 외부적인 요인에 의한 의사결정을 방지하고, 업무 자체의 논리에 따라 의사결정을 하도록 한다.

또한 관리기관 내의 의사결정 체계를 단순화하여 전문가의 의견이 존중되도록 할 필요가 있을 것이다. 전문성 강화를 위한 외부기관의 간섭 차단과 이에 따른 신속한 업무처리는 투자자들이 활발한 기업활동을 할 수 있는 기반이 될 것이다.

나. 적극적인 투자 활성화 조치 시행

경제개발구법은 기업소득세율에 대해서 북한의 다른 경제특구들과 동일하게 결산이윤의 14%를 기준으로 하며 장려부문에 대해서는 결산이윤의 10%로 규정하고 있다. 기본적으로는 다른 경제특구들과 동일한 수준을 유지하더라도 세제혜택은 외국 투자자에게 북한이 제공할 수 있는 가장 커다란 유인요소라는 점을 고려하여, 특정 개발구에서 더욱 장려될 필요가 있는 업종에 대해서는 파격적인 세율 인하정책을 추진할 필요가 있다.

또한 소득세의 감면기준이 되는 시점을 10년 이상 영업한 기업으로 하는 규정이나, 소득을 재투자하여 5년 이상 운영하는 기업에 대해 소득세의 50%를 환급하는 규정도 감세기준이 되는 영업기간을 줄이고 환급율을 높이는 등으로 정비하는 것이 좋을 것으로 생각된다. 획기적인 세제 도입은 북한의 열악한 물적·법제적 인프라 환경이 주는 투자 유인요소로서의 마이너스를 상쇄하는 효과를 낼 것이기 때문이다.

기업의 자율성 보장이 경쟁력 높이는 지름길

경제개발구의 노동제도는 중국과 베트남의 경제특구 정책 초기와 비교해서도 기업에 제약이 큰 구조이다. 기본적으로는 노동력 채용, 노임기준 및 지불형식을 기업이 독자적으로 결정할 수 있게 하고, 기업의 경영판단에 따른 해고를 자유롭게 보장해야 한다. 경제개발구는 서로 다른 특성을 가지고 있기 때문에 요구되는 노동력의 성격과 수준도 다양할 수밖에 없다.

또한 현재와 같이 노임의 최저기준을 중앙특수경제지도기관이 정하는 체제 하에서는 모든 노동자가 능력이나 업무태도와 무관하게 책정된 임금을 받게 됨에 따라 업무에 있어서의 적극성이나 창의성을 기대하기 어렵다. 따라서 어떤 사람을 채용하고 서로 다른 영역의 능력을 가진 사람들에 대해서 어떤 처우를 할 것인지는 지도기관이나 관리기관이 아니라 기업이 결정할 수 있도록 제도를 정비해야 할 것이다.

노동제도의 구성에 있어서 기업의 자율성을 보장하는 것은 노동자의 처우 개선과 능력 향상을 위한 환경 조성에 있어서 개별 기업의 자발성을 끌어낼 수 있는 좋은 방법이기도 하다. 동시에 자율적인 노동제도로 인해 노동자의 복지수준이 향상되고 노동자 개인의 업무 능력이 제고되는 것은 북한 사회 전체의 경제적 수준과 경쟁력을 높이는 길이기도 하다.

다. 투자 안정성 보장 제도화

경제개발구에서 발생하는 분쟁을 처리하는 독립된 기구로서 상사중재위원회를 각 경제개발구 내에 설치하여 운영하는 방안을 고려할 수 있다. 상사중재위원회를 구성할 경우 그 기능은 ①분쟁의 중재 또는 조정 및 그와 관련한 사무처리, ②중재규정과 그 관련규정의 제정 및 수정·보충, ③중재인의 선정 및 중재인간 미합의시 의장중재인 선정, ④중재규정 해석, ⑤중재판정 승인 및 집행시 특별한 사정 여부 판단, ⑥중재위원회 회의 장소 결정, ⑦이 밖에 쌍방 합의에 의해 부여되는 기능 등이 될 것이다.

경제개발구에서의 북한의 분쟁해결절차가 정비되어 있지 않기 때문에 상사중재위원회를 구성하여 운영할 경우 개성공업지구에서의 예를 볼 때 북한 당국은 상사중재위원회를 통해 미납세금의 징수, 체불임금 해결, 산재 사고 발생시의 보상금 지급 등의 문제에 관심 있을 것으로 생각된다. 투자자로서는 보험금 지급과 관련된 보험금 액수 및 증빙서류에 대한 분쟁, 세금부과처분 취소, 임금인상요구 취소 등에 대한 분쟁을 상사중재위원회를 통해 해결할 필요가 있을 것이다.

중재규정 작성시의 예상 쟁점으로는 남한 및 투자자 국적국과 북한의 관련 법령, 국제법의 일반원칙, 국제 무역거래관습 간의 관계를 결정할 준거법의 우선 순위, 중재판정부 구성에 있어서 의장 중재인의 선임 문제, 중재인 명부에 외국인을 포함할지 여부, 국제투자분쟁 해결센터 의뢰 절차 등을 생각해볼 수 있다. 또한 분쟁해결절차가 미비한 점을 예상할 때 행정분쟁 및 노동분쟁을 고려한 절차를 상사중재에 반영할 것인지의 문제, 임시적 처분에 있어서 처분 집행정지 등을 포함할지 여부 등도 고려되어야 할 것이다.

행정소송제 도입으로 기업친화적 법제환경 조성 필요

법치주의는 인권보장을 목적으로 하여 모든 국가작용은 법에 따라 행해져야 한다는 것을 그 내용으로 하는 원리이다. 이러한 법치주의는 연혁적으로는 행정법 성립의 전제조건이 되었고, 현대행정의 기본원리를 이루고 있다. 경제개발구에서 법치행정을 위해서 시급히 요청되는 것으로서 입법의 정비, 법규범의 준수와 더불어 행정처분에 대한 이의절차가 제도화될 필요가 있다.

개성공업지구의 사례에서 알 수 있듯이 경제개발구에 남한 투자자들이 투자를 할 경우에도 투자 안정성과 관련하여 가장 문제가 되는 것은 행정청의 처분을 둘러싼 갈등이 될 것이다. 경제개발구법상 행정처분을 다툴 수 있는 방법으로는 신소제도가 유일하다. 그러나 이러한 신소는 행정처분 기관이 행정처분에 대해 심사하는 절차라는 점에서 권리구제수단으로 한계가 있다.

현행 라선경제무역지대법과 황금평·위화도경제지대법에서 도입한 행정소송 제도의 도입이 필요하다고 하겠다. 물론 행정소송제도가 도입되더라도 법원의 독립성이 보장되지 않은 북한의 실정상 행정작용에 대한 통제기능을 완전하게 발휘하기는 어렵다. 하지만 사법부에서 행정처분의 적법성을 다툴 수 있는 제도적 장치를 마련하는 것은 행정청의 자의적인 행정처분을 견제하는 기능을 수행하고 외국 투자자의 권리와 이익을 보호함으로써 투자 안정성을 제고할 수 있을 것이다.

신소가 행정적 구제수단임에 비하여 행정소송은 사법적 구제수단이다. 그런 점에서도 경제개발구법에서 이 제도를 도입한다면 북한 당국의 처분에 대한 공식적인 사법적 권리구제 제도로서 투자자 보호와 기업친화적인 법제환경 조성에 긍정적으로 작용할 것이다.

법원 역할 강화는 북한 인권개선 위한 첫걸음

경제개발구 법제에서는 기업창설운영규정 제6장(제재 및 분쟁해결), 개발규정 제6장(제재 및 분쟁해결), 로동규정 제7장(제재 및 분쟁해결), 환경보호규정 제64조(원상복구 및 손해보상) 내지 제67조(몰수)에서 규정하는 방식으로 하위규정을 통하여 제재에 관해 규정하고 있다. 모든 규정을 통틀어 환경보호업무를 담당하는 기관이 경제개발구의 관리기관이라는 것 이외에 제재의 부과와 집행의 주체를 명시하지 않고 있다.

같은 방식으로 하위규정에서 제재에 관해 규정하면서 업무담당기관이 관리기관임을 밝히는 경우는 있다. 그렇지만 제재의 부과와 집행의 주체에 대해서 명시하지 않고 있는 개성공업지구의 경우, 벌금의 부과와 징수는 행정기관이 담당하고 있다. 벌금의 부과에 있어 법원의 심사 없이 행정기관이 단독으로 이를 집행하는 것은 행정기관의 재량의 남용을 초래할 우려가 있으며, 위법행위자가 법원의 재판절차를 통해 자신을 변호할 권리를 박탈하는 결과를 가져온다.

경제개발구에서도 이와 같이 법원의 관여 없이 행정기관이 독자적으로 벌금을 부과하고 징수하는 것은 투자의 안정성을 위협하는 요소가 된다. 따라서 투자자에게 벌금을 부과하는 경우 법원의 심사를 거치도록 하는 방안을 도입하는 것이 필요하다.

벌금 등 제재조치를 부과하는 경우 법원의 관여를 제도적으로 보장하는 것은 행정기관의 재량권 남용을 예방하고 투자자의 불안을 덜어줄 수 있는 방법이다. 또한 이와 같이 경제개발구에서 법원의 역할을 강화하는 것은 북한의 인권 개선을 위한 첫걸음이 될 수도 있다. 북한 형사소송법에 의하면 북한의 형사사법절차는 수사기관에 의한 수사, 예심원의 예심, 검사의 기소, 재판소에 의한 재판, 판결의 집행 순으로 이루어지도록 규정되어 있다.

북한의 형사사법절차는 여러 가지 문제점이 있지만, 특히 재판소에 의한 재판이 피고인의 방어권이 보장된 실질적인 재판절차가 아니라 검사의 기소에 대한 형식적인 추인절차에 불과하다는 점에서 국제사회의 비판을 받고 있다. 경제개발구의 벌칙 부과 절차에서 법원의 관여를 제도화함으로써 법원의 역할을 확대시켜서 향후 북한 전체에서 법원의 역할을 통한 인권신장을 도모하는 데에도 기여할 수 있을 것이다.

2. 남북 교류 협력 법제의 확대와 강화

1) 신변안전 합의서 체결로 투자자 보호해야

신변안전과 관련해서 경제개발구법은 "경제개발구에서 개인의 신변안전은 조선민주주의인민공화국의 법에 따라 보호된다. 법에 근거하지 않고는 구속, 체포하지 않으며 거주장소를 수색하지 않는다. 신변안전과 관련하여 우리나라와 해당 나라 사이에 체결한 조약이 있을 경우에는 그에 따른다"고 규정한다(제8조). 광동성 경제특구 조례와 특별경제가공구 규정에 비해서는 신변안전의 법에 의한 보호선언이라는 점에서 법치주의적인 요소가 강화되었지만, 라선경제무역지대법 및 황금평·위화도경제지대법과 비교하면 법에 의한 인권보호 내용이 삭제되어 신변안전의 수준을 떨어뜨림으로써 인권보호 및 외자유치의 양면에서 후퇴한 입법으로 볼 수 있다.

개성공업지구의 경험에서도 알 수 있듯이 북한 사법체계의 불투명성과 이에 대한 국제사회의 불신 때문에 경제개발구에 대한 투자를 고려하는 경우에도 투자자의 신변안전을 보장하는 것이 중요하다. 개성공업지구에 적용되는 '개성공업지구와 금강산관광지구의 출입 및 체류에 관한 합의서'에 의하면 북한은 엄중한 위반행위를 제외한 일반적인 위반행위에 대해서는 조사 등의 기본적 절차만 진행하고 형사처벌 등은 남한에서 진행하도록 하고 있다.

이와 같이 북한의 사법주권을 일정하게 포기하는 내용으로 합의서를 체결할 수 있다면 투자자의 신변보호를 위해서는 효과적인 방안이 될 것이다. 남한 투자자가 경제개발구에 투자할 경우 정부 차원에서 신변안전에 관한 합의서를 새로 체결하면서 동시에 경제개발구에서의 사법절차가 근대사법의 일반원칙에 부합되도록 개선을 요구하여야 할 것으로 생각된다.

2) 경협 활성화를 위한 제도적 과제

가. 최혜국 대우 이상의 특별대우 제도화 필요

남북사이의 투자보장에 관한 합의서는 내용면에서는 일반적인 투자보장협정의 내용을 담고 있지만 형식면에서는 국제법적 수단인 국가 간 조약의 형태가 아니라 상호신뢰에 바탕을 둔 민족내부 간의 합의서 형태를 취하고 있다. 이러한 입장에 맞게 남북한이 남북기본합의서에 따라 남북경제교류를 민족내부거래로 보려면 마땅히 상호 간에 상대방 주민에 대해 최혜국 대우보다 유리한 대우를 보장해야 한다.

그런데 남북투자보장합의서에서 민족내부거래성이 반영된 내용이라고 볼 수 있는 것, 즉 일반적인 투자보장협정과 다른 특색을 갖는 내용은 분쟁해결에 관한 조항 정도이다. 여기에서 통상적으로 제3국에서의 중재를 허용하는 투자분쟁해결방식을 배제하고 있고, 또한 제3국의 중립적 기관에 의한 당사자 간 투자분쟁 해결을 규정하지 않고 있다. 더불어 민족내부거래성에 비추어 남과 북이 상대방의 교역당사자들에게 최혜국 대우 이상의 특별한 대우를 부여하지 않고 있다.

따라서 북한에 대한 투자와 관련하여 민족내부거래성 원칙을 반영한 북한법의 제정 또는 개정을 요구하거나, 또는 적어도 특정 분야의 투자와 관련해서라도 최혜국 대우를 넘어서는 대우를 약속한 새로운 합의서 체결에 의해 보완하는 등 제도적으로 정비되어야 할 것이다.

남북 간 민족내부거래로 무관세 혜택이 부여될 때 국내시장에서 북한산과 경쟁관계에 있는 외국제품의 세계무역기구(WTO)협정상의 최혜국 대우 위반으로 불만이 제기될 가능성도 배제할 수 없다. 그러므로 남북한 특수관계에 대해 국제사회에서 예외를 인정받기 위한 최혜국 대우 의무 면제 인정, WTO 관련 협의체를 통한 국제사회의 양허를 도출하는 방안 등의 노력이 필요하다고 할 수 있다.[4]

나. 청산결제 활성화로 남북 직교역 이뤄야

청산결제제도가 시행될 경우 남북경협에 있어서 여러 가지 효과를 가져 올 것으로 예상된다. 첫째, 남북 사이의 청산결제에 관한 합의서는 전문에서 남북거래를 민족내부거래로 선언하고 있다. 남북한은 기본합의서 등에서 남북거래를 민족내부거래로 선언하였고, 남북거래를 민족내부거래로 간주하여 관세면제 등의 특혜를 부여하고 있다. 남북 사이의 청산결제에 관한 합의서에서 다시 한번 민족내부거래임을 선언하고, 이에 근거한 관행을 정착시켜 나감으로써 향후 국제적으로 공인을 받을 수 있는 계기가 될 수 있을 것이다.

통일 전 독일의 경우 서독이 GATT에 가입할 당시 동서독 간의 거래에 대하여 GATT협정상의 의무면제를 보장받아 동서독 간의 거래에 대한 특별한 지위를 인정받았다. 인도와 파키스탄 간의 거래에 대해서도 특별대우를 부여하는 조치를 취하는 것이 허용된다는 조

---

4) 문준조, "남북경협 4대 합의서의 후속조치 문제와 정비방안", 남북경협 활성화를 위한 법적 과제와 정책방안, 남북경협살리기 국민운동본부, 2004, 21-29면.

항을 GATT협정에 두고 있다. 독일 등의 사례를 통하여 인정된 이러한 관행은 남북한이 남북한 간 거래를 민족내부거래로 합의하여 운영하는 권리를 인정할 수 있는 선례로 작용할 수 있을 것이다.[5]

둘째, 청산결제는 남북 간 직교역을 전제로 하고 있다. 청산결제는 중간상의 개입 없이 남북한이 직접 계약당사자가 되고 직접 결제하는 직교역을 전제로 이루어질 수밖에 없다. 다만, 수송의 경우 일부 물자가 제3국을 경유할 수도 있겠지만 대부분의 물량은 남북 간에 직접 수송될 것이다. 과거에도 직접 계약과 수송방식의 직교역이 부분적으로 이루어졌지만, 청산결제가 활성화되면 남북 간의 직접 계약·수송·결제를 포괄하는 진정한 의미의 직교역이 정착될 것이다.

셋째, 청산결제는 정부 간 협정무역으로 정부에 의해 세부적인 내용이 관리될 것이다. 시행과정에서 정부 간 대상품목의 조정, 품목한도의 증감, 대월한도의 조정 등 실무적 협의가 필요한 여러 사항이 발생할 것이다. 이와 같은 문제를 해결하기 위해서는 당국 간 또는 청산결제은행 간 지속적인 협의와 조정이 필요하다. 청산결제를 계기로 향후 지속적인 협의를 할 수 있는 채널이 생기는 것이다.

넷째, 청산결제는 청산결제은행 간의 상호확인 및 결제시스템 구축, 전산망 연결, 환거래계약 등에 필요한 상호 협력체제 구축을 전제로 한다.[6] 청산결제 제도의 도입과 시행을 위한 이와 같은 협력체제는 향후 남북 간 금융협력을 본격화하는 계기가 됨으로써 남북 경협의 활성화에 크게 기여할 수 있다.

---

5) 이효원, 남북한특수관계론의 헌법학적 연구-남북한 교류 협력에 관한 규범체계의 모색-, 서울대학교 박사학위논문, 2006, 335-336면.
6) 류승호, "남북한 간 청산결제제도 도입의 효과", 수은해외경제 제22권 제11호, 수출입은행, 2003, 51-54면.

3) 반관반민(半官半民)의 남북법제협력위원회 추진

남북합의서의 체결과 관련해서는 합의서 내용의 협의와 작성을 전담하면서 일상적으로는 북한에 대한 법제지원의 창구로 기능할 수 있는 남북법제협력위원회의 구성도 추진할 만하다. 남북은 교류 협력의 확대 및 경협사업 강화에 따라 경협보장합의서 등 일련의 기본적 합의서를 체결하고 이에 따른 구체적인 법제도적 절차를 마련하는 조치를 취하였다. 남북 간 법제협력은 남북 간 합의에 대한 구체적인 절차와 방법을 마련하는 것을 기본 과제로 삼고 있다.

남북법제협력위원회의 설립은 이미 다른 분야에서 추진했던 남북 간 교류 협력의 촉진 및 지원을 위한 공동기구 설립의 사례를 참고할 수 있을 것이다. 예를 들면 '남북경제협력추진위원회'의 구성과 이 위원회 산하에 실무협의회를 구성하여 운영한 방식과 같은 것이다.

이에 비추어 남북법제협력을 위한 공동기구로서 이른바 '남북법제협력위원회'의 설치 및 운영방안을 검토할 수 있다. 여기서는 이미 남북 간 구성하기로 합의한 바가 있었던 이른바 '남북법률실무협의회'의 기능과 역할을 강화하여 발전시켜 나갈 수 있을 것이다.[7]

이 기구는 대만의 해협교류기금회나 서독의 신탁대표부와 같은 반관반민의 기구로 구성하는 것이 법제협력에 관한 정부 간 공식적인 접촉을 부담스러워하는 북한의 입장을 고려하고, 관련 전문가의 참여를 보장하는 측면에서 효율적일 수도 있다. 해협교류기금회는 행정원 대륙위원회로부터 권한을 위임받아 대만 정부를 대신하여 중국의 해협양안관계협회의 카운터파트너로서 민간 차원의 교류 협력에 수반되는 제반업무를 수행하는 중요한 단체이다. 단체의 수장인 이사장으로는 대만 국민당의 주요인사가 임명되는 것이 관례

---

7) 박정원·박민, "개성공단의 법제도 개선과제-국제화와 관련하여-", 법학논총 제27권 제2호, 국민대학교 법학연구소, 2014, 190-191면.

이다.[8]

서독의 신탁대표부는 1949년 연방경제성 산하의 민간단체인 독일 상공회의소 내에 설치되었으며 양독간의 교역관계를 관장하고 서독 정부의 대동독 경제협상창구 역할을 했다.[9] 이 기구를 통해서 합의서 체결과 관련한 법률적 실무 경험을 상호 공유하고 축적하는 동시에 경협 등 교류 협력과 관련한 분야부터 시작하여 북한의 법제도 정비를 꾸준히 지원함으로써 통일 이후의 법제통합을 실질적으로 대비할 수 있을 것이다.

Ⅲ. 경제개발구 지원을 위한 과제

1. 남한 법제의 개선을 통한 지원

북한의 경제개발구법을 체계화하고 경제개발구 정책의 성공적인 시행을 통한 북한 경제상황 호전을 통일을 준비하는 과정으로 본다면, 현재 이러한 과정과 관련하여 북한과의 관계를 규율하는 남한의 법체계는 헌법에 그 근거를 두고 정부 차원의 남북 관계를 남북 관계 발전에 관한 법률이 규율하고, 민간 차원의 남북 관계를 남북 교류에 관한 법률이 규율하며, 남북한 간의 정부 및 민간 차원의 교류 협력을 재정적으로 지원하기 위하여 제정된 남북협력기금법을 기본적인 체계로 하고 있다.

원칙적으로 경제개발구의 '경제활동'에 대하여는 경제개발구법과 시행규정, 세칙 및 준칙에 따르겠지만 법규로 정하지 않은 사항에

---

8) 법무부, 중국과 대만의 통일 및 교류 협력법제, 1995, 55면.
9) 정형곤, "남북한 동시발전을 위한 경제협력모델", 김연철·박순성 편, 북한 경제개혁연구, 후마니타스, 2002, 270면.

대하여 북한의 일반법의 공백이 있거나, 북한이 적용하지 않는 경우에 남한법률의 적용을 배제한다면 이 지역에서의 경제활동에 관하여 입법의 공백상태가 발생하게 되는 결과를 초래한다. 그러므로 이런 경우에는 남한법률이 적용되는 것이 타당하다는 점은 물론, 북한의 경제개발구 법제가 외자 유치에 적합하고 법치주의적인 내용으로 규범체계적인 정합성을 갖출 경우 남북한 간의 경제협력 등 교류협력을 지원하고 통일을 준비하는 과정이 안정적으로 체계화될 수 있기 위해서도 남한의 법제에서 정비를 요하는 부분이 있을 것이다.

특정 주체와 영역을 규율하지 못하고 있다면 새로운 법을 제정하거나, 제정된 지 오래되어서 현실을 제대로 반영하지 못하는 법이 있다면 개정을 통해 규범의 현실적합성을 제고해야 하고 미비한 제도가 있다면 새롭게 구축하여야 할 것이다. 법체계의 정비 및 체계적 지원을 위한 제도적 개선 차원의 과제를 살펴본다.

1) 법체계의 정비

가. 통일기본법의 제정 서둘러야

기존의 법들을 개정해서도 규율되지 않는 부분에 대해서는 특별법의 제정이 필요하다. 우리 헌법 제4조가 "대한민국은 통일을 지향하며, 자유민주적 기본질서에 입각한 평화적 통일 정책을 수립하고 이를 추진한다"고 규정하고 있음에도 불구하고, 이를 실천적으로 담보하기 위한 입법적 기반이 없었기 때문에 실질적인 통일 기반을 구축해 나가는 데는 일정한 한계가 있었다.

지속적이고 안정적인 통일 준비를 위한 제도적 기반을 확립함으로써 범국가적 통일 준비 역량을 결집하여 통일을 위한 조건들을 완비해 나가고 궁극적으로 통일을 앞당기기 위해서는 통일을 준비하는데 요구되는 제반 사항에 규범적인 근거를 제공하는 법률의 입법

이 필요하다. 이 법은 지금까지 통일준비와 교류 협력이라는 통일을
위한 법체계 내에서의 위치를 고려하지 않고 상황과 필요에 따라 입
법되어온 관련 법률들의 일반법으로서 기능하여야 할 것이다.

또한 상위법에서 하위법으로 위임을 할 경우에는 구체적으로 위
임의 근거를 분명하게 밝혀야 한다. 그리고 기본법에서 구체적으로
위임된 범위 내에서 시행령을 마련하고 이를 집행함으로써 법치주
의에 입각한 남북 교류 협력 추진을 제도적으로 뒷받침해야 한다.[10]

통일기본법에는 통일 및 통일준비의 기본원칙, 통일 정책 수립과
시행에 대한 국가와 지방자치단체의 책무 및 민간 차원의 역할과 상
호 관계, 통일의 청사진을 준비할 전담조직의 구성과 운영, 통일 관
련 정부 기본계획의 수립, 전문인력의 양성, 민간 차원의 통일 관련
활동에 대한 지원, 관련 예산의 편성과 분배, 관련법들 간의 관계 등
이 기본적으로 규정되어야 할 것이다.

나. 경제개발구지원 법률 제정으로 외국인투자 촉진

경제개발구법에 의하면 경제개발구에 대한 투자에 제한이 없기
때문에 어느 나라의 누구이든지 투자는 가능하다. 그러나 논리적·규
범적 문제와는 별개로 현실적으로는 기업활동을 위한 물적·법제적
인프라환경이 열악한 북한 지역에 대해 투자하고자 하는 외국 투자
자를 찾기가 쉽지 않을 것으로 예상된다. 따라서 경제개발구 정책이
성공하기 위해서는 남한의 법적·경제적 지원이 긴요하다고 하겠다.

개성공업지구의 경우는 개발 초기부터 남북경협을 전제로 했고,
경제개발구는 남한과의 논의 없이 북한이 독자적으로 추진하고 있
다는 차이는 있다. 하지만 경제개발구가 활성화되기 위해서는 결국
남한의 투자가 요청될 수밖에 없으므로 이를 법적으로 규율하고 제

---

10) 오준근, "남북교류·협력에 관한 현행 법제와 그 개선방향", 통일문제연구
　　제4권 제1호, 평화문제연구소, 1992, 46면.

도적으로 지원하기 위해서는 먼저 근거규범이 되는 경제개발구지원에 관한 법률을 제정할 필요가 있는 것이다.

남한은 이미 개성공업지구지원법 제정을 통해 북한의 경제특구에 대한 지원을 내용으로 하는 단행법을 제정한 경험이 있다. 이 경험을 살리고 아쉬운 점으로 지적된 사항을 보완해서 경제개발구지원에 관한 법률을 제정하는 것은 북한은 물론 향후 경제개발구에 투자하고자 하는 남한과 외국인 투자자들에 대한 제도적·재정적 지원의사를 표명하고, 출입 및 체류에 대한 보호와 기업활동에 있어서의 각종 특혜를 보장함으로써 경제개발구에 대한 투자를 유치하고 경제개발구의 법질서를 수립하는데 도움이 될 것이다.

경제개발구지원법에서 기본적으로 규율해야 할 사항으로는 남북협력기금의 지원과 융자 등 개발과 투자에 대한 지원, 사회보험·남한 근로자의 근로조건에 관한 국내법 적용·안전교육·신변안전정보통지 등 출입체류자의 보호, 조세감면과 방문절차 면제 및 출입심사 및 통관절차 간소화 등 조세·왕래·교역 등에 대한 특혜, 투자자 의견 청취, 외국기업의 경제개발구 투자 관련 사항을 들 수 있다. 특히 외국인투자기업에 대한 특례를 파격적으로 입법하여 경제개발구에 대한 외국인투자를 유인하는 방안을 고려해볼 만하다.

외국기업이 경제개발구에 투자하는 방식은 국내에 법인을 설립하여 경제개발구에 투자하는 방식과 국내에 법인을 설립하지 않고 직접 경제개발구에 투자하는 방식으로 대별할 수 있을 것이다. 외국기업이 국내법인을 설립하여 외국인투자가 이루어진 후에는 자본재의 처분제한과 주식 등의 양도 등 외국인투자의 사후관리에 대해 외국인투자촉진법의 규정과 비슷한 내용의 사후관리도 필요할 것이다. 이에 대해서도 특혜를 제공하는 방법으로 외국인투자를 촉진할 필요가 있다.

다. 남북 관계 발전에 관한 법률의 개정

정부의 대북 업무를 규범적으로 근거지움으로써 안정성과 합법성을 확보하고 일관성과 예측가능성을 부여하기 위하여 제정된 남북 관계 발전에 관한 법률은 남북 관계의 성격과 남북 관계 발전의 기본원칙 및 이를 위한 정부의 책무, 남북회담 대표 임명 및 합의서 체결절차, 남북한 당국이 체결한 합의서의 법적 실효성 확보를 위한 절차 및 효력범위 등 남북 관계의 발전을 촉진하기 위한 기본적인 사항들을 규정하고 있다.

그러나 현행법은 합의서의 체결과 비준 및 공포 등 절차적인 사항에 무게중심이 있고, 남북 간의 권리와 의무에 관한 실체적인 사항을 규정하고 있지 않아서 기본법으로서의 취지를 탈색시키고 있다. 법률로서 남북한 특수관계의 적극적·소극적 의미를 명확히 함으로써 그와 관련되는 남북 교류 협력에 관한 법률, 북한이탈주민의 보호 및 정착지원에 관한 법률, 통일교육지원법 등의 존재이유에 타당성을 부여하고, 향후 남북 관계의 발전에 따라 제정될 관련법들에 안정성을 부여하는 규범적 기반이 될 필요가 있다.[11]

현행법은 남북회담대표의 임명에 있어서 통일부장관이 관계기관의 장과 협의를 거치도록 규정하고 있다(제15조). 이 조항은 정부대표만으로 구성되는 남북회담만을 염두에 둔 규정으로 보인다. 다른 말로 하면 남북국회회담이나 남북사법당국회담에 관한 규정이 불비하다는 것이다.

남북국회회담이나 남북사법당국회담의 대표들은 국회의원이나 사법부원으로 구성될 것이다. 이들의 선정과정에는 삼권분립의 원칙상 통일부장관이 개입할 여지는 없다. 하지만 비정부 차원의 남북

---

11) 남북한특수관계에 대하여는 이효원, 남북한특수관계론의 헌법학적 연구-남북한 교류 협력에 관한 규범체계의 모색-, 서울대학교 박사학위논문, 2006을 보면 체계적으로 이론화되어 있다.

당국회담에 있어서도 남북회담의 특성 및 통일적 운영, 그리고 효율적 추진을 위해 정부의 일정한 관여 또한 불가피할 것으로 보인다. 이런 점을 고려하여 비정부간 당국회담의 추진시에도 정부와 국회 또는 사법부 간에 상호 협의하고 의견을 표명하여 조율할 수 있는 장치를 마련하는 것이 바람직하다.

회담대표 선정과정의 협의대상에 국회의장, 대법원장을 포함시키거나, 국회나 사법부를 창구로 하여 남북회담을 추진하는 것이 적절할 경우에는 해당 남북합의서의 체결 관련 업무에 관하여는 국회사무처장이나 법원행정처장이 주도적으로 업무를 추진하고 통일부 등 행정부는 이를 지원하는 체계를 아울러 반영할 수 있도록 하는 입법적 고려가 필요하다고 생각된다.[12]

라. 급변하는 인적, 물적 교류 반영할 교류협력법의 개정

현행 남북 교류 협력에 관한 법률은 규범의 테두리 안에서 교류협력을 가능케 했다는 의의를 찾을 수는 있다. 그렇지만 규율해야 하는 내용에 비해 조문 수가 지나치게 적고, 전반적으로 규제 위주의 조항으로 구성되어 있어서 남북 교류 협력을 촉진하기 위한 법으로서는 문제점이 있다고 볼 수 있다. 경제개발구와 관련된 남북경협을 상정하는 경우에도 입법사각지대를 해소하며 규제의 범위나 강도를 제한하고 교류 협력 방식의 다변화 등 변화하는 현실을 잘 반영하는 내용으로 개정하는 방안을 검토할 필요가 있다.

첫째, 남북 간 인적·물적 교류의 과정에서 북한 주민에게 현금을 송금하거나 증여하는 경우가 적지 않게 발생하고 있다. 이산가족들이나 기업인들의 경우 송금이나 증여는 이미 오래전부터 비공식적으로 실시되고 있다.[13] 그러나 2012년부터 시행된 남북 주민 사이의

---

12) 제성호 외, 통일관련 법제 인프라 정비 및 개선방안, 통일연구원, 2004, 61-62면.

가족관계와 상속 등에 관한 특례법에서 상속과 유증의 경우에 합법적인 송금을 할 수 있는 요건과 절차를 규정한 이외에는 이를 일반적으로 규율하는 법규가 없어서 입법의 사각지대로 남아있는 것이 현실이다.

현금의 송금 또한 남북 주민간의 물품의 반출입과 달리 규율의 대상에서 제외할 이유가 없다. 외환 거래가 엄격하고 외환 소지가 제한되어 있는 북한 주민에게 남한 주민의 현금이 지속적으로 송금될 경우, 그것이 북한 당국에 의해 빼앗길 가능성이 농후하다는 점에서 어떤 경우에 어느 규모로 송금을 허용할 것인가에 대한 요건과 체계적인 절차를 규정할 필요가 있다고 하겠다.

둘째, 물품의 반출입 및 통관과 관련한 보완이 필요하다. 현행 남북 교류 협력에 관한 법률은 물품 등의 반출·반입에 대하여 승인제를 원칙으로 하면서 물품 등의 품목, 거래형태 및 대금결제 방법 등에 관하여 통일부장관의 승인을 받아야 한다고 규정(제13조)하고 있다. 그러나 다음 조항에서는 반출이나 반입에 관하여 승인이 필요한 물품 등을 협의회의 의결을 거쳐서 공고하도록 하고 있다(제14조).

두 조항을 문리적으로 해석하면, 모든 물품을 승인대상 품목으로 공고하지 않는 한 반출이나 반입에 관하여 승인대상 품목으로 공고되지 않은 물품 등의 반출입에 대하여는 입법의 공백이 있다는 것을 알게 된다. 모든 물품에 대한 사전 공고가 불가능하기 때문에 실무에서는 공고가 제대로 이뤄지지 않고, 공고 여부와 무관하게 모든 물품을 동일한 기준으로 다루고 있다. 또한 사실상의 신고제로 운영되고 있다는 점을 고려할 때 원칙적인 신고제와 예외적인 승인제로 반출입 관련 규제의 강도를 완화시키고, 예외적인 승인의 대상이 되는 물품을 명확히 공고하는 방향으로 개정되어야 할 것이다.

---

13) 제성호, 남북 교류 협력 활성화를 위한 법제도 개선방안, 민족통일연구원, 1996, 51-52면.

한편, 남북 교류 협력에 관한 법률은 반출입 승인 신청대상자를 남한 주민에 한정하고 있지는 않다. 그러나 이 법은 남한 주민을 대상으로 하는 법률이라는 점(제9조, 제17조 등) 및 반출입승인 신청서 양식에 반출입자의 "사업자등록번호"를 기재하고 있는 것으로 보아 현행법은 반출입 승인 신청대상자를 남한 주민에 한정하고 있다고 보는 것이 타당할 것이다.

따라서 현행법상으로는 외국인이 직접 남북 간 물자의 반출입 승인을 신청할 수 있는 근거조항이 없으므로 외국인의 반출입 승인절차에 관해 입법적인 보완이 있어야 할 것이다. 물품의 통관에 대해서도 남한 주민의 물품과 달리 외국인 소유 물품에 대해 특별히 규정하고 있지 않다. 관련 고시는 남북 교류 협력법 적용대상 물품만을 대상으로 하는 것이어서 외국인이 직접 반출입승인을 신청하는 절차가 없는 현행법에서는 외국인 물품의 남북통관을 위해서는 제도적 보완이 있어야 할 것이다.

셋째, 북한주민의제 조항의 문제이다. 현행 남북 교류 협력에 관한 법률은 북한의 노선에 따라 활동하는 국외단체의 구성원은 북한의 주민으로 본다고 규정(제30조, 제9조, 제11조)하고 있다. 이 조항은 남북한 주민의 상호 방문시에는 적용되지 않기 때문에 사실상 일본에 거주하는 조총련 소속 동포들과의 접촉을 예정한 것이라고 할 수 있다.

그러나 신고 없이 접촉하는 경우라고 해도 출입국이 자유로운 일본과 남한의 관계에 비추어 남한 주민의 조총련 소속 동포와의 접촉 여부는 현실적으로 규율이 어려울 뿐만 아니라, 일본 내에서도 조총련의 영향력이 미미하게 변한 현실에 비추어 규율의 실익이 크지 않다고 하겠다. 이 조항을 삭제하는 문제를 검토하여 법률의 현실정합성을 높일 필요가 있다.

넷째, 교류 협력사업 주체와 방식의 다양화·다변화라는 현실을 반영하는 개정이 요청된다. 현행 남북 교류 협력에 관한 법률은 규율의 대상이 되는 행위를 교류와 협력을 목적으로 하는 행위, 행위의 주체를 법인·단체를 포함하는 남한과 북한의 주민이라고만 규정하고 있다. 처음부터 조정명령의 대상을 명확하게 규정하지 않은 데 따른 주체상의 문제가 있었다. 뿐만 아니라 현행법이 제정된 이후 세월이 흐르면서 다양한 양상으로 교류 협력이 확대되고 분화됨에 따라 남한 주민이 대표자인 남한기업이 러시아에 현지법인을 설립하여 영농사업을 영위하는 중 인력이 부족하여 북한 주민을 고용하고자 하는 경우, 석탄 시범운송사업과 관련하여 남한 기업이 제3국산 화물을 북한항을 경유하여 남한으로 반입하는 경우 등 남한 주민이 제3국을 거쳐서 북한 주민과 행하고 있는 다양한 형태의 교류 협력을 목적으로 하는 사안과 지방자치단체나 정부 부처가 교류 협력을 목적으로 하는 행위를 하는 사안 등을 문언상 포괄하지 못함으로 인해서 해석상으로 규율하게 되는 한계가 생겨났다.

나날이 변화하고 있는 인적·물적 교류 협력을 반영하지 못하고 있는 것이다. 교류 협력의 세분화에 발맞추어 교류 협력의 다양한 주체와 다변화된 행위 양태를 규율할 수 있는 규범적인 기준을 제시할 수 있도록 개정될 것이 요청된다.

마. 남북협력기금법의 개정

경제개발구 지원 및 남북경협 활성화를 위한 현행 남북협력기금법의 개정사항은 재원 확충방안과 용도 개선 및 제도중복 시정으로 나눌 수 있다. 첫째, 재원 확보방안에 대한 개정을 고려할 필요가 있다. 2016년 현재 남북협력기금의 90% 이상은 정부의 요청에 따라 국회가 결정하는 정부의 일반예산에서 출연된 정부 출연금이고, 그 액수는 매해 남북 관계 및 국내의 정치적 상황에 따라 가변적이다.

남북 협력을 위한 사업은 정치적 상황과 무관하게 꾸준히 지속될 필요가 있고, 직접적인 교류 협력이 어려운 경우라도 기반 확충을 위한 작업이 요청되는 등 외부적인 상황과 무관하게 안정적으로 협력기금이 충원될 수 있도록 기금의 재원과 규모를 확정할 필요가 있다.

납북협력기금의 확충 방안으로 검토해볼 수 있는 것은 우선, 법률에 근거를 두고 목적세를 신설하는 방안이다. 다음으로, 남북협력기금에 복권발행의 근거를 명시하고 그 이익금을 전액 협력기금으로 적립하는 방안도 생각해볼 수 있다. 마지막으로, 남북 간에 이미 합의한 사항 예컨대 다년간에 걸쳐서 규칙적으로 비용이 발생하는 사안은 사업규모의 일정 비율을 기금으로 하지 않고 예산으로 추진할 수 있도록 법제를 정비하는 방안도 적극 검토해야 할 것이다.

이와 같은 이원화 방식은 불안정한 사업의 안정성을 보강해줄 수 있어서 오히려 기금사업의 활성화를 도모할 수 있다는 장점이 있고, 새로운 사업을 발굴하여 추진할 경우에도 재원의 부담이 경감될 수 있다는 측면이 있다. 사업내용이 구체화되지 않은 상태에서 각 부처별 예산편성이 곤란한 것도 기금으로 남북협력사업을 지원하는 이유이지만, 기금은 보다 명확한 목적 하에서 사용되어야 한다는 지적도 대두됨에 따라 기금 사용의 정확한 범위를 설정하는 법제적 보완도 필요할 것이다.[14]

둘째, 남북협력기금의 용도개선을 위해서도 개정이 검토되어야 한다. 2015년 남북협력기금 집행계획과 실적률에 의하면 대북 인도적 지원 부문이 한 해 기금 사업비의 60.7%를 차지한다. 남북 경제협력 부문은 27.1%를 차지하며, 해마다 이 비율은 거의 비슷하게 유지되고 있다. 그동안 남북협력기금의 사용은 정부와 민간의 대북 인도적 사업에 집중되어 있었으며 경제교류와 협력에 대한 지원의 비중은 높지 않았다. 경제개발구에 대한 정부 지원의 실효성을 확보하기

---

14) 제성호 외, 앞의 책, 157면.

위해서는 경제교류 및 협력에 대한 지원비율을 일정 수준 이상으로 하는 방식으로 기금의 용도를 명시하는 방안 등의 고려가 필요하며, 이를 위한 법제정비가 요청된다.

셋째, 남북협력기금 사용용도의 중복을 방지하는 개정이 요구된다. 남북협력기금법에 따르면 남북협력기금에 의한 지원은 크게 무상지원, 손실보조, 대출, 채무보증, 금융기관지원, 민족공동체지원의 여섯 가지로 나뉜다(제8조). 그 중 남북한 간 교역과 가장 밀접한 관련을 맺는 것이 손실보조인데, 이는 한국무역보험공사에서 담당하는 수출보험제도 중 제3국을 통한 대북교역 및 투자의 경우와 지원대상이 거의 같아서 사실상 중복기능을 규정한 것으로 볼 수 있다.

양 제도가 거의 동일한 기능을 수행함에도 이를 남북협력기금법 시행규칙에서 한국수출입은행에서 수행하도록 규정한 것은 경제적 효율성의 측면에서 볼 때 바람직하지 않은 것으로 판단된다. 따라서 남북협력기금법상의 손실보조제도와 무역보험법상의 수출보험제도를 통합하여 운영하는 방안을 강구해야 한다. 이와 관련하여 한 기관에서 대북 손실보조를 전담하거나 독일의 경우와 같이 양자를 명확하게 구분하는 방안을 모색할 필요가 있다.[15]

2) 체계적 지원을 위한 제도적 개선

가. 교류 협력 주체와 내용의 다변화, 다양화 꾀해야

남북 경협을 포함하는 남북 교류 협력은 주체와 방법의 측면에서 다양화되고 있다. 지방자치단체의 남북 교류 협력 사업 참여는 정부의 공식적인 교류 협력에 비하여 상대적으로 유연성을 발휘할 수 있

---

15) 이윤·김희국, "남북한 교역 지원제도의 효율적 운영방안: 남북협력기금의 손실보조와 수출보험의 활용을 중심으로", 무역학회지 제25권 제4호, 한국무역학회, 2000, 43-44면.

으며, 지자체의 특성을 살린 다양한 영역에서의 교류 협력이 가능하다. 동서독의 통일과정에서도 동서독 도시들 간의 다양한 자매결연 등 교류를 통해 통일의 기반을 쌓았다. 남북한의 경우에도 지방자치단체의 참여가 활성화되는 추세로서 정세의 변화에 따라 교류 협력의 빈도는 변화할 수 있겠다. 그렇지만 지방자치단체의 적극적인 참여라는 추세를 되돌리기는 어려울 것으로 보인다.

그러나 남북 교류 협력에 관한 법률은 민간 차원의 교류 협력에 관한 규율을 목적으로 하고 있고, 남북 관계 발전에 관한 법률은 정부를 주체로만 설정하고 있어서 활성화되고 있는 지방자치단체 주도의 교류 협력을 적절히 규율하고 지원하지 못하는 실정이다. 아울러 경제개발구 정책이 지역 균형 발전이라는 목적을 가진 정책임을 상기하면, 남한의 지자체와 북한의 경제개발구 소재 지자체 간의 교류 협력은 경협을 통한 남북 간 유대 강화 및 동질감 회복에 적지 않은 기여를 할 수 있을 것으로 보인다. 따라서 지나치게 중앙정부 중심으로 독점화된 현재의 남북 교류 협력의 규범적 구조를 재편하여 교류 협력의 주체와 내용을 다변화하고 다양화할 필요가 있다.

이를 위해서는 먼저 지방자치단체와 대학 등 폭넓은 단위에서 교류 협력이 활성화되도록 제도적인 정비가 필요하다. 지장자치단체에 교류 협력의 자율권을 무제한으로 허용할 경우 지방자치단체별 사업난립과 유망사업에의 편중 및 동일사업 중복현상 등으로 인한 예산 낭비 및 비효율적 정책운영, 전국적인 시각에서의 균형적인 정책 추진이 곤란해질 수 있다. 그러므로 중앙정부에서 기본체계를 확립하고 지방자치단체의 남북 교류 협력 촉진 관련 정책을 일관된 기준에 의해 심의할 권한을 가져야 할 것이다. 지방정부는 남북 주민 간의 동질성 회복 및 상호 경제 활성화에 도움이 되는 다양한 사업을 개발하고, 지방자치단체 간 연계와 협조를 통해 중복에 따른 낭비와 비효율을 방지함으로써 중앙과 지방의 구조적인 상호보완이 이뤄지도록 해야 할 것이다.

중앙정부의 종합적인 정책수립과 심의권한은 정부의 통일 정책 취지를 살릴 수 있는 교류 협력 사업의 전국적인 균형 집행과 조정 이라는 차원에서 행사되어야 할 것이다. 승인된 사업에 대해서는 재 정적인 지원을 병행함으로써 지방자치단체의 교류 협력 사업이 효 율적이고 체계적으로 이뤄지도록 해야 할 것이다. 지방의 균형발전 을 강조하는 북한의 경제개발구 정책이 지속적으로 시행될 경우, 남 한의 지방자치단체별로 특성을 살린 북한의 경제개발구와의 연계는 민간 차원에서의 남북 교류 협력 사업 및 남북경협 다각화의 계기로 작용할 것으로 예상된다.

나. 투자의 전체 과정을 체계적으로 지원하도록 구조화

개성공업지구에 투자하는 남한 기업의 경우, 통일부 내의 조직인 개성공업지구지원단과 통일부 산하 재단인 개성공업지구지원재단 으로부터 행정적 조력을 받아왔다. 그러나 위 기구들은 경협기업에 대한 지원을 전담하는 기구도 아닐 뿐더러 한 개 부처만으로 구성된 지원기구는 경협 과정 전반을 지원하기에는 업무범위의 포괄성 담 보 및 전문성에 한계가 있다.

경제개발구에 대한 투자를 계획하는 기업에 대하여 북한의 관련 법률에 대한 안내 및 투자조건의 분석과 투자계약서의 작성 지원에 서부터 투자과정에서 생기는 각종 법률적·행정적 절차에 대한 교육 과 상담, 분쟁발생시의 대응에 대한 법률적 자문, 투자기업에 대한 재정적 지원 등 투자기업의 경제적·행정적·법률적 수요를 만족시킬 수 있는 종합 지원조직의 구성이 필요하다.

여기에 정부 각 부처 및 한국수출입은행과 법무법인·회계법인 등 의 전문인력을 배치하여 투자의 전 과정을 체계적으로 지원하도록 구조화할 필요가 있다. 현재 각 부처의 대북 투자 관련 부서에서 부분적으로 운영되고 있는 자문위원회나 업무협의회를 통합하고 정보를 전면적으로 공유하는 시스템을 구축해야 한다.

그러면 경협에 필요한 행정적 절차가 간소화되고, 재정적 지원을 효과적으로 하며, 분쟁을 예방하고 분쟁발생시의 적절한 대응을 가능하게 한다. 그렇게 함으로써 경제개발구에 대한 투자 유인 효과가 있을 것이며, 경제개발구에 대한 투자의 구체적 타당성과 안정성을 확보하는 데 도움이 될 것이다.

다. 전담조직에서 중장기 로드맵 설정하여 북한 법제인프라 지원

남한과 북한이 북한의 특정 지역의 법제인프라 구축작업을 공동으로 진행한 것은 개성공업지구가 유일하다. 비록 남한과 북한이 공동의 입법작업을 합의하고 공식적으로 진행한 것은 아니지만, 실질적으로 남한이 관여한 가운데 입법이 이루어진 점은 향후 남북법제의 통합과정에서 중요한 이정표가 된다고 하겠다.

개성공업지구 법제의 이와 같은 특수성은 통일에 대비한 법제 구축작업을 준비함에 있어서 남한의 교류 협력법제 정비 및 남북 공동에 적용되는 법제 준비작업 뿐 아니라 북한의 법제를 남북이 공동으로 준비하는 일도 중요한 과제로 포함해야 한다는 점을 보여주는 것이다.[16]

한편으로는 개성공업지구의 경우 남한과 북한이 공동으로 법제인프라를 구축함으로써 남한의 풍부한 입법실무 경험과 노하우를 쉽게 활용할 수 있으므로 시행착오를 줄이고 학습시간 및 비용을 절감할 수 있었다. 하지만 중국의 경제특구는 스스로 학습하고 시행착오를 거치느라 많은 시간이 소요되기는 하였다. 그러나 그 과정은 동시에 내적인 역량 축적의 과정으로서, 이러한 역량이 일정 수준

---

16) 장소영, 북한의 체제전환을 대비한 법제도정비지원에 관한 연구, 국민대학교 석사학위논문, 2010, 84면 이하.

이상으로 축적된 이후에는 가속도를 내서 법제인프라 구축작업을 신속하게 수행할 수 있었던 것으로 보인다.

경제개발구의 법제인프라 구축에 있어서도 북한의 역량을 높이는 방안을 강구할 필요가 있다. 남북이 법제를 공동으로 만들어나가는 과정에서는 반드시 북한의 법제인프라 구축역량 축적에 도움이 되는 교육과 입법 노하우의 전달이 수반되어야 할 것이다. 법제협력의 과정에서 남한의 일방적인 주도로 북한이 제대로 이해하지도 못한 채 수동적으로 수용하게 될 경우, 북한의 법제인프라 구축역량 제고에 하등의 도움이 되지 않고 이것을 다른 지역에 확산시켜 나가는 데에도 도움이 되지 않을 것이다.[17]

이를 위해서는 남한 내부적으로 북한의 법제인프라 구축을 전담하는 조직이 정부 차원에서 구성되어야 한다. 현재 정부에서 북한법제와 관련한 연구 및 분석업무를 수행하는 기관은 통일부, 법무부, 법제처라고 볼 수 있다. 통일부에는 법률전문가가 희소하고, 그나마 북한법제 업무를 전담하지도 않는 실정이다. 법무부는 1992년 이래 법무실 소속으로 북한법제를 전담하는 과를 신설하여 그동안 많은 연구성과를 축적해왔으며 개성공업지구의 법제 구축에 관여하였다. 특히 합의서의 체결과 관련해서는 주도적인 역할을 담당하였다. 그러나 전체적으로는 통일준비에 초점을 맞춘 연구가 대부분으로 남북경협과 관련하여 북한의 법제인프라 구축을 전담하고 있다고 보기는 어렵다.

이것은 북한과의 교류 협력 및 통일준비를 담당하는 주무부처가 통일부이기 때문인 것으로 생각된다. 법제처도 법제통합을 연구과제로 삼아 수년간 개별법의 통합방안을 마련하는 등 연구에 매진하고 있지만, 전체적인 법제인프라 구축의 프로그램 안에서 이뤄지는

---

17) 이철수 외, 남북한 통합을 위한 법제도 인프라 확충방안, 통일연구원, 2005, 157면.

업무라고 평가하기는 어렵다. 통일부는 법률전문성이 부족하고, 법무부와 법제처는 직접 대북업무를 수행할 기회가 거의 없기 때문에 정세판단과 각종 정보를 법제업무에 피드백하기 어려운 구조이다.

따라서 여러 갈래로 갈라진 부처 안에서 각자의 업무를 수행하면서 각 부처의 특성을 유지하는 한 북한 법제인프라 구축 업무가 정부 내에서 유기적이고 효율적으로 이뤄지기 어려운 것이다. 북한 법제인프라 구축은 정부가 그 중요성에 대해서 통감하고 이 사업을 주도할 전담조직을 발족시킨 후 중장기적인 로드맵을 설정하고 그 틀 내에서 조직적으로 진행되어야 할 과제이다. 부처를 망라하는 법률전문가들로 구성된 조직을 신설하고 이 조직에 현장성을 담보하는 제도적 장치를 마련하여 법제인프라 구축의 중장기 계획 작성과 세부업무의 실행을 전담하게 할 필요가 있다.

2. 국제법 체계와의 정합성 강화

1) 평화협정 체제로의 전환

가. 평화협정 체결과 체제전환의 관계

경제개발구 정책의 활성화를 통한 북한의 체제전환이 성공적으로 이루어지기 위해서는 현재의 정전협정 체제가 평화협정 체제로 전환되는 것이 국제법적 측면에서의 첫 번째 과제라고 할 수 있다. 이것은 동시에 북한의 체제전환이 심화되는 과정에서 생겨나는 성과이자 결과물일 수도 있다. 중국이나 베트남의 예에서 볼 수 있듯이 경제체제에서의 시장화가 확산되고 가속화될수록 국제적으로는 세계적인 자본주의 체제에의 편입 정도가 커진다. 국내적으로는 시장화의 확산에 의한 수혜집단이 정책 결정에 목소리가 큰 이익집단으로 자리 잡게 됨으로써 정치체제에 대해 일정한 견인력을 확보하게 된다.

기회가 불균등하고 분배가 투명하지 않은 사회에서 자본을 소유한 자는 적법하게 취득할 수 있는 수준 이상으로 자본을 축적하게 된다는 것은 여러 체제전환 국가들의 사례에서 여실히 드러났다. 이로 인해 대규모의 자본을 형성하게 되는 소수 집단의 국내 경제 및 정치에 대한 장악력은 확대될 수밖에 없고, 이들의 이익에 반하여 자본주의 세계에 대해 적대적인 방향으로 경제체제를 되돌리는 것은 불가능해질 것이다.

따라서 경제체제의 전환이 심화될수록 평화협정의 가능성은 커진다고 할 수 있다. 물론 평화협정이 항구적인 평화체제를 전적으로 보장하는 수단은 아니며, 평화협정 체결이 전쟁종식의 필수조건이라는 국제법이 존재하는 것도 아니다. 하지만 전쟁 당사자 간의 평화협정이라는 규범적 차원에서의 합의는 가장 일반적으로 통용되는 종전(終戰)의 형식이기도 하다.

나. 평화협정 체결의 쟁점

평화협정의 체결과 관련한 종래의 쟁점은 주체의 문제이다. 1953년 체결된 정전협정은 유엔군 총사령관 마크 클라크, 북한군 최고사령관 김일성, 중국인민지원군 사령원 팽덕회의 서명으로 조인되었다. 이에 따라 북한이 정전협정의 서명자가 아닌 남한은 평화협정의 당사자가 될 수 없으므로 북한과 미국 간에 평화협정을 체결해야 한다는 주장을 계속하고 있는 것이다. 이에 대해서는 남한은 정전협정에 서명하지는 않았지만 정전협정의 당사자라는 것이 일반적인 견해이다.[18]

평화협정은 단순히 현재의 정전협정을 대체하는 소극적인 의미

---

18) 제성호, 한반도 평화체제의 모색, 지평서원, 2000, 26-38면.

의 조약이 아니고 미래에 발생 가능한 군사적 충돌, 적대 상태, 평화 파괴 상태를 예방하는 적극적 의미가 있다. 그렇기 때문에 정전협정 의 당사자에 대한 논쟁과 무관하게 정전협정의 당사자와 평화협정 의 당사자는 반드시 일치할 필요는 없으며, 한반도에서 발생할 수 있는 평화파괴 상태를 예방하는 데 있어서 남한을 배제한다는 것은 가능하지도 않고 상정할 수도 없다.[19] 평화협정 논의에 있어서 더 이상 정전협정에 서명했는지 여부에 집착하는 북한의 논리에 휘둘 릴 필요가 없으며, 경제력과 외교력에 기반을 둔 주체적이고 실질적 인 자세로 북한을 설득하는 과정이 필요할 것이다.

다. 평화협정 체결의 체제전환적 의의

평화협정의 체결이 항구적 평화체계 구축과 동의어는 아니지만 다음의 몇 가지 점에서 평화협정의 체결은 평화체제 구축에 순기능 을 가지고 있다. 첫째, 적대행위의 재발을 방지하는 데 기여할 수 있 다. 1953년 체결된 정전협정은 유효기간에 관해서 규정을 두고 있지 않다. 정전 상태에서 당사자는 상대방에게 통고하는 조건으로 언제 든지 적대행위를 하는 것이 합법적으로 인정된다. 평화협정은 새로 운 적대행위의 재발을 방지하는 데 기여할 것이다. 둘째, 평화의 제 도화에 중요한 전기를 마련할 수 있다. 남북한은 현재 기술적으로 교전상태에 있으며 평화협정 체결로 제도적으로 종전 상태에 진입 하게 된다.[20]

셋째, 이 연구의 과제와 관련하여 무엇보다 중요한 것은 규범적 측면에서의 남북 협력이 안정화되고 활성화될 수 있는 기반이 마련 된다는 점이다. 단기적으로는 경제개발구법의 정비와 보완 및 남북

---

19) 백승주, "한반도평화협정의 쟁점", 한국과 국제정치 제22권 제1호, 경남대 학교 극동문제연구소, 2006, 265면.
20) 백승주, 앞의 논문, 263-264면.

경제협력 과정에서의 법제적 협력을 위해서 규범적이고 제도적인 보장이 필요한 것은 물론이다. 장기적으로는 다면적인 남북한의 교류 협력과 이를 통한 평화적 통일의 과정에서 북한의 법제를 시장경제 친화적이고 국제적 기준에 적합하도록 정비하며, 남한의 법제를 통일에 친화적인 내용과 형식으로 보완하는 것은 교류 협력과 통일이라는 사실의 영역에서 발생할 수많은 행위의 준거가 되고 평가기준이 되는 동시에, 그 자체로서 통일 이후의 법제통합을 위한 법제정비 과정이기도 한 것이다.

2) 국제적 차원의 법제정비 지원

가. 미국의 대북제재 해제가 관건

북한경제의 활성화를 위한 방안인 경제개발구 정책이 성공을 거두기 위해서는 남한에 의한 경제적·법제도적 지원 외에도 국제사회의 대북 투자와 법제도적 지원이 중요하지만, 미국의 대북 경제제재는 이를 어렵게 하는 가장 중요한 요인이다. 미국은 적성국교역법(Trading with the Enemy Act)을 근거로 북한과의 수출입 및 금융거래, 투자행위 등에 대하여 미국 재무부의 승인을 요하고 있으며, 미국 내의 북한자산도 동결하는 등 북한에 대한 거의 모든 경제활동을 제한하고 있다.

제재의 근거와 성격에 따라 재무무에 의한 자산동결과 거래금지 형식의 제재, 국무부에 의한 원조지원 및 거래금지 형식의 제재, 상무부에 의한 수출금지 형식의 제재가 부처 개별적으로 혹은 상호 협의 하에 시행되고 있다. 여러 집행기관 가운데 재무부가 주도하는 금융·경제제재가 대북 제재의 핵심이며, 대북 자금유입을 막음으로써 북한 정권의 재정능력에 타격을 주는 것을 목적으로 하고 있다.[21]

여기에 2016년 들어 제재대상 국가의 특정 경제부문과 정상적 거래관계에 있는 제3국의 개인 및 기업을 대상으로 하는 세컨더리 보이콧 형식의 제재와, 미국 정부가 지정한 자금세탁 우려가 있는 개인·기관·국가에 대한 제재인 BDA 방식의 제재까지 취해지고 있어서 북한의 거래 상대방들을 압박함으로써 사실상 대외교역을 차단하고 북한의 대외금융거래를 중단시키는 것을 목적으로 하고 있다.

특히 2016년 6월 1일 미국 재무부가 애국법(USA Patriot Act) 제311조에 근거하여 북한을 '자금세탁 주요 우려대상'으로 지정하고 '조치권고사항'을 통해 미국 금융기관으로 하여금 북한 금융기관과 환계좌 개설·유지 및 북한 금융기관과의 거래를 처리하기 위해 미국 환계좌를 사용하는 것을 금지함으로써 북한을 국제금융시스템에서 더욱 고립시키는 특별조치를 취하였다.

지금까지의 제재로도 북한 금융기관과의 직·간접적 거래를 일반적으로 금지하고 있었다. 그러나 이 특별조치 사항이 최종 확정되면 미국의 금융기관은 북한의 금융기관이 미국의 환계좌에 부적절하게 간접적으로 접근하는 것을 방지하기 위해 추가적인 조치를 취해야 하며, 북한 금융기관을 위한 거래처리에 사용되던 제3국 은행의 미국 환계좌 사용이 금지될 것이다. 재부무가 취한 이 특별조치는 애국법 제311조에 의해 재무부장관이 취할 수 있는 가장 강력한 조치이다.

따라서 북한이 국제금융기구로부터 지원을 받거나 가입하기 위해서는 대북 경제제재의 해제문제가 선결되어야 한다. 북한이 미국으로부터 받고 있는 경제제재의 내용은 과거 베트남의 사례와 유사하다. 문제는 중국이나 베트남보다도 북한이 미국과의 관계개선을 위하여 해결할 현안들이 훨씬 복잡하고 난해하다는 점이다. 테러지원, 핵, 미사일, 생·화학 무기, 재래식 무기 등이 그것인데, 이는 미국

---

21) 정구연, "미국의 대북제재 현황: 행정명령 13687호의 함의", 주요국제문제분석 2015. 10월호, 국립외교원 외교안보연구소, 2015, 7면.

의 안보전략과 직접 연관되는 중요사안들이기 때문이다. 국제금융
기구의 최대 출자국인 미국과의 관계개선이 선행되지 않고서는 정
상적인 절차를 거쳐 회원가입과 금융지원을 받는 일은 사실상 불가
능할 것이다.[22)]

　미국의 제재조치에 대하여 현재와 같이 미사일 발사와 핵실험을
계속하는 북한의 대응방식이 언제까지 가능할 것인지 알 수 없다.
하지만 국제적 지원을 좌우하는 요인인 북미관계의 정상화를 위해
서는 핵보유국 기정사실화를 위한 노력을 포기하고 테러조직이나
국가에 대한 군수물자 판매를 중단하며, 핵문제에 있어서의 국제기
구의 사찰을 수용하는 등 투명한 태도와 경제개방의 확대 및 경제특
구에서의 법치주의 확산, 국제관계에 있어서의 국제관례 준수 등 북
한의 전향적인 입장 변화가 요구된다고 하겠다.

나. 북한의 국제금융기구 가입이 선결과제

　체제전환국 법제구축 사업에서 국제금융기구의 역할은 갈수록
강화되고 있다. 국제금융기구의 법제구축 지원 프로젝트는 시장경
제를 구축하기 위한 경제개혁에 필수적인 사업으로, 경제개혁을 이
행하기 위해서는 경제적 기준에 따른 법률과 규칙이 필요하고 법률
과 규칙에 의해 정책결정자들이 정책을 집행하게 된다. 이처럼 법제
를 구축한다는 것은 단순히 법 변화만을 유도하는 것이 아니라 입법
의 결정구조, 경제정책 등 지원받는 국가의 사회 전반에 걸쳐 영향
을 미치게 된다.

　이와 같이 법제 구축을 지원하는 것은 체제전환국의 국가발전과
연관성을 갖게 된다는 점에서 한 국가가 지원하기는 어려운 사업이
다. 따라서 다양한 지원 경험을 통해 효과적인 지원체계를 갖추고

---

22) 김성철, 국제금융기구와 사회주의 개혁·개방: 중국·베트남 경험이 북한에
　　주는 함의, 통일연구원, 2001, 2-3면.

있는 국제금융기구의 역할이 커지는 것이다. 또한 정치적으로 민감한 국가에 대한 지원에 있어서 양자 간 관계보다는 정치적 책임에서 자유로울 수 있다는 장점 때문에도 국제금융기구의 역할은 확대되고 있다. 팔레스타인에 대한 지원처럼 분쟁지역에 대한 법제구축 지원도 국제금융기구가 담당하고 있는 것이 그 예라고 하겠다.[23]

따라서 북한에 대한 법제적 측면의 지원이 효율적으로 이뤄지기 위해서는 북한의 국제금융기구 가입이 선결적인 과제라고 할 수 있다. 국제금융기구에서 제공하는 법제구축 지원을 통하여 경제체제 전환과 관련한 법제에 대한 체계적인 정비와 입법 분야의 전문 인력을 양성하는 것이 경제개발구 정책을 뒷받침하기 위해서 요구되는 핵심적인 사항이기 때문이다. 세계은행, 아시아개발은행, 유럽부흥은행 등 국제금융기구의 주요 기술적 지원 프로그램으로 지원대상국에 제공되는 입법지원 프로그램이 단순한 입법작업에 그치지 않고 법집행기구의 구성, 담당인원에 대한 교육 등의 프로그램도 포함하고 있는 점을 참고할 필요가 있다.[24]

아시아의 체제전환국 중 중국과 베트남은 사회주의 국가 건설 이전에 국제금융기구에 가입했던 적이 있었기 때문에 국제금융기구와의 관계를 회복하는 절차를 통하여 국제금융기구에 재가입하였다. 캄보디아나 라오스도 1960년대와 1970년대 초에 국제금융기구에 가입하였다. 북한의 경우, 북미관계 개선이나 국제적 지원 등의 합의가 가시화되지 않는다면 국제금융기구와의 관계 개선은 이루어지기 어렵다. 특히 국제금융기구의 가장 많은 출자지분을 가진 미국·일본과의 관계 개선이 선행되어야 국제금융기구 가입이 가능하기 때문에 북한의 정치적 상황과 국제금융기구와의 관계 개선은 연동될 수

---

23) 정순원, 북한경제 체제전환에 따른 법제도 구축에 관한 연구, 고려대학교 박사학위논문, 2007, 157-158면.
24) 이철수 외, 앞의 책, 157면.

밖에 없다.

　미국의 국내법은 적대국 또는 테러국으로 지정된 국가가 국제금 융기구에 가입하려고 할 때 미국 정부가 이들을 지원하는 것은 불법 이라고 규정하고 있다. 그런데다가 일본도 북한의 핵문제나 미사일 등 안보문제가 해결되지 않는다면 가입을 지원하지 않을 것이다. 그 러나 국제금융기구 가입은 북한이 개혁·개방을 성공적으로 이행하 기 위한 필수적인 과정이다. 국제금융기구의 자금지원을 받지 않고 체제전환을 시도한 나라는 없으며, 국제금융기구의 지원은 체제전환 국의 부족한 내부 동력을 대체해주는 가장 중요한 원동력이었다.

　특히 후진국에는 지속적인 투자 유입이 중요한데 국제금융기구 가입은 투자유입의 지속에 중요한 요건이 된다. 북한이 국제금융기 구에 가입한다면 세계경제 동향에 대한 정보를 입수하여 경제발전 에 활용하고 저리의 개발자금을 제공받을 수 있게 된다는 점에서 경 제발전에 중요한 계기가 될 것이다. 또한 투자자로 하여금 북한에 대한 투자의 신뢰성을 갖게 해주는 역할을 함으로써 투자확대도 기 대할 수 있을 것이다.[25]

다. 국제적 지원에서 남한의 주도권 확보 노력 필요

　북한의 법제정비를 지원하는 국제적 협력의 과정에서도 주도권 의 문제는 향후 북한이 어떤 성격의 국가로 전환될 것인가를 결정하 는 중요한 요인이다. 주도권이 명확하지 않은 상황에서 눈앞에 닥친 필요에 의해 미국 등 선진국이나 국제기구를 통한 지원을 무차별적 으로 받아들인 체제전환국들이 성격이 애매한 정치 체제와 공법체 계와 부합되지 않는 사법체계 및 사법체계 내에서의 상호 충돌로 인 해 혼란을 겪은 사례들을 볼 때, 지원 주체의 주도권 문제는 지원받 는 국가의 정치체제에 영향을 줌은 물론이고 법제도의 성격을 결정

---

25) 정순원, 앞의 논문, 135-140면.

함으로써 그 국가의 지배구조를 결정짓는 요인이 된다는 것은 명백하다.

북한이 현재와 같은 대미 대결국면에서 탈피하여 보다 적극적으로 경제체제의 체제전환을 시도할 경우, 미국 등 선진국들과 국제기구의 지원이 활성화될 것이 예상됨은 물론이다. 또 인접 국가이며 북한의 사회주의화 이후 현재까지 북한에 대해 영향력을 행사해 온 중국이 사회주의 정치체제를 유지하면서 성공적으로 경제체제의 전환을 이룬 국가로서 북한에 대한 법제도 정비 지원을 통해 영향력을 유지하려 할 것으로 보인다. 게다가 과거의 정치적 문제에 대해서뿐 아니라 잠재적인 시장으로서의 북한에 대해 지속적인 관심을 가지고 있는 일본 또한 막대한 자금력을 무기 삼아 자국에 유리한 지배구조 구축을 위해 적극적으로 나서려 할 것이 예상된다.

남한이 사전에 면밀한 검토를 통해 종합적인 청사진을 수립하고 법제도 정비 지원에 있어서 주도적인 역할을 수행하지 못한다면, 체제전환 후의 북한은 자본주의화하면서도 지금까지와는 다른 차원에서 남한과는 이질적인 국가가 될 우려도 배제할 수 없다. 따라서 국제적 지원의 과정에서도 남한의 주도권을 확보하기 위한 노력이 필요하다고 하겠다.

이와 관련하여 중·동부유럽의 체제전환국가들의 공통점 중에서 서구 민주주의 국가와 인접한 국가들이 성공적인 체제전환이 가능했다는 점을 주목할 필요가 있다. 인접국은 지리적 이점 때문에 영향을 주고받기에 유리한 환경이므로 북한과 인접한 국가로서의 남한은 민족적 동질성 이외에도 북한의 체제전환에 영향을 끼치기 쉬운 지리적 이점을 가지고 있다고 할 수 있다. 아울러 오랜 역사 경험의 공유와 단일민족이라는 특성에서 우러나오는 동질성과 민족감정이 북한의 체제전환을 법제도적으로 지원하는 과정에서 남한이 어떤 국제기구, 어떤 선진국과 협력한다고 하더라도 남한의 주도권을

확보하는데 도움이 될 수 있다.[26]

　한편 지리적으로 이점을 가진다는 측면에서는 중국도 마찬가지이다. 그렇지만 중국에게 북한은 정치적으로 주변부 국가에 불과하기 때문에 남한이 북한에 대해서 부여하는 정도의 정치적 중요성을 중국이 북한에 부여하지 않을 것이고, 경제적으로 중국은 이미 자본주의화 되어 있기 때문에 지리적인 근접으로 인한 영향의 측면에서는 남한이 끼치는 자본주의적인 영향과 사실상 다를 바 없을 것으로 보인다. 경제력 성장과 동시에 문화적 선진국으로서의 입지를 다짐으로써 국제기구를 중심으로 한 남한의 발언권을 확보하고 미국과의 충분한 공감대를 형성하는 등의 노력과 함께 이러한 점을 최대한 활용하여 국제적 지원 과정에서 주도적인 지위를 차지함으로써, 향후 통일과정에서의 법제통합에 있어서도 남한의 청사진에 적합한 법제도를 통일 이전의 북한지역에 구축할 수 있도록 해야겠다.

---

26) 장소영, 앞의 논문, 101-104면.

에필로그

1990년대 소련과 동유럽 사회주의권의 붕괴는 이데올로기 대립의 종지부를 찍는 이정표였다. 사회주의권은 정치체제와 경제체제에 있어서 전환의 속도 및 동시성을 기준으로 다양하게 분화했다. 소련과 동유럽의 사회주의 국가들은 정치체제와 경제체제의 변화를 동시에 추구하면서 체제전환의 속도와 동력 및 영역에 있어서 차이를 보였으며, 중국과 베트남은 경제체제의 변화를 통해 정치체제를 유지하는 동력을 확보하는 방식으로 시장사회주의라는 새로운 경제유형을 창출했다. 이와 같은 변화는 20세기의 역사적인 사건인 만큼 변화의 동인과 변화 이후의 체제에 대한 해명을 필요로 했다.

체제전환 국가에 대한 연구는 사회주의 체제의 민주주의화, 자본주의화라는 역사적 사건의 원인과 내용을 해명하고 체계화하려는 시도에서 출발했다고 할 수 있다. 그러나 기존의 연구는 정치적·경제적 영역에서 분석되었으며 체계화되었다고 보기는 어렵다. 따라서 이 책에서는 체제전환 국가에 대한 기존의 정치적·경제적 연구를 새로운 정치적 사회적 시스템 건설을 위한 법제정비의 시각에서 비판적으로 분석하면서, 각 국의 법제정비의 특징을 비교법적으로 추출하여 북한의 경제개발구법을 분석하는 틀로 삼고자 했다.

체제전환 국가들의 법제전환을 비교하는 과정에서 드러난 특징 중의 하나는 여러 체제전환 국가들에서 외자 유치의 수단으로 경제특구 정책을 채택했으나, 정치체제와 경제체제의 동시적인 전환을 이룬 유형의 국가들보다는 정치체제를 고수하면서 경제체제의 전환만을 시도한 중국과 베트남 같은 국가들에서 특히 경제특구정책의 성공과 경제특구 법제의 발전을 볼 수 있다는 점이다. 정치체제와 경제체제의 동시적인 전환을 이룬 국가들에서는 경제체제의 전환에 있어서 전면적인 개혁조치를 실행했기 때문에 경제특구 전략이 외자유치를 통한 경제발전의 기제로 제대로 작동하지 않았다. 그러나 중국과 베트남 같은 국가들의 경우에는 경제체제의 전환을 시도하는 과정이 길고 조심스러웠기 때문에 경제특구 전략은 그 과정에서 경제체제 전환의 실험실이었고, 개혁과 개방의 촉진제였기 때문일 것이다.

경제특구 정책을 통해 개혁과 개방을 시작하는 것으로 경제체제의 모순을 극복함으로써 정치체제의 강화를 시도했던 중국이나 베트남과 같은 유형의 체제전환 국가들에서, 경제체제의 전환으로 인해 경제체제 자체의 완전한 자본주의화가 가속화됨은 물론이고, 경제체제와 정치체제의 필연적인 상관관계로 인하여 정치체제의 영역에서도 부분적이나마 국제규범과의 동질화 현상이 나타나고 있다. 이처럼 북한은 정치체제의 정당성 확보를 위해 경제특구 정책을 통한 경제난 극복을 꾀하고 있지만, 경제특구 정책이 지속될 경우 북한의 의도와는 무관하게 개혁과 개방을 확산시키고 체제전환을 심화시키는 기제로 작동할 가능성이 크다.

경제특구 정책에 집착하는 북한 정권

1990년대 이후 북한이 취해온 강성대국 건설이란 사상·군사·경제를 3대 기둥으로 한다고 설명하지만, 결국은 만성적인 경제난 극복을 통한 사회주의 경제 강국 건설을 목표로 하고 있다. 이는 북한이 주장하는 주체사상을 통해 체제를 강화하고자 했던 기존의 방식에서 벗어나 외국자본을 유치하는 경제특구 정책을 채택하는 것이 불가피했다는 것을 보여주는 것이기도 하다. 또한 이것은 탈냉전기에 사회주의 체제를 유지하고 있는 중국 등의 국가들이 심각한 경제체제의 내부 모순을 해결하는 과정을 정치권력의 정당성을 획득하는 수단으로 인식했던 것과도 같다. 경제체제의 내부적인 모순은, 해결하지 못한다면 정치체제의 전복을 가져올 수도 있는 체제위협의 요인이라는 점을 북한은 알고 있는 것이다.

따라서 북한은 여러 차례 경제특구 개발에서 실패를 한 이후에도 지속적으로 경제특구 정책에 집착하고 있는 것이다. 김정은 정권은 '경제·핵무력 병진노선'을 채택하고 제한적인 시장을 허용하는 '새로운 경제관리 조치'를 취하였으며, 북한 전 지역에 특성을 살린 경제개발구를 지정하면서 경제특구 정책의 분화를 시도하고 있다. 경제특구 정책의 새로운 버전인 경제개발구 정책은 선택과 집중을 통한 경제개발의 단기적인 성과 창출을 목표로 하는 것으로서, 외화 확보의 목적과 더불어 경제 전반의 발전과 주민생활 향상을 목적으로 하고 있다. 이를 규범적으로 뒷받침하기 위해 2013년 경제개발구법이 제정되었다.

경제개발구법은 김정은 정권에서 새롭게 시도하는 경제개발구 정책에 적용되는 규범이라는 점에서 그 내용은 온전히 김정은 정권의 특질과 색깔을 드러내는 것으로 보아도 될 것이다. 통일이 점진적인 방식으로 이뤄지는 경우라면 북한은 사회주의 정치체제를 유지하면서 경제체제만의 전환을 도모할 가능성이 크며, 이 과정에서 경제난 타개를 위한 방책으로 외자유치의 창구인 경제특구 정책을 지속할 것이다.

김정은 정권의 경제특구 정책인 경제개발구 정책의 성공을 통한 북한의 체제전환을 지원하고 공조하면서 통일을 이뤄나가기 위해서는, 체제전환의 관점에서 북한의 경제개발구법에 대한 분석을 통해 체제전환의 규범적 과제를 검토할 필요가 있다. 또한 급진적인 방식으로 통일이 이뤄지는 경우에도 북한 지역의 경제력을 단시간 내에 제고시키고 남북한 간의 경제력 격차를 해소하는 방안으로서 북한의 일부 지역에 경제특구를 운영하는 것은 유력한 방안이 될 수 있다.

그러므로 현행 북한의 경제특구 법제에 대한 분석 및 활성화를 위한 규범적 과제 검토가 요청된다. 이에 따라 경제특구 법제의 최신판이자 20여 개 이상 지정된 것으로 알려진 경제개발구의 일반법인 경제개발구법에 대해 점진주의-위로부터-단일전환 유형 국가들의 경제특구법 및 북한의 다른 경제특구법과의 비교를 통해 비교법적으로 분석하였다.

경제개발구에 대한 실효적 지원 측면에서의 대안 제시

북한법적인 비교법 차원에서는 개성공업지구법, 금강산국제관광특구법, 라선경제무역지대법, 황금평·위화도경제지대법을 체계와 기본제도, 개발과 거버넌스, 기업의 경제활동, 기업운영 활성화 제도, 제재 및 분쟁해결 제도라는 측면에서 비교·분석하고 북한의 특수경제지대 법제의 체계화도 도모하였다. 국제법적인 비교법 차원에서는 점진주의-위로부터-단일전환 유형 국가들인 중국과 베트남의 법 중 WTO에 가입하여 경제체제의 자본주의화가 심화되기 이전에 제정된 대표적인 경제특구법인 중국의 광동성 경제특구 조례와 베트남의 특별경제가공구 규정을 기본제도, 거버넌스, 기업활동, 우대혜택의 측면에서 살펴보고 경제개발구법과 비교·분석하였다. 이러한 비교법적인 분석을 통해볼 때 경제개발구법을 다음과 같이 평가할 수 있다.

첫째, 형식과 체계의 측면에서 경제개발구법은 북한 입법기술의 정체를 보여주며, 헌법 및 다른 법률들과의 관계는 물론 경제개발구법 자체의 규정상으로도 체계정합성이 부족하고 하위 규범이 미비하다.

둘째, 내용 측면에서는 경제개발구법은 경제활동을 통제하는 수단으로서의 법의 성격, 국가의 경제조직적 역할을 뒷받침하는 법의 기능을 표현하고 있으며, 자본주의 경제체제에서 사법상의 계약으로 다뤄지는 각종 계약을 재산거래관계를 형성하기 위한 권리주체간의 법률행위라기보다는 국가의 특정 정책을 집행하기 위한 수단 내지 절차로 규정하고 있다.

물적 인프라의 부재, 노동시장의 부존재와 이로 인해서 생기는 노동자의 채용과 해고에 있어서의 경직성 및 직업동맹에 의한 노동자 관리, 미비한 세금 규정 등은 사회주의 계획경제체제인 북한의 현실을 지나치게 잘 반영하고 있는 것으로서, 경제특구에 투자하는 기업에게는 유인이라기보다는 애로사항이 될 수 있다. 향후 노동시장의 유연화, 우대세율의 확대 등 친기업적인 요소를 보강하고 북한 당국이 정치와 경제를 분리시켜 운영하며 규범을 준수하는 방향으로 법치주의를 강화함으로써 투자자의 신뢰를 받을 수 있도록 현실을 개선해야 할 것이다.

이러한 평가를 바탕으로 북한이 경제특구 정책의 성공을 통해 점진주의-위로부터-단일전환 유형의 체제전환 경로를 밟을 경우의 규범적 과제를 추출하고 경제개발구의 성공을 위한 개선방안과 경제개발구에 대한 실효적 지원이라는 측면에서 대안을 제시하였다.

경제개발구의 성공을 위한 개선방안의 측면에서는 첫째, 경제개발구 법제도의 정비가 요청된다. 경제개발구 법제가 체계정합성을 확보하기 위해서는 경제개발구법의 문제점으로 지적되는 사항들을 수용하여, 보다 체계적이고 법치주의적이며 친기업적인 성격으로 법과 하위 규범을 정비할 필요가 있다. 법원(法源) 간의 위계의 문제, 제재에 관한 근거 규정의 소재, 제재 요건과 기준 및 절차의 구체화, 수용 및 보상에 관한 요건 구체화 및 절차규정 마련, 기업의 권리 보장 명문화 등이 요구된다고 하겠다.

분야별 하위규정을 조속히 완비하고 경제개발구별 특성을 반영한 세칙과 준칙도 제정되어야 한다. 입법의 일관성을 보장하기 위해 경제개발구 입법절차를 마련하고 공개된 입법절차에 따라 입법이 이뤄지도록 할 필요도 있다. 또한 더 많은 외국 투자자들로부터 북한의 경제개발구에 대한 투자가 수익이 크며 안전하다는 것을 보장하는 방향으로 법과 제도를 구조화함으로써 규범의 목적적합성을 확보해야 한다.

이를 위해서는 관리기관의 입법 자율성을 확대하고 전문성을 확보하는 방안을 강구하여 관리운영체계의 실효성을 강화하여야 한다. 또한 과감한 세율우대 제도를 도입하고 기업 입장을 반영하는 노동제도를 마련하는 등 적극적인 투자활성화 조치가 요구된다. 분쟁해결 제도의 구체화, 행정처분에 대한 사법적 이의절차 법제화, 제재 부과시의 법원 관여를 통한 투자의 안정성 보장 제도화도 필수적이다.

둘째, 남북 교류 협력의 확대와 강화를 위한 법제도적 개선이 요구된다. 경제개발구법이 다른 특수경제지대법보다 신변안전의 보호수준이 높다고 보기 어렵고 북한 사법체계의 불투명성에 대해 우려하지 않을 수 없기 때문에, 경제개발구에 대한 투자에 있어서는 투자자의 신변안전에 대한 보장이 중요하다. 개성공업지구의 경험과 같이 북한의 사법주권을 일부 포기하는 내용으로 남북합의서를 체결하는 것이 가장 바람직할 것이다.

최혜국 대우 이상의 특별대우 제도화를 위해서는 북한에 대한 투자와 관련하여 민족내부거래성 원칙을 반영하여 북한법을 제정하거나, 기존 법을 개정하는 방안 및 이와 관련하여 구체적인 내용을 명시한 새로운 합의서를 체결하는 방식도 검토할 수 있을 것이다.

청산결제제도는 제도의 도입과 시행을 위한 남북 간 협력이 향후 금융협력을 본격화하는 계기가 될 수 있다는 점에서 각별한 의미가 있다. 청산결제제도가 시행된다면 남북거래의 민족내부거래성을 국제적으로 인정받을 수 있는 계기가 될 수 있을 것이며, 제도가 활성화됨에 따라 진정한 의미의 직교역이 정착될 수 있을 것이다. 남북 양측이 부담을 덜 가지면서도 법제협력을 활성화할 수 있는 방안으로 남북합의서 업무를 전담하는 반관반민의 조직으로서 상설적으로 북한법제의 정비를 지원하고, 합의서의 체결과 관련하여서는 공식적인 체결 이전의 단계에서 그 내용을 협의하고 합의서 작성을 전담하는 기구로서 남북법제협력위원회 추진도 고려해볼 수 있을 것이다.

북한 경제개발 지원 위해 남한 법제정비 필요

경제개발구 지원을 위한 과제라는 측면에서는 첫째, 남한법제의 개선을 통한 지원이 일차적이다. 법체계의 정비를 위해서는 통일기본법, 경제개발구지원법의 제정과 남북 관계 발전에 관한 법률, 남북 교류 협력에 관한 법률, 남북협력기금법의 개정이 요청된다. 지속적이고 안정적인 통일 준비를 위한 제도적 기반을 확립함으로써 범국가적 통일 준비 역량을 결집하여 통일을 위한 조건들을 완비해 나가고, 궁극적으로 통일을 앞당기기 위해서는 통일을 준비하는 데 요구되는 제반 사항에 규범적인 근거를 제공하는 통일기본법의 입법이 필요하다. 이 법은 지금까지 통일준비와 교류 협력이라는 통일을 위한 법체계 내에서의 위치를 고려하지 않고 상황과 필요에 따라 입법되어온 관련 법률들의 일반법으로서 기능하여야 할 것이다.

또한 경제개발구가 활성화되기 위해서는 결국 남한의 투자가 요청될 수밖에 없다. 그러므로 이를 법적으로 규율하고 제도적으로 지원하기 위해서는 먼저 근거규범이 되는 경제개발구지원에 관한 법률을 제정할 필요가 있다. 북한은 물론 향후 경제개발구에 투자하고자 하는 남한과 외국인 투자자들에 대한 제도적·재정적 지원의사를 표명하고, 출입 및 체류에 대한 보호와 기업활동에 있어서의 각종 특혜를 보장함으로써 경제개발구에 대한 투자를 유치하고 경제개발구의 법질서를 수립하는 데 도움이 될 것이다.

남북 관계 발전에 관한 법률은 합의서의 체결과 비준 및 공포 등 절차적인 사항에 무게중심이 있고, 남북 간의 권리와 의무에 관한 실체적인 사항을 규정하고 있지 않아서 기본법으로서의 취지를 탈색시키고 있다. 법률로서 남북한 특수관계의 적극적·소극적 의미를 명확히 하는 방향으로 개정함으로써 그와 관련되는 남북 교류 협력에 관한 법률, 북한이탈주민의 보호 및 정착지원에 관한 법률, 통일교육지원법 등의 존재이유에 타당성을 부여하고 향후 남북 관계의 발전에 따라 제정될 관련법들에 안정성을 부여하는 규범적 기반이 될 필요가 있다.

남북 교류 협력에 관한 법률은 규범의 테두리 안에서 교류 협력을 가능케 했다는 의의를 찾을 수는 있지만, 규율해야 하는 내용에 비해 조문 수가 지나치게 적고 전반적으로 규제 위주의 조항으로 구성되어 있어서 남북 교류 협력을 촉진하기 위한 법으로서는 문제점이 있다고 볼 수 있다. 경제개발구와 관련된 남북경협을 상정하는 경우에도 입법사각지대를 해소하며 규제의 범위나 강도를 제한하고, 교류 협력 방식의 다변화 등 변화하는 현실을 잘 반영하는 내용으로 개정하는 방안을 검토할 필요가 있다. 남북협력기금법의 경우 경제개발구 지원 및 남북경협 활성화를 위해 재원 확충방안과 용도 개선 및 제도중복 시정이 검토되어야 할 것이다.

제도적 개선책으로는 남북 교류 협력에 있어서 지방자치단체의 역할을 확대하고, 경협 기업에 대한 정부 차원의 종합 지원조직을 구성하며 북한 법제인프라를 지원하는 체제를 구축해야 한다. 지나치게 중앙정부 중심으로 독점화된 현재의 남북 교류 협력의 규범적 구조를 재편하여 지방정부와의 역할 분담을 적절히 해야 한다. 이것은 지방의 균형발전을 강조하는 북한의 경제개발구 정책과 조응하여 남북 교류 협력 사업 및 남북경협 다각화의 계기로 작용할 것으로 예상된다.

또한 현재 각 부처의 대북 투자 관련 부서에서 부분적으로 운영되고 있는 자문위원회나 업무협의회를 통합하고 정보를 전면적으로 공유하는 시스템을 구축한다면, 경협에 필요한 행정적 절차가 간소화되고 재정적 지원을 효과적으로 하며 분쟁을 예방하고 분쟁발생시의 적절한 대응을 가능하게 함으로써 경제개발구에 대한 투자 유인 효과가 있을 것이다. 또한 경제개발구에 대한 투자의 구체적 타당성과 안정성을 확보하는 데도 도움이 될 것이다. 북한의 법제인프라 구축을 지원하기 위하여 부처를 망라하는 법률전문가들로 구성된 조직을 신설하고, 이 조직에 현장성을 담보하는 제도적 장치를 마련하여 법제인프라 구축의 중장기 계획 작성과 세부업무의 실행을 전담하게 할 필요도 있다.

둘째, 국제법 체계와의 정합성을 강화할 필요가 있다. 경제개발구 정책의 활성화를 통한 북한의 체제전환이 성공적으로 이루어지기 위해서는 현재의 정전협정 체제가 평화협정 체제로 전환되는 것이 국제법적 측면에서의 첫 번째 과제라고 할 수 있다. 이것은 동시에 북한의 체제전환이 심화되는 과정에서 생겨나는 성과이자 결과물일 수도 있다.

북한이 정전협정의 서명자가 아닌 남한은 평화협정의 당사자가 될 수 없으므로 북한과 미국 간에 평화협정을 체결해야 한다는 주장을 계속하고 있다. 하지만 정전협정의 당사자와 평화협정의 당사자는 반드시 일치할 필요는 없으며, 한반도에서 발생할 수 있는 평화파괴 상태를 예방하는 데 있어서 남한을 배제한다는 것은 가능하지도 않고 상정할 수도 없다. 그러므로 평화협정 논의에 있어서 더 이상 정전협정에 서명했는지 여부에 집착하는 북한의 논리에 휘둘릴 필요가 없으며, 경제력과 외교력에 기반을 둔 주체적이고 실질적인 자세로 북한을 설득하는 과정이 필요할 것이다.

또한 평화협정의 체결은 규범적 측면에서의 남북 협력이 안정화되고 활성화될 수 있는 기반이 마련되는 것이다. 이를 통해서 단기적으로는 경제개발구법의 정비와 보완 및 남북 경제협력 과정에서의 법제적 협력을 위해서 규범적이고 제도적인 보장이 가능한 것은 물론이고, 장기적으로 다면적인 남북한의 교류 협력과 평화적 통일의 과정에서 북한의 법제를 시장경제 친화적이고 국제적 기준에 적합하도록 정비하며 남한의 법제를 통일에 친화적인 내용과 형식으로 보완하는 바탕이 될 것이다.

북한에 대한 국제적 차원의 법제지원이 효율적으로 이뤄지기 위해서는 북한의 국제금융기구 가입이 선결적인 과제라고 할 수 있다. 체제전환국 법제구축 사업에서 국제금융기구의 역할이 갈수록 강화되고 있기 때문이다. 국제금융기구에서 제공하는 법제구축 지원을 통하여 경제체제 전환과 관련한 법제에 대해 체계적으로 정비하고 입법 분야의 전문 인력을 양성하는 것은 경제개발구 정책을 뒷받침하기 위해서 요구되는 핵심적인 사항이다.

국제금융기구로부터 지원을 받거나 가입하기 위해서는 대북 경제제재의 해제가 관건이다. 북한경제의 활성화를 위한 방안인 경제개발구 정책이 성공을 거두기 위해서는 남한에 의한 경제적·법제도적 지원 외에도 국제사회의 대북 투자와 법제도적 지원이 중요하며, 미국의 대북 경제제재는 이를 어렵게 하는 가장 중요한 요인이기 때문이다.

국제적 지원을 좌우하는 요인인 북미관계의 정상화를 위해서는 핵보유국 기정사실화를 위한 노력을 포기하고 테러조직이나 국가에 대한 군수물자 판매의 중단, 핵문제에 있어서의 국제기구의 사찰 수용 등 투명한 태도와 경제개방의 확대 및 경제특구에서의 법치주의 확산, 국제관계에 있어서의 국제관례 준수 등 북한의 전향적인 입장 변화가 요구된다고 하겠다.

북한의 법제정비를 지원하는 국제적 협력의 과정에서도 주도권의 문제는 향후 북한이 어떤 성격의 국가로 전환될 것인가를 결정하는 중요한 요인이다. 남한이 사전에 면밀한 검토를 통해 종합적인 청사진을 수립하고 법제도 정비 지원에 있어서 주도적인 역할을 수행하지 못한다면 체제전환 후의 북한은 자본주의화하면서도 지금까지와는 다른 차원에서 남한과는 이질적인 국가가 될 우려도 배제할 수 없다. 따라서 국제적 지원의 과정에서도 남한의 주도권을 확보하기 위한 노력이 필요하다고 하겠다.

참고문헌

1. 국내 문헌

가. 단행본

강정모 외, 신동북아경제론, FKI미디어, 2003.

강준영, 중국진출전략 대특강, 중앙M&B, 2003.

권율, 베트남의 수출가공구 개발정책과 현황, 대외경제정책연구원 지역정보
    센터, 1993.

김규판, 동구 주요국의 국유기업의 사유화 정책 및 제도, 대외경제정책연구
    원, 1994.

김동희, 행정법 I, 박영사, 2015.

김성철, 국제금융기구와 사회주의 개혁·개방: 중국·베트남 경험이 북한에 주
    는 함의, 통일연구원, 2001.

김철수, 헌법학개론, 박영사, 2010.

김철수 외, 세계비교헌법, 박영사, 2014.

대외경제정책연구원, 미얀마 편람, 1993.

대외경제정책연구원, 북한경제 백서, 2004.

대외경제정책연구원, 불가리아 편람, 1996.

대외경제정책연구원, 체코공화국 편람, 1994.

대외경제정책연구원, 헝가리 편람, 1992.

문준조, 중국의 섭외경제분쟁해결 제도와 사례, 한국법제연구원, 1995.

민족통일연구원, 사회주의체제 개혁·개방 사례 비교연구, 1993.

박봉규, 체코슬로바키아의 경제개혁 추진과정, 산업연구원, 1993.

박정원, 북한헌법(1998)상 경제조항과 남북한 경제통합, 한국법제연구원, 1999.

박형중, 북한의 개혁·개방과 체제변화 : 비교사회주의를 통해 본 북한의 현
    재와 미래, 해남, 2004.

법무부, 동구제국 체제개혁 개관 - 법제·사법개혁과 체제불법 청산 - , 1996.

법무부, 북한법의 체계적 고찰(I) - 민사관계법 - , 1992.

법무부, 소련법연구Ⅲ - 사회주의법의 특성·법제개혁·사법제도 - , 1991.

법무부, 중국경제특구 법제연구, 2005.

법무부, 중국과 대만의 통일 및 교류 협력법제, 1995.

법무부, 베트남 개혁개방 법제 개관, 2005.

법무부, 통일독일·구동구제국 몰수재산처리 개관, 1994.

법원행정처, 법원실무제요 민사소송 III, 2005.

법원행정처, 북한의 헌법, 2010.

사법연수원, 중국법, 2004.

성낙인, 헌법학, 법문사, 2005.

손희두, 북한의 부동산관리법제와 남북한 협력방안 연구, 한국법제연구원, 2012.

이석기 외, 2012년 북한경제 종합평가 및 2013년 전망, 산업연구원, 2012.

이석기 외, 2013년 북한경제 종합평가 및 2014년 전망, 산업연구원, 2013.

이영선 외, 대북투자, 어디에 어떻게: 대북투자의 입지 및 업종선정과 관리전략, 해남, 2003.

이철수 외, 남북한 통합을 위한 법제도 인프라 확충방안, 통일연구원, 2005.

이효원, 남북교류협력의 규범체계, 경인문화사, 2006.

이효원, 통일법의 이해, 박영사, 2014.

임수호, 계획과 시장의 공존, 삼성경제연구소, 2008.

전홍택, 북한의 체제전환과 남북한 경제통합의 주요과제, 한국개발연구원, 1996.

정재완, 대미얀마 경제협력 강화방안: 투자와 공적개발원조(ODA)를 중심으로, 대외경제정책연구원 지역정보센터, 1996.

정형곤, 체제전환의 경제학, 청암미디어, 2001.

제성호, 남북교류협력 활성화를 위한 법제도 개선방안, 민족통일연구원, 1996.

제성호 외, 통일관련 법제 인프라 정비 및 개선방안, 통일연구원, 2004.

제성호, 한반도 평화체제의 모색, 지평서원, 2000.

중소기업연구원, 북한경제개발구 지원방안 연구보고서, 2014.

중화경제연구원, 중공경제특구에 관한 연구, 산업연구원, 1985.

진승권, 동유럽 탈사회주의 체제개혁의 정치경제학(1989~2000), 서울대학교출판부, 2003.

클라우스 폰 바이메, 이규영 역, 탈사회주의와 체제전환, 서강대학교출판사, 2000.

통일부, 개성공단관리 10년, 2014.

통일부, 2015 개성공업지구 법규·사업준칙집, 2015.

한국무역투자진흥공사, 베트남투자법령집, 2006.

한국법제연구원, 아세안 투자법령 해설서II – 라오스·캄보디아·미얀마, 2013.

한국법제연구원, 러시아연방헌법-해설과 전문-, 1993.

한국법제연구원, 헝가리의 경제개혁법제연구, 1992.

한국은행 조사국 북한경제팀, 베트남의 경제개혁 추이와 시사점, 한국은행, 1999.

한대원 외, 현대중국법 개론, 박영사, 2009.

허만 외, 동유럽의 개혁과 시장경제의 도입, 집문당, 1993.

홍유수, 동구 경제개혁의 유형과 성과, 대외경제정책연구원, 1992.

홍익표, 북한의 경제특구 확대가능성 및 발전방향, 대외경제정책연구원, 2001.

황창화, 개정판 세계의 헌법 I, 국회도서관 법률자료과, 2013.

황창화, 개정판 세계의 헌법 II, 국회도서관 법률자료과, 2013.

나. 논문

강효백, 중국 국가급 경제기술개발구의 특성과 전망 : 경제특구와의 비교를 중심으로, 국제지역연구 제8권 제2호, 국제지역학회, 2004.

권영경, 김정은 시대 북한 경제정정책의 변화와 전망, 수은북한경제 2014. 봄호, 수출입은행, 2014.

권율, 체제전환 이후 베트남 산업단지 개발정책의 성과와 과제, 국토연구 제22호, 국토연구원, 2003.

권율, 베트남 노동정책과 현지화 전략, 지역경제 1995. 12월호, 대외경제정책연구원 지역정보센터, 1995.

권은민, 북한 외국인 투자법제에 관한 연구: 시기별 변화와 전망, 북한대학원대학교 박사논문, 2012.

권재열, 베트남 외국인투자유치제도의 법적 환경, 비교사법 제3권, 한국비교사법학회, 1996.

김광길, 개성공단 법제 발전방향 연구-중국과 북한의 경제특구 법제 비교-, 통일부 용역보고서, 2015.

김광길, 김정은 집권이후 북한의 주요법제 변화동향 분석 및 향후 전망, 통일부 용역보고서, 2013.

김광수, 개성공단에서의 남북상사중재위원회 구성·운영에 관한 연구, 중재연구 제24권 제2호, 한국중재학회, 2014.

김달관, 쿠바의 딜레마: 이상과 현실, 라틴아메리카연구 제17권 제3호, 한국라틴아메리카학회, 2004.

김병기, 대한민국의 북한지역 관할권 확보의 법적 타당성과 남북한 법제통
　　　합의 기초, 저스티스 제121호, 한국법학원, 2010.

김병연, 사회주의 경제개혁과 체제이행의 정치적 조건: 소련, 동유럽, 중국의
　　　경험과 북한의 이행 가능성, 비교경제연구 제12권 제2호, 한국비교경
　　　제학회, 2005.

김성주, 라오스의 정치·경제체제와 개방정책, 국제정치논총 제36집 제1호, 한
　　　국국제정치학회, 1996.

김성주, 인도차이나 반도 사회주의국가의 체제전환과 개혁·개방정책, 한국
　　　정치외교사논총 제25집 제1호, 한국정치외교사학회, 2003.

김영진, 사회주의 국가의 개혁·개방정책과 공적개발원조((ODA)의 역할: 중
　　　국·베트남 사례의 북한에 대한 시사점, 경남대학교박사학위논문,
　　　2011.

김영진, 우즈베키스탄의 '경제성장 역설'에 대한 고찰: 초기조건, 체제전환전
　　　략, 경제실적, 비교경제연구 제17권 제1호, 한국비교경제학회, 2010.

김영진, 체제전환에 대한 진화론적·제도주의적 관점의 고찰 : 러시아의 경우
　　　를 중심으로, 세계지역연구논총 제27집 제1호, 한국세계지역학회,
　　　2009.

김일기, 북한의 개혁·개방의 단계와 방향, 건국대학교 박사학위논문, 2005.

류길재·민경배, 체제전환국 법제의 기본원칙 변화, 윤대규 편, 사회주의 체
　　　제전환에 관한 법제도적 비교연구, 한울, 2008.

류승호, 남북한 간 청산결제제도 도입의 효과, 수은해외경제 제22권 제11호,
　　　수출입은행, 2003.

문준조, 남북경협 4대 합의서의 후속조치 문제와 정비방안, 남북경협 활성화
　　　를 위한 법적 과제와 정책방안, 남북경협살리기 국민운동본부, 2004.

문준조, 중국의 개혁·개방법제 변천을 통해서 본 북한의 외국인투자법제 전
　　　망, 2011남북법제연구보고서, 법제처, 2011.

미카엘 크라코프스키, 동독과 동유럽 국가에 있어서의 체제전환 및 체제통
　　　합에 관한 교훈, 김원식 편, 동독의 경제적 평가와 한반도 통일, 대외
　　　경제연구원, 1993.

민경국, 체제전환의 일반이론과 남북한 통일정책, 산업과 경제 제8집 제1호,
　　　강원대학교 산업기술연구소, 1998.

민경배, 체제전환국 법제의 특징과 구조, 통일문제연구 제46호, 평화문제연
　　　구소, 2006.

민경배, 체제전환국 법제의 특징과 구조, 윤대규 편, 사회주의 체제전환에 관

한 법제도적 비교연구, 한울, 2008.

민경배·류길재, 북한의 체제전환의 성격과 기본적 법제, 공법학연구 제8권 제4호, 한국비교공법학회, 2007.

바야르 체체크, 몽골 사회주의 체제전환의 정치경제, 연세대학교 석사학위논문, 2001.

박덕영·강승관, 개성공단 투자보호와 분쟁해결제도의 개선방안 고찰, 통상법률 제92호, 법무부, 2010.

박원석, 베트남 외국인투자법제에 관한 연구, 비교법학 제13집, 부산외국어대학교 비교법연구소, 2002.

박은정, 개성공업지구 노동분쟁해결을 위한 제도적 틀잡기에 대한 연구, 법학논집 제13권 제1호, 이화여자대학교 법학연구소, 2008.

박정원, 북한의 입법이론과 체계 분석, 법학논총 제26권 제2호, 국민대학교 법학연구소, 2013.

박정원·박민, 개성공단의 법제도 개선과제-국제화와 관련하여-, 법학논총 제27권 제2호, 국민대학교 법학연구소, 2014.

박제훈, 북한 경제체제의 변화전망, 경남대학교 극동문제연구소 논집 제19권, 경남대학교 극동문제연구소, 2000.

박지원, 우즈베키스탄과 몽골의 시장경제 체제전환 초기 10년: 전략선택의 배경과 사유화 과정의 경로, 슬라브연구 제28권 제2호, 한국외국어대학교 러시아연구소, 2012.

박찬홍, 북한법제의 동향과 기업법제의 개편방향, 통일연구논총 제23권 제2호, 통일연구원, 2014.

박형중, 경제체제의 급진론과 점진론, 이종원 외, 통일경제론, 해남, 1997.

박형중, 구소련·동유럽과 중국의 경제체제 전환의 비교: 북한의 체제전환과 통일한국 건설을 위한 교훈, 유럽연구 제5호, 한국유럽학회, 1997.

박형중, 사회주의 경제의 체제전환전략 : 급진론과 진화론, 통일연구논총 제6권 제1호, 통일연구원, 1997.

백권호, 외자도입과 외국인 직접 투자, 유희문 외, 현대중국경제, 교보문고, 2000.

백두주, 체제전환국 경제개혁·개방정책의 특성과 효과: 라오스 사례를 중심으로, 민주주의와 인권 제11권 제3호, 전남대학교 5·18연구소, 2011.

백승주, 한반도평화협정의 쟁점, 한국과 국제정치 제22권 제1호, 경남대학교 극동문제연구소, 2006.

백홍기, 최근 북한 경제정책 특징과 통일에의 시사점, VIP 리포트 제569호, 현대경제연구원, 2014.

서경교, 동유럽의 민주화: 비자유민주주의의 확산?, 이상환 외, 동유럽의 민주화: 체제이행의 역동성, 한국외국어대학교출판부, 2004.

서승원, 루마니아의 외국인 투자환경, 지역경제 1992. 6월호, 대외경제정책연구원, 1992.

서진영, 북한의 중국식 개혁, 개방 전망, 통일전략포럼보고서 제22권, 경남대학교 극동문제연구소, 2001.

성낙인, 통일헌법의 기본원리 소고, 서울대학교 법학 제53권 제1호, 서울대학교 법학연구소, 2012.

송석윤, '우리 헌법의 탄생'을 읽고, 법사학연구 제34집, 한국법사학회, 2006.

신영호, 북한의 금강산관광지구법에 대한 검토, 국민대 법대 남북협력법제연구단 제1회 금강산포럼 발제문, 국민대법제연구센터, 2004.

신우철, 중국의 헌법감독─경제체제 개혁 이후의 위헌심사제도 개선론을 중심으로, 공법연구 제31집 제4호, 한국공법학회, 2003.

안드레이 아브라하미안, 북한 경제개발구의 ABC, KDI 북한경제리뷰 2015. 2월호, 한국개발연구원, 2015.

안재섭, 중국 경제개발구의 설치와 운영시스템에 대한 연구, 한국경제지리학회지 제5권 제1호, 한국경제지리학회, 2002.

안희완, 베트남 제도 및 법적 하부구조, 베트남의 법제도와 시장개혁, 연세대학교 동서문제연구원, 2002.

양길현, 제3세계 민주화의 정치적 동학 비교연구: 한국, 니카라과, 미얀마의 경험을 중심으로, 서울대학교 박사학위논문, 1996.

양문수, 체제전환기의 경제정책과 성과, 윤대규 편, 사회주의 체제전환에 관한 비교연구, 한울, 2008.

양영희, 개성공단에서의 남북 민사분쟁 해결방안, 2006 북한법 및 남북관계법 학술회의 발표논문집, 북한법연구회, 2006.

오용석, 세계 경제특구의 유형 및 전략과 남북한 경제통합에의 응용, 한국비교경제학회, 남북한의 경제체제와 통합, 박영사, 1995.

오준근, 남북교류·협력에 관한 현행 법제와 그 개선방향, 통일문제연구 제4권 제1호, 평화문제연구소, 1992.

유욱, 북한의 법체계와 북한법 이해방법, 통일과 법률 제6호, 법무부, 2011.

유욱·김병필, 북한의 특수경제지대 법제의 최근 동향과 평가 : 라선경제무역지대법과 황금평·위화도경제지대법을 중심으로, 통일과 법률 제11호, 법무부, 2012.

유현정, 북한의 경제개발구법에 대한 평가와 함의, 북한연구학회 동계학술발
　　표자료집, 2013.

이경화, 미얀마의 개혁개방과 북한에 대한 시사점, 북한학연구 제9권 제2호,
　　동국대학교 북한학연구소, 2013.

이경화, 쿠바의 변화가 북한에 주는 시사점-쿠바의 변화와 북한의 현상유지
　　지속에 대한 대조적 비교를 중심으로-, 인문사회21 제6권 제4호, 아
　　시아문화학술원, 2015.

이규영, 동유럽의 민주화와 선거, 현대 정치이론과 체제변동, 전예원, 1997.

이무철, 조정기제의 변화와 국가의 역할, 윤대규 편, 사회주의 체제전환에 대
　　한 비교연구, 한울, 2008.

이상수, 사회주의 국유기업의 사유화에 관한 연구, 서울대학교 대학원 박사
　　학위논문, 1996.

이상준·이성수, 체제전환국 경제특구 개발과 북한경제특구 개발에 대한 시
　　사점: 폴란드와 중국 경제특구 개발의 수요와 공급을 중심으로, 국토
　　연구 제42권, 국토연구원, 2004.

이용희, 북한의 경제특구정책과 실패요인, 동북아경제연구 제25권 제3호, 한
　　국동북아경제학회, 2013.

이원섭, 경제특구의 개발전략과 지역균형 발전, 국토연구 제251호, 국토연구
　　원, 2002.

이윤·김희국, 남북한 교역 지원제도의 효율적 운영방안-남북협력기금의 손
　　실보조와 수출보험의 활용을 중심으로, 무역학회지 제25권 제4호, 한
　　국무역학회, 2000.

이점호, 북한의 특구전략에 관한 연구, 고려대학교 박사학위 논문, 2014.

이효원, 개성공단의 법률체계와 남한행정법 적용 여부, 법조 제57권 제12호,
　　법조협회, 2008.

이효원, 개성공단의 법질서 확보방안, 저스티스 제124호, 한국법학원, 2011.

이효원, 남북한특수관계론의 헌법학적 연구-남북한 교류협력에 관한 규범
　　체계의 모색-, 서울대학교 박사학위논문, 2006.

이효원, 라선경제무역지대법의 특징과 개선과제, 서울대학교 법학 제56권 제
　　4호, 서울대학교 법학연구소, 2015.

이효원, 베트남사회주의공화국 헌법과 정치체제, 아시아법제연구 제3호, 한
　　국법제연구원, 2005.

이효원, 북한법률의 국내법적 효력, 법조 제54권 제4호, 법조협회, 2005.

임을출, 체제전환국들의 경제특구활성화를 위한 법제 비교, 통일문제연구 제

46호, 평화문제연구소, 2006.

장소영, 북한의 체제전환을 대비한 법제도정비지원에 관한 연구, 국민대학교 석사학위논문, 2010.

장지보도르쥐 롬보, 21세기 몽골의 개혁개방 정책의 전망, 한몽경상연구, 한몽경상학회, 1999.

전종익, 공동체로서의 국가와 정부, 서울대학교 법학 제55권 제4호, 서울대학교 법학연구소, 2014.

전종익, 통일헌법의 기본권체계, 법조 제665호, 법조협회, 2012.

정구연, 미국의 대북제재 현황: 행정명령 13687호의 함의, 주요국제문제분석 2015. 10월호, 국립외교원 외교안보연구소, 2015.

정순원, 북한경제 체제전환에 따른 법제도 구축에 관한 연구, 고려대학교박사학위논문, 2007.

정영화, 북한 경제특구법의 분석과 전망, 북한법연구 제6호, 북한법연구회, 2003.

정웅, 우즈베키스탄의 탈사회주의 체제전환과 대외무역: 점진주의적 이행의 증거?, 무역보험연구 제16권 제3호, 한국무역보험학회, 2015.

정철, 중국 법원의 헌법해석권, 공법연구 제37집 제3호, 한국공법학회, 2009.

정형곤, 남북한 동시발전을 위한 경제협력모델, 김연철·박순성 편, 북한경제 개혁연구, 후마니타스, 2002.

조명철, 북한 경제특구정책의 교훈과 정책과제, 오늘의 세계경제 제7권 제42호, 대외경제정책연구원, 2007.

조영국, 체제내적 모순과 체제외적 모순-사회주의 체제전환과 국제협력을 중심으로, 윤대규 편, 사회주의 체제전환에 대한 비교연구, 한울, 2008.

창찰돌람, 몽골의 체제전환과 국가능력 그리고 발전성과, 대구대학교 석사학위논문, 2015.

최영택, 중국의 경제개혁과 법제정비에 관한 검토, 서경대학교 논문집 제22집, 서경대학교, 1994.

최완규·최봉대, 사회주의 체제전환방식의 비교연구, 윤대규 편, 사회주의 체제전환에 대한 비교연구, 한울, 2008.

한홍렬, 산업구조개편 촉진을 위한 경제특구 활용방안, 대한상공회의소 한국경제연구센터, 1998.

함택영, 인도차이나 저발전국의 개혁·개방, 한국과 국제정치 제13권 제2호, 경남대학교 극동문제연구소, 1997.

허병희, 도전과 기회의 나라 베트남 : 외국인투자 관련 제도, KOTRA 북방통
　　　상정보 제86호, 한국무역투자진흥공사, 1993.

2. 북한 문헌

가. 단행본

조선로동당출판사 편집부, 김일성저작집 제38권, 평양: 조선로동당출판사, 1992.
조선로동당출판사 편집부, 김일성저작집 제44권, 평양: 조선로동당출판사, 1996.
법률출판사 편집부, 조선민주주의인민공화국 법규집(외국투자부문), 평양:
　　　법률출판사, 2005.
법률출판사 편집부, 조선민주주의인민공화국 법전, 평양: 법률출판사, 2012.
법률출판사 편집부, 조선민주주의인민공화국 법규집(대외부문), 평양: 법률
　　　출판사, 2014.
사회과학원 법학연구소, 법학사전, 평양: 사회과학출판사, 1971.
사회과학원 언어학연구소, 조선말대사전1, 평양: 사회과학출판사, 1992.
사회과학원 언어학연구소, 조선말대사전2, 평양: 사회과학출판사, 1992.
심형일, 주체의 사회주의 헌법리론, 평양: 사회과학출판사, 1991.
정철원 등, 조선투자법 안내(310가지 물음과 대답), 평양: 법률출판사, 2007.
조선로동당출판사 편집부, 조선로동당역사, 평양: 조선로동당출판사, 2006.

나. 논문

강정남, 공화국외국투자관계법의 발생발전과 그 체계, 김일성종합대학 학보:
　　　력사·법학 제46권 제1호(루계315호), 김일성종합대학출판사, 2000.
김종일, 공화국 신소 청원 제도의 생성 및 발전, 8·15 해방 10주년 기념 법학
　　　논문집 제1집, 조선민주주의인민공화국 과학원, 1955.
리경철, 법제정법을 제정하는 것은 현시기 법제정 사업을 개선하기 위한 중
　　　요한 방도, 정치법률연구 2013. 제2호(루계 제42호), 평양 : 과학백과
　　　사전출판사, 2013.
리명숙, 조선민주주의인민공화국에서 특수경제지대의 창설경위와 그 전망
　　　에 관한 연구, 제7회 두만강포럼 발표문, 2014.
전경진, 공화국외국투자관계법체계에 대한 리해, 정치법률연구 2011. 제1호
　　　(누계 33호), 평양 : 과학백과사전출판사, 2011.
진길상, 라진-선봉경제무역지대의 법적 지위, 김일성종합대학 학보: 력사·법

학 제46권 제1호(루계315호), 김일성종합대학출판사, 2000.

허경일, 법을 규제력있게 만들기 위한 기술실무적 요구, 정치법률연구 2014. 제1호(루계 제49호), 평양: 과학백과사전출판사, 2014.

3. 외국 문헌

가. 단행본

Agh, Attila, *The Politics of Central Europe*, London: Sage Publications, 1998.

Kornai. J., *The Road to a Free Economy(Shifting from a Socialist System : The Example of Hungry)*, W W Norton & Co Inc., 1990.

Kornai. J., *The Socialist System*, Oxford University Press, 1992.

Marie Lavigne, *The Economics of Transition : from Socialist Economy to Market Economy*, McMillan Press Ltd., 1995.

小林直樹, 憲法秩序の理論, 東京大學出版會, 1986.

黎學玲, 特別經濟區法, 北京: 中國法律出版社, 1997.

蔣碧昆 主編, 憲法學, 北京: 中國政法大學出版社, 1996.

나. 논문

A. G. Walder, China's Transitional Economy : Interpreting its Significance, A. G. Walder(ed), *China's transitional economy* ,New York: Oxford University Press, 1996.

Alex. E. F. Jilberto and B. Hogenboom, Developing Regions Facing China in a Neoliberalized World, *Journal of Developing Societies*, Vol. 23 No. 3, 2007.

Aslund and Anders, Lesson of the First Four Years of Systemic Change in Eastern Europe, *Journal of Comparative Economics* Vol. 19 No. 1, 1994.

Brezinski, Z., The Great Transformation, *The National Interest* Vol. 33, 1993.

Dahl, R. A., Transition to Democracy, Szobozlai, G.(ed.), *Democracy and Political Transformation: Theories and East-Central European Realities*, Budapest: Hungarian Political Science Association, 1991.

D. Lipton and Sachs. J. D., Creating a Market Economy in Eastern Europe: The Case of Poland, *Brookings Papers on Economic Activity* Vol. 21 No. 1, 1990.

D. Lipton and Sachs, J. D., Privatization in Eastern Europe : The Case of Poland, *Brookings Papers on Economic Activity* No. 2, 1990.

David Stark, Path Dependence and Privatization Strategies in Eastern Europe, *East European Politics and Societies*, Vol. 6 No. 1, 1992.

Frank Bonker, Klaus Miller and Andreas Pickel, Cross-Disciplinary Approaches to postcommunist Transformation: Context and Agenda, Frank Bonker et al.(eds.), *Postcommunist Transformation and social science: Cross-Disciplinary Approaches*, Lanham, MD: Rowman & Littlefield, 2002.

Grzegorz W. Kolodko, Transition to a Market and Enterpreneurship : The Systemic Factors and Policy Options, *Communist and Post-Communist Studies* No. 33, 2000.

Huntington, S. P., Will More Countries Become Democratic?, *Political Science Quarterly* Vol. 99 No. 2, 1984.

Jeffrey Sachs, Poland and Eastern Europe : What is to be done?, Andras Koves and Paul Marer(eds.), *Foreign Economic Liberalization*, 1991.

Kornai, J., What the Change of System from Socialism to Capitalism Does Not Mean, *The Journal of Economic Perspective* Vol. 14 No. 1, 2000.

Laszlo Bruszt, Transformative Politics: Social Costs and Social Peace in East Central Europe, Janos Matyas Kovac(ed.), *Transition to Capitalism? The Communist Legacy in Eastern Europe,* New Brunswick: Transaction Poblishers, 1994.

Mishler, William and Richard Rose, Supports for Parliaments and Regime in the Transition Toward Democracy in Eastern Europe, *Legislative Studies Quarterly* Vol. 19, 1994.

Newbery, D. M. *Sequencing the Transition*, London(United Kingdom), Centre for Economic Policy Research, 1991.

Naughton and Barry, What is Distinctive about China's economic transition? State enterprise reform and overall system transformation, *Journal of Comparative Economics* Vol. 18 No. 3, 1994.

P. Murrell, Evolutionary and Radical Approaches to Economic Reform, *Economics of Planning* Vol. 25, 1991.

P. Murrell, The Transition According to Cambridge, *Journal of Economic Literature* Vol. 13 No. 1, 1995.

P. Murrell, What Is Shock Therapy? What Did It Do in Poland and Russia?, *Post-Soviet Affairs* Vol. 9 No. 2, 1993.

Prybyla, Jan S., The Road from Socialism: Why, Where, What and How, *Problems of Communism* Vol. 40 No. 1, 1991.

찾아보기

사

장소영

■ 학력
서울대학교 문학사
국민대학교 대학원 법학석사
서울대학교 법학전문대학원 법학박사

■ 경력
강릉지청 검사
대검찰청 검찰연구관
고양지청 검사
서울남부지검 검사
일본 동경대학교 방문학자
법무부 통일법무과 검사
통일부장관 법률자문관
현재 부산지방검찰청 공안부 검사

북한 경제와 법
― 체제전환의 비교법적 분석 ―

2017년 10월 25일 초판 1쇄 발행
2020년 1월 28일 초판 2쇄 발행

지 은 이   장소영

발 행 인   한정희
발 행 처   경인문화사
편 집 부   김지선 유지혜 박지현 한주연
마 케 팅   전병관 하재일 유인순
출 판 신 고   제406-1973-000003호
주   소   파주시 회동길 445-1 경인빌딩 B동 4층
대 표 전 화   031-955-9300 팩 스   031-955-9310
홈 페 이 지   http://www.kyunginp.co.kr
이 메 일   kyungin@kyunginp.co.kr

ISBN 978-89-499-4296-4 93360
값 28,000원

ⓒ 2020, Kyung-in Publishing Co, Printed in Korea
* 저자와 출판사의 동의 없는 인용 또는 발췌를 금합니다.
* 파본 및 훼손된 책은 교환해 드립니다.